Revelation

쉽게 풀이한 요한계시록 강해

지구는 어디로 가고 있는가

The Revelation of Jesus Christ, which Go
to shew unto his servants things wh
and he sent and signified it by h
Who bare record of the wo
y of Jesus Christ, and
Blessed is he

지구는 어디로 가고 있는가 – 요한계시록 강해

초판 1쇄 발행 2007년 10월 25일
초판 6쇄 발행 2016년 6월 6일

지은이 강병국
펴낸이 손계문
펴낸곳 SOSTV
출판등록 2007년 7월 4일
주소 경기도 남양주시 와부읍 덕소로 72 벽산메가트리움 218호
전화 1544-0091
이메일 sostvkr@hotmail.com
홈페이지 http://www.sostv.net

ISBN 978-89-959940-1-6 03230
값 15,000원

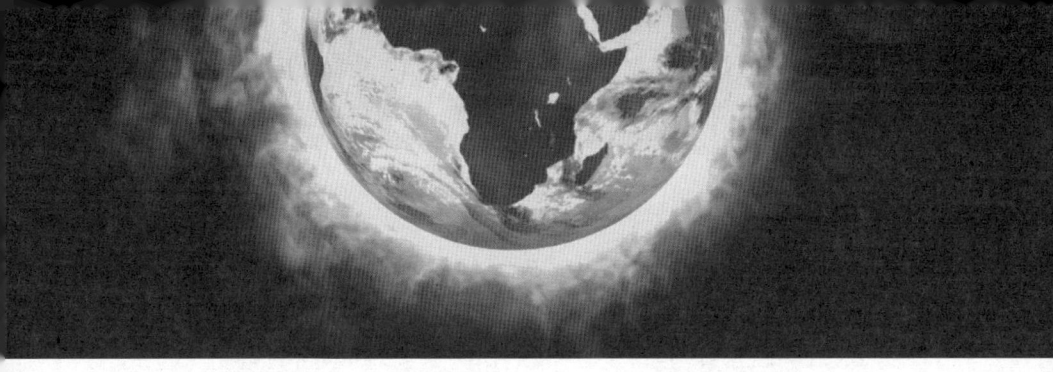

"이 예언의 말씀을 읽는 자와 듣는 자들과
그 가운데 기록한 것을 지키는 자들이 복이 있나니 때가 가까움이라" (계 1:3)

"이것들을 증거하신 이가 가라사대 내가 진실로
속히 오리라 하시거늘 아멘 주 예수여 오시옵소서" (계 22:20)

쉽게 풀이한 요한계시록 강해
지구는 어디로 가고 있는가

Contents

Introduction.
지구는 어디로 가고 있는가 / 10

요한계시록 연구를 시작하면서 / 11 · 계시와 상징으로 보여 주신 이유 / 13 · 상징을 푸는 열쇠 / 14 · 예언을 주신 이유 / 15 · 계시록에 나타나 있는 대조들(Contrasts) / 15 · 요한계시록의 흐름과 각 장의 요약 / 17

Chapter 1.
성소에 계신 예수 그리스도 / 20

"이제도 계시고 전에도 계시고 장차 오실 이" / 22 · "우리를 사랑하사 그의 피로 우리 죄에서 우리를 해방하시고" / 22 · "우리를 왕들과 제사장들로 삼으신" / 23 · "주 하나님이 이르시되 나는 알파와 오메가라 이제도 있고 전에도 있었고 장차 올 자요 전능한 자라 하시더라" / 24 · 요한의 상황 / 24 · 계시에 나타나신 예수 그리스도 / 25

Chapter 2.
일곱 교회 예언 1 / 28

일곱 교회의 예언 / 30 · 편지의 형식 / 31 · 에베소 교회 / 32 · 서머나 교회 / 34 · 버가모 교회 / 36 · 두아디라 교회 / 38

Chapter 3.
일곱 교회 예언 2 / 42

사데 교회 / 42 · 빌라델비아 교회 / 44 · 라오디게아 교회 / 45

Chapter 4.
하나님의 보좌에 대한 계시 / 50

열린 문 / 52 · "내가 곧 성령에 감동하였더니 보라 하늘에 보좌를 베풀었고" / 53 · 심판이 시작된 광경 / 54 · 보좌에 앉으신 하나님의 모습 / 54 · 보좌에 앉은 이십사 장로 / 55 · 일곱 영 / 56 · 보좌 주위의 네 생물 / 57

Chapter 5.
하나님 보좌 앞에서의 심판 / 59

하나님의 손에 있는 책 / 61 · 하나님의 공정한 심판 / 62 · 일곱 인을 떼시는 일 / 64 · 일곱 눈과 일곱 뿔 / 65

Chapter 6.
일곱 인 / 67

6장의 일곱 인의 연구를 시작하면서 / 68 · 일곱 인에 대하여 / 70 · 일곱 인에 나타나 있는 비밀 / 74

Chapter 7.
십사만 사천 / 97

천사들과 바람 / 99 · 바람을 붙잡고 있는 이유 / 101 · 하나님의 인 / 102 · 십사만 사천 / 106

Chapter 8.
일곱 나팔 1 / 112

일곱째 인 / 113 · 일곱 나팔의 예언 해석 / 117 · 일곱 나팔들 – 첫째 나팔 / 121 · 둘째 나팔 / 125 · 셋째 나팔 / 128 · 넷째 나팔 / 130

Chapter 9.
일곱 나팔 2 / 135

다섯째 나팔 / 136 · 여섯째 나팔 / 143 · 일곱째 나팔 / 151

Chapter 10.
하나님의 비밀 / 160

다른 천사 / 162 · 작은 책 / 163 · 일곱째 천사가 나팔을 부는 날 / 167 · 하나님의 비밀 / 168 · 하나님의 비밀을 이루는 비결 / 169 · 입에서는 달지만 배에서 씀 / 171

Chapter 11.
마흔 두 달 동안의 두 증인 / 172

계 11:1 "성전을 척량하라" / 175 · 심판이 시작되는 시간 / 176 · 두 증인과 그들의 예언 / 176 · 짐승과 전쟁을 함 / 178 · 두 감람나무(성경)의 부활 / 179 · 새로 등장한 무신론 세력 / 180 · 마지막 경고의 복음 / 181 · 셋째 화 / 182

Chapter 11-부록1.
하나님의 심판의 시간표 / 184

심판이 있기 전에 항상 복음이 주어짐 / 184 · 마지막 시대를 위한 심판의 메시지 / 185 · 심판에 대한 경고 이후에 이어지는 추수 / 187 · 다니엘서에 기록되어 있는 심판의 시기 / 188 · 하늘에서 벌어지는 심판에 대한 이해 / 190 · 성소가 정결하게 된다는 말의 의미 / 192

Chapter 11-부록2.
성경에서 가장 긴 예언 / 196

성소 진리를 파괴한 작은 뿔 / 196 · 성경에서 가장 긴 예언 / 198 · 정확하게 성취된 가장 긴 예언 / 210 · 말세를 위하여 준비된 심판의 복음 / 212

Chapter 12.
하나님의 참 교회 / 216

12장에 나타난 하나님의 참 교회 / 218 · 여자와 용 / 221 · 용의 핍박 / 222 · 핍박 받는 여자, 핍박 받는 교회 / 223 · 1260년 동안의 종교 암흑시대 / 224 · 1260년 예언의 시작점 / 225 · 땅이 하나님의 교회를 도움 / 226 · 남은 자손 / 228

Chapter 13.
두 짐승 / 234

첫 번째 짐승 / 236 · 짐승이 다스리는 권세를 받다 / 250 · 첫 번째 짐승의 9가지 특성에 대한 역사적인 증거와 고찰 / 252 · 두 번째 짐승 / 275

Chapter 14.
**하나님의 인을 받은 자들
그리고 세 가지 경고 / 303**

십사만 사천의 등장 / 305 · 세 가지 경고의 메시지 / 314

Chapter 15.
하나님의 인을 받은 자들의 찬송 / 328

Chapter 16.
마지막 일곱 재앙 / 332

7재앙 / 333 · 아마겟돈 전쟁 / 335 · 일곱째 재앙 / 348

Chapter 17.
바벨론의 심판 / 350

음녀 / 351 · 음녀의 비밀 / 359

Chapter 18.
바벨론의 멸망 / 367

바벨론에서 나오라고 외치는 천사 / 369 · 무너지는 바벨론 / 370 · 바벨론에서 나와 남은 백성이 되는 조건 / 372

Chapter 19.
하늘의 구조대 / 376

허다한 무리의 찬양 / 382 · 어린양의 신부가 준비됨 / 383 · 예수의 증거 / 384 · 백마를 탄 자와 두 종류의 잔치 / 385

Chapter 20.
천년기 / 393

재림과 함께 시작되는 천년기 / 395 · 첫째 부활과 둘째 부활은 어떻게 다른가? / 390

Chapter 21.
새 하늘과 새 땅 / 393

새 하늘과 새 땅을 창조하심 / 395 · 새 예루살렘을 보이심 / 397

Chapter 22.
영원으로의 초대 / 400

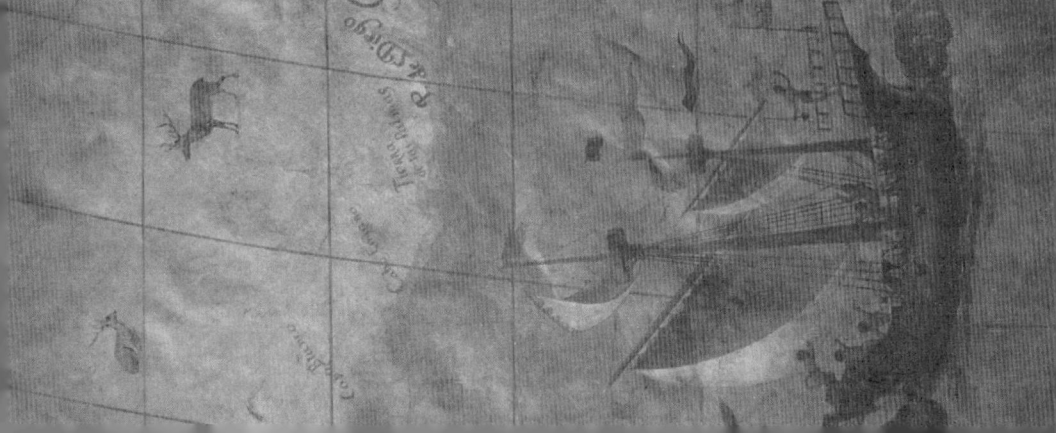

지구는 어디로 가고 있는가 | 서론

서 론
Introduction

1. 요한계시록 연구를 시작하면서

성경 요한계시록은 보통 책이 아니다. 이 책 속에는 하나님의 비밀이 담겨져 있다. 이 책 속에는 이 세상의 전 역사의 줄거리가 펼쳐져 있다. 이 책 속에는 하나님의 비밀이 공개되어 있다. 독자 여러분은 이 요한계시록에 예언되어 있는 비밀에 대해 알고 싶지 않은가?

지금부터 함께 여행을 떠나 보기로 하자. 보통 여행이 아닌, 세상의 어떤 아름다운 곳을 구경하기 위한 관광 여행이 아닌, 또한 어떤 세상의 학문을 배우기 위한 지식 여행도 아닌, 아주 특별한 여행을 함께 떠나 보자. 우리가 이제부터 하려고 하는 여행은, 그리고 함께 여행을 하며 공부하려고 하는 것은 영원한 것을 찾아내기 위한 것이다. 그것은 닫혀진 휘장을 열고 미래를 바라보는 일이며, 하나님의 오묘한 섭리와 예언들을 내다보는 일이고, 또한 하나님의 비밀을 연구하는 일이며, 조금 열려진 하늘의 창문을 통하여 하늘의 놀라움을 바라보는 일이다. 그것이 바로 요한계시록을 공부하는 일이다.

요한계시록을 연구하면 우리는 과거에 이미 나타난, 그리고 앞으로 미래에 나타날 세계의 역사와 사건들을 통하여 하나님께서 이 세상에 대하여 가지고 계신 계시와 예언과 섭리의 청사진을 볼 수 있을 것이다. 앞으로 이 지구는 어떻게 될 것인가? 세상의 종말은 언제 어떻게 올 것인가? 그리고 우리의 미래는 어떤 것이 될 것인가? 하나님께서 미리 보여 주신 예언을 통해 나타나 있는 이 지구의 운명은 어떤 것인가? 요한계시록에 대한 연구는 이 모든 질문에 대한 시원한 답을 줄 것이다. 여행을 떠날 준비가 되었는가?

이제부터 요한계시록을 한 장씩, 그리고 한 구절씩 해석해 가며 그 위대한 하나님의 예언의 비밀을 연구해 보기로 하자. 이 책을 연구하면 독자의 삶이 완전한 변환을 맞이하게 될 것인데, 그 변환은 독자의 삶에 새 동기를 부여하고 충만한 행복과 평화를 가져 올 것이다.

이 요한계시록은 연구하는 사람에게 마음의 변화를 가져다 준다. 물론 성경 전체가 그렇지만, 창세기부터 모든 성경의 내용들은 이 요한계시록에서 결론을 맺고 있기 때문에 더욱더 그러하다. 곧 모든 다른 성경들이 이 책에 와서 종결지어지는 것이다. 창세기는 인류의 시조가 범죄함으로 낙원을 잃어버리는 이야기로 시작을 한다. 그러나 요한계시록은 인류의 범죄로 인해 잃어버린 바 되었던 이 지구가 영원히 회복되어 새 하늘과 새 땅이 되는 이야기로 결론을 맺는다.

창세기와 계시록 사이에는 길고 긴 죄와 흑암의 역사가 기록되어 있다. 이 계시록 속에는 이 모든 성경의 예언과 말씀들이 종합적으로 만나고 또 종결되기 때문에 이 책을 연구하려면 다른 성경의 책들을 함께 연구하게 된다. 이 책은 소홀히 하면 안 되는 책이다. 이 책은 우리들이 읽고 그 속에 있는 말씀을 따라 순종하여야 하는 중요한 책이다. 그리고 주의 재림이 가까운 이 시대에 살고 있는 우리들에게는 더더욱 중요한 책이 되고 있다.

요한계시록은 1장 7절에 "**볼지어다 구름을 타고 오시리라**"로 시작하여 22장 20절에 "**내가 진실로 속히 오리라**"는 약속으로 끝을 맺는다. 그러므로 계시록은 예수 그리스도의 말씀과 재림의 약속으로 가득 차 있는 것을 알 수 있다. 이 책은 바로 예수님의 재림에 초점을 맞추고 있는 예언서인 것이다. 사람들은 흔히 말한다. 계시록은 닫혀진 책이므로 이해할 수 없는 책이라고…. 해석들이 각양각색이고 또 오해하기 쉬우므로 닫아 두는 것이 좋다고들 말한다.

그러나 계시록 자체가 다음과 같이 서두를 시작하고 있다. "**예수 그리스도**

의 계시라 이는 하나님이 그에게 주사 반드시 속히 될 일을 그 종들에게 보이시려고 그 천사를 그 종 요한에게 보내어 지시하신 것이라 요한은 하나님의 말씀과 예수 그리스도의 증거 곧 자기의 본 것을 다 증거하였느니라 이 예언의 말씀을 읽는 자와 듣는 자들과 그 가운데 기록한 것을 지키는 자들이 복이 있나니 때가 가까움이라."(계 1:1~3)

우리가 이 계시록에 기록된 말씀을 이해할 수 없다면 어떻게 그 말씀을 읽고, 듣고, 지킬 수가 있단 말인가? 이 말씀은 이해할 수 있는 것이며 또한 이해하여야만 하는 것이다. 이 말씀은 말세를 당한 우리를 위하여 특별히 기록해 주신 것이다. 요한은 "**이 예언의 말씀을 읽는 자와 듣는 자들과 그 가운데 기록한 것을 지키는 자들이 복이 있**"다고 말을 한다.

계 1:19 "그러므로 네 본 것과 이제 있는 일과 장차 될 일을 기록하라."
계 22:7 "보라 내가 속히 오리니 이 책의 예언의 말씀을 지키는 자가 복이 있으리라."

그런데 이 책은 사실상 요한의 계시가 아니라 예수 그리스도의 계시이다. 예수께서 주신 계시를 요한이 받아 적은 것뿐이다. 계시를 주신 순서를 살펴보면 요한계시록 1장 1~3절 속에 말씀되어 있는 대로, 하나님 아버지께서 예수께, 예수께서 천사에게, 천사가 요한에게 전하여 요한이 책에 기록하는 다섯 단계를 거친 것을 알수 있다.

2. 계시와 상징으로 보여 주신 이유

요한은 계시가 기록된 이 책을 교회들에게 보냈다. 먼저 계시록 1장 1절의 "**예수 그리스도의 계시라 이는 하나님이 그에게 주사 반드시 속히 될 일을 그**

종들에게 보이시려고 그 천사를 그 종 요한에게 보내어 지시하신 것이라"라는 구절 속에 나타나 있는 표현을 살펴보자. "그 종에게 보이시려고"라는 말의 의미는 영어로 "to show"로써, 글씨를 써서 주는 것이 아니라 마치 영화처럼 펼쳐서 그림으로 보여 주셨다는 의미이다.

또한 천사를 보내어 "지시하신 것"이라는 뜻은 영어로 "Signify"로써, 이것은 사인 즉 상징적인 방법으로 알려 주셨다는 뜻이다. 그러면 왜 상징으로 말씀하셔야 했을까? 누가복음 8장 10절에 보면, **"가라사대 하나님의 나라의 비밀을 아는 것이 너희에게는 허락되었으나 다른 사람에게는 비유로 하였나니 이는 저희로 보아도 보지 못하며 들어도 깨닫지 못하게 하려 함이니라."**

하나님의 비밀은 영적으로 거듭난 사람들만이 이해할 수 있는 것이다. 그렇기 때문에 이 요한계시록은 예수를 믿고 진리를 탐구하는 사람들만 이해할 수 있도록 상징으로 기록된 것이다. 만일 그렇지 않았다면 사람들이 아무나 자기 마음대로 읽고 해석할 것이다. 또한 상징으로 기록된 또 다른 이유는 성경이 전수되도록 보호하신 것이다. 하나님의 오묘한 것은 하나님의 성령의 감화를 통해서만 이해할 수 있는 것이기 때문이다.

3. 상징을 푸는 열쇠

그렇다면 성경의 상징들을 어떻게 풀 수 있느냐고 독자는 물을 것이다. 성경에는 상징들을 푸는 열쇠들이 감추어져 있다. 우리가 그 열쇠들을 성경에서 찾아내어야 한다. 예를 들어 요한계시록에 나오는 **"짐승"**은 무엇인가? 그것은 성경에서 찾을 수 있는데, 짐승에 대하여 다니엘서는 이렇게 설명하고 있다. **"모신 자가 이처럼 이르되 넷째 짐승은 곧 땅의 넷째 나라인데…."**(단 7:23) 그러므로 짐승은 **"나라"**나 **"세력"**을 상징하는 것을 알 수 있다.

"물"은 무엇을 상징하는가? 역시 그 답도 성경에서 찾을 수 있다. 요한계시록 17장 15절에 보면, "**또 천사가 내게 말하되 음녀가 앉은 물은 백성과 무리와 열국과 방언들이니라**"라고 되어 있다. 그러므로 물은 **백성**과 **사람들**을 가리킨다. 또한 예언에서 "**하루**"는 무엇인가? "**내가 네게 사십 일로 정하였나니 일 일이 일 년이니라.**"(겔 4:6) 그러므로 "하루"는 "**일 년**"이다. 이렇게 성경에 기록된 상징은 성경으로 풀 수가 있는 것이다.

4. 예언을 주신 이유

하나님께서 예언을 주신 이유는 우리에게 그것들이 성취되는 것을 보고 믿음을 갖도록 하시려고 주신 것이다. 성경의 예언은 하나님의 확실한 말씀이다. 베드로후서 1장 19절을 보면 이렇게 쓰여 있다. "**또 우리에게 더 확실한 예언이 있어 어두운 데 비취는 등불과 같으니 날이 새어 샛별이 너희 마음에 떠오르기까지 너희가 이것을 주의하는 것이 가하니라.**" 그러므로 우리는 이 예언서인 계시록을 우리 마음속에 샛별 되신 예수 그리스도가 떠오를 때까지, 하나님의 오묘한 비밀이 떠오를 때까지 열심히 연구해 보아야 한다. 또한 계시록은 구약의 다니엘서를 참고하면서 연구해야 한다. 다니엘서는 구약의 예언서로서 상징과 흐름들이 계시록에 많이 인용되어 있다. 자, 이제 계시록의 내용의 흐름을 살펴보기 위해 책의 내용을 한눈으로 보는 조감도를 먼저 살펴보도록 하자.

5. 계시록에 나타나 있는 대조들(Contrasts)

❶ **두 지도자(Leaders)**
　A. 예수 그리스도 : 인류를 구원하기 위하여 희생하며 고통당하는 어린양

으로서 표상됨.
   B. 사단 : 인간의 양심을 억압하며 배도와 반역으로 인도하는 용으로 표상됨.

❷ 두 경배자들
   A. 참된 경배에 대한 호소 : 창조주 하나님을 경배하라.
   B. 거짓 경배에 대한 호소 : 짐승에게 경배하라.

❸ 두 여인
   A. 처녀 : 정결한 하나님의 교회를 상징.
   B. 음녀 : 오류를 가르치는 거짓 교회를 상징.

❹ 두 도시들
   A. 예루살렘 : 그리스도께서 거하시는 진리의 중심지.
   B. 바벨론 : 악령들이 거하는 오류의 본부.

❺ 두 표들
   A. 살아 계신 하나님의 인 : 하나님의 성품이 이마에 쳐짐.
   B. 짐승의 표 : 하나님께 대한 불순종의 표. 인간의 제도에 대한 권위의 표. 이마나 오른손에 쳐짐.

❻ 두 영들
   A. 성령의 역사 : 진리를 사랑하는 성도들을 모으시는 성령의 음성.
   B. 거짓 영의 역사 : 기만과 미혹하는 음성.

❼ 두 추수들
   A. 알곡의 추수 : 진리로 예수님의 성품으로 알맹이를 이룬 자들의 추수.

B. 가라지의 추수 : 외적인 현상들을 기대하며 오류를 믿다가 내적인 성품을 준비하지 못한 자들의 추수.

❽ 두 환난들
  A. 중세기의 환난 : 교황권의 핍박.
  B. 마지막 대환난 : 7재앙.

❾ 두 잔치
  A. 어린양의 혼인 잔치 : 어린양의 신부로서 성도들의 성품이 준비됨.
  B. 새들의 잔치 : 악인들의 심판.

6. 요한계시록의 흐름과 각 장의 요약

  독자들의 요한계시록 연구의 이해를 돕기 위하여 먼저 각 장의 요약을 살펴보자.

■ 제 1 부 : [1장~11장]
사도 요한의 시대로부터 마지막 시대까지 그리스도교회의 역사

  · 제1장 : 예수 그리스도의 모습과 하나님의 백성을 향한 돌보심.
  · 제2,3장 : 일곱 교회 – 일곱 시대로 나누어 보여 준 기독교회의 역사와 각 시대적 교회의 내부 영적 상태에 대한 계시.
  · 제4장 : 하나님 보좌의 계시.
  · 제5장 : 하나님 보좌 앞의 심판.

· 제6장 : 일곱 인 – 기독교회의 복음 사업 때문에 교회 안과 세상 밖에서 일어나는 투쟁들을 일곱 시대로 나누어 보여 주는 계시.

· 제7장(삽입구 장) : 살아 계신 하나님의 인 – 환난을 위한 보호의 인으로서 하나님께 대한 내적인 충성의 표임. 구속함을 얻은 자들이 하늘에서 즐거워함.

· 제8,9장 : 일곱 나팔 – 일곱 시대에 걸쳐 사단이 하나님의 교회의 복음과 기별자들을 파괴하려고 일으키는 전쟁들에 대한 계시. 세상이 타락해 가며 심판을 받는 모습이 마치 창조의 순서대로 파괴되어 가는 것 같은 모습으로 상징됨.

· 제10장(삽입구 장) : 하나님의 교회의 마지막 시대의 복음 운동에 대한 예언. 하나님의 비밀(참된 복음의 경험)의 성취에 대한 언급.

· 제11장 : 성경이 공격을 받으나 멸망되지 않음. 진리가 옹호되고 승리할 것에 대한 계시와 일곱째 나팔 사건.

■ 제 2 부 : [12장~22장]
지구 역사의 종말에 있을 위기들에 대한 계시들

· 제12장 : 하나님의 참 교회가 내려온 줄기와 최후로 남는 교회에 대한 계시.

· 제13장 : 하나님의 남은 교회를 죽이려고 하는 짐승의 정체와 짐승의 표. 경제적인 압박과 사형 명령.

· 제14장 : 짐승의 표를 받지 않고 하나님의 인을 받은 14만 4천의 준비와 재림 전에 인류를 향해 주신 그리스도의 최후의 기별들.

· 제15장 : 하나님 보좌 주위의 승리의 찬송.

· 제16장 : 다가오는 환난과 일곱 재앙들.

· 제17장 : 하나님을 대항하여 세워진 정치적·종교적 연합, 바벨론이 심판을 받아 무너지는 과정과 음녀의 심판.

· 제18장 : 잘못된 종교에 의하여 기만당한 자들을 향한 하나님의 마지막 호소와 바벨론의 멸망의 모습.

· 제19장 : 예수 그리스도의 다시 오심과 하나님의 백성과의 재연합.

· 제20장 : 천년기. 사단이 천 년 동안 황폐된 지구 위에 묶여 있게 됨.

· 제21장 : 새 예루살렘.

· 제22장 : 이 지구 상에 회복된 에덴동산과 성령의 마지막 호소.

제1장 | 성소에 계신 예수 그리스도

요한계시록 1장 연구

chapter one

서론에서 우리는 요한계시록의 개요와 상징과 대조들에 대하여 살펴보았다. 이제부터 요한계시록 1장을 본문을 보면서 함께 연구해 보도록 하자.

계 1:4~8

"요한은 아시아에 있는 일곱 교회에 편지하노니 이제도 계시고 전에도 계셨고 장차 오실 이시며 그의 보좌 앞에 있는 일곱 영과 또 충성된 증인으로 죽은 자들 가운데에서 먼저 나시고 땅의 임금들의 머리가 되신 예수 그리스도로 말미암아 은혜와 평강이 너희에게 있기를 원하노라 우리를 사랑하사 그의 피로 우리 죄에서 우리를 해방하시고 그의 아버지 하나님을 위하여 우리를 나라와 제사장으로 삼으신 그에게 영광과 능력이 세세토록 있기를 원하노라 아멘 볼지어다 그가 구름을 타고 오시리라 각 사람의 눈이 그를 보겠고 그를 찌른 자들도 볼 것이요 땅에 있는 모든 족속이 그로 말미암아 애곡하리니 그러하리라 아멘 주 하나님이 이르시되 나는 알파와 오메가라 이제도 있고 전에도 있었고 장차 올 자요 전능한 자라 하시더라."

이 예언서 요한계시록에는 소아시아 지방에 있던 일곱 교회에게 보내는 요한의 인사가 기록되어 있다. 요한은 그들에게 하나님 아버지와 예수 그리스도와 성령의 이름으로 문안하고 있는 것을 알 수 있다. 요한이 기록한 하나님에 대한 표현들을 한 번 살펴보자.

1. "이제도 계시고 전에도 계시고 장차 오실 이"

그는 "이제도 계시고 전에도 계시고 장차 오실 이"라는 표현을 썼다. 이분은 누구인가? 예수님이신가? 그다음을 보자. "보좌 앞에 일곱 영"은 누구인가? 맞다. 성령이시다. 그리고 "충성된 증인으로 죽은 자 가운데 먼저 나시고 땅의 임금들의 머리가 되신 예수 그리스도"는 예수님이시다.

요한이 편지를 쓸 때, 예수 그리스도와 성령과 예수 그리스도의 이름으로 문안했다면, 예수님의 이름이 중복되고 앞뒤가 맞지 않는다. 그러므로 "이제도 계시고 전에도 계시고 장차 오실 이"는 하나님 아버지에 대한 표현인 것을 확신할 수 있다. 요한계시록 4장 8절에도 하나님 아버지를 **"거룩하다 거룩하다 거룩하다 주 하나님 곧 전능하신 이여 전에도 계셨고 이제도 계시고 장차 오실 자라"**고 부르고 있는 것을 볼 수가 있다. 그러므로 이 표현은 예수 그리스도의 재림 날에 하나님 아버지도 함께 오신다는 감격적인 사실을 말해 주고 있는 것이다.

2. "우리를 사랑하사 그의 피로 우리 죄에서 우리를 해방하시고"

"예수"의 뜻이 무엇인가? 예수의 뜻은 "자기 백성을 저들의 죄에서 구원하실 자"라는 뜻이다. 당신은 예수님을 아는가? 그냥 예수님을 아는 것이 아니라 자신의 죄로부터, 육신의 자아로부터, 죄의 권세와 정욕으로부터 해방해 주신 예수님을 개인적으로 아는가? 당신은 죄에서 해방된 경험이 있는가? 히브리서 9장 14절에는, "**하물며 영원하신 성령으로 말미암아 흠 없는 자기를 하나님께 드린 그리스도의 피가 어찌 너희 양심으로 죽은 행실에서 깨끗하게 하고 살아 계신 하나님을 섬기게 못하겠느뇨**"라는 말씀이 있다. 예수님의 보혈의 피는 우리를 용서할 뿐만 아니라 우리를 죄로부터 해방시키는 능력이 있는 것이다.

3. "우리를 왕들과 제사장들로 삼으신" (KJVB)

성경 원문을 더 정확히 번역한 것은 킹제임스 성경(KJVB)이다. "왕들"로 삼으신다는 의미는 무엇인가? "땅의 임금들의 머리가 되신 예수 그리스도"께서 우리를 죄에서 씻으시고, 우리를 "왕들(바실류스)과 제사장"으로 삼으셨다. 땅의 왕들의 통치자이신 예수님께서 우리를 죄에서 씻으신 것은 우리를 땅에 속한 왕들이 아닌 "하나님께 속한 왕들로 삼으"셨음을 말씀하시는 것이다. 하나님은 세상을 창조하신 창조주이시지만 하나님의 왕국은 이 땅에 속한 것이 아님을 예수님께서 말씀하셨듯이, 우리를 이 땅에 있으나 하나님의 왕국의 왕들로 삼으셔서 세상에 속하지 않은 하나님의 왕국을 완성할 왕들로 삼으신 것은 얼마나 고귀하고 큰 은혜인가! 하나님께서 왕들로 삼으신 이 세상에 속하지 않은 왕들은 이 땅에서 하나님의 헌법을 수호하고 왕들 중의 왕이신 예수 그리스도의 믿음을 가진 왕들인 것이다.

"제사장들로 삼으신"다는 뜻은 무엇인가? 제사장은 죄인을 하나님께로 인도하는 자이며 중보자이다. 로마서 15장 16절에는, "이 은혜는 곧 나로 이방인을 위하여 그리스도 예수님의 일꾼이 되어 하나님의 복음의 제사장 직무를 하게 하사 이방인을 제물로 드리는 그것이 성령 안에서 거룩하게 되어 받으심직하게 하려 하심이라"는 말씀이 있다. 그러므로 우리 그리스도인들은 사람들을 예수께로 인도하는 제사장들이며, 제사장들이 되어야 한다.

4. "주 하나님이 이르시되 나는 알파와 오메가라 이제도 있고 전에도 있었고 장차 올 자요 전능한 자라 하시더라."

"알파와 오메가"는 헬라어의 처음과 마지막 알파벳이다. 예수님은 우리의 알파와 오메가이며 우리 생애의 처음과 나중이시다.

5. 요한의 상황

계 1:9

"나 요한은 너희 형제요 예수의 환난과 나라와 참음에 동참하는 자라 하나님의 말씀과 예수를 증언하였음으로 말미암아 밧모라 하는 섬에 있었더니."

여기서 요한은 자신의 처지와 계시를 받는 상황을 소개하고 있다. 하나님의 말씀과 예수의 증거(계시)를 인하여 밧모 섬에서 환난 받는 요한, 예수님을 증거하다가 잡혀서 사면이 바다로 막힌 쓸쓸한 밧모 섬에 포로가 되어 있는 요한을 잊지 않으시고 예수님께서는 그와 함께 하셔서 위로하시려고 나타나셨다. 또 요한처럼 예수 그리스도를 믿고 증거할 후세의 사람들에게 세상 역사가 어떻게 하나님의 섭리와 계획 속에서 이루어지는가를 나타내시기 위하여 이 위대한 계시를 보여 주신 것이다.

요한은 그때, 계시에서 하늘 성소가 열리며 교회를 돌보고 계시는 예수님을 보았다. 그분은 일곱 금촛대 사이에서 오른손에 일곱 별을 가지시고, 입에서 좌우에 날 선 검을 가지시고, 해처럼 빛나는 모습으로 계셨다.

6. 계시에 나타나신 예수 그리스도

계 1:11~20

"이르되 네가 보는 것을 두루마리에 써서 에베소 서머나 버가모 두아디라 사데 빌라델비아 라오디게아 등 일곱 교회에 보내라 하시기로 몸을 돌이켜 나에게 말한 음성을 알아보려고 돌이킬 때에 일곱 금촛대를 보았는데 촛대 사이에 인자 같은 이가 발에 끌리는 옷을 입고 가슴에 금띠를 띠고 그의 머리와 털의 희기가 흰 양털 같고 눈 같으며 그의 눈은 불꽃 같고 그의 발은 풀무 불에 단련한 빛난 주석 같고 그의 음성은 많은 물소리와 같으며 그의 오른손에 일곱 별이 있고 그의 입에서 좌우에 날 선 검이 나오고 그 얼굴은 해가 힘 있게 비치는 것 같더라 내가 볼 때에 그의 발 앞에 엎드러져 죽은 자같이 되매 그가 오른손을 내게 얹고 이르시되 두려워하지 말라 나는 처음이요 마지막이니 곧 살아 있는 자라 내가 전에 죽었었노라 볼지어다 이제 세세토록 살아 있어 사망과 음부의 열쇠를 가졌노니 그러므로 네가 본 것과 지금 있는 일과 장차 될 일을 기록하라 네가 본 것은 내 오른손의 일곱 별의 비밀과 또 일곱 금촛대라 일곱 별은 일곱 교회의 사자요 일곱 촛대는 일곱 교회니라."

◆ **첫 번째 계시에 나타난 성소**

위의 성경 절을 읽어 보면 요한이 본 장면이 어떤 것인지 알게 된다. 그가 계시에서 무엇을 보았는가? 요한은 계시 가운데 하늘에 있는 성소를 보았다. 그리고 하늘에 있는 성소의 일곱 금촛대 사이를 왔다갔다하시는 예수님을 보았다. 요한계시록은 성소를 중심으로 기록된 것이다.

1장에 하늘 성소에 계신 예수님으로 시작되어 중간에 가끔 하늘 성전이 열리는 장면들이 연속되며 요한계시록 11장 19절에는, **"이에 하늘에 있는 하나**

님의 성전이 열리니 성전 안에 하나님의 언약궤가 보이며 또 번개와 음성들과 뇌성과 지진과 큰 우박이 있더라"는 성전의 장면이 나온다. 또 요한계시록 21장 22절에도, **"성안에 성전을 내가 보지 못하였으니 이는 주 하나님 곧 전능하신 이와 및 어린양이 그 성전이심이라"**고 기록하면서, 이 계시록 책이 성전을 중심으로 엮어져 있다는 사실을 알려 주고 있다.

성경에 등장하는 성소는 하나님께서 모세에게 지으라고 특별하게 명령하신 것이다. 성소는 하나님께서 인류의 죄를 어떻게 다루시며 어떻게 해결하시는지를 보여 주시는 청사진이다. 히브리서 8장 5절에는, **"저희가 섬기는 것은 하늘에 있는 것의 모형과 그림자라 모세가 장막을 지으려 할 때에 지시하심을 얻음과 같으니 가라사대 삼가 모든 것을 산에서 내게 보이던 본을 좇아 지으라 하셨느니라"**라는 말씀이 나온다.

지상 성소는 하늘 성소의 모형이다. 이 성소 제도는 하나님의 구원의 방법과 계획을 보여 주는 것인데, 이것은 하나님께서 어떻게 죄를 용서하시며, 우리가 어떻게 회개하며, 또 어떻게 죄가 영원히 없어지게 되는지, 또 어떻게 그리스도인들이 힘을 얻어 승리의 생활을 살 수 있는지, 어떻게 심판이 오는지에 대하여 보여 준다.

성소에는 세 구역이 있다. 제일 먼저, 양을 잡아 제사하는 성소 뜰이 있고 그다음, 첫째 칸이라고 불리는 성소가 있고 그다음, 둘째 칸이라고 불리는 지성소가 있다. 성소 뜰은 예수께서 이 땅에 오셔서 인류의 죄를 위하여 갈바리 십자가에서 돌아가신 사역을 설명하며 성소는 예수께서 부활하시고 승천하신 후 하늘 성소에서 하시는 중보 사업의 사역을 설명한다. 그리고 지성소는 마지막으로 죄를 심판하여 영원히 도말하시는 죄의 도말의 사역을 설명한다.

(성소에 대한 자세한 내용을 알기 원하시면 "성소" 책자를 신청하십시오.)

계시록 1장에 나타난 첫 번째 계시에는 예수께서 하늘 성소에서 일곱 금 촛대 사이를 다니시는 모습이 나온다. 다시 말하자면 예수께서 이 땅에서 성소 뜰의 사역 즉 인류의 죄를 속하시기 위하여 십자가에 돌아가시는 일을 이루신 후, 승천하셔서 하늘 성소에 들어가시어 중보의 사역을 시작하고 계시는 시점에 요한이 계시를 보게 된 것이다. 성소 안의 금촛대 속에는 감람나무 기름, 곧 올리브 기름이 있어서 촛불이 타오르게 했다. 기름은 성령을 상징한다. 그 기름 때문에 촛대가 빛을 내는 것이다. 성령께서 바로 진리의 빛을 내게 하신다. 계시록에서는 이 일곱 촛대들이 하나님의 교회로 상징되었다.

계시록 1장 20절에서 일곱 촛대는 일곱 교회라고 풀어서 설명하고 있다. 그리고 예수께서는 그 일곱 촛대 사이를 왔다갔다하시며 돌보시는 모습을 보이시고 있다. 교회를 끊임없이 돌보고 계시는 예수님, 혹시 진리의 등불이 꺼질까봐, 마귀의 역사에 넘어질까봐 자비와 사랑으로 돌보시는 예수님의 모습을 우리에게 보여 주고 있다. 그리고 그분의 오른손에는 일곱 별, 곧 교회 지도자들이 있는 것을 알 수 있다. 예수님께서는 약속하셨다. **"볼지어다 내가 세상 끝날까지 너희와 항상 함께 있으리라"**(마 28:20).

이처럼 예수께서는 우리 각 개인들도 돌보신다. 예수님은 어디 계신가? 예수님의 현주소는 어디인가? 그분께서는 지금 하늘 성소에서 우리를 돌보시며 우리를 위해 중보하고 계신다. 우리를 돌보시는 예수님이 계신 것에 감사하자.

제 23 장 | 일곱 교회 예언

요한계시록 2장 연구

Chapter Two

요한계시록 2장과 3장은 사도 교회부터 예수 재림 직전의 마지막 교회까지 일곱 시대의 교회의 형편을 예언한 내용으로 되어 있다. 이 예언은 각 시대마다의 교회의 상태를 말해 준다. 일곱 교회의 이름은 에베소, 서머나, 버가모, 두아디라, 사데, 빌라델비아, 라오디게아이다. 계시록은 약 A.D. 100년경에 기록되었는데, 이 일곱 교회의 이름들은 그 당시에 소아시아에 있었던 교회들(지금의 터키)이었다. 그 당시 운송 수단이었던 로마의 우편 마차를 위한 원형을 그리고 있었던 도로(Highway)에 순서대로 일곱 도시가 위치하고 있었는데, 그 당시 그 도시들의 형편과 교회의 형편이 그 후에 존재한 역사적인 일곱 시대의 교회들의 형편들을 묘사하기에 매우 적합했다.

정말 그것은 하나님의 놀라운 지혜가 아닐 수 없다. 요한은 밧모 섬에서 그 교회들에게 차례로 편지를 한 것이었지만, 이것은 또한 미래 시대의 교회들을 위한 예언이기도 하다. 그런데 계시록은 특별히 마지막 시대에 살고 있는 교회를 위하여 기록된 것이라고 할 수 있다. 마지막 시대의 교회인 라오디게아 교회를 위하여 즉 우리들을 위하여 기록된 것이라고 말할 수 있다. 왜냐하면 계시록의 예언들은 마지막 시대에 와서 모든 것이 종합적으로 성취되고 있기 때문이다.

1. 일곱 교회의 예언

소아시아 지방에 있던 일곱 교회에 보내어졌던 서신은 각 시대에 살았던 하나님의 백성을 위해서 기록되었던 그리스도의 복음이다. 일곱 교회에 대한 예언은 그리스도의 초림부터 마지막 시대의 재림 때까지 이어져 내려오는 그리스도교회의 역사를 말한다. 요한이 그의 서신을 보내고자 이용하였던 로마 제국의 우편물 운송 고속도로(Highway)는 그리스도교회가 지나게 될 시간의 도로를 묘사하는 데 있어서 얼마나 적합한 상징적 표현인지 모른다.

로마 제국의 우편물 운송로를 통하여 요한의 서신을 받아 보았던 당시의 소아시아 지방에 있던 일곱 교회의 배경과 형편을 좀더 자세히 살펴보면, 우리는 그리스도께서 주신 일곱 교회에 대한 예언의 의미를 좀더 분명하게 이해할 수 있다. 일곱 교회는 일곱 시대에 걸쳐 세상에 있는 하나님의 거룩한 교회를 말한다. 그리고 사도 요한이 일곱 교회에게 보낸 편지는 각 시대마다 교회의 영적 상태와 도덕적 수준이 어떻게 변천하여 나갈지를 분명하게 보여 주고 있다.

이 요한계시록에 나오는 일곱 교회의 형편은 사도 요한이 계시를 통하여 보았던 교회의 변천 역사를 묘사하기에 가장 적당하다. 일곱 교회는 각 나라와 민족 사이에 펼쳐져 있는 그리스도교회를 대표하는 것으로서, 세상 마지막까지 교회의 역사와 상태가 어떻게 변화될 것인가를 보여 주고 있다. 그리고 일곱 교회는 그리스도의 초림부터 재림까지의 모든 교회들을 대표할 뿐 아니라, 그 사이의 시간을 일곱 부분으로 나누어서 그리스도교회의 역사적 변천을 설명해 주고 있으며, 일곱 교회게 보내는 서신의 내용은 각 시대마다 특징적으로 나타나는 교회의 상태를 설명하고 있다.

2. 편지의 형식

일곱 교회들에게 보내는 편지 형식의 예언들은 같은 내용의 흐름을 가지고 있는데, 다음과 같은 형식이다.

1. 그 도시의 이름의 뜻과 교회의 영적인 형편과의 관계
2. 그 도시의 성격
3. 칭찬
4. 책망(서머나, 빌라델비아 교회에는 책망이 없음)
5. 훈계
6. 이기는 자들에 대한 약속

위의 내용의 흐름을 따라 요한계시록 2~3장에 기록된 일곱 교회에 대한 메시지를 다음과 같은 여섯 항목으로 나누어서 연구해 보자.

1. 기간
2. 교회 이름의 의미
3. 칭찬의 말씀
4. 책망의 말씀
5. 권면의 말씀
6. 이기는 자들에게 주어지는 약속의 말씀

각 시대마다 신실한 그리스도인들을 통하여 연연히 이어지는 순결한 진리와 믿음의 대장정은 일곱 교회의 예언을 공부하는 그리스도인의 마음속에 교회 안에 역사 하는 사단의 도전과 그리스도의 응전을 보다 분명하게 그릴 수 있게 될 것이다.

3. 에베소 교회 (요한계시록 2:1~7)

❶ 기간 : A.D. 34~100년 (사도 교회 시대: 십자가 이후부터 마지막 사도가 죽을 때까지)

❷ 이름의 의미: 에베소라는 이름은 "바람직한, 흠모할 만한"이라는 의미가 담겨져 있다. 이름처럼 이 교회는 "사모할 만한, 흠모할 만한" 교회였다. 에베소 교회는 지역적으로도 정말 사모할 만한 좋은 위치에 있었다. 이 에베소 교회는 초대 교회였고 사도 교회였다. 이 교회는 순결하고 뜨거웠던 교회였으며, 사도들과 제자들이 생존해 있어서 그들로부터 직접 설교를 듣고 온갖 오류와 잘못된 가르침으로부터 보호를 받았다. 그리스도의 사랑과 성령을 체험하였으며, 복음 전파를 위한 위대한 업적을 남겼다. 이 에베소 교회 시대야말로 가장 바람직한 시대라고 말할 수 있다.

❸ 칭찬의 말씀 : 에베소 교회는 로마 제국 네로 황제의 핍박 속에서도 지칠 줄 모르는 열심과 수고를 다하여 일하는 교회였다. 또한 성경 말씀에 기록된 진리에 충성스러웠으며, 에베소 교회의 교인들은 그들을 가르치는 사람들을 진리로서 시험하였다. **"자칭 사도라 하되 아닌 자들을 시험하여 그 거짓된 것을 네가 드러낸 것과"**(2절).

에베소 교회는 니골라당의 가르침(영지주의, Gnosticism)을 반대하였는데, 니골라당에 속한 사람들은 도덕률에 순종하기 위해서 구태여 육체의 욕구를 자제할 필요가 없다고 가르쳤다. 또한 물질과 육체는 악하고 영은 선하기 때문에 육체의 방종이나 죄된 행위는 영의 구원에 아무런 영향을 미치지 않는다고 가르쳤다. 어떤 의미에서 니골라당은 현대 그리스도교회에서 널리 받아들여진 자유주의적인 가르침 즉 "그리스도를 지적으로 인정하고 믿기만 하면 구원받으므로 하나님의 계명에는 순종할 필요가 없다."라는 가르침의 시조라고 할 수 있다. 그리스도께서는 니골라당의 가르침에 대항하여 일어선 에베소 교인들을 칭찬하셨다. **"네가 니골라당의 행위를 미워하는도다 나도 이것을 미워하노라"**(6절).

4 책망의 말씀 : **"너의 처음 사랑을 버렸느니라"**(4절). 에베소 교회의 열심에도 불구하고 그들은 첫사랑을 잃어버렸다. 처음 그리스도교회의 신앙을 받아들였을 때에 가졌던 순결한 사랑의 정신이 시간이 지남에 따라 식어갔다. 진리를 고수하는 열성을 잃어버리기 시작하였는데, 그 당시 데살로니가 후서 2장에 바울이 말한 대로 이미 불법의 비밀이 역사 하기 시작하였기 때문이었다.

이 교회는 다음과 같은 훈계를 받고 있는데 그것은 "기억하여 회개하고 돌아서라."는 훈계이다. 마음속에 사랑이 가득 찼던 시간을 기억하라는 것이다. 행함은 사랑을 낳지 못한다. 사랑이 행함을 낳는다. 그리스도와 교회와의 관계는 신랑과 신부의 관계와 같다. 사랑이 식으면 열심이 사라지는 것이다. 회개하여 돌이켜 첫사랑을 회복해야 한다.

5 약속의 말씀 : **"이기는 그에게는 내가 하나님의 낙원에 있는 생명나무의 과실을 주어 먹게 하리라"**(7절). 인간이 범죄한 이후, 사람은 생명나무에 더 이상 접근하지 못하게 되었다. 그러나 성령의 음성에 귀를 기울이고 하나님의 은혜를 통하여 회개하고 죄를 승리하는 자들에게는 다시 생명나무의 과실을 먹을 수 있는 영원한 특권이 약속되어 있다. 오직 성령의 음성을 들을 수 있는 귀를 가진 그리스도인들만이 이기심과 죄로부터 승리할 수 있으며 진리를 분별할 수 있다. 교회 안에 그리스도인들이 가득 차 있지만, 성령의 음성을 들을 수 있을 만큼 양심이 순결한 참 그리스도인들의 숫자는 많지 않다. **"귀 있는 자는 성령이 교회에게 하시는 말씀을 들을지어다"**(7절).

4. 서머나 교회 (요한계시록 2:8~11)

1 기간 : A.D. 100~313년 (핍박과 순교의 시대: 사도 시대 이후부터 로마 제국의 콘스탄틴 황제가 그리스도교회로 개종하기 전까지)

2 이름의 의미 : 서머나라는 이름은 향수의 일종인 "몰약"이라는 뜻을 가지고 있다. 몰약은 그 나무를 쳐서 으깰 때에 큰 향기를 발하게 된다. 서머나 교회 시대는 로마 제국이 가하는 극렬한 핍박의 시대였지만 오히려 그 고통을 통하여 신앙이 승화되고 복음이 온 천하로 전파되는 시대였다. 서머나 교회는 핍박을 통과하였고 그 핍박은 교회를 파괴시키는 대신에 하늘의 복음의 향기가 온 세상에 향수처럼 번져나가는 계기가 되었다.

3 칭찬의 말씀 : 두 번째 교회인 서머나 교회에 대한 핍박은 로마 제국의 콘스탄틴 황제가 A.D. 313년에 그리스도교회로 개종하기 직전까지 계속되었다. 그리스도께서는 서머나 교회에게는 어떠한 책망의 말씀 대신에 위안과 위로의 말씀만을 남겨 두셨다. 왜냐하면 그분께서는 서머나 교회가 환난과 핍박 속에서도 인내하면서 충성할 것을 아셨기 때문이다. 서머나 시대 동안에 그리스도인이 된다는 의미는 고난을 위해서 부르심을 받는다는 뜻을 포함하고 있었다. 교회에 가해졌던 고난과 핍박은 교회를 순결하게 정화시키는 역할을 하였다.

서머나 교회 중에는 "자칭 유대인"이라고 주장하는 자들이 있었지만, 그들은 "사단의 회"였다(9절). 그리스도인들을 시기하고 미워하던 유대인들은 로마 정부와 결탁하여 그리스도인들을 잡아 주고 죽이는 일에 앞장섰다. 사도 바울은 진정한 의미의 유대인들에 대해서 다음과 같이 말하였다. "**표면적 유대인이 유대인이 아니요 … 오직 이면적 유대인이 유대인이며**"(롬 2:28). 오직 성령을 통하여 거듭난 그리스도인만이 참된 하나님의 백성이다. "**너희**

가 그리스도께 속한 자면 곧 아브라함의 자손이요 약속대로 유업을 이을 자니라"(갈 3:29).

4 권면의 말씀 : 그리스도께서는 서머나 교회가 당면할 가난과 궁핍을 아셨다. 그러나 그러한 어려움은 그들의 신앙을 부요하게 만들었으며 그들을 사랑과 봉사의 그리스도인들로 변화시켰다. 그들은 가난하였지만 부유하였고, 부유하였지만 가난한 사람들이었다. **"내가 네 환난과 궁핍을 아노니 실상은 네가 부요한 자니라 … 네가 장차 당할 고난을 두려워 말라 볼지어다 마귀가 장차 너희 가운데 몇 사람을 옥에 던져 시험을 받게 하리니 너희가 십일 동안 환난을 받으리라**"(9,10절).

"십 일"이라는 기간은 예언 해석 원칙에 의해서 십 년으로 환산된다(1일은 1년으로 환산. 민수기 14:34, 에스겔 4:6 참조). 그러므로 "십 일 동안의 환난"은 "십 년 동안의 환난"으로 해석되어야 한다. 서머나 교회 시대 동안 사단은 로마 제국의 핍박을 통해서 그리스도교회를 제거하려고 노력하였다. 로마 제국은 그리스도교회의 신앙이 사람들 사이에 인기 있는 사상이 될 것을 두려워하였다. 그들은 그리스도교회를 하나의 위험한 경쟁자로 생각하였던 것이다. 수많은 핍박이 가해졌지만, 디오클레시안 황제 치하에서 이루어진 마지막 10년간의 핍박 즉 차기 황제인 콘스탄틴 대제가 그리스도교회로 개종을 하면서 그리스도교회에게 자유를 주기 전까지인 A.D. 303~313년 사이의 핍박이 가장 극심하였던 사실을 역사는 증명하고 있다.

"네가 죽도록 충성하라 그리하면 생명의 면류관을 네게 주리라"(10절). 핍박과 순교의 시대를 통과하는 그리스도인들에게 있어서 그리스도의 이 말씀은 얼마나 커다란 격려와 위로가 되겠는가! 이 말씀을 입술로 되새기면서 사형장의 이슬로 사라진 순교자들의 모습을 상상해 보라.

5. 버가모 교회 (요한계시록 2:12~17)

1 기간 : A.D. 313~538년 (타협의 시대: 로마 황제인 콘스탄틴 황제가 그리스도교회로 개종한 이후, 그리스도교회는 로마 제국의 국교가 됨에 따라서 사람들의 인정과 인기를 추구하기 시작하였고 갑자기 수많은 이교도들이 콘스탄틴 황제를 따라서 개종하게 되었다. 교회는 새로 개종한 이교도들과 국가의 요구에 따라서 진리를 타협하게 되었다.)

2 이름의 의미 : 버가모라는 이름은 "성채, 요새"라는 의미를 가지고 있다. 정치와 종교가 서로 손을 마주 잡음으로 핍박이 중단되고 세속과 권력이 교회 안에 들어오자, 핍박의 시대에 굳건하게 지켜지던 믿음의 순결함은 잃어버리게 되었고 그에 따라 믿음의 성채는 무너지게 되었다. A.D. 313년, 콘스탄틴 황제가 그리스도교회를 국교로 선포한 이래 교회는 세속과 타협의 길을 걸었다. 그리스도께서는 버가모 교회를 위기로부터 구하기 위해서 일하시는 당신의 모습을 "**좌우에 날 선 검을 가지신 이**"로 나타내셨다(12절).

버가모 도시는 사단이 지배하는 종교의 본거지였다. 그리스도께서는 버가모 교회에게 말씀하셨다. "**네가 어디 사는 것을 내가 아노니 거기는 사단의 위(seat, 보좌)가 있는 데라**"(13절). 페르시아는 바벨론을 정복한 후, 바벨론에 속해 있던 버가모 도시의 시민들에게 자유를 허용하였다. 그리하여 바벨론이 멸망한 후에도 바벨론의 종교는 계속되었으며 바벨론 신전의 제사장들도 그들의 신앙을 계속 이어갈 수 있었다. 바벨론의 종교는 버가모를 통하여 나중에는 로마에까지 전달되었다. 버가모는 고대 바벨론과 로마 제국을 연결하는 중간 고리 역할을 하였다.

3 칭찬의 말씀 : "안디바가 너희 가운데 곧 사단이 거하는 곳에서 죽임을 당할 때에도 나를 믿는 믿음을 저버리지 아니하였도다"(13절).

비록 버가모 도시가 사단이 주도하는 바벨론 종교의 중심지이긴 했지만 하나님께서는 당신의 신실한 백성을 가지고 계셨다. 안디바(Antipas)는 버가모에서 순교당한 그리스도인들 중에 대표적인 인물이다. 안디바(Antipas)라는 이름에는 "Anti-대항하는, Papas-교부(교황)"이라는 의미가 담겨 있기 때문에, 그 당시 "교부에 대항하는 그리스도인들"을 일컬어 안디바(Antipas)라고 불렀다. 로마 제국이 그리스도교회를 국교로 인정하면서 교회는 사람들에게 더 많은 인정을 얻고 권력자들의 요구에 순응하기 위해서 타협의 길을 걸었다. 이러한 때에 안디바라고 불리던 소수의 그리스도인 그룹은 교회의 지도층 즉 교황권에 대해서 저항하였던 것이다. 타협과 세속의 길을 걷던 버가모 교회에 있어서 안디바는 하나님의 남은 백성(참 백성)을 대표하였다.

4 책망의 말씀 : 배도는 참으로 신속하게 발전해 나갔다! 제1세기 교회인 에베소 교회에 나타났던 "니골라당의 행위"가 버가모 교회에 와서는 "니골라당의 교훈"(doctrine, 교리)으로 발전되었다. **"네게도 니골라당의 교훈을 지키는 자들이 있도다"**(15절). 니골라당은 하나님의 말씀을 그리스와 로마의 관습, 철학 위에 세우려고 노력하였다. 니골라당의 인간적인 가르침은 교회 안의 부유층과 고등 교육을 받은 사람들에게 특히 많은 영향을 미쳤다. 니골라당의 가르침은 하나님의 말씀이 요구하는 고결한 표준을 사람들의 미묘한 철학적 논리와 이교 사상과 혼합시킴으로써, 하나님의 진리가 요구하는 바를 논리적으로 부인하도록 유도하였다. 인간의 의와 논리 위에 세워진 니골라당의 가르침이 버가모 교회 시대에 만연되었다. 사단은 에베소 교회 시대 이후 계속해서 니골라당의 핵심 교리인 "복음은 하나님의 율법을 지키는 의무로부터 그리스도인을 해방시킨다."라는 도덕률 폐기론을 통하여 그리스도의 교회를 공격해 왔던 것이다.

5 권면과 약속의 말씀 : "이기는 그에게는 내가 감추었던 만나를 주고 또 흰 돌을 줄 터인데 그 돌 위에 새 이름을 기록할 것이 있나니 받는 자밖에는 그 이름을 알 사람이 없느니라"(17절). 만나는 신약 성경에서 그리스도와 그분의 말씀을 상징한다(요 6:26~63). 우리가 날마다 그리스도께 나아가면 그분께서는 "생명의 떡"을 우리에게 나눠주셔서 우리의 품성과 생애를 그분과 같이 변화시켜 주신다. 우리가 생명의 떡인 그리스도의 말씀을 읽을 때, 우리는 우리의 영혼을 소생시키는 하늘의 만나를 먹는 경험을 하게 된다.

"흰 돌"에는 깊은 의미가 담겨 있다. 그 당시 법정에서 재판을 할 경우 흰 돌과 검정 돌을 사용해서 재판 결과를 나타냈다. 흰 돌은 무죄 석방을 의미하였고 검정 돌은 유죄를 의미하였다. 또한 노예가 자유인이 되었을 때에는 그에게 흰 돌을 주었는데, 때때로 새로운 이름이 그 돌 위에 새겨졌다. 그리고 흰 돌은 싸움에서 15번 이상 승리한 투사에게도 주어졌다. 흰 돌은 자유와 명예의 상징으로 사용되었다. 그러므로 "흰 돌"은 그리스도 안에서 죄와 세상을 승리한 그리스도인이 죄의 사슬에서 해방되고 하나님의 자녀가 되는 명예를 얻게 되는 것을 상징한다. 오늘날에도 오직 "흰 돌"을 받는 경험을 하는 사람만이 구원의 약속을 받게 되어 있다.

6. 두아디라 교회 (요한계시록 2:18~28)

1 기간 : A.D. 538년~16세기 초 (종교 암흑시대의 교회, 광야로 피신한 교회 : A.D. 538년, 유럽의 국왕들을 지배할 만큼 강력한 교황권의 세력이 확립됨에 따라서, 교황권은 교회가 제시하는 교리와 지시를 거절하고 성경이 말하는 진리를 고수하기로 선택한 그리스도인들을 직접적으로 핍박할 수 있게 되었다. 교회사 중에서 이 시기에 성경 진리가 가장 많이 왜곡되고 변질되었다. 두아디라 교회는 16세기 초에 종교 개혁 운동이 시작되기 전까지의 교회를

말하는데, 중세기의 종교 암흑시대 동안에 하나님의 참 백성은 산과 계곡으로 피신하여 진리를 고수하였다.)

❷ 이름의 의미 : 두아디라의 이름이 가진 의미는 "통탄스러운 희생"인데 이것은 이 시기를 대표하기에 너무나 적합한 의미이다. 교회 안으로 밀려 들어온 배도로 인하여 믿음의 단순성이 외적인 행함과 고행으로 대치되고 희생되었다. 교회 역사의 4번째 시기인 두아디라 교회 시대에 와서, 교회는 그리스도께서 주신 단순한 복음을 떠나서 복잡한 종교 의식과 인간 중보자와 인간 제사장 제도를 만들었다. 이 시기는 그리스도교회에 있어서 참으로 깊은 상처를 가져온 시기였다. 교회는 마음의 중심으로부터 우러나오는 회개의 신앙을 저버리고 죽은 행위와 의식을 신앙의 기초로 만들어 나갔다.

❸ 칭찬의 말씀 : 두아디라 교회에게 보내는 메시지를 말씀하신 분은 "**그 눈이 불꽃 같고 그 발이 빛난 주석과 같은 하나님의 아들**"로 묘사되었다(18절). 그리스도를 "하나님의 아들"이라고 부른 사실에 주의를 기울여 보자. 요한계시록 전체에서 그리스도를 "하나님의 아들"이라고 부른 곳은 바로 여기뿐이다. 중세기의 종교 암흑시대 동안에 하나님의 아들인 그리스도께서는 모든 인류를 위한 중보자의 위치를 교회 지도자들에 의해서 **빼앗기셨다**. 마리아라는 인간 중보자가 등장함으로써, 사람들은 그리스도께 직접 나가는 대신에 마리아라는 여인을 바라보도록 가르침 받기 시작했다.

두아디라 교회는 약 천 년에 이르는 가장 긴 기간의 교회의 역사를 차지하고 있는데, 역사가들은 그 기간을 종교 암흑시대라고 부르고 있다. 종교 개혁 운동에 의해서 두아디라 교회 시대는 그 종말을 고했다.

그리스도께서는 교황권의 핍박을 피하고 진리를 고수하기 위하여 광야로 도망간 그리스도인들을 칭찬하시면서, 특히 그들의 "나중 행위"를 칭찬하셨다. "**내가 … 아노니 네 나중 행위가 처음 것보다 많도다**"(19절). 두아디라 교회 시대가 끝나갈 무렵, 위대한 개혁자들 즉 루터, 낙스, 칼빈, 츠빙글리 등과 같은 성직자들이 유럽의 이곳저곳에서 일어나서 개혁 운동을 이끌어 나가기 시작하였다.

4 책망의 말씀 : 7개의 서신 가운데 가장 길고 강력한 책망의 말씀이 두아디라 교회에 보내졌다. "자칭 선지자라 하는 여자 이세벨을 네가 용납함이니 그가 내 종들을 가르쳐 꾀어 행음하게 하고 우상의 제물을 먹게 하는도다"(20절). 세속화되고 변질된 교회를 표상하기 위해서 이세벨만큼 적절한 표상은 없을 것이다. 이세벨은 페니키아의 여제사장이었는데, 이스라엘의 왕인 아합은 이세벨과 결혼함으로써, 바알 신이 이스라엘로 들어오는 문을 열어 놓았다. 이세벨은 결국 국권을 사용해서 이스라엘의 전체가 우상 숭배를 하도록 유도하였다. 바로 그러한 상황에서 엘리야 선지자가 아합 왕 앞에 나타나서 이스라엘의 배도를 책망하면서 3년 반 동안 이스라엘 땅에 비가 내리지 않는 대기근이 있을 것이라고 말하였지만, 아합 왕과 이세벨의 추종자들은 엘리야의 개혁의 호소를 듣지 않았다.

이스라엘의 왕인 아합과 이세벨의 결혼으로 말미암아 이스라엘 전체가 배도에 빠지게 되었던 것처럼, 우상 숭배와 이교 사상을 받아들인 두아디라 교회의 지도자들은 중세기 동안 교회에 주어졌던 엄청난 권력을 이용하여 각종 우상 숭배와 잘못된 교리를 백성에게 강요하였다. A.D. 538년, 저스티니안 로마 황제는 로마교회의 주교를 "이단자들을 교정하는 자"로 세웠는데, 교회는 이단을 박멸한다는 명분을 앞세워서 교회의 지시와 가르침을 거절하는 신실한 그리스도인들을 투옥하고 사형하기에 이르렀다.

이렇게 해서, 교회가 정치의 권력과 손잡고 사람들의 양심의 자유를 탄압하는 종교 암흑시대가 시작되었던 것이다. 그로부터 약 천 년 동안 교회는 영적인 대기근에 들어가게 되었다. 하나님께서는 높은 산과 계곡의 토굴 속으로 당신의 백성을 인도하셔서 보호하셨으며, 그들을 통하여 진리를 보존하고 개혁의 메시지를 전파하시면서 두아디라 교회에 회개할 기회를 주셨지만, 끝내 회개하지 아니하였다. **"내가 그에게 회개할 기회를 주었으되 그 음행을 회개치 아니하는도다"**(21절). 오히려 교회는 개혁 운동에 참여한 개신교도들에 대항하여 반 개신교 운동을 전개함으로써, 하나님께서 보내신 메시지를 보지 못하도록 수많은 사람들의 눈을 가리고 말았다.

5 권면의 말씀 : "너희에게 있는 것을 내가 올 때까지 굳게 잡으라"(25절). 이 말씀은 계시록에 나오는 첫 번째 재림에 대한 약속이다. 이 시기 동안, 어거스틴과 같은 사람은 성경의 위대한 진리인 부활에 관한 가르침을 크게 왜곡시켰다. 성경은 그리스도의 재림 시에 죽었던 몸이 실제적으로 부활하는 것으로 말하고 있음에도 불구하고, 어거스틴은 죽은 영혼이 몸을 빠져나와 부활하는 것으로 왜곡하여 가르쳤다.

6 약속의 말씀 : 이기는 자에게 그리스도께서는 **"만국을 다스리는 권세"**를 약속하셨다(26절). 교회가 엄청난 배도로 인하여 가장 길고 어두운 밤을 통과할 때에, 그리스도의 영께서는 하나님을 두려워하는 개혁자들을 일으키셨다. 위클립, 허스 등과 같은 개혁자들은 종교 개혁의 아침을 불러온 새벽별이었다. **"또 내가 그에게 새벽별을 주리라"**(28절).

요한계시록 3장 연구
chapter Three

제2장에 이어 3장에 나오는 일곱 교회들 중 나머지 세 교회에 대하여 연구해 보자. 3장에는 사데 교회와 빌라데비아 그리고 라오디게아 교회의 예언이 나온다.

1. 사데 교회 (요한계시록 3:1~6)

1 **기간** : 16세기 초~18세기 말엽 (종교 개혁과 분열의 교회: 종교 개혁 운동과 함께 진리와 단순한 믿음이 되살아나는 듯 했지만, 개혁의 정신이 사라지면서 개혁자들의 후예들은 각기 다른 교파를 만들어서 안주함으로써 개신교 운동이 분열되기 시작하였다.)

2 **이름의 의미** : "사데"라는 이름은 "남아 있는 것들" 또는 "새로운 것"을 의미한다. 사실상, 천 년이라는 길고 긴 배도와 박해의 시간을 통과하면서, 그리스도교회는 참된 신앙을 거의 모두 잃어버렸다. 그러나 하나님께서 정하신 시간이 되자 광야에 피신하였던 소수의 남은 무리(참 백성)와 개혁자들은 개신교회의 아침을 열었다. 이 시대에 역사하시는 그리스도의 모습이 "**일곱 영과 일곱 별을 가진 이**"로 표현된 것은 그리스도께서 성령과 당신의 개혁자

들을 통하여 무너졌던 진리를 회복할 것을 말하기 위함이다(1절).

❸ 칭찬과 책망의 말씀 : 사데 교회에 대한 칭찬의 말씀은 거의 찾아볼 수 없다. 사데 교회는 과거에 개혁자들이 이루어 놓은 영광에만 의존하여 존속하였다. 몇몇 살아 있는 것들도 거의 죽어 가고 있었다. 외적으로는 아직 살아 있는 것처럼 보이지만, 내적으로는 죽어 가고 있었다. 종교 개혁 이후, 여러 개신교회들이 그리스도교회의 신앙을 회복하는듯이 보였지만, 내적으로는 생명력을 잃고 죽어 가고 있었다. **"네가 살았다 하는 이름을 가졌으나 죽은 자로다"**(1절). 종교 개혁의 선구자들 덕분에 "살았다는 이름"을 가졌지만, 거의 죽게 된 상태에 이르렀다. 한때 그들이 개혁자들에게 들었고 받았던 신앙이 잊혀져 가고 말았다.

"네가 어떻게 받았으며 어떻게 들었는지를 생각하고 지키어 회개하라"(3절). 그러나 그러한 사데 교회 안에도 몇몇 소수의 그리스도인들은 부패되지 않은 신앙을 유지하였으며, 의의 흰옷을 입고 있었다. **"그러나 사데에 그 옷을 더럽히지 아니한 몇 명이 네게 있어 흰옷을 입고 나와 함께 다니리니 그들은 합당한 자인 연고라"**(4절). 대부분의 개신교회들이 내리막길을 달릴 때에도, 모라비안교도(개혁자 허스의 후예)와 퀘이커 교도(영국의 죠지 폭스의 후예)와 청교도들은 개혁의 정신을 유지해 나갔다.

사데 교회는 한때 진리의 빛과 약속을 가지고 시작하였지만, 곧 신학과 교리 분쟁에 골몰함으로써 형식주의에 빠지게 되었고 개혁 사업은 중단되고 말았다. 하나님께서는 인간의 믿음을 통하여 마음과 성품을 변화시킨다는 성경의 대진리가 신학적 분쟁과 논쟁에 의해서 깊이 파묻히고 말았다. 우리가 아무리 루터와 칼빈과 웨슬리의 후예라고 할지라도, 세상이 우리를 정통이라고 인정해 줄지라도, 우리 안에 살아 계신 그리스도의 영이 임재해 있지 않으면 그러한 인정과 역사들이 무슨 소용이 있는가?

종교 개혁자의 후예들은 자신들이 천주교회와의 투쟁에서 승리하였다고 생각하였다. 그래서 그들은 조직과 교단을 만들어서 안주하기 시작하였다. 루터와 낙스 같은 개혁자들에 의해서 시작된 위대한 개혁 사업이 이제는 사람들의 돈에 의해서 운영되는 공공 단체가 되어 버리고 말았다. 하나님의 말씀을 소유하고 있다는 자만심이 영혼을 병들어 가게 하였다.

그러나 하나님께서는 사데 교회 안에 있는 그리스도인들을 저버리지 않으셨다. 하나님께서는 영국에서 청교도들을 일으키셔서 신대륙인 미국에서 완전한 종교 자유를 가지고 그리스도교회의 신앙을 새롭게 시작할 수 있는 기회를 열어 주셨다.

2. 빌라델비아 교회 (요한계시록 3:7~13)

1 기간 : 18세기 말엽~19세기 중엽 (세계를 향하여 나간 선교의 시대)

2 이름의 의미 : 빌라델비아는 "형제의 사랑"이라는 의미를 가지고 있다.

3 칭찬과 책망의 말씀 : 빌라델비아 교회에는 전혀 책망의 말씀이 없다. 빌라델비아 교회의 이름이 의미하는 바처럼 이 교회는 정열과 아름다움으로 채워진 교회이다. **"내 말을 지키며 내 이름을 배반치 아니하였도다"**(8절). 사데 교회에는 전혀 없던 칭찬의 말씀이 빌라델비아 교회에 기록되어 있다. 빌라델비아 교회는 하나님의 말씀으로 영혼을 채우고 나가서 선교에 전념한 교회였다.

4 권면의 말씀 : 빌라델비아는 그리스도교회의 역사상 가장 전도 설교가 성한 시대였다. 요한 웨슬리, 조지 휫트필드, 요나단 에드워드 등과 같은 수많은 전도자들이 나와서 복음을 전파하였다. 특히, 웨슬리는 **"세계가 나의 전**

도 지역이다."라고 말함으로써 열렬한 선교 정신을 표현하였는데, 그는 칼빈이 주장한 구원받을 자는 이미 예정되었다는 "예정론"을 하나님의 말씀을 가지고 반대함으로써 그리스도교회의 신앙을 올바른 길로 회복시켰다.

그들의 이러한 전도 활동은 18세기의 끝을 밝혀 주었다. 그리스도께서는 이 기간의 교회를 위하여 세계를 향한 선교의 문이 열릴 것이라는 허락의 말씀을 남겨 두셨다. "**내가 네 앞에 열린 문을 두었으되 닫을 사람이 없으리니**"(8절). 유럽의 산업 혁명 이후로 교통 수단이 발달하기 시작하였으며, 공산주의가 미처 뿌리를 내리기 전인 이 시기야말로 온 세상의 문이 복음을 위해서 열려져 있던 때이다. 하나님의 섭리를 통하여 이 기간 동안에 거의 모든 지역에 선교사가 파송될 수 있었다. 윌리엄 캐리가 1793년에 인도에 갔으며, 로버트 모리슨이 1807년에 중국에 갔으며, 리빙스턴 뒤를 이어서 로버트 모펫은 1817년에 아프리카로 떠났다. 각 대륙에서 성서 공회가 조직되기 시작했으며, 주일 학교 운동이 전개되기 시작한 때도 이 무렵이다. 세계 선교를 위해서 교파와 국경을 초월해서 형제의 사랑을 나타낸 때가 바로 이때이다.

1780년 5월 19일은 암흑일(Dark day)로서 세계를 놀라게 만들었고 1833년에는 수많은 별들이 떨어짐으로써 다시 한 번 세계를 떠들썩하게 만든 후 세계는 그리스도의 재림과 말세에 대한 관심이 크게 고조되었으며, 성경이 말하는 예언에 대해서도 큰 관심을 갖게 되었는데 이것은 그리스도교회의 복음이 전파되는 일을 크게 도와주었다.

3. 라오디게아 교회 (요한계시록 3:14~22)

❶ 기간: 19세기 중엽 이후 ~ 예수 재림까지 (마지막 교회, 현대 기독교회)

❷ 이름의 의미 : 라오디게아의 뜻은 "백성을 심판하심"이다. 이 교회는 지

구 역사의 마지막에 나타나는 교회를 말한다. 그 이름이 의미하듯이 그리스도께서 재림하시기 전에 하나님을 믿는다고 공언하는 그리스도인들을 심판하는 시대의 교회가 라오디게아 교회이다.

❸ 칭찬의 말씀 : 두려운 사실은 마지막 교회인 라오디게아 교회에는 칭찬의 말씀이 전혀 없다는 것이다. 라오디게아 교인들은 세속적인 자기 만족의 정신에 빠져 있으며 영적 혼돈 속에서 방황하고 있다. 그리스도께서는 다음과 같은 말씀으로 당신의 책망을 표현하셨다. **"네가 차지도 아니하고 더웁지도 아니하도다"**(15절).

❹ 책망의 말씀 : **"네가 말하기를 나는 부자라 부요하여 부족한 것이 없다 하나 네 곤고한 것과 가련한 것과 가난한 것과 눈먼 것과 벌거벗은 것을 알지 못하도다"**(17절). 이 마지막 교회가 가지고 있는 가장 치명적인 문제는, 그리스도께서 보시기에는 너무나 비참한 상태에 놓여 있는데 라오디게아 교인들 자신은 너무나 부요해서 부족한 것이 없다고 생각하는 것이다. 이 교회는 뜨뜻미지근한데 그 상태는 차지도 않고 더웁지도 않은(믿는 것도 아니고 불신하는 것도 아닌) 상태이다.

라오디게아 교회는 부요하여 부족한 것이 없다고 자랑하는 교회의 시대 곧 마지막 시대인 현대 교회이다. 그러나 주님께서 보실 때, 곤고하고 가련하고 가난하고 눈멀고 벌거벗은 상태이다. 가장 비참한 형편인 것이다. 제일 무서운 영적인 형편은 자기 자신들은 부족한 것이 없다고 느끼는 상태로서 가장 잘못되어 있으면서 가장 옳바르다고 느끼고 있는 상태이다. 이 교회는 자기의 영적인 참 모습과 상태를 모르기 때문에 고침을 받으려 하지 않는다. 이 시대의 교회는 자신들이 영적으로 완전히 죽어 있는 상태에 있음에도 불구하고 자신들이 이미 구원받았다는 생각에 도취되어 있다. 성경을 가지고 있지만, 성경이 말하고 있는 진리에 대해서는 눈이 멀어 있으며 신앙은 병들어 죽어 가고 있다.

그리스도께서는 라오디게아 교회인 현대 기독교회의 신앙을 보시면서, "**미지근하여 더웁지도 아니하고 차지도 아니하니 내 입에서 너를 토하여 내치리라**"고 경고하고 계신다(16절). 예수 그리스도의 재림을 앞두고 가장 뜨거워야 할 이 마지막 교회가 가장 미지근한 상태 가운데에 놓여 있는 것이다. 그리스도께서는 "내가 네 행위를 아노니"라고 말씀하시는데 라오디게아 교인들인 우리는 자기 자신의 상태에 대해서 전혀 모르고 있는 것이다. 자신의 부족과 필요를 느껴야 구조의 도움을 요청할텐데 거의 완전한 자기 만족과 자기 기만 속에서 종교를 즐기고 있는 것이다. 이보다 더 위험한 비극이 있을까?

5 권면의 말씀 : 마지막 교회에 속한 교인들의 이러한 치명적 상태를 치료하기 위해서 그리스도께서는 다음과 같은 3가지 처방을 내려 주셨다. "**내게서 불로 연단한 금을 사서 부요하게 하고 흰옷을 사서 입어 벌거벗은 수치를 보이지 않게 하고 안약을 사서 눈에 발라 보게 하라**"(18절).

· **불로 연단한 금** : 용광로에서 연단되어 나온 금은 시련을 통하여 연단된 순결한 믿음을 의미한다. "**너희 믿음의 시련이 불로 연단하여도 없어질 금보다 더 귀하여**"(벧전 1:7), "**그가 나를 단련하신 후에는 내가 정금같이 나오리라**"(욥 23:10).

· **흰옷** : 성도들의 의를 나타냄. "**빛나고 깨끗한 세마포를 입게 하셨은즉 이 세마포는 성도들의 옳은 행실이라**"(계 19:8).

· **안약** : 양심을 민감하게 하고, 진리를 식별하고 깨닫게 하는 성령을 의미한다. "**너희 마음 눈을 밝히사 … 알게 하시기를 구하노라**"(엡 1:18,19), "**진리의 성령이 오시면 그가 너희를 모든 진리 가운데로 인도하시리라**"(요 16:13).

"안약을 발라 보게 하라."는 뜻은 양심을 민감하게 하고 진리를 식별케 하시는 성령의 역사를 받아들이라는 것이다. 우리가 성령의 은혜로 우리의 비참한 상태를 먼저 볼 수 있게 되어야 고침을 받게 된다. 우리는 우리의 곤고하고 가련하고 가난한 영적인 상태를 볼 수 있어야 한다. 우리는 우리의 자족한 상태에서 깨어나서 우리의 참된 영적 형편을 볼 수 있어야 하고, 의의 옷이 없이 벌거벗은 형편을 보아야 한다.

결국, 이 세 가지 처방을 종합하여 보면, 순결한 믿음을 통하여 그리스도의 깨끗한 의를 옷 입어서 성품이 변화되고 의로운 생활을 살며 성령의 감화를 통하여 진리를 분별하는 영적 눈을 뜨며 양심이 순결한 그리스도인이 되라는 치료의 말씀인데, 바로 이것이 마지막 시대에 살아남을 수 있는 유일한 비결이다.

라오디게아 교회 시대에는 예수께서 문밖에서 두드리시는 분으로 묘사되어 있다. 예수님이 문에 서 계시다는 것은 예수님의 재림의 임박성을 말하는 것이라고 할 수 있다. 또한 예수님을 믿는다고 하지만 주님을 마음 문밖에 세워 두고 있는 교회로서 개인적으로 예수 그리스도를 알지 못하는 상태를 말한다. 하나님께서는 구원을 강요하지 않으신다. 구원은 개인적인 경험이다. 주님의 말씀인 생명의 양식을 먹어야 한다. 남이 나를 대신해서 먹어 줄 수가 없다. 독자의 마음에는 예수께서 살아 계시는가?

❻ 약속의 말씀 : 구원은 언제나 개인적인 문제이다. 예수께서는 우리 각 개인에게 찾아오셔서 우리의 마음 문을 두드리겠다고 약속하셨다. 그리스도의 책망과 권면의 말씀을 받아들이는 사람마다 그리스도께 대하여 마음의 문을 열게 될 것이다. "내가 문밖에서 두드리노니 누구든지 내 음성을 듣고 문을 열면 내가 그에게로 들어가 그로 더불어 먹고 그는 나로 더불어 먹으리라"(20절). 예수께서 다시 오시기 전에 우리는 그분께서 우리에게 개인적으로 들려주시는 음성을 들어야 한다. 마지막 시대인 라오디게아 시대에도 오직 이기는

자들에게만 구원의 특권이 주어진다. "이기는 그에게는 내가 내 보좌에 함께 앉게 하여 주기를 내가 이기고 아버지 보좌에 함께 앉은 것과 같이 하리라 귀 있는 자는 성령이 교회에게 하시는 말씀을 들을지어다"(21, 22절).

* * *

　일곱 교회에 대한 예언은 기독교회가 세상 역사의 일곱 시대를 거쳐 나가는 영적 형편과 상태를 미리 보여 준 예언이다. 요한이 계시를 받을 당시 그 도시의 형편과 각 시대 교회들의 형편이 얼마나 잘 들어맞는가! 하나님의 놀라우신 지혜가 아닐 수 없다. 이제 교회는 순결하던 초대 교회 시대부터 시작하여, 핍박을 당하던 고난의 시대와, 타협하기 시작하며 연약해지던 시기와, 또한 배도하여 이교의 많은 오류의 가르침들을 교회에 불러들여 왔던 대타협의 시대를 거쳐, 종교 개혁과 선교 부흥의 시대를 지나서, 마지막 교회인 라오디게아 교회의 시대에 이르렀다. 예수께서 속히 오실 바로 이 마지막 교회의 시대에 우리가 살고 있는 것이다.

제4장 | 하나님의 보좌에 대한 계시

"이 일 후에 내가 보니…" 요한계시록 4장 1절

요한계시록
4장 연구

chapter Four

　앞에서도 언급했지만 모든 성경 말씀이 다 와서 만나는 결론의 책이 계시록이다. 이 책이야말로 마지막 시대를 사는 사람들에게 가장 중요한 책이다. 창세기는 인류가 어떻게 에덴동산을 잃어버렸으며 그 결과로 이 지구가 얼마나 타락하게 되었는가에 대하여 기록되어 있고, 성경의 마지막 책인 계시록은 이 지구가 그 잃어버렸던 에덴동산으로 회복되는 모습을 묘사하고 있다.

　서론에서 밝힌 것처럼, 계시록은 두 부분으로 나누어져 있다. 제1부는 1장~11장으로 예수님께서 부활하시고 승천하신 이후의 초대 교회서부터 예수 재림 때까지의 지구의 역사를 다루고 있고, 교회 안과 밖에서 일어나는 사건들을 일곱 시대로 나누어서 상징적인 언어로 예언하고 있는데 그것이 일곱 교회, 일곱 인, 일곱 나팔 예언들이다. 이 예언들은 교회 안에서 일어날 사건들과 상태들, 그리고 교회 밖 세상에서 일어날 사건들에 대하여 일곱 시대들로 나누어 순서대로 예언되어 있다.

　제2부는 12장~22장으로, 이 후반부 예언은 그 일곱 시대들 중, 마지막 시대에 해당하는 교회와 마지막 시대에 교회 밖 세상에서 일어날 일들에 대하여 집중적으로 예언하고 있다. 계시록 예언의 제1부가 초대 교회서부터 예수님의 재림 때까지 일곱 시대로 나누어서 사건별로 예언되어 있다면, 제2부는 이 지구의 마지막 시대에 초점을 맞추어 예언되어 있는데 우리는 계시록 후반부가 예

언하고 있는 바로 그 마지막 시대 중에서도 그 마지막 시간에 살고 있다. 예수님께서 오실 때가 가까웠다. 계속적인 이 예언 연구가 우리들에게 왜 우리가 정말 말세에 살고 있는지를 보여 줄 것이다.

4장에서는 계시록 4장과 5장에 기록되어 있는 하나님의 보좌와 그 앞에서 진행되고 있는 흥미진진하면서도 아주 중요한 예언을 연구할 것이다. 이 예언을 연구할 때 우리는 하나님의 영광의 보좌가 있는 곳을 들어가 보게 된다. 그런데 우리의 운명은 바로 이 하나님의 보좌 앞에서 진행되고 있는 심판에 의하여 결정되는 것이다.

1. 열린 문

계 4:1~5

"이 일 후에 내가 보니 하늘에 열린 문이 있는데 내가 들은 바 처음에 내게 말하던 나팔 소리 같은 그 음성이 이르되 이리로 올라오라 이 후에 마땅히 일어날 일들을 내가 네게 보이리라 하시더라 내가 곧 성령에 감동되었더니 보라 하늘에 보좌를 베풀었고 그 보좌 위에 앉으신 이가 있는데 앉으신 이의 모양이 벽옥과 홍보석 같고 또 무지개가 있어 보좌에 둘렸는데 그 모양이 녹보석 같더라 보좌에 둘려 이십사 보좌들이 있고 그 보좌들 위에 이십사 장로들이 흰옷을 입고 머리에 금관을 쓰고 앉았더라 보좌로부터 번개와 음성과 우뢰 소리가 나고 보좌 앞에 켠 등불 일곱이 있으니 이는 하나님의 일곱 영이라."

여기 보면, "하늘에 열린 문"이 있다고 기록되어 있다. 이 문은 하늘로 향하여 가는 문이 아니다. 하늘로 들어가는 문도 아니고 하늘에 있는 문이다. 그런데 하늘에 있는 문이 열리고 그 안으로 들어오라는 초청이 베풀어진다. 그리고 요한이 1장에서 나팔 소리 같은 음성을 듣고 돌아보니, 하늘 성소에서 일곱 금촛대 사이를 왔다갔다하는 예수님이 계셨다. 그것은 성소의 모습이었는데 하늘 성소의 첫째 칸이었다. 성소의 제도에서 뜰은 예수님의 지상 사역을 의미하고 금촛대와 떡상이 있는 성소 건물의 첫째 칸 성소는 예수께서 부활하시고 하늘에 올라가셔서 우리를 위하여 중보하시는 사역을 상징한다.

1장에서 요한은 그 하늘 성소 첫째 칸에서 봉사하시는 예수님을 보았다. 그런데 4장에서는 하늘 문이 열리며 올라오라는 초청이 주어진다. 여기서 이 문은 하늘 성소에 있는 문, 곧 성소와 지성소 사이에 있는 문을 말한다. 이것은 하늘 지성소 안으로 들어와서 그 안에서 일어나는 사건을 보라는 초청인 것이다.

2. "내가 곧 성령에 감동하였더니 보라 하늘에 보좌를 베풀었고"

이미 성령의 감동하에 있는 요한이 더 많은 성령의 감동을 통하여 하늘의 지성소 안으로 들어간다. 그랬더니 거기에는 "**하나님의 보좌가 베풀었고 그 보좌 위에 앉으신 이가 있는데…**" 이 장면의 내용은 다니엘 7장의 내용과 똑같다. "**내가 보았는데 왕좌가 놓이고 옛적부터 항상 계신 이가 좌정하셨는데.**"(단 7:9) 여기에는 "왕좌가 있는데"표현 대신, "왕좌가 놓이고"라는 표현이 쓰여졌고 영어로는, "the thrones were cast down"으로서, 계시록 4장 2절 "**하늘에 보좌를 베풀었고**"의 뜻과 같은 것이다. 이 뜻은 하나님의 보좌가 와서 놓여졌다는 뜻으로, 하나님의 보좌는 어디에나 베풀 수 있는 움직이는 보좌인 것을 알 수 있다. 에스겔의 계시에서 보면 하나님의 보좌는 움직이는 보좌였다. 왔다갔다하실 때마다 보좌가 따라다녔고, 네 생물 자체가 하나님께서 거하시는 보좌의 부분인 것을 알 수 있다. 에스겔 10장은 그 네 생물을 그룹 천사라고 말하고 있다.

3. 심판이 시작된 광경

그런데 왜 하나님의 보좌가 베풀어졌을까? 그 이유는 심판이 시작되었기 때문이다. 그 뒤를 이어 5장 1절에 두루마리 책들이 펴 있는 장면이 소개되는 것을 보아 이것을 알 수 있다. 다니엘서 9장 9,10절에도 같은 내용이 나오는데 이 책은 기록된 책들이다. 성경은 기록책들을 펴고 심판하시는 장면을 소개하고 있다.

또 다른 장의 말씀에도 이런 장면이 나온다. "내가 크고 흰 보좌와 그 위에 앉으신 이를 보니 땅과 하늘이 그 앞에서 피하여 간데 없더라 또 내가 보니 죽은 자들이 무론 대소하고 그 보좌 앞에 섰는데 책들이 펴 있고 또 다른 책이 펴졌으니 곧 생명책이라 죽은 자들이 자기 행위를 따라 책들에 기록된 대로 심판을 받으니 바다가 그 가운데서 죽은 자들을 내어 주고 또 사망과 음부도 그 가운데서 죽은 자들을 내어 주매 각 사람이 자기의 행위대로 심판을 받고 사망과 음부도 불 못에 던지우니 이것은 둘째 사망 곧 불 못이라."(계 20:11~13)

계시록 외의 신약 성경에도 심판에 대한 언급이 나온다. "이는 정하신 사람으로 하여금 천하를 공의로 심판할 날을 작정하시고."(행 17:31), "이는 우리가 반드시 그리스도의 심판대 앞에 드러나 각각 선악 간에 그 몸으로 행한 것을 따라 받으려 함이라."(고후 5:10), "하나님의 집에서 심판을 시작할 때가 되었나니 만일 우리에게 먼저 하면 하나님의 복음을 순종치 아니하는 자들의 그 마지막이 어떠하며."(벧전 4:17) 그런데 왜 요한복음 5장에는 예수를 믿는 자들은 심판에 이르지 않는다고 했을까? 그것은 심판을 받을 때에 정죄를 당하지 않는다는 뜻이다.

4. 보좌에 앉으신 하나님의 모습

요한이 본 하나님의 모습은 다른 성경에 기록된 모습과 똑같다. 하나님의 모습은 벽옥과 홍보석같다고 쓰여 있는데 벽옥은 다이아몬드를 말한다. 금강석처럼 맑게 빛나는 하나님의 모습에서 붉은 홍보석 같고 레이저 광선 같은 빛이 비추어 나오는 광경을 요한은 본 것이다. 또 그 보좌는 무지개가 둘린 녹보석 곧 에메랄드 같다고 쓰고 있다. 녹색은 은혜를 상징하는 색깔이며 천연계의 색깔이다. 무지개는 햇빛과 비가 같이 어울릴 때에 생겨나는 것이다. 즉 무지개는 햇빛이 물방울을 통과하면서 만들어지는 것이다. 비가 없으면 무지개가 없다. 그것처럼 우리는 시련 속에서 하나님의 사랑을 깨닫는 것이다.

무지개는 노아 홍수 후 하나님의 약속으로 주어졌다. 무지개는 하나님의 사랑과 공의가 같이 어울려 있는 것을 상징하는 것이다. 시편 85장 10절에는 **"긍휼과 진리가 같이 만나고 의와 화평이 서로 입맞추었으며"**라고 되어 있다. 사랑의 무지개가 두르고 있는 하나님의 보좌, 하나님의 사랑과 공의가 어우러진 이 은혜의 보좌 앞으로 우리는 때를 따라 돕는 은혜를 얻고자 담대히 나아가야 한다.

5. 보좌에 앉은 이십사 장로

요한은 계시에서 하나님의 보좌 주위에 24 보좌들이 있고 그 보좌에 이십사 장로들이 앉아 있는 것을 보았다. 그들은 의로움을 상징하는 흰옷을 입고 왕권을 상징하는 금면류관을 쓰고 앉아 있었다. 그런데 이들은 천사들이 아니다. 그렇다면 이들이 누구인가? 이들은 지상에서 구원받은 자들이다. 먼저 부활하여 승천한 자들이다. 계시록 5장 9절에 보면, "**…일찍 죽임을 당하사 각 족속과 방언과 백성과 나라 가운데서 사람들을(킹 제임스 성경 −"우리를"로 번역) 피로 사서 하나님께 드리시고**"라고 되어 있다. 언제 이들이 하늘에 올라갔는가? 죽었다가 부활하여 올라갔다. 영혼만 살짝 빠져나와서 하늘에 올라간 것이 아니다. 영혼 불멸설은 잘못된 것이다. 죽었다가 살아나서 부활 승천한 의인들이라는 것을 다음 성경 절들이 증명한다.

마 27:50~53 "예수께서 다시 크게 소리 지르시고 영혼이 떠나가시다 이에 성소 휘장이 위로부터 아래까지 찢어져 둘이 되고 땅이 진동하며 바위가 터지고 무덤들이 열리며 자던 성도의 몸이 많이 일어나되 예수의 부활 후에 저희가 무덤에서 나와서 거룩한 성에 들어가 많은 사람에게 보이니라."

엡 4:8 "그러므로 이르기를 그가 위로 올라가실 때에 사로잡힌 자를 사로잡고 사람들에게 선물을 주셨다 하였도다."

또한 이십사 장로들은 하늘 성소에서 대제사장이신 예수님을 받들어서 봉사하는 제사장들이다. 옛날 이스라엘의 성소에서 봉사하는 제사장들의 반열들이 24 반열(그룹)이었다. 계시록 5장 8절에 보면, "…**이십사 장로들이 그 어린양 앞에 엎드려 각각 거문고와 향이 가득한 금대접을 가졌으니 이 향은 성도의 기도들이라**"는 말씀이 있다. 그들이 향로를 들고 있는데 그 속에 성도들의 기도들이 있다고 말한다. 그들은 심판대 앞에서 예수님과 함께 있는 배심원들(Jury)이다. 이세상에 있는 인간들을 심판하려면, 인간으로서 살다가 마귀의 시험과 유혹들을 경험해 본 자들만이 인간을 이해할 수 있으므로 공정한 증인이 될 수가 있고 공정한 심판을 할 수 있는 것이다.

6. 일곱 영

계 4:5 "보좌 앞에 켠 등불 일곱이 있으니 이는 하나님의 일곱 영이라."

보좌 앞에 켠 등불 일곱은 하나님의 일곱 영이라고 설명하고 있다. 이것은 이 세상의 모든 것을 살피시고 아시는 성령의 기능을 상징한다.

7. 보좌 주위의 네 생물

계 4:6~11

"보좌 앞에 수정과 같은 유리 바다가 있고 보좌 가운데와 보좌 주위에 네 생물이 있는데 앞뒤에 눈들이 가득하더라 그 첫째 생물은 사자 같고 그 둘째 생물은 송아지 같고 그 셋째 생물은 얼굴이 사람 같고 그 넷째 생물은 날아가는 독수리 같은데 네 생물은 각각 여섯 날개를 가졌고 그 안과 주위에는 눈들이 가득하더라 그들이 밤낮 쉬지 않고 이르기를 거룩하다 거룩하다 거룩하다 주 하나님 곧 전능하신 이여 전에도 계셨고 이제도 계시고 장차 오실 이시라 하고 그 생물들이 보좌에 앉으사 세세토록 살아 계시는 이에게 영광과 존귀와 감사를 돌릴 때에 이십사 장로들이 보좌에 앉으신 이 앞에 엎드려 세세토록 살아 계시는 이에게 경배하고 자기의 관을 보좌 앞에 던지며 가로되 우리 주 하나님이여 영광과 존귀와 권능을 받으시는 것이 합당하오니 주께서 만물을 지으신지라 만물이 주의 뜻대로 있었고 또 지으심을 받았나이다 하더라."

여기 보면, 보좌 가운데와 보좌 주위에 네 생물이 있다고 나온다. 이 말은 보좌를 가운데로 하고 그 주위에 있다는 뜻으로서 네 생물이 하나님의 보좌를 떠받들고 있는 모습을 말하는 것이다. 그런데 네 생물의 앞뒤에 눈이 가득하다고 표현되어 있다. 이것은 모든 것을 살피는 기능을 표현하는 말이다. 그리고 네 생물의 모습은 각각 사자, 송아지, 사람 얼굴, 독수리 같다고 요한은 말한다. 그들은 쉬지 않고 찬양을 하고 있다.

그런데 왜 네 생물이 보좌 주위에 있을까? 그 이유는 네 생물의 특성 곧 사자의 힘, 송아지의 인내, 사람의 지성, 독수리의 신속함이 예수 그리스도의 특성을 잘 표현해 주고 있기 때문이다. 옛날 신학자들도 이 네 생물의 속성을 예수님의 속성으로 적용하였다. 이 예수 그리스도의 특징은 신약의 4복음에 표현되어 있다. 마태복음은 왕되신 예수님을 강조하고 족보가 다윗 자손임을 강조하고 있다. 사자는 동물의 왕이므로 왕을 상징한다. 마가복음은 종으로 오셔서 섬기시는 예수를 나타내었다. 마치 그것은 종처럼 봉사하시는 예수님의 모습을 온유하고 섬기는 송아지로 표현한 것과 같다. 또한 누가복음은 그리스도를 인간 예수로 표현하고 족보가 아담의 아들임을 강조하고 있으며 인자라는 단어가 많이 등장한다. 그러므로 이는 사람의 얼굴을 가진 생물의 특성과 들어맞는다. 요한복음은 예수님을 영원한 말씀이시요 창조주이신 하나님으로 즉 신성으로 묘사하고 있다. 그러므로 그 의미를 독수리로 상징한 것이다. 이렇듯 예수님의 네 가지 특성을 다 지니고 있는 네 생물은 상징적이라고 할 수 있다. 옛날 유대인들의 역사책에 보면, 이스라엘 백성이 진을 칠 때에 사방에 네 깃발을 꽂는데 그 깃발은 사자, 송아지, 사람 얼굴, 독수리 등의 네 깃발이었다고 한다. 이렇게 예수님의 특성을 나타내는 네 생물과 이십사 장로가 보좌 주위에서 항상 쉬지 않고 찬양을 하고 있다. "거룩하다, 거룩하다!"라고…. 하나님의 사랑과 능력에 감격하여 그들은 쉬지 않고 찬양하는 것이다.

제5장 | **하나님 보좌 앞에서의 심판**

요한계시록 5장 연구
chapter Five

제4장에서 우리는 네 생물과 이십사 장로가 하나님의 보좌에서 찬양을 하는 모습에 대하여 살펴보았다. 그런데 5장에서도 하나님의 보좌와 네 생물들과 이십사 장로가 나오는 장면이 계속된다. 함께 연구하여 보자.

계 5:1~10

"내가 보매 보좌에 앉으신 이의 오른손에 두루마리가 있으니 안팎으로 썼고 일곱 인으로 봉하였더라 또 보매 힘 있는 천사가 큰 음성으로 외치기를 누가 그 두루마리를 펴며 그 인을 떼기에 합당하냐 하나 하늘 위에나 땅 위에나 땅 아래에 능히 그 두루마리를 펴거나 보거나 할 자가 없더라 그 두루마리를 펴거나 보거나 하기에 합당한 자가 보이지 아니하기로 내가 크게 울었더니 장로 중의 한 사람이 내게 말하되 울지 말라 유대 지파의 사자 다윗의 뿌리가 이겼으니 그 두루마리와 그 일곱 인을 떼시리라 하더라 내가 또 보니 보좌와 네 생물과 장로들 사이에 한 어린양이 서 있는데 일찍이 죽임을 당한 것 같더라 그에게 일곱 뿔과 일곱 눈이 있으니 이 눈들은 온 땅에 보내심을 받은 하나님의 일곱 영이더라 그 어린양이 나아와서 보좌에 앉으신 이의 오른손에서 두루마리를 취하시니라 그 두루마리를 취하시매 네 생물과 이십사 장로들이 그 어린양 앞에 엎드려 각각 거문고와 향이 가득한 금대접을 가졌으니 이 향은 성도의 기도들이라 그들이 새 노래를 불러 이르되 두루마리를 가지시고 그 인봉을 떼기에 합당하시도다 일찍이 죽임을 당하사 각 족속과 방언과 백성과 나라 가운데에서 사람들을 피로 사서 하나님께 드리시고 그들로 우리 하나님 앞에서 나라와 제사장들을 삼으셨으니 그들이 땅에서 왕 노릇 하리로다 하더라."

1. 하나님의 손에 있는 책

위의 성경 절을 읽어 보면 보좌에 앉으신 이 곧 하나님의 손에 일곱 인으로 봉한 두루마리 책이 있는 것을 알 수 있다. 도대체 하나님의 손에 있는 이 책은 무슨 책일까? 이 책은 우리 인류의 구속과 밀접한 관계가 있는 책이다. 그런데 요한이 이 일곱 인으로 인봉된 책을 펴 볼 자가 없는 것을 보고 울자, 네 생물들과 장로들이 요한에게 어린양이신 예수께서 이 두루마리를 열 것이라고 위로하는 장면이 나온다. 그다음 예수께서 이 책을 받으시니 네 생물과 이십사 장로와 나중에는 천사들까지 합하여 주님을 찬양하는 일이 일어난다.

일곱 인으로 봉함된 이 책은 무슨 책일까? 일곱 인으로 봉한 이 책은 유대인들이라면 다 알 수 있는 책인데, 그것은 땅문서 책이다. 그것은 바로 이 지구의 땅문서인 것이다. 인류가 죄로 이 땅을 마귀에게 넘겨주므로 마귀가 지배하는 세상이 되었다. 그러자 예수께서 우리 인류의 죄를 대속하시고 이 땅을 원래의 주인인 인류에게 다시 회복시켜서 되돌려주시려고 오신 것이다. 원래 이스라엘 나라에서는 땅은 영원히 사고팔지 못하게 되어 있다. 만일 가난하여 땅을 팔게 되었으면 희년 때까지만 그 소유가 산 사람에게 있었고 그 후에는 원 주인에게 다시 되돌려주게 되어 있었다.

이러한 땅문서를 만들 때에는 그 동네의 장로들이 증인들로 와서 입회를 한 후에 자기들의 인장들을 그 문서 두루마리 위에 찍어서 봉인을 하게 되어 있는 것이다. 그런 후에 그 땅을 다시 무르거나 매매를 하게 될 경우에는 그 증인들이 다시 와서 자기 인장들을 떼어 내면서 땅문서를 다시 펼칠 수 있게 만드는 것이 그 당시의 풍습이었다.

옛날 이스라엘의 풍습을 보면, 어떤 사람이 가난하여서 땅을 팔아 넘기게 될 때 그 사람의 가장 가까운 친척이 그의 빚을 갚아 주고 다시 땅을 사서 그 사람에게 도로 물러 주었다. 그렇게 땅을 되찾아 주는 사람을 "기업을 무르는 자"라고 불렀다. 예레미야 32장에 보면, 예레미야가 자기 조카 하나멜의 땅을 은 십칠 세겔로 물러 주는 이야기가 나온다. "내 숙부의 아들 하나멜의 아나돗에 있는 밭을 사는데 은 십칠 세겔을 달아 주되 증서를 써서 인봉하고 증인을 세우고 은을 저울에 달아 주되 증서를 써서 인봉하고 증인을 세우고 은을 저울에 달아 주고 법과 규례대로 인봉하고 인봉치 아니한 매매 증서를 내가 취하여 … 만군의 여호와 이스라엘의 하나님이 이같이 말씀하시기를 너는 이 증서 곧 인봉하고 인봉치 않은 매매 증서를 취하여 토기에 담아 많은 날 동안 보존케 하라."(렘 32:9,10,11,14) 땅문서는 인봉한 것과 인봉치 않은 것 두 개(하나는 원본, 하나는 사본)가 있었다.

2. 하나님의 공정한 심판

예수께서 우리를 위하여 우리의 가장 가까운 친척이 되셔서 우리의 기업을 무르는 자가 되셨다. 주님께서 당신의 보혈로 우리의 죗값을 치르시고 마귀로부터 이 지구를 도로 사 주시는 것이다. 그러나 이것은 법과 규례를 따라서 해야 한다. 왜냐하면 거기에는 마귀의 고소가 있기 때문이다. 하나님의 심판은 공정한 심판이다. 하나님께서 인류를 구속하시기 위해 독생자 예수 그리스도를 주셔서 죄를 다 대속해 주셨지만 그 대속을 받은 사람들이 정말 모든 죄를 회개하고, 용서받고, 죄를 버리고 정결케 되었는지, 또 그 사람들이 다시 영원히 살 수 있는 성품을 가지고 있는지, 다시는 하나님의 법을 어기지 않고 살 수 있는 성품이 준비되어 있는지 공개적으로 조사하고 심판하셔야 한다.

이때 그 증서에 인을 친 증인들이 필요한 것이다. 그 증인들로서 미리 부활하여 혹은 살아서 승천하여 하늘에 올라가 있는 이십사 장로들이 보좌 주위에 있는 것이다(예: 에녹, 엘리야, 모세 같은 자들). 그런데 보면, 그 책은 글씨가 안팎으로 써져 있고 일곱 인으로 봉하여진 것을 알 수 있다. 즉 더 이상 쓸 자리가 없을 만큼 충분히 기록되어 있는 것이다. 하나님의 심판은 공의로우시다. 모든 정상과 입장을 철저히 알고 참작하시는 공정한 심판이다. 증인들로 삼으시기 위해서 이십사 장로들 즉 이 지구에서 죄 가운데 살다가 구속을 얻은 의인들을 데리고 올라가신 것이다. 이 장로들은 이 세상에서 살다가 죄에서 구속을 받아 의롭게 그리고 순종하는 자들로 변화된 증인들이다.

하나님께서는 마귀의 고소에 대하여 합당한 증거를 제시하셔야 지구의 구속을 끝내실 수가 있다. 십자가에서 구속이 시작되었다. 그러나 예수께서 영광의 구름을 타시고 이 땅에 오셔서 우리를 영원히 살도록 회복시켜 주실 때에야 비로소 구속 사업이 완전히 이루어지는 것이다. 하나님께서 하늘 성소에서 이 지구의 구속 사업을 이루시는 때에, 하늘의 증인들 즉 네 생물과 이십사 장로와 천천만만 천사들 앞에서 책을 펴실 때에 하나님의 심판과 구원이 공의롭다는 것이 증명되어야 한다.

하나님께서 슬쩍 죄인들을 구원하여 데리고 올라가시는 것이 아니다. 온 우주 앞에 공개적으로 기록책들을 펴시고 하나님의 판단이 옳은지 아닌지를 다 볼 수 있도록 심판하신다. 그 사람이 진실로 회개한 사람인지, 다시 하늘로 데려와도 안전할 만큼 진실로 십자가의 은혜로 변화된 사람인지, 새로운 마음을 받은 자인지 살피셔야 한다. 변화된 증거는 하나님의 뜻에 굴복하고 순종하는 품성이다.

3. 일곱 인을 떼시는 일

그래서 하나님의 오른손에 있는 책을 펴시는 것이다. 그 문서에 있는 인들, 일곱 인들을 떼실 때마다 이 지구에 있는 하나님의 교회에 있는 사건들이 공개되고 심판되는 것이다. 마태복음 5장에 있는 팔복 가운데, **"온유한 자는 복이 있나니 저희가 땅을 기업으로 받을 것임이요"** 라는 말씀이 있다. 이 땅이 회복되고 우리가 그것을 기업으로 받을 일은 미래에 있을 것인데, 그 땅을 기업으로 받을 품성이 있어야 하는 것이다. 그 완전한 구속의 날이 이를 때까지 인을 떼는 일이 있을 것이며 그 인들을 떼실 때에 일련의 사건들이 보여지는 것이다. 주님께서 이 땅을 완전히 구속하실 날이 점점 가까이 오고 있다. 일곱 인의 사건들은 일곱 교회의 시기들과 동일하다. 우리는 지금 마지막 일곱째 인의 시대에 살고 있다. **"이런 일이 되기를 시작하거든 일어나 머리를 들라 너희 구속이 가까왔느니라."**(눅 21:28)

다시 강조하자면, 이 지구의 땅문서를 떼실 때에 이 세상에 있는 하나님의 백성이 하나님의 나라에서 살 수 있는 자격을 갖추었는지, 정말 하나님의 백성 같은 마음들을 가지고 있는지, 그들이 마귀에게 속한 자들인지, 아니면 하나님 나라에 속한 사람들인지, 땅을 회복할 때에 그 속에 있는 백성이 누구에게 속한 자들인지 먼저 조사해야 한다는 것이다. 그래서 그 조사를 요한계시록 22장 11,12절에는 이렇게 묘사하고 있다. **"불의를 하는 자는 그대로 불의를 하고 더러운 자는 그대로 더럽고 의로운 자는 그대로 의를 행하고 거룩한 자는 그대로 거룩하게 하라 보라 내가 속히 오리니 내가 줄 상이 내게 있어 각 사람에게 그의 일한 대로 갚아 주리라."** 심판을 집행하기 전에 먼저 조사하는 일이 있어야 한다.

요한이 하나님 아버지의 오른손에 있는 그 책을 펼 자가 보이지 않으므로 크게 울었다. 그것은 이 지구의 운명이 달린 큰 문제였기 때문이었다. 그때 장로 중 하나가, 유다 지파의 사자 다윗의 뿌리가 이기었으니 이 책과 그 인을 떼시리라고 말한다. 죽임을 당한 것 같은 어린양, 그분은 예수님이시다. 예수님은 상처를 가지고 계신다. 우리를 위하여 찔리시고 못 박히신 사랑의 상처를….

4. 일곱 눈과 일곱 뿔

"그에게 일곱 뿔과 일곱 눈이 있으니 이 눈들은 온 땅에 보내심을 받은 하나님의 일곱 영이더라"(계 5:6). 일곱 뿔, 일곱 눈은 능력과 모든 것을 아는 지혜가 있으심을 상징한다. 또 일곱 눈은 온 땅에 보내심을 입은 일곱 영이라고 했다. 이 세상에 구원받을 수 있는 모든 자들을 살피시고 도우신다는 표현이라 하겠다. 우리와 같은 인간의 몸을 쓰시고 태어나 모든 시험과 유혹을 견디시고 승리하신 예수님만이 심판자가 되실 수가 있다. "우리에게 있는 대제사장은 우리의 연약함을 체휼하지 아니하는 자가 아니요 모든 일에 우리와 한결같이 시험을 받은 자로되 죄는 없으시니라 그러므로 우리가 긍휼하심을 받고 때를 따라 돕는 은혜를 얻기 위하여 은혜의 보좌 앞에 담대히 나아갈 것이니라."(히 4:15,16)

우리와 같이 되셔서 이 땅에서 살아 보신 예수께서는 우리를 어떻게 도우실 줄을 아신다. 동시에 공평한 심판자가 되실 수가 있다. "이는 우리가 다 반드시 심판대 앞에 드러나 각각 선악 간에 그 몸으로 행한 것을 따라 받으려 함이라."(고후 5:10), "이는 정하신 사람으로 하여금 온 천하를 공의로 심판할 날을 작정하시고…"(행 17:31), "아버지께서 아무도 심판하지 아니하시고 심판을 다 아들에게 맡기셨으니 … 또 인자됨을 인하여 심판하는 권세를 주셨느니라."(요 5:22,27)

그러므로 예수께서 책을 취하시자 네 생물과 이십사 장로 그리고 온 하늘 천사들이 찬양하는 장면이 나오는데, 그들이 찬양하는 내용은 다음과 같다.

계 5:11~14

"내가 또 보고 들으매 보좌와 생물들과 장로들을 둘러선 많은 천사의 음성이 있으니 그 수가 만만이요 천천이라 큰 음성으로 이르되 죽임을 당하신 어린양은 능력과 부와 지혜와 힘과 존귀와 영광과 찬송을 받으시기에 합당하도다 하더라 내가 또 들으니 하늘 위에와 땅 위에와 땅 아래와 바다 위에와 또 그 가운데 모든 피조물이 이르되 보좌에 앉으신 이와 어린양에게 찬송과 존귀와 영광과 권능을 세세토록 돌릴지어다 하니 네 생물이 이르되 아멘 하고 장로들은 엎드려 경배하더라."

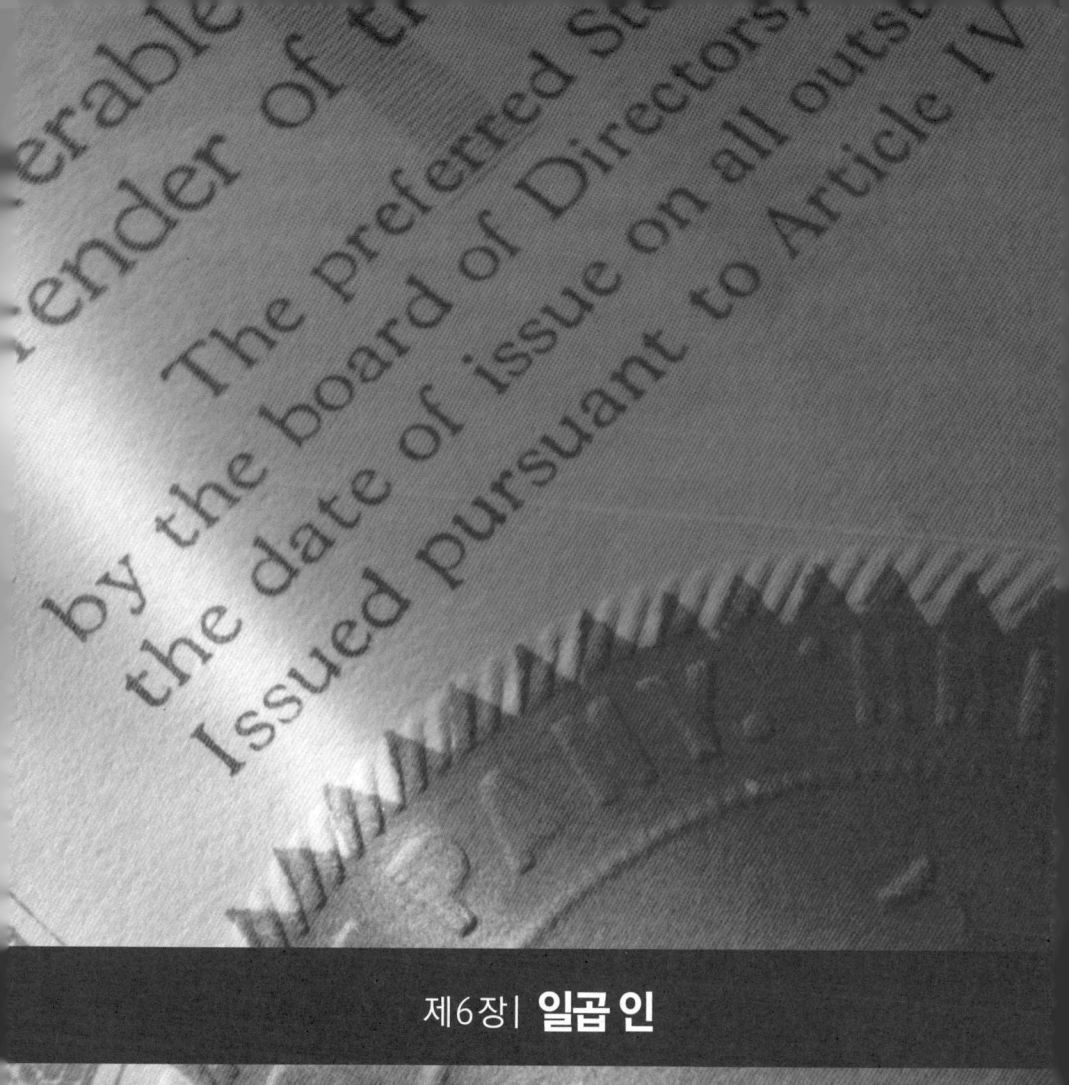

제6장 | **일곱 인**

요한계시록 6장 연구

chapter Six

성경에 나오는 예언을 연구해 보면, 하나님께서 그분의 사랑하는 자녀들을 위해 미래에 이루어질 사건들을 미리 알려 주신 것을 알게 됨으로 매우 감격하고 흥분하게 된다. 그중에서도 우리가 지금 어느 시대에 살고 있는지를 알려주는 예언에 대한 연구는 우리 그리스도인들의 신앙을 북돋아주고 용기를 주어 가까이 다가온 예수 그리스도의 재림을 준비하게 한다. 요한계시록에는 여러 가지 의미심장한 예언들이 많이 나온다. 제6장에서는 일곱 인에 대한 예언이 나와 있다. 이 일곱 인은 언뜻 보면 이해하기 힘든 주제같이 느껴지지만, 그 의미를 하나 하나 짚어가며 연구해 보면 그리 어렵지 않을 것이며, 이 예언 연구는 우리가 살고 있는 시대가 어떤 시대인지를 깨닫게 함으로 신앙이 크게 경성함을 얻게 되고 놀라운 은혜를 얻게 할 것이다.

1. 6장의 일곱 인의 연구를 시작하면서

계시록 6장에 나오는 일곱 인은 우리 그리스도인들에게 있어서 아주 의미심장하고 중요한 예언이다. 이 예언 연구를 통하여 우리는 미래의 일어날 사건 즉 이 세상에 일어날 마지막 사건까지 총망라하여 알 수 있게 되기 때문이다. 연구를 시작하기 전에 먼저 살펴볼 것이 있다. 일곱 인에는 네 말 탄 자가 나오는데, 이 말 탄 자에 대한 상징이야말로 계시록 예언 중에서 가장 많은 관심의 대상이었고 가장 많은 여러 가지 해석들이 적용되어온 예언이다.

이 예언은 3세기 즉 주후 200~300년 사이에 살던 그리스도인들이 읽고 많은 위로를 얻었던 예언이다. 로마의 디오클레시안 황제 시대의 핍박으로 A.D. 303년도에 순교당한 Victorinus라는 그리스도인이 있었는데, 그가 쓴 요한계시록의 전체에 대한 주석이 지금까지 전해져 내려오고 있다. 그는 계시록의 흐름을 반복적인 것으로 해석했는데, 그것은 중요한 관점이다. 계시록에 나오는 사건들은 계속적으로 이어지는 사건들이 아니다. 그것은 오히려 반복적인 각도에서 기록된 것이라고 할 수 있다. 다시 말해서, 같은 시대에 있는 사건들을 다른 각도에서 반복적으로 기록한 것이다. 그래서 일곱 인과 일곱 나팔은 같은 일곱 교회의 시대 동안 일어나는 사건들이다. 서로 다른 시대가 아닌 같은 시대에 일어나는 것이다.

일곱 교회는 예수님 승천 후, 초대 교회 시대부터 재림 때까지의 교회 안의 영적 상태를 예언한 것이고, 일곱 인도 같은 일곱 교회 시대 동안의 교회의 특징들 그리고 세상에서 일어나는 사건들을 다룬 예언으로서 예수님 재림 때까지 연결되는 이변들을 다룬 예언이다. 또한 일곱 나팔도 일곱 교회나 일곱 인과 같은 시대에 일어날 예언으로서, 그 동시대들 동안 세상 나라들에서 일어나는 전쟁들과 사건들에 대해서 그려진 예언인 것이다. 그러므로 우리가 지금 공부하려는 일곱 인은 지난번 공부한 일곱 교회의 시대들과 같은 시대들 동안에 일어나는 사건들이다.

다시 강조하지만 연구하면서 기억해야 할 점은, 계시록의 예언들은 계속적으로 이어지는 사건들이 아니라 반복적인 방법으로 기록된 것이라는 점이다. 하나님께서 예언을 주신 목적이 무엇인가? 왜 예언을 주셨을까? 다음의 성경 절들은 그 이유를 잘 설명해 주고 있다.

요 14:29 "이제 일이 이루기 전에 너희에게 말한 것은 일이 이룰 때에 너희로 믿게 하려 함이라."

요 16:4 "오직 너희에게 이 말을 이른 것은 너희가 그때를 당하면 내가 너희에게 이 말한 것을 기억나게 하려 함이요."

예언은 우리로 하여금 미래를 미리 알아맞추거나 점치도록 하기 위한 것이 아니라, 예언된 사건들이 이루어지는 것을 보면서 하나님의 말씀에 신뢰를 갖게 하기 위한 것이다. 하나님만이 시작부터 마지막까지를 알고 계시다는 사실 앞에 우리는 겸손하게 무릎을 꿇게 되는 것이다. 자, 이제 사도 요한이, 하나님 보좌 앞에서 천천만만 천사들과 네 생물과 이십사 장로들과 함께 어린양이신 예수께서 책을 펴시고 심판을 시작하시는 광경을 보고 기록한 말씀을 살펴보자.

5장 설명에서 배웠듯이, 이 책은 이 지구의 땅문서이다. 그리고 그 장면은 하나님의 성도들에게 과연 이 땅을 다스릴 권세가 다시 주어질 수 있는 것인지를 조사하는 장면인 것이다. 이 조사하는 심판은 온 우주 앞에서 공개적으로 열어지는 공개적인 심판으로서, 모든 하나님을 믿는 자들의 성품을 조사하는 일이다.

요한계시록에는 일곱 교회와 일곱 인과 일곱 나팔에 대한 예언이 나온다. 이 일곱 교회와 일곱 인과 일곱 나팔은 평행선상으로 함께 흘러가는 일곱 시대에 걸쳐서 일어나는 사건들에 대한 예언이다.

2. 일곱 인에 대하여

사도 요한은 계시에서 보좌에 앉아 계신 하나님의 오른손에 일곱 인으로 봉함된 책이 있는 것을 보았다. 그 책은 아주 중요한 책 같아 보였고 누군가가 빨리 봉해진 인을 떼고 그 책을 펴야 할 것같이 생각되었다. 그러나 그 인을 뗄 사람이 없자 그는 안타까워서 울었다. 그때, 어린양이 등장하여 인을 떼시는 장면을 보았다. 그런데 하나씩 인을 뗄 때마다 이상한 장면이 보이는 것이었다. 그것은 하늘로부터 네 말 탄 자가 달려오는 광경이었다. 이 일곱 인의 예언은 하나님께서 예수 그리스도의 승천 이후 시작된 초대 교회부터 재림까지의 교회들을 심판하시는 것을 뜻한다.

❶ 인이란?

고대의 여러 가지 중요한 문서들은 권한이 없는 사람이 펴서 읽는 것을 막기 위해 그 문서에 봉인을 하는 일이 많았다. 이것을 가리켜 "인"이라고 했다. 두루마리인 경우에는 그 둘레에 상하로 끈을 감고 축축한 진흙 덩어리를 끈 위에 덮어씌운 다음, 인으로써 음각된 소인이나 인장을 그 진흙 무더기 위에 찍었다. 진흙 대신에 밀납을 사용하는 일도 많았다. 개인은 물론 정부 관리들과 사업 단체들도 인으로 도장을 사용했는데, 도장에는 주인의 이름이 음각되어 있었고 때로는 이교 신들이나 이상한 짐승들의 모양을 새기기도 했다. 특히 증서(권리증), 계약서, 서약서, 유언서 같은 문서들은 날인을 일곱 개나 했다.

❷ 인을 뗀다는 의미란?

"내가 보매 어린양이 일곱 인 중에 하나를 떼시는 그때에…"(계 6:1).

여기 보면 "인을 뗀다"는 표현이 나온다. 이것은 유대인들의 관습을 알면 이해하기 쉬운 표현이다. 유대인들이 조상으로부터 물려받아 가지고 있던 땅을 사정이 여의치 않아 팔게 되는 경우, 그들은 일곱 증인들을 불러 땅문서를 인봉하여 그것과 함께 팔았다. 만일 그 땅을 본래의 주인에게 돌리려면 돈을 갚고 그 땅문서를 인봉할 때 있던 증인들을 불러 그 앞에서 인을 떼어야 했다. 그래야 그 땅을 다시 소유할 수 있게 되었다. 증인들은 그 마을의 장로들이었다. 성경에서 잠깐 인을 떼는 실례를 들어 보자.

실례 1) 예레미야의 이야기

예레미야 32장에 보면 예레미야가, 유대 사람들이 지금은 바벨론의 침입으로 포로로 잡혀가지만 하나님께서 유대 나라와 그들의 땅을 회복시켜 주실 약속을 믿는 예증으로 조카를 시켜 장래를 위하여 땅을 사고 그 문서에 인봉하는 이야기가 나온다.

실례 2) 룻의 이야기

룻기에 보면 기업을 무르는 이야기가 나온다. 룻과 그녀의 시어머니인 나오미가 다시 유대 땅으로 돌아오자, 그들의 땅(기업)을 물려줄 사람이 필요하게 되었다. 유대인의 풍습에는 가장 가까운 친척이 기업을 물려 주게 되어 있었다. 마침 자비로운 보아스는 그들을 불쌍히 여겨 그들의 기업을 물러 준다.

그러므로 하나님의 손에 있는 책에서 인을 뗀다는 의미는 지구의 땅을 물러 준다는 의미이다.

❸ 누가 인을 떼는가?

어린양 되신 예수 그리스도께서 인을 떼신다. "어린양이 나아와서 보좌에 앉으신 이의 오른손에서 책을 취하시니라 책을 취하시매 네 생물과 이십사 장로들이 어린양 앞에 엎드려 … 새 노래를 노래하여 가로되 책을 가지시고 그 인봉을 떼기에 합당하시도다 일찍 죽임을 당하사 각 족속과 방언과 백성과 나라 가운데서 사람들을 피로 사서 하나님께 드리시고…"(계 5:7~9).

위의 성경 구절을 보면 네 생물과 이십사 장로들이 새 노래로 어린양이신 예수 그리스도께서 인을 떼시기에 합당하심을 찬양하는 장면이 나온다. 오직 어린양 되신 예수 그리스도만이 인을 떼기에 합당하시다.

❹ 왜 어린양만이 일곱 인들을 떼실 수 있는가?

인간이 범죄함으로 말미암아 이 지구는 사단에게 빼앗겼다. 아담은 창조될 때에 지구를 통치할 지위에 세워졌으나 유혹에 굴복함으로 그는 사단의 지배 아래 들어갔다. "누구든지 진 자는 이긴 자의 종이"(벧후 2:19) 된다. 사람이 사단의 포로가 되었을 때 그가 가졌던 통치권은 그의 정복자에게 넘어갔다. 그는 원래 아담에게 주어진바 되었던 지상의 통치권을 찬탈하였다. 아담과 하와는 사단의 말을 듣고 하나님의 말씀보다 그를 신뢰하고 섬기기로 선택하므로 이 지구의 통치권을 사단에게 빼앗긴 것이었다.

하나님의 율법을 범하여 죽게 된 인류를 구하고 잃어버린 이 지구를 되찾기 위해 누군가가 그 값을 치러야 했다. 사람뿐만 아니라 지구도 죄로 말미암아 악한 자의 권세 밑으로 들어갔었다. 그리하여 이 지구와 그 안에 속한 사람들을 구속하시기 위해 그리스도께서 죄의 형벌 값을 치르시고 그의 피로 이 지구를 사심으로 말미암아 사람을 구속하실 뿐만 아니라 사람이 잃었던 통치권도 되찾으셨다. 계시록에 나타난 하나님의 손에 들린 책에 인봉되었던 일곱 인을 다 떼시고 모든 구속의 역사가 끝나면 예수께서 재림하실 것이며, 이 땅의 주인행세를 하던 사단은 영영한 죽임을 당할 것이다. 그리고 하나님의 능력으로 땅이 새롭게 되고 죄와 슬픔에서 해방되어 그것이 구속 받은 자들의 영원한 거처가 될 것이다. 그러므로 이 구속의 역사를 이루시기 위해 일찍이 죽임을 당하신 어린양만이 인을 떼기에 합당하시다.

❺ 인을 떼는 일은 어떻게 이루어지는가?

그리스도인이라면 익히 잘 알고 있는 사실이지만, 하나님께서는 심판하실 때 아무도 모르게 슬쩍 하지 않으시는 것을 알 수 있다. 그러므로 인을 떼는 일 즉 각 시대의 교회의 죄악과 타락을 심판하시는 일도 하나님 혼자 하시는 것이 아니고, 조사 심판을 통해 그 심판이 공의롭고 적합한 것인지를 온 우주에 드러내신다. 그렇기 때문에 인을 하나씩 뗄 때마다 그 시대의 교회의 형편과 모습들이 적나라하게 펼쳐지는 것이다. 아울러 그런 일들이 드러날 때, 각 시대의 교회에 있던 당신의 순결한 백성 곧 하나님의 참 자녀들과 성도들을 인치시는 것이다.

3. 일곱 인에 나타나 있는 비밀

일곱 인의 성경 절을 보면, 예수께서 인을 하나씩 떼실 때마다 네 생물 중의 하나가 우뢰 같은 음성으로 "오라"라고 소리치고, 그러자 말이 한 마리씩 달려 나오는 것을 알 수 있다. 첫째 인을 뗄 때는 흰 말이 나오고, 둘째 인을 뗄 때는 붉은 말, 그리고 셋째는 검은 말, 넷째 인 때는 청황색 말이 나온다. 이것은 그 시대마다 교회와 그 가운데 있는 교인들을 심판하시는 것을 표상한다.

❶ 첫째 인 : 흰 말 시대 (승리의 시대)

> **계 6:1~2**

"내가 보매 어린양이 일곱 인 중에 하나를 떼시는 그때에 내가 들으니 네 생물 중에 하나가 우레 소리같이 말하되 오라 하기로 내가 이에 보니 흰 말이 있는데 그 탄 자가 활을 가졌고 면류관을 받고 나가서 이기고 또 이기려고 하더라."

첫째 인을 뗄 때 나오는 흰 말은 순결과 승리를 상징한다. 흰색은 순결을 상징한다. 이 교회는 순결한 시대인 초대 교회 즉 사도 교회를 상징하며, 면류관을 쓰고 말을 탄 자는 교회를 주장하시는 예수 그리스도를 상징한다. 그분은 나아가서 교회를 통하여 복음으로 세상을 정복하여 이기고 또 이기었다. 로마 시대에는 전쟁에서 승리한 장군이 개선할 때에 흰 말을 타고 오는 것이

전통이었다. 그러므로 흰 말은 순결한 사도 교회뿐만 아니라 승리하는 교회를 상징한 것이었다. "**여호와여 주께서 말을 타시며 구원의 병거를 모시오니 … 주께서 활을 꺼내시고 살을 바로 발하셨나이다.**"(합 3:8,9)

역사가 Edward Gibbon씨가 쓴, "History of the Decline and the Fall of the Roman Empire" 15장을 보면, 초대 교회 당시 로마에 있는 그리스도인들의 숫자는 약 5만 명 이상이었고, 또 소아시아 지방의 안디옥에 있던 그리스도인들의 수는 10만 명으로서 그 도시의 5분의 1이었다고 한다. 그 당시 로마 제국 안에 있던 그리스도인 수는 약 500만 명이었다고 한다. 그러므로 바울은 이렇게 말할 수 있었던 것이다. "**첫째는 내가 예수 그리스도로 말미암아 너희 모든 사람을 인하여 내 하나님께 감사함은 너희 믿음이 온 세상에 전파됨이로다.**"(롬 1:8), "**…이 복음은 천하 만민에게 전파된 바요 나 바울은 이 복음의 일꾼이 되었노라.**"(골 1:23)

이 성경 절은 말 탄 자가 면류관을 쓰고 활을 가지고 이기고 또 이기려고 한다고 언급하고 있다. 이것은 이교의 세력을 이기고 복음을 세상에 전하는데 승리하고 악의 세력을 이기며 잘 싸운 초대 교회를 잘 대표한다. 제1세기에 하나님의 교회는 오류가 아무것도 섞이지 않은 순수한 진리, 곧 예수 그리스도께서 가르치신 그대로 보존된 진리를 가지고 있었다. 그 교회는 오순절 성령의 충만하심을 경험했으며, 성령의 능력으로 악을 정복하며 복음으로 세상을 쳐서 이기는 능력의 교회로 존재하였었다.

❷ 둘째 인 : 붉은 말 시대 (핍박 시대)

> 계 6:3~4

"둘째 인을 떼실 때에 내가 들으니 둘째 생물이 말하되 오라 하더니 이에 붉은 다른 말이 나오더라 그 탄 자가 허락을 받아 땅에서 화평을 제하여 버리며 서로 죽이게 하고 또 큰 칼을 받았더라"

이제 요한은 장면이 바뀌는 것을 보게 되었다. 두 번째 달려 오는 말의 색깔은 붉은색이었고 이 말을 탄 자는 칼을 받아 쥐고 있었으며 서로 죽이는 일을 감행하고 있었다. 붉은 말은 전쟁과 피 흘림을 상징한다. 이 시대는 서머나 교회처럼 핍박의 시대였다. 그리고 교회 안에 첫사랑이 식었다고 성경은 말하고 있다. 서로 질투하고 시기하는 일과 당파가 생겼다. 교회는 순결을 잃기 시작하였고 큰 칼, 큰 핍박이 왔다. 교회가 붉은 피를 많이 흘린 시대였고 외부의 핍박으로 고난을 받던 시대이기도 했다.

둘째 인에서의 붉은 말은 주후 2, 3세기 및 4세기 초반 곧 서머나 교회와 같은 기간에 하나님의 백성을 핍박한 로마 정부의 피비린내 나는 박해를 묘사한다. 하나님은 붉은색을 이용하여 전쟁과 살육과 피 흘림을 묘사하신다(계 32:6,11, 겔 46:10, 나 2:3). 이 붉은 말은 핍박 시대를 상징하였다. 그 시대는 사단이 교회를 무섭게 공격하는 시대였다. 교회는 순교자들의 피로 붉게 물들이게 되었다. 수많은 그리스도인들이 콜로세움의 원형 극장에서 야수들의 밥으로 또는 화형대의 이슬로 사라져 갔다. 또한 유럽과 북부 아프리카 지방에서도 많은 그리스도인들이 무자비한 핍박과 죽음을 당하였는데, 그 기간은 역사가들에 의하여 A.D. 100 ~ A.D. 323년으로 추정하고 있다.

❸ 셋째 인 : 검은 말 시대 (타협의 시대)

계 6:5~6

"셋째 인을 떼실 때에 내가 들으니 셋째 생물이 말하되 오라 하기로 내가 보니 검은 말이 나오는데 그 탄 자가 손에 저울을 가졌더라 내가 네 생물 사이로서 나는 듯하는 음성을 들으니 가로되 한 데나리온에 밀 한 되요 한 데나리온에 보리

석 되로다 또 감람유와 포도주는 해치 말라 하더라."

셋째 인에서 요한은 검은 말을 보게 되었는데, 그 말 탄 자는 손에 저울을 가지고 있었다. 그것은 무엇을 상징하는 것일까? 이 시대는 교회가 검은 세력에게 즉 악의 세력에게 굴복했던 시기였다. 순결하고 의로웠던 교회가 깊이 타락하여 떨어진 것을 상징한다. 이 시대는 세속주의와 돈을 사랑함이 교회를 채우고, 이교의 오류가 교회 안에 들어와 순결한 진리들을 대치하기 시작한 시대였다.

핍박이 그치자 기독교회는 갑자기 로마 제국의 공식적인 종교가 되었다. 그러더니 기독교인들과 이교도들의 융화 정책의 일환으로 콘스탄틴 황제가 표면적으로 기독교로 개종하면서 황제의 추천에 따라 수많은 이교도인들이 기독교로 개종하기 시작하였다. 그리고 콘스탄틴 황제의 융화 정책에 의하여 그리스도교와 이교가 합해지게 되었고 기독교의 교리는 타협하게 되었다. 그리하여 이교적인 풍습과 전통들이 교회 안에 가득 들어오게 된 것이다. 슬픈 사실은 교회 자체가 이교도들을 수용한다는 명제 아래 이교적인 풍습들을 수용하기 시작한 것이었다. 로마의 교회는 교회의 감독에게 정치적 권위를 주었고 이때 로마교는 천주교회가 되어 교황권이 시작되었으며 이교에서 들어온 의식들이 천주교회의 의식들이 된 것이다.

이렇게 교회에 들어온 이교의 풍습들 중의 하나가 우상 숭배였다. 십계명에 금지된 우상들을 들여오면서 그 이름들과 모습들을 바꾸고 성경적인 냄새가 풍기게 하려고 베드로, 요한, 바울과 같은 형상들로 만들어 교회 안에 들여와 세우기 시작한 것이었다. 주피터 신의 이름은 베드로로 바꾸고 다산 신을 상징한 여신은 그 이름을 예수님의 어머니인 마리아로 바꾸었을 뿐이었다.

또 다른 하나의 타협은 성경의 안식일 문제였다. 창세기에는 하나님께서 창조의 기념일로 안식일을 제정하시어 복 주시고 거룩하게 하시며 쉬셨다고 기록되어 있다. 하나님께서는 안식일을 십계명 속에 포함시키시고 친히 당신의 손가락으로 돌비 위에 "**안식일을 기억하여 거룩하게 지키라**"고 기록하여 두셨다(출 20:8). 예수께서도 안식일에 교회에 참석하심으로 하나님의 안식일 준수에 대한 모본을 남기어 두셨고, 주님의 제자들과 사도 바울은 예수님의 십자가 이후에도 여전히 안식일을 준수해 온 사실을 성경은 말씀하고 있다(눅 4:16, 행 17:1-3, 18:1-4 참조).

성경 다니엘서에는 앞으로 교회가 정부의 힘과 연합하여 하나님의 율법을 바꾸려고 할 것이라는 놀라운 예언이 이미 기록되어 있었다. "**지극히 높으신 자를 대적하며**", "**지극히 높으신 자의 성도를 핍박하며**" 또한 "**때와 법을 변개코자 할 것**"이라는 놀라운 예언을 하나님께서는 선지자를 통하여 다니엘 7장 25절에 기록하여 두셨다.

태양 신 숭배는 로마 제국에서 인기 있는 종교였다. 그래서 교회와 국가는 이교도인들을 수용하고 비위를 맞추고자 예배일을 태양 신을 섬기는 일요일로 변경하기에 이른 것이다. 일요일에 예배를 드리면, 그 당시 미움을 받고 있었던 유대인들과 거리를 두게 되고 또한 이교도인들이 기독교로 개종할 때에 훨씬 편안하게 느끼도록 만들 수 있었기 때문에 일거양득의 효과를 가져올 수가 있었다. 그러나 한 가지 문제가 있다. 성경의 계명은 여전히 "**안식일을 기억하여 거룩히 지키라**"고 말하고 있다.

말 탄 자의 손에 있는 저울은 정부의 법을 다스리는 권위를 상징한다. 저울은 법의 권위를 상징하는 것인데, 법정에 가면 저울 그림들이 걸려 있는 것을 볼 수 있다. 이것은 교회의 지도자에게 정치와 종교의 권위가 둘 다 주어진 것을 상징한다. 이 시대는 하나님의 말씀 보다는 인간의 전통과 가르침들이 세력을 얻던 시대였다. 교회 안에는 지옥설, 영혼 불멸설, 연옥설, 고해성사, 성자 숭배, 하나님의 계명을 바꾸는 일, 예배드리는 날짜를 바꾸는 일 등등 많은 진리의 타협이 들어왔다. 이때는 인간의 의견이 성경보다 더 권위를 얻었던 때였고 미신과 종교 의식이 진정한 영적 경험을 대치하던 때였다.

"**가로되 한 데나리온에 밀 한 되요 한 데나리온에 보리 석 되로다 또 감람유**

와 포도주는 해치 말라 하더라." 한 데나리온은 그 당시 한 어른이 일하여 받는 하루 품삯이었다. 원래 한 데나리온을 가지고 밀 다섯 되를 살 수 있어야 하는데, 한 데나리온으로 밀을 한 되밖에 살 수 없다고 말하고 있으며 또 보통 한 데나리온으로 보리 스물네 되를 살 수 있어야 하는데 석 되밖에 살 수 없다고 하는 것은 심각한 기근, 심각한 가난과 경제 위기, 특히 영적인 기근을 상징한다. 이 중세기 동안에 기독교회는 심각하게 타락하고 영적인 기근이 들어 신자들이 적은 양의 영적 음식밖에 얻지 못하였다. 진리보다는 인간의 전통과 오류가 판을 치는 시대를 잘 상징하는 말이다. 그러나 "감람유"로 상징된 성령의 역사는 여전히 존재하고 있었다. 포도주(포도즙)는 예수님의 가르침을 상징한다. 참 진리를 믿는 자들이 조금 남아 있었다.

"너희 목마른 자들아 물로 나아오라 돈 없는 자도 오라 너희는 와서 사 먹되 돈 없이 값없이 와서 포도주와 젖을 사라"(사 55:1). 사실, 오늘날도 심각한 진리의 기근의 시대이다. 교회들은 많지만, 그리고 교회가 겉으로 많이 성장한 것 같지만, 영적으로 성경적인 참된 진리가 고갈되어 있는 상태이다. 인간적 가르침들이 성경의 진리를 대신한다.

이 네 말 탄 자의 계시는 교회 역사에 대한 생생하고 적나라한 묘사이다. 하나님께서는 당신의 교회에 어떠한 일들이 일어날 것에 대하여 미리 아시고 이렇게 예언하여 두신 것이었다. 교회는 인을 차례로 하나하나 뗄 때마다 그들의 있는 그대로의 모습을 다 드러내었다. 그리고 하나님께서는 그 교회에 대한 심판을 내리시고, 또한 그 교회 안에 존재한 당신의 신실한 백성에게 하나님의 소유라는 인을 치셨다.

검은 말 시대의 교회는 참으로 타협의 시대였다. 진리가 저울에 달려서 부족함으로 드러난 시대였다. 그 시대는 복음의 빛 대신 어두움이 교회를 뒤덮어 이교적인 미신적 풍습들이 교회 안으로 밀려 들어 온 그러한 시대였다. 영적 암흑은 복음의 밝은 빛과 정반대가 되는 죄요, 배도요, 오류이다. 이렇게 교회가 정치와 손잡게 되었을 때, 세속적인 길을 걷다가 종국적으로는 심한 어두움과 부패에 빠지게 되었다. 이 검은 말은 수백만의 이방인이 그 거짓 교리와 행습을 교회 안으로 도입한 버가모 교회와 동일한 기간을 대표한다.

❹ 넷째 인 : 청황색 말 시대 (영적 죽음의 시대)

계 6:7~8

"넷째 인을 떼실 때에 내가 넷째 생물의 음성을 들으니 가로되 오라 하기로 내가 보매 청황색 말이 나오는데 그 탄 자의 이름은 사망이니 음부가 그 뒤를 따르더라 저희가 땅 사분 일의 권세를 얻어 검과 흉년과 사망과 땅의 짐승으로써 죽이더라."

끝으로 요한은 청황색 말이 달려오는 것을 보게 되었다. 청황색은 시체의 색깔이다. 이것은 검은색보다 더한 색이다. 나뭇잎이 햇빛을 받지 못하고 죽으면 청황색으로 변한다. 이것은 의의 태양이신 예수님에게서 떠나고 원래 사도들의 가르침에서 멀리 떠난 교회, 의의 태양 빛인 예수 그리스도의 순결한 진리의 빛이 파고들어 갈 수 없게 되어 버린 교회, 그리고 그 교회가 영적으로 완전히 죽어 있던 시대를 상징한다. 그 시대는 성직자들이 오히려 오류를 가르치고, 성경대로 믿기로 작정하는 자들을 교회의 권위로 핍박하고 출교시키던 시대였고, 교황권의 횡포의 시대였다. 옛날 로마 나라가 기독교를 없애려고 핍박하였으나 실패하자 마귀는 이제 교회 안에 들어와서 타협과 오류와 거짓을 들여오고, 교황권 세력을 통하여 참된 진리와 진실된 자들을 죽이고 핍박하는 일에 성공하게 되었다. 그 당시에 수천만 명의 순교자가 생겼다.

그래서 그 말 탄 자의 이름이 "사망"이었다. 그 뒤에는 음부(무덤)가 뒤를 따르고 있었다. 어떻게 된 것인가? 교회가 영적으로 죽은 것이다. 더 이상 하나님의 교회는 예전과 같은 교회가 아니었다. 한 때 흰색으로 상징되었던 순결하였던 교회가 이제는 죽음의 사신이 뒤를 따르는, 영적으로 완전히 죽어버린 교회가 된 것이다.

이 시대는 교회가 1260년간이라는 긴 종교 암흑시대에 처했던 시기였다. 이 시기 동안 하나님의 진리는 교황권에 의하여 짓밟혀지고 인간의 유전과 인간이 만든 교리가 교회를 가득 채웠다. 성경의 순수한 진리를 믿고 하나님께서 베푸신 구원의 방법으로 구원을 얻는다고 믿는 신실한 성도들은 종교재판소에 끌려가 죽임을 당했으며, 로마의 교황권이 파는 면죄부를 사지 않으면 죄를 용서받을 수 없는 영적으로 참담한 시기였다. 하나님의 참 자녀들인 수많은 순교자들이 이단자라는 죄목으로 화형 당하였고, 하나님의 진리를 고수하고자 신실한 사람들은 생명과 재산과 그들의 안일한 삶을 포기해야 하는 시대였다.

이 교황권의 중세기 핍박에 대하여 성경은 이렇게 예언들을 해 놓았다. "내가 본즉 이 뿔이 성도들과 싸워 이기었더니 … 그가 장차 말로 지극히 높으신 자를 대적하며 또 지극히 높으신 자의 성도를 괴롭게 할 것이며 그가 또 때와 법을 변개코자 할 것이며 성도는 그의 손에 붙인 바 되어 한 때와 두 때와 반 때를 지내리라"(단 7:21,25). "이는 그때에 큰 환난이 있겠음이라 창세로부터 지금까지 이런 환난이 없었고 후에도 없으리라 그날들을 감하지 아니할 것이면 모든 육체가 구원을 얻지 못할 것이나 그러나 택하신 자들을 위하여 그날들을 감하시리라"(마 24:21,22). "짐승이 입을 벌려 하나님을 향하여 훼방하되 그의 이름과 그의 장막 곧 하늘에 거하는 자들을 훼방하더라 또 권세를 받아 성도들과 싸워 이기게 되고 각 족속과 백성과 방언과 나라를 다스리는 권세를 받으니"(계 13;6,7). 이때에 많은 순교자들이 생겼다. 그러나 하나님께서는 그들을 존중하실 것이다. 그래서 다섯 번째 인에 죽은 자들이 등장하는 것이다.

❺ 다섯째 인 : 순교자들의 울부짖음

계 6:9~11

"다섯째 인을 떼실 때에 내가 보니 하나님의 말씀과 저희의 가진 증거를 인하여 죽임을 당한 영혼들이 제단 아래 있어 큰 소리로 불러 가로되 거룩하고 참되신 대주재여 땅에 거하는 자들을 심판하여 우리 피를 신원하여 주지 아니하시기를 어느 때까지 하시려나이까 하니 각각 저희에게 흰 두루마기를 주시며 가라사대 아직 잠시 동안 쉬되 저희 동무 종들과 형제들도 자기처럼 죽임을 받아 그 수가 차기까지 하라 하시더라."

다섯째 인에는 이상한 장면이 나오는데, 그것은 제단 아래서 하나님을 위하여 죽임을 당한 영혼들이 부르짖는 장면이다. 이렇게 울부짖고 있는 이 영혼들은 과연 누구인가? 그것은 혼인가? 아니면 진짜 사람들인가? 함께 공부해 보기로 하자.

A. 이 영혼들은 누구인가?

이 성경 구절을 보면 제단 앞의 영혼들은 "땅에 거하는 자들을 심판하여 우리들의 피를 신원하여 주지 아니하시기를 어느 때까지 하시려나이까?"하며 부르짖고 있다. 이것은 중세기 때에 진리로 인하여 순교를 당한 자들의 울부짖음이 상징적으로 기록된 것이다. 이 영혼들은 종교 암흑시대에 죽임을 당한 수많은 순교자들과 종교 개혁자들을 가리키며 진리를 지키고 진리를 위하여 싸우다가 죽은 자들을 상징한다.

B. 제단 아래 있는 영혼들은 실제로 살아 있는가?

성소에는 제단이 두 가지가 있다. 성소 안의 분향단과 성소 뜰의 번제단이 있는데, 성소 뜰의 번제단 밑에 제물들의 피를 쏟았다. 여기 진리를 위하여 죽임을 당한 영혼들이 부르짖고 있는 것은 상징이라고 보아야 한다. 창세기 4장 10절에 보면, 하나님께서 **"가라사대 네가 무엇을 하였느냐 네 아우의 피 소리가 땅에서부터 내게 호소하였느니라"**고 가인에게 하신 말씀이 나온다. 이것은 진짜로 아벨의 피가 하나님께 말한 것이 아니라 상징으로 말씀하신 것이다. 전도서 9장 5절에는 **"무릇 산 자는 죽을 줄을 알되 죽은 자는 아무것도 모르며…"** 라고 되어 있으며, 시편 6장 5절에는 **"사망 중에는 주를 기억함이 없사오니…"** 또 시편 146장 4절에는 **"그 호흡이 끊어지면 흙으로 돌아가서 당일에 그 도모가 소멸하리로다"**라고 쓰여 있다.

감리교회의 주석가인 Adam Clarke 박사의 저서인 "다니엘과 요한계시록의 예언들" 433쪽에 보면, "요한은 상징적인 계시 가운데서 제단을 보았다. 그 아래 있는 영혼들은 하나님의 말씀 때문에 순교를 당한 그리스도인들로서 우상 숭배와 미신적인 오류의 가르침들 때문에 금방, 바로 얼마 전에 새롭게 희생당한 자들을 표상하고 있다. 이 제단은 지구, 이 땅에 있는 것을 말하는 것이지 하늘에 있는 제단을 말하는 것이 아니다."라고 쓰여 있다.

또한 장로교회의 주석가인 Albert Barnes 목사의 저서인 "신약 성경 해석 9권(계시록 주석), 171쪽에는 "우리는 이 제단 밑의 영혼들에 대하여 실제 문자적 그대로 일어난 일로 보아서는 안 된다. 요한은 제단 밑에 있는 순교 당한 자들을 본 것으로서 이 모습은 상징으로 기록된 것이다. 우리는 하늘에 있는 자들이 실제로 자기들을 해한 자들을 심판해 달라고, 혹은 보복하여 달라고 기도하고 있다고 생각해서는 안될 것이다."라고 쓰여 있다. 그러므로 우리는 이 장면의 계시가 넷째 인 시대 곧 종교 암흑시대 당시에 핍박으로 죽은 자들이 많다는 사실을 알려 주고 있다는 것을 알아야 할 것이다.

C. 흰 두루마기란 무엇을 상징하는가?

여기에 나오는 장면을 보면, 하나님께서 부르짖는 영혼들에게 **"각각 저희에게 흰 두루마기를 주시며 … 아직 잠시 동안 쉬되 저희 동무 종들과 형제들도 자기처럼 죽임을 받아 그 수가 차기까지 하라" 하시는 말씀이 나온다. 이것은 하나님께서 이 순교자들에게 주님의 의를 상징하는 흰옷을 주시는 것을 가리킨다. 흰옷은 이 순교자들을 위한 승리를 암시한다(계 19:8, 3:5). 그들은 억울하게 누명을 뒤집어쓰고 죽임을 당하였다. 성경의 진리와 순수한 신앙을 지켰으나 이단자로 몰려 잔인한 죽임을 당하였다.

그러나 그들은 하늘에서 큰 상급을 받을 것이다. 이 땅에서 그들은 마치 범죄자처럼 취급당했으나 하늘에서는 가장 순결한 의의 상징인 흰옷을 입을 것이다. 그런데 그들은 이미 승리를 획득했지만 아직도 예수님께서 다시 오셔서 당신의 모든 성도들에게 상을 주실 때까지 잠시 무덤에서 쉴(잠잘) 것이었다(히 11:39,40).

계시록 7장 13,14절에 보면, "장로 중에 하나가 응답하여 내게 이르되 이 흰옷 입은 자들이 누구며 어디서 왔느뇨 내가 가로되 내 주여 당신이 알리이다 하니 그가 나더러 이르되 이는 큰 환난에서 나오는 자들인데 어린양의 피에 그 옷을 씻어 희게 하였느니라"라는 말씀이 나오며, 또 계시록 3장 5절에는 "이기는 자들은 이와 같이 흰옷을 입을 것이요"라고 쓰여 있다.

다섯째 인은 16세기부터 18세기 중반에 걸친 다섯째 교회 곧 사데 교회와 같다. 넷째 인의 무서운 박해는 다섯째 인 기간에도 계속되었다. 영국의 크롬웰 장군이 Samuel Morland경에게 교황권이 십자군을 보내어 왈덴스인들을 학살한 사실을 조사해 오라고 부탁했을 때 그는 끔찍한 사실들을 보고 너무나 놀란 나머지 하나님께 그 영혼들을 위해 기도드렸으며, 실락원을 저술한 것으로 유명한 시인 존 밀턴(John Milton)은 그의 저서에 이렇게 적었다. "하나님이시여, 그들을 보복하여 주시옵소서. 알프스 산에 차디찬 뼈들이 되어 버린 이 불쌍한 성도들, 학살당한 당신의 자녀들을 신원하여 주옵소서. 우리의 조상들이 나무와 돌들을 섬길 때에 이들은 하나님의 순결한 진리를 믿었지 아니하였나이까? 알프스 산 피드몬 골짜기에 있는 그들의 신음 소리를 당신의 기록책에 기록하소서. 주여!"

머지않아 예수께서 오실 것이다. 그리하여 진리를 위하여 멸시와 천대와 박해와 고문을 당하고 죽은 수많은 순교자들에게 영생과 함께 흰옷과 빛나는 면류관을 상급으로 주실 것이다.

❻ 여섯째 인

우리는 현재 여섯째 인 끝 부분에 살고 있다!

계시록에는 "일곱"이라는 숫자를 가진 다섯 개의 예언들이 나온다. 그것은 일곱 교회, 일곱 인, 일곱 나팔, 일곱 우뢰 그리고 일곱 재앙들이다. 일곱 우뢰는 하나님께서 기록하지 말라고 하셨는데, 그 예언은 여섯 번째 나팔의 사건들과 연관되어 있는 것으로서 벌써 지나간 세대에 관한 일들에 대한 예언으로 해석되고 있다. 또한 일곱 재앙도 이 세상에 은혜의 시간이 끝난 이후에 생길 하나님의 마지막 자비가 섞이지 않은 심판의 장면을 묘사하고 있고 그 예언도 미래에 관한 일이다.

우리는 지금 일곱 번째 교회인 라오디게아 교회 시대에 살고 있다. 또한 앞으로 공부하겠지만, 나팔의 시대로서는 그 일곱 번째 나팔 시대에 살고 있다. 그러나 유독 일곱 인에 관한 한, 우리는 그 여섯 번째 인 시대에 살고 있다. 그러므로 이 일곱이라는 숫자의 예언들 가운데서 현재에 살고 있는 우리들에게 가장 관심을 갖게 하는 예언은 여섯 번째 인이라 할 수 있겠다. 왜냐하면 여섯 번째 인의 사건들을 연구하면 우리가 지금 어느 시점에 와 있는지 그 현주소를 정확하게 감지할 수 있게 되기 때문이다. 뒤에 설명하겠지만 일곱째 인은 예수님의 재림 때에 일어나는 짧은 사건이므로 여섯째 인에 대한 이해가 더욱 중요한 것이라고 할 수 있겠다.

A. 여섯째 인의 시대

현재 우리가 살고 있는 이 시대는 일곱 번째 교회인 라오디게아 교회 시대이며 또한 나팔들 중에서는 심판의 때로 상징된 일곱 번째 나팔 시대이다. 그러나 일곱 인의 시대들 중에서 우리가 현재 살고 있는 이 시대는 여섯 번째 인의 시대라는 사실이다. 그것도 이 여섯 번째 인 중에서 그 끝 부분을 살고 있는 것이다. 왜 그러한가? 앞으로 할 설명에서 독자들은 그 사실을 실감하게 될 것이다. 일곱째 인 시대는 바로 예수님의 재림 사건 시에 일어날 최종 사건을 말하는 것으로서 이 세상에 은혜의 시간이 끝난 이후의 일이다. 그러므로 현재 우리에게 중요한 것은 여섯째 인 사건에 대한 이해이며 무엇보다도 절실한 사건인 것이다. 현재 우리가 여섯째 인 끝 부분에 살고 있다는 사실은 이 세상의 끝이 거의 다 다가왔다는 심각한 사실을 우리에게 알려 주는 것이라 할 수 있겠다.

먼저, 여섯 번째 인에 대한 본문을 읽어 보도록 하자!

계 6:12~17

"내가 보니 여섯째 인을 떼실 때에 큰 지진이 나며 해가 총담같이 검어지고 온 달이 피같이 되며 하늘의 별들이 무화과나무가 대풍에 흔들려 선 과실이 떨어지는 것같이 땅에 떨어지며 하늘은 종이 축이 말리는 것같이 떠나가고 각 산과 섬이 제자리에서 옮기우매 땅의 임금들과 왕족들과 장군들과 부자들과 강한 자들과 각 종과 자주자가 굴과 산 바위 틈에 숨어 산과 바위에게 이르되 우리 위에 떨어져 보좌에 앉으신 이의 낯에서와 어린양의 진노에서 우리를 가리우라 그들의 진노의 큰 날이 이르렀으니 누가 능히 서리요 하더라."

여섯째 인은 일련의 천연계 가운데서 일어나는 사건들로 이루어져 있다.

다시 말하자면 줄지어 일어나는 하늘과 땅의 범상치 아니한 사건들이 인류가 과연 어느 시점에 와 있는지에 대하여 말해 주고 있으며, 또한 하나님의 마지막 심판이 진행 중에 있고 이 지구가 곧 옛 모습으로 회복되어 하나님의 손으로 되돌아가게 될 것이라는 사실을 힘 있게 증명해 주는 것이다. 곧 마귀에게 빼앗겼던 지구를 그 값을 치르고 구속하시어 원래의 주인인 의인들에게 되돌려 주실 때가 되었다는 사실을 알려 주는 것이다. 왜냐하면 일곱 인은 하나님의 심판을 통하여 이 지구라는 땅을 도로 물러 주시는 하나님의 역사의 과정을 설명하고 있는 것이기 때문이다. 그러한 각도에서 관찰한다면 여섯 째 인은 우리가 이 지구의 회복의 국면에서 어디쯤 와 있는지를 알려 주는 예언이라 할 수 있는 것이다.

B. 여섯째 인에 들어있는 징조의 순서

여섯째 인에서 일어나는 천연계의 징조들의 순서는 다음과 같다. 대지진, 해가 어두워지는 일, 달이 핏빛처럼 변하는 일, 무수한 별들이 떨어지는 일, 하늘이 종이 축처럼 떠나가는 일, 산과 섬이 제자리에서 옮기우는 일, 그 후에는 주의 재림을 위하여 준비되지 아니한 악인들이 두려워 떨며 차라리 천연 재해들을 통하여 죽어 버리는 일이 더 나았을 것이라고 소리치는 일이다.

자, 그러면 여섯째 인에 나타난 일련의 천연계의 사건들을 그 일어나는 순서대로 관찰하여 보도록 하자. 여섯째 인의 국면은 다섯째 인인 중세기 핍박 시대 곧 중세기의 암흑기인 환난 시대를 지나면서 큰 지진의 사건으로 그 시작을 알리고 있다. 중세기의 환난 시대는 다름이 아닌 A.D. 538부터 A.D. 1798년인 1260년 동안의 핍박 시기를 말하는 것이다. 이 핍박 시대가 끝나고 로마 교황권의 독재가 종식될 즈음에 새로운 국면으로 접어들고 있다는 사실을 알려 주듯이 이 세상은 큰 지진의 흔들림으로 눈을 뜨게 된 사실을 우리는 역사에서 발견하게 된다. 이러한 사건들은 상징적이라기보다는 실제적인 천연계의 사건들이라는 사실을 그 내용 자체가 말해 주는 것이다.

a. 포르투갈 리스본에서 일어났던 최대의 대지진

근대 역사상 가장 큰 지진은 1755년 11월 1일, 당시까지 있었던 지진 중 최악의 기록을 남겼던 "리스본 대지진"으로, 암흑일과 낙성일과 함께 말세의 시작을 알리는 경고가 되었다. 이 지진은 600만 평방 킬로미터에 걸쳐 일어났으며, 스페인과 포르투갈을 흔들었을 뿐만 아니라 심지어는 그린랜드와 미국의 동부에서도 그 흔들림을 감지할 만한 초대형 지진이었다. 그런데 이 지진은 중세기의 환난이 끝마치려는 지점에서 일어났기 때문에 바로 여섯째 인의 기간을 알리는 전초적인 예언 성취의 사건이 된 것이다. 리스본의 대지진은 5분간 지구의 반을 흔들었으며 즉각적으로 6만 명이 사망한 놀라운 지진이었다. 또한 여러 도시들이 큰 해일에 덮여 큰 고통을 당하였다.

b. 역사적인 암흑일

마태복음 24장 29절에서 예수님께서는 환난 이후에 생길 여섯째 인에 일어날 사건들을 미리 예언해 주신 것을 찾아볼 수가 있다. **"그날 환난 후에 즉시 해가 어두워지며 달이 빛을 내지 아니하며 별들이 하늘에서 떨어지며 하늘의 권능들이 흔들리리라."**(눅 21:25) **"일월 성신에는 징조가 있겠고…"** 아울러 우리는 구약에서도 같은 사건을 미리 예언해 놓으신 사실도 볼 수가 있다. **"여호와의 크고 두려운 날이 이르기 전에 해가 어두워지고 달이 핏빛같이 변하려니와."**(욜 2:31) 사도행전 2장 20절도 같은 말씀을 하고 있다. **"주의 크고 영화로운 날이 이르기 전에 해가 변하여 어두워지고 달이 변하여 피가 되리라."**

재림 전에 현저한 하늘의 징조들이 있을 것인데, 바로 중세기 환난 후에 그러한 징조들이 보일 것이라고 성경은 말씀하고 있다. 중세기의 환난이란 종교 암흑시대 동안 5천만 내지 일억의 그리스도인들이 순교 당한 엄청난 핍박 기간을 의미한다. 이 큰 환난 후에 정말 대지진이 일어났다. 그리고 이 대지진 이후인 약 25년 후 그 예언된 순서대로 1780년 5월 19일에 갑자기 대

낮에 해가 어두워지는 사건이 미국 동북부 주들을 중심으로 일어난 것이다. 그것은 미국이 독립을 선언한지 약 4년도 채 되지 않은 때였다. 그런데 하필이면 왜 미국에서만 이 사건이 일어났을까? 그 이유는 성경의 예언을 알고 기다리고 있는 기독교인들이 핍박을 피해 미국으로 도망 온 이후, 이 미국이 복음의 중심지가 되었기 때문이다. 그리스도인들을 깨우려면 미국을 깨워야 하였기 때문이었다.

1780년 5월 19일 아침은 여전히 태양이 밝게 떠올랐다. 그런데 갑자기 아침 10시부터 어둠이 드리우기 시작했는데 사람들이 자기 손바닥도 볼 수 없을 정도의 칠흑 같은 어둠이 엄습한 것이었다. 닭과 새들이 자기 둥우리로 돌아가고 소도 자기 외양간으로 돌아갔으며 어둠이 그다음 날 아침까지 계속되었다. R.M. Devens 씨는 그의 책 "우리나라 미국의 첫 세기"란 책에서 "1780년 5월 19일의 흑암일은 오래도록 기억될 가장 놀라운 자연 현상이었으며 설명할 수 없는 신비로운 이 어둠은 아침부터 대낮에 미 동북부 뉴 잉글랜드 주들을 뒤덮었다"고 하였다. Connecticut Historical Collection p.403에서 예일 대학 총장이었던 Timothy Dwight 박사는 그날의 경험을 설명하면서 커네틱컷의 국회의원들이 회의를 연기하고 심판 날이 이르렀다고 가슴을 치며 촛불을 켜 들고 집으로 돌아갔다고 기록하였다. 새들과 소들도 자기들의 둥지와 외양간으로 돌아갔다. 이 사건은 아직도 설명할 수 없는 천연계의 신비의 현상으로 손꼽혀지는 사건으로 기록되어 있다.

c. 달이 핏빛처럼 변하는 일

해가 갑자기 깜깜하게 어두워졌던 바로 같은 날 밤에 떠오른 달은 핏빛같이 붉은 달이었다. 마치 지구의 마지막이 가까웠다고 통곡하는 것처럼 하늘은 붉은빛으로 드리워지고 있었다. 성경의 예언 그대로 달 자체가 피의 빛깔인 붉은빛 그 자체를 띄우고 있었다. 이를 본 많은 사람들은 계시록 6장에 있는 여섯째 인의 예언대로 마지막을 알려 주는 실제 천연계의 사건들이 그 일련의 순서를 따라 일어 나고 있다는 사실에 주목하게 되었다.

d. 별들이 떨어지는 유성 소나기

해가 어두워진 예언의 성취 후 50여 년이 흘러간 1833년도 11월 어느 날 밤 이 세상은 또 하나의 놀라운 예언 성취를 보게 되었다. 정확하게 그날은

1833년 11월 12일 밤이었다. Agnes M. Clarke 씨가 저술한 "19세기의 천문학의 역사" p. 328에서 그는 이렇게 말하였다. "1833년 11월 12일 밤에 이 지구에 별들이 쏟아져 내려왔다. 멕시코 만에서부터 캐나다 핼리팩스에서까지 볼 수 있었던 이 기현상은 새벽 동이 틀 때까지 계속되었는데, 마치 별들이 사방팔방으로 쏘아대는 것처럼 온 하늘을 불꽃놀이로 수를 놓았다."

C.A. Young 씨가 쓴 "Mannual of Astronomy" p.469에는 "유성들이 떨어지는 현상 가운데 가장 놀라운 현상은 1833년도 11월 12일에 일어났던 것으로서 5∼6시간 동안 한 시간에 약 20만개씩 이상의 별들이 떨어졌다."라고 기록하고 있다. 그 당시 신문들은 별들이 마치 선 과실이 대풍에 흔들려 떨어지는 것 같았다고 성경의 표현 자체를 빌려 대서특필함으로 사람들의 시선을 다시 성경 예언으로 집중시켰다. 이 경이로운 현상은 그 전날 저녁 9시쯤부터 시작되었으며 새벽 4시에 그 절정을 이루게 되었다. 그 밤은 아예 유성들로 빽빽히 가득 찬 하늘이었다고 사람들은 말할 정도였다. 마치 수천 개의 유성들이 하늘 중간에 모였다가 터져 나오는 것 같았고 별들의 폭풍우 같았다. 떨어지는 유성들의 크기는 보통 별들과 같았고 어떤 것들은 달의 크기처럼 크게 보이는 것들도 있었다. 이 현상은 성경의 예언 성취의 면에서뿐만 아니라 천문적으로도 괄목할 만한 놀라운 사건이 아닐 수 없었다. 마지막 때의 예언 성취가 이루어지는 사건이었다.

e. 하늘이 종이 축처럼 말려 가는 일

1833년 11월의 유성 소나기 사건 이후부터 우리는 이 세상이 산업 혁명에 휩싸이게 된 사실을 역사를 통하여 잘 알고 있다. 증기 기관이 발명되고 자동차가 생겨났으며 석유를 태우는 산업들이 농경사회를 대치하기 시작하게 된 것이다. 그러자 인류의 역사에서 없었던 새로운 문제가 발생하기 시작하게 되었는데 그것은 다름이 아닌 공해의 문제이다. 석유를 태워서 발생하는 탄산가스들이 대기권을 채우더니 하늘로 계속 상승하여 올라가게 된 것이다.

우리가 바라보는 노란 매연들이 바로 그것이 아닌가! 그런데 문제는 이러한 탄산가스들이 하늘에 있는 오존(OZONE)층이라는 얇은 막을 파괴시키기 시작한 것이다. 오존층은 우리 이 지구의 환경을 보호하기 위하여 하나님께서 만들어 주신 특별한 하늘의 층이다. 이 층은 우주에서 날아오는 해로운 광선들을 막아 주는 역할을 하고 있고 아울러서 지구의 기류를 보호하며 그 균형을 잡아 주고 있는 중요한 막인 것이다.

그런데 인류가 발명한 기계들을 작동시키려고 연료들을 태우므로 발생하는 가스 때문에 이 중요한 층에 구멍이 뚫리기 시작한 것이다. 그 결과, 해로운 오존층에서 흡수되지 못한 짧은 파장의 자외선은 피부 암 등 각종 질병을 유발하고, 기후 변화와 기류의 흐름에 악영향을 끼치게 되었다. 이 오존층은 얇은 막으로서 마치 옛날 종이 축 즉 종이 두루마리 같은 것으로 묘사될 수 있는 것이다. 이 층이, 다시 말해서 이 하늘이 종이 축처럼 말려 가는 현상이 대기권 안에 생겨나기 시작한 것이다.

한 가지 강조하고 지나갈 것이 있다. 물론 하늘이 떠나가고 각 산들과 섬들이 움직이는 최종적인 예언의 성취는 예수께서 이 땅에 임하실 때에 일어난다는 사실을 우리는 잘 알고 있다. 우리는 그 사건을 베드로후서 3장과 계시록 16장에서 찾아보게 된다. "하나님의 날이 임하기를 바라보고 간절히 사모하라 그날에 하늘이 불에 타서 풀어지고 체질이 뜨거운 불에 녹아지려니와…"(벧후 3:12,13). "번개와 음성들과 뇌성이 있고 또 큰 지진이 있어 어찌 큰지 사람이 땅에 있어 옴으로 이같이 큰 지진이 없었더라 큰 성이 세 갈래로 갈라지고 만국의 성들도 무너지니 큰 성 바벨론이 하나님 앞에 기억하신 바 되어 그의 맹렬한 진노의 포도주 잔을 받으매 각 섬도 없어지고 산악도 간데 없더라 우리는 그의 약속대로 의의 거하는 바 새 하늘과 새 땅을 바라보도다"(계 16:18~20).

그러나 여섯째 인에서 말씀하고 있는 하늘이 말려가고 산과 섬들이 제자리에서 옮겨지는 사건들은 마지막 최종적인 일곱 재앙 사건들이 일어나기 이전에 벌써 그리고 미리 이루어지기 시작하는 천연계의 재난들을 포함하는 예언으로 보아야 하는 것이다. 그러므로 하늘이 종이 축처럼 말려 가는 현상은 공해로 인하여 하늘의 오존층이 걷혀져 가 버리는 현상을 포함한 것으로 보는 것이 예언된 사건들의 흐름과 시간적인 순서들을 생각할 때에 합당한 것일 것이다.

요즈음 여러 나라들의 오존층에 뚫어지는 구멍들 때문에, 그리고 태평양의 엘리뇨 현상 때문에 지구의 온난화 현상과 이상 기류 현상들이 모든 나라들에 골고루 심각하게 일어나고 있다. 그렇게 살기 좋고 아름다운 기후를 자랑하던 뉴질랜드도 이상한 기후의 변화에 놀라고 있는 실정이다. 이 오존층의 구멍들은 유럽과 아시아 그리고 오세아니아, 또한 북남미 지역에서 생겨나는 이상한 날씨와 기류들의 변화를 초래시키고 있으며 지구의 환경을 파괴하는 가장 큰 요인 중의 하나로 꼽히고 있다. 그렇다! 성경 여섯째 인의 예언대로 하늘이 마치 종이 축처럼 말려 가고 있다.

f. 산과 섬이 제자리에서 옮겨지는 일

이러할 즈음에 이 지구는 정말로 깜짝 놀랄 만한 재난을 당하게 되었다. 그것은 다름 아닌 2004년도 12월 26일에 일어났던 남아시아의 Tsunami(쓰나미:지진 해일)였다. 이것은 온 세계를 경악시켰던 획기적인 사건이었다. 온 세상 사람들의 시선이 이 사건에 집중되었으며 특히 성경 예언을 연구하던 그리스도인들은 이것이 성경 예언 상 어떠한 의미를 갖고 있는지를 살피게 되었다. 하나님께서는 세상에 일어나는 큰 사건들로 우리의 시선을 하나님의 말씀으로 되돌리도록 인도하시어 우리가 어떠한 때에 살고 있는지를 깨닫고 영적으로 깨어나기를 바라고 계신다.

남아시아의 쓰나미(Tsunami)는 인도양의 수마트라 섬 근처에 있는 바다 속에서 일어난 약 9.0릭터 스케일의 큰 지진으로 야기된 해일이었다. 그 해일은 인류 역사상 그 전래가 없던 놀라운 것이었으며, 신문들의 표현 그대로 The Killer Wave(살인적 파도) 혹은 The Wave of Destruction(파괴적인 파

▲ 2004년 남아시아 쓰나미

도) 그 자체였다. 약 30만 명 이상의 인명 피해를 내었고 수백만 명의 이재민을 발생시켰으며 그 재산 피해 또한 가공할 만한 일이었다. 특히 인도네시아의 피해는 극심했는데, 반다 아체 지방의 몇 마을들은 아예 그 자취가 없어졌으며 온 마을과 도시들에 살던 사람들이 한꺼번에 파도에 삼켜 버림을 당하였다. 그 피해는 인도네시아, 태국, 인도, 스리랑카 등등 기타 지역과 아프리카 지역까지 확대되며 엄청난 재난을 일으켰다. 이 일은 너무나 엄청난 사건이었으므로 더 이상 자세하게 설명할 필요가 없을 정도로 모든 사람들에게 상세히 알려졌던 사건이다.

그런데 성경 예언을 연구하는 그리스도인들에게 있어서 괄목할 만한 대목은 이 해일이 그곳 지역에 있던 작은 섬들을 움직여서 그 위치를 바꾸어 놓았다는 점이다. 다시 말해서 실제로 섬들이 제자리에서 옮기어지는 일이 일어난 것이다. 바다 속에서 일어난 갑작스러운 지진은 지축을 어긋나게 하여 한

쪽 방향으로 내어 밀었으며 바닷물은 시속 약 600마일의 속도로 내달리기 시작하였다. 시속 600마일이란 비행기의 속도를 말하는 것이다. 바다물의 파도가 비행기의 평균 속력으로 달리다니 이 얼마나 놀라운 속도인가! 그래서 생겨난 일이 바로 섬들이 제자리에서 옮겨지게 된 일이다. 과거 역사 중 어느 지진이 과연 섬들을 제자리에서 옮겨 그 위치를 바꾸게 하였는가? 그러므로 이 남아시아 해일이 초래한 일은 성경 예언상으로 그 중요한 의미를 갖게 된다고 해도 과언이 아니다. 또한 이 일은 계시록의 여섯째 인이 묘사하고 있는 천연 재해들의 순서에 맞추어 일어난 일이기에 우리에게 예언 성취의 실감을 더더욱 느끼게 하는 것이다. (참고 - 물론 일곱째 재앙 때에 최종적으로 모든 산들이 무너져 내려앉으며 모든 섬들이 물속으로 다 빠져 버리며 움직이게 되는 사건이 생기게 될 것이다.)

위에서 본 것처럼 환난 이후에, 리스본의 대지진을 시작으로 해가 어두워지는 일, 달이 핏빛처럼 변하는 일, 별들이 무화과나무의 선 과실이 대풍에 떨어지는 것처럼 떨어지는 일, 그다음 순서로 하늘이 마치 종이 축처럼 말려 가는 현상이 생겨나게 되었고, 또한 그 순서에 따라 바다의 섬들이 움직이는 일이 일어난 것이다. 이러한 현상들을 어떻게 우연의 일치라고 생각할 수 있겠는가?

g. 다가온 마지막 때

우리는 여섯째 인의 그 마지막 부분에 와 있는 것이 틀림없다. 이제 앞으로 일어날 일은 그 순서에 따라, 예수 그리스도의 재림 시에 일어날 악인들의 부르짖음이다. "**땅의 임금들과 왕족들과 장군들과 부자들과 강한 자들과 각 종과 자주자가 굴과 산 바위 틈에 숨어 산과 바위에게 이르되 우리 위에 떨어져 보좌에 앉으신 이의 낯에서와 어린양의 진노에서 우리를 가리우라 그들의 진노의 큰 날이 이르렀으니 누가 능히 서리요 하더라**"(계 6:15~17).

하나님을 믿지 않거나 복음을 순종치 아니한 자들에게 있어서 예수 그리스도의 재림과 심판은 가장 두려운 사건일 것이다. 그들은 차라리 천연 재해

때에 죽었으면 좋았을 것이라고 부르짖게 될 것이다. "어린양의 진노의 날"이 이르렀다고 그들은 부르짖는다. 예수께서 이 땅에 초림하신 것은 죄인들을 불러 구원하시기 위함이었다. 그러나 예수께서 두 번째 나타나실 때에는 의인들을 구원하시고 악인들을 멸망시키시려고 오시는 것이다. 이날은 준비되지 아니한 자들에게, 오랫동안 진리를 거절하거나 등한시해 온 자들에게 참으로 두려운 날이 될 것이다. 진실로 우리는 성경 예언의 놀라운 성취를 눈앞에 보고 있다!

제7장 | 십사만 사천

요한계시록 7장 연구

chapter Seven

요한계시록 7장을 연구하기에 앞서 먼저 알고 지나가야 할 것이 있다. 계시록 7장은 여섯째 인의 마지막 부분인 6장 17절의 질문에 대한 대답으로 기록되어 있다는 것이다. 그 질문은 "그들의 진노의 큰 날이 이르렀으니 누가 능히 서리요?"라는 질문이다. 과연 누가 어린양의 진노 앞에 설 수 있을 것인가? 계시록 7장은 "누가 능히 설 것인가?"라고 묻는 6장의 마지막 부분에 있는 질문에 대한 대답이다.

그런데 7장은 이 질문에 대한 답을 한마디로, "십사만 사천이다."라고 답변하고 있다. 십사만 사천은 하나님의 인을 받고 마지막에 구원을 얻을 사람들이다. 그들은 하나님 앞에서 흠이 없는 자들이라고 계시록 14장에서 그 특징을 설명하고 있다. 다시 말하자면 하나님의 뜻대로 사는 자들이란 말이다. 더 부연하여 설명하자면, 그들은 하나님의 계명을 지키며 그 계명을 더이상 어기지 않는 자들이란 뜻이다. 이제 7장에 언급된 하나님의 인에 대하여 연구해 보자.

계 7:1~4

"이 일 후에 내가 네 천사가 땅 네 모퉁이에 선 것을 보니 땅의 사방의 바람을 붙잡아 바람으로 하여금 땅에나 바다에나 각종 나무에 불지 못하게 하더라 또 보매 다른 천사가 살아 계신 하나님의 인을 가지고 해 돋는 데로부터 올라와서 땅과 바다를 해롭게 할 권세를 받은 네 천사를 향하여 큰 소리로 외쳐 이르되 우리가 우리 하나님의 종들의 이마에 인치기까지 땅이나 바다나 나무들을 해하지 말라 하더라 내가 인침을 받은 자의 수를 들으니 이스라엘 자손의 각 지파 중에서 인침을 받은 자들이 십사만 사천이니."

1. 천사들과 바람

1) 두 천사

 7장의 내용은 지금 현대 이 시대에 사는 우리들에게 직접적으로 적용되는 예언이다. 지금까지 배운 내용들은 과거에 이미 이루어진 것들이 주된 내용이었으나, 이 예언은 현재를 사는 우리들에게 적용되는 중요한 예언이다. 사도 요한이 약 1900년 전에 계시록을 기록할 때에는 미래의 사건들이었으나 마지막 시대를 살고 있는 우리들에게는 많은 것들이 과거의 사건들이 되었다. 그러나 계시록 7장에 나오는 내용들은 우리가 살고 있는 이 마지막 시대에만 적용될 수 있는 내용이며, 다른 어느 과거의 시대에도 적용될 수 없고 꼭 우리 시대에 맞는 예언인 것이다.
 그렇다면 왜 계시록 7장의 예언이 우리 시대에만 적용되는가? 이 하나님의 인은 마지막 시대에 사방 바람이 놓이고 큰 천재지변과 환난들이 일어나는 때에 하나님의 백성에게 쳐지는 것이기 때문이다. 계시록 6장은 **"어린양의 진노의 날에 누가 능히 서리요?"** 라는 질문으로 끝이 나고, 7장은 그에 대한 대답이므로, 이 7장은 "삽입구" 장이라고 불리고 있다. 일곱째 인을 말씀하기 전에 삽입된 이 장은 하나님의 인을 받고, 마지막 시대에 어린양의 진노의 날 즉 재림하시는 날, 그 앞에 설 수 있도록 준비되는 자들에 대한 계시이다.

여기에 보면, 땅과 바다를 해롭게 할 사방 바람들을 붙잡고 있는 네 천사들이 나온다. 이 천사들이 손에 잡고 있는 바람이 놓이면 큰 천재지변이 나고, 많은 사람들이 죽게 된다. 땅과 바다를 해롭게 할 권세를 받은 네 천사가 그들의 손에 잡은 바람을 막 놓으려고 하는 때에 갑자기 **"살아 계신 하나님의 인을 가지고 동편 해 돋는 데로부터 날아오는 다른 천사"**가 이렇게 소리치는 것을 알 수 있다. "우리가 우리 하나님의 종들의 이마에 인치기까지 땅이나 바다나 나무들을 해하지 말라!"고….

천사들은 구원받을 후사들을 도와주려고 봉사하고 있는 하나님의 종들이다. **"모든 천사들은 부리는 영으로서 구원 얻을 후사들을 위하여 섬기라고 보내심이 아니뇨."**(히 1:14) 여기에 두 가지 종류의 천사들이 등장하는 것을 알 수 있다. 사방 바람을 불게 하여 이 세상에 있는 많은 사람들이 준비되지 않은 채 죽게 만들려고 애쓰는 악한 영들을 저지하면서, 큰 환난이 생기지 않게 막으려고 역사하고 있는 천사들이 있고, 또한 해 돋는 데로부터 하나님의 종들의 이마에 인을 치려고 오는 천사가 있다. 바람을 붙잡고 있는 천사들이, 세상에 있는 인간들이 너무나 악하여 바람이 거의 놓여질 수밖에 없는 안타까운 입장에 있을 때, 하나님께서 다른 천사를 파견하셔서 바람을 붙잡도록 촉구하고 있는 것이다.

2) 바람이 불지 못하게 함

이 사방 바람은 이 지구 상에 이르러 오는 재난들을 상징한다. 다음의 예를 보자. "나 만군의 여호와가 말하노라 보라 재앙이 나서 나라에서 나라에 미칠 것이며 대풍이 땅 끝에서 일어날 것이라 그날에 나 여호와에게 살육 당한 자가 이 끝에서 땅 저 끝에 미칠 것이나 그들이 슬퍼함을 받지 못하며 염습함을 입지 못하며 매장함을 얻지 못하고 지면에서 분토가 되리라."(렘 25:32,33)

그런데 네 천사가 사방 바람을 손에 붙잡아 어디에 불지 못하게 하고 있는가? "땅이나 바다나 각종 나무"에 불지 못하게 하고 있다. 땅과 바다와 나무는 우리가 양식을 얻는 곳이다. 앞으로 엄청난 재난들이 임할 것인데, 그렇게 되면 먹고 마시는 일에 큰 문제가 생길 것이다. 그래서 하나님의 천사들이 사방에서 그것을 막고 있는 때에 해 돋는 데로부터 하나님께서 보내시는 다른 천사가 날아온다. 그 천사는 해 돋는 데로부터, 빛이 있는 곳에서부터, 해가 뜨는 것처럼 임하는 천사이다. 계시록 18장 1절에는 "**이 일 후에 다른 천사가 하늘에서 내려오는 것을 보니 큰 권세를 가졌는데 그의 영광으로 땅이 환하여 지더라**"고 말하고 있다. 그 의미는 "서서히 그들의 복음이 온 땅을 비치게 임한다."는 뜻으로서 마치 해가 뜨는 것처럼 서서히 빛이 비치듯이 복음이 전파 되는 것을 말한다.

2. 바람을 붙잡고 있는 이유

1) 보이지 않는 전쟁

하나님의 천사들과 악의 영들 사이에는 전쟁이 있다. 인간의 삶에서 실제로는 사람들이 결정하고 행하는 일이지만, 그 배후의 역사는 눈에 보이지 않는 영의 싸움들이 있는 것이다. "**우리의 씨름은 혈과 육에 대한 것이 아니요 정사와 권세와 이 어두움의 세상 주관자들과 하늘에 있는 악의 영들에게 대함이라.**"(엡 6:12) 지금 눈에 보이지 않는 엄청난 전쟁이 진행 중에 있다. 독자는 어느 편에 있는가? 누구의 지시를 받고 있는가?

사실, 이 세상은 스스로 파멸할 수 있는 조건들이 얼마든지 있다. 핵폭탄과 같은 위험한 전쟁 무기들, 사람들의 마음이 악해진 것, 자연계의 파괴력의 증가, 공해, 전쟁의 기운들이 감도는 상황들, 중동의 형편 등. 악한 천사들은 전쟁을 일으키려고 인간의 마음에 역사하고 그리하여 많은 사람들이 준비되지 못한 채로 멸망에 들어가게 하려고 애를 쓰고 있다. "저희는 귀신의 영이라 이적을 행하여 온 천하 임금들에게 가서 하나님 곧 전능하신 이의 큰 날에 전쟁을 위하여 그들을 모으더라."(계 16:14)

2) 인을 맞을 때까지

사방 바람이 불면 엄청난 재난과 피해가 이 세상에 올 것이다. 그리고 많은 사람들이 죽게 될 것이다. 그런데 하나님을 만나기 위하여 준비되지 못한 채로 죽게 되면 영원한 멸망에 들어갈 수밖에 없으므로 그것은 매우 심각한 문제이다. 왜 바람을 붙잡으라고 하는가? 그 이유는 "하나님의 종들의 이마에 인치는 일"이 끝마쳐지지 않았기 때문이다. 인을 맞지 못한 사람은 멸망을 당할 것이기 때문이다.

마귀는 세계가 멸망하도록 일을 꾸미고 있다. 그러나 바람이 붙잡혀지고 있다. 왜인가? 그 이유는 하나님의 백성이 그 이마에 인침을 받을 준비가 아직 되지 않았기 때문이다. 이 세상의 악의 세력은 마지막 전쟁을 위하여 다 준비되고 연합되어 가고 있다. 그러나 교회가 아직 준비되지 못했다. 즉 하나님의 백성이 아직 준비되지 못한 것이다. 그들이 마지막 환난에 설 수 있기 위해 준비되지 못했다.

3. 하나님의 인

1) 인(seal)이란 무엇인가?

고대에는 여러 가지 중요한 문서들이나 자신의 소유에 봉인을 하는 일이 많았다. 이것을 가리켜 "인(seal)"이라고 했다. 고대 사람들은 개인은 물론,

정부 관리들, 사업 단체들이 "인"으로써 도장을 사용했는데, 도장에는 주인의 이름이 새겨져 있었고, 때로는 이교 신들이나 이상한 짐승들의 모양을 새기기도 했다. 인이 쳐지면, 그 인을 친 사람의 소유라는 것이 인정되었고 인을 친 사람의 권위가 인정되었다.

또한 인(seal; 도장, 봉함)은 법적인 문서와 관계 있는 용어이다. 모든 공식적인 문서에는 항상 그 문서에 대해서 책임을 지는 사람의 인이 찍혀져야 한다. 각 국가의 정부마다 법적인 문서에 찍을 수 있는 인을 가지고 있다. 인을 찍는 목적은, 인이 찍혀진 문서에 권위를 부여하기 위함이다. 특히, 국회에서 통과된 나라의 법규문에는 반드시 국가 수뇌인 대통령의 인이 찍혀져야 하는데, 왜냐하면 법 조항의 권위와 집행력을 대통령이 보장하기 때문이다.

2) 하나님의 인이란?

계시록 7장 3절에는 하늘에서 "다른 천사"가 내려오며 땅을 멸망시키려고 하는 천사에게 큰 소리로 말하는 장면이 나온다. 그 "살아 계신 하나님의 인을 가진 천사"는 구원받을 하나님의 백성이 그들의 이마에 살아 계신 "하나님의 인"을 받아 안전하게 될 때까지 세상을 해하지 말라고 외친다. 이것은 계시록 14장 1절에 나오는 144,000(십사만 사천인), 곧 시온 산에 어린양과 함께 설 사람들의 이마에 쓰여진 어린양의 이름과 그 아버지의 이름과 관련이 있는 것이기도 하다.

그렇다면 이것이 과연 무슨 뜻인가? 이것은 구원받을 하나님의 백성의 이마에 쳐지는 "하나님의 인"으로서, 하나님의 은혜와 능력으로 그들의 성품이 하나님의 성품 곧 십계명에 나타난 하나님의 사랑의 성품과 똑같이 변화함을 받았으므로 하나님의 소유라고 인침을 받는 것을 뜻한다. 그들의 이마에는 구원받을 하나님의 자녀들이 받는 표인 "살아 계신 하나님의 인"이 쳐지므로 멸망에서 구원을 받는 것이다. 그러므로 그들의 이마에는 어린양의 이름과 하나님 아버지의 이름이 있다.

3) 살아 계신 하나님의 인

그런데 이 살아 계신 하나님의 인(계 7:2)은 그리스도인이 회개하고 거듭날 때에 받는 성령의 인과는 다르다. 에베소서 1장 13절에 설명하는 성령의 인은 구원 얻을 자들이 모두 다 받아야 할 인으로서, 성령의 거듭남을 상징하는 것이라 할 수 있지만 계시록 7장이 말하고 있는 살아 계신 하나님의 인은 성격이 좀 다르다. 그것은 사방 바람이 놓이기 직전에 쳐지는 것으로 보아 마지막 환난이 닥쳐오는 세상 종말에 살고 있는 자들이 받게 되는 경험임에 틀림이 없다.

또한 살아 계신 하나님의 인이란, 회개하여 성령의 인을 받고 나서 계속하여 자아가 죽고 성령께서 내재하시는 경험을 통하여 그리스도의 장성한 분량의 열매를 맺은 성도들에게 쳐지는 것이다. 구원 얻는 모든 성도들은 다 성령의 인침을 받은 사람들이다. 그러나 살아 계신 하나님의 인은 예수께서 재림하시기 직전에 살고 있는 마지막 성도들에게만 해당되는 것이다. 모든 죄를 극복하여 늦은 비 성령을 받을 준비를 갖추고, 위로부터 내리는 능력을 받아 바벨론을 향하여 큰 소리 외침에 참여할 준비를 갖춘 자들 위에만 쳐지는 것이다. 그들은 하나님의 능력으로 계명을 지키는 경험을 하는 자들이다. 하나님의 계명을 지키는 일은 마음으로 하는 경험이며, 계명을 지킨다는 말은 죄를 승리한다는 말과 같은 말이다.

4) 이마에 쳐지는 하나님의 인

천사는 "우리가 우리 하나님의 종들의 이마에 인치기까지"라고 외친다. 하나님의 인은 이마에 쳐진다고 나온다. 성경 히브리서 10장 16절은 율법이 봉함되는(인쳐지는) 장소를 이렇게 말해 준다. "**주께서 가라사대 그날 후로는 저희와 세울 언약이 이것이라 하시고 내 법을 저희 마음에 두고 저희 생각에 기록하리라.**" 바로 이것이 새 언약하에서 하나님의 율법이 당신을 따르는 제자들에게 봉함되는 방법이다. 하나님의 율법이 마음에 기록되는 사실을 성경은 이마에 기록되는 것으로 표현하고 있다.

그런데 왜 "하나님의 인"을 이마에 받는 것일까? 그것은 마치 옛날 이스라엘의 대제사장이 머리에 쓴 관에 "여호와께 성결"이라고 써 있었던 것처럼, 앞이마가 성결하고 정결한 사람이 하나님의 인을 받는다는 뜻이다. 앞이마가 정결하다는 뜻이 무엇일까? 우리의 앞이마 뒷부분에는 전두엽이 자리 잡고 있다. 전두엽에서는 이성, 판단, 결정, 의지를 통제 관할한다. 그리고 전두엽에서 이루어지는 중요한 기능은 영성, 도덕성, 의지이다. 성령께서는 우리의 전두엽을 통해서 역사하신다. 하나님께서는 우리에게 자유 의지를 주셨다. 죄의 유혹이 올 때, 그리고 사단이 우리가 죄를 짓도록 유혹할 때, 사단의 말을 듣고 사단의 편을 택하여 죄를 짓든지, 아니면 성령의 음성을 듣고 성령께 굴복하여 죄의 유혹을 물리치든지 선택하는 것은 우리 자신의 의지에 달려 있다. 요한계시록은 하나님을 아는 데에 있어 앞이마(전두엽)가 중요한 역할을 담당하고 있음을 언급하고 있다.

요한계시록 22장 4절에는 이런 말씀이 있다. "**그의 얼굴을 볼 터이요 그의 이름도 저희 이마에 있으리라.**" 성경에서 하나님의 이름은 그분의 성품을 의미한다(출 33:18~23 참조). 요한계시록 22장 4절은 하나님의 이름 곧 그분의 성품이 우리의 성품 안에 재현되는데, 그것을 우리의 앞이마(전두엽)에 재생된다고 말하고 있다. 이 뜻은 무엇인가? 그것은 바로 성령께 지속적으로 굴복된 의지를 갖는 것을 뜻한다. 곧 거듭난 마음을 계속 유지하고, 매 순간 성령과 교통하므로 죄를 이기며, 사단의 유혹이 올 때 매번 올바른 편(성령의 음성을 듣는 편)을 지속적으로 선택하므로 영성과 도덕성과 의지력이 온전하게 꼴 지어져 하나님의 성품을 이루게 된다는 뜻이다. 그것이 앞이마가 정결하다는 뜻이고, 그런 사람의 앞이마에는 하나님의 인이 쳐질 것이다.

하나님의 인은 계시록 13장을 연구할 때에 또 다룰 것이지만, 다시 한 번 강조하면, 구속 사업에는 용서가 전부가 아니다. 하나님께서 우리의 죄를 용서하시고, 우리의 마음을 씻으시고, 변화시키시고, 재창조하시어 다시는 하나님의 왕국에서 죄를 짓지 않는 사람들로, 하나님의 법을 어기지 않을 사람들로 만들어 주시는 일이 포함되어야 한다. 곧 이마에 인침을 받아야 한다. 그래서 마지막 마귀와의 전쟁에서 이기는 하나님의 참된 백성의 특징에 대해 계시록은 이렇게 기록하고 있는 것이다. "**용이 여자에게 분노하여 돌아가서 그 여자의 남은 자손 곧 하나님의 계명을 지키며 예수의 증거를 가진 자들로 더불어 싸우려고 바다 모래 위에 섰더라.**"(계 12:17), "**성도들의 인내가 여기 있나니 저희는 하나님의 계명과 예수의 믿음을 지키는 자니라.**"(계 14:12), "**너희가 나를 사랑하면 나의 계명을 지키리라.**"(요 14:15), "**하나님을 사랑하는 것은 이것이니 그의 계명들을 지키는 것이라 그의 계명들은 무거운 것이 아니로다.**"(요일 5:3)

4. 십사만 사천

1) 십사만 사천의 수

그런데 계시록 7장 5절부터 계속 읽어 가면, 인 맞은 자의 숫자가 나오는데, 이 인 맞은 자들이 십사만 사천이라고 나온다. 그리고 이 숫자의 사람들은 이스라엘의 각 열두 지파에서 1만 2천 명씩 나온다고 되어 있다. 그런데 이 계시록 7장에 나오는 열두 지파의 이름들은 창세기에 나오는 이름들과 조금 다르다. 두 지파가 빠진 것을 알 수 있다. 곧 단과 에브라임 지파가 빠졌다. 그리고 대신 요셉과 므낫세 지파가 들어간 것을 알 수 있다. "단"은 뒤에서 무는 뱀의 성격을 가졌다. 비난하며 남을 걸고 넘어지는 성품의 소유자는 하늘에

갈 수 없으므로 단은 빠진 것이다. 에브라임은 우상 숭배의 상징으로 쓰였다.
　각 지파에서 나온다는 뜻은 무엇인가? 많은 심리학자들이 말하기를 인간의 성격은 12가지 종류라고 한다. 하나님께서는 인간의 모든 각기 다른 성격의 소유자들 가운데서, 어떠한 성질과 환경을 타고 났든지 간에 그들을 변화시키어 온 우주 앞에 증인으로 세울 수 있다는 사실을 보여 주시기 위해 십사만 사천을 택하시는 것이다. 십사만 사천(144,000)이라는 숫자는 12 x 12 x 1000으로서, 열둘은 이스라엘의 열두 지파, 열두 사도, 1000은 "많다"라는 뜻이다. 천사가 많다는 표현도 "천천만만"이라는 표현을 쓴다. "만만"이란 단어는 원어에서 "열천 열천"이라고 씌여진 것을 볼 수가 있다.
　십사만 사천은 영적인 이스라엘을 가리키는 숫자이다. 하나님께서 원래 육신적인 이스라엘을 택하여서 하나님의 목적을 이루시려고 계획하셨지만, 그들이 반역하여 하나님의 뜻을 거역하고, 또 마귀가 그들의 눈을 어둡게 하여 진리를 보지 못하게 하므로 그 목적을 이루지 못하였다. 바울은 그의 편지서에 이렇게 말하고 있다. "너희는 유대인이나 헬라인이나 종이나 자주자나 남자나 여자 없이 다 그리스도 예수 안에서 하나이니라 너희가 그리스도께 속한 자면 곧 아브라함의 자손이요 약속대로 유업을 이을 자니라."(갈 3:28,29), "대저 표면적 유대인이 유대인이 아니며 … 오직 이면적 유대인이 유대인이며…"(롬 2:28,29).
　이를 보아 십사만 사천은 영적인 이스라엘임이 틀림없다. 하늘의 새 예루살렘의 성의 둘레와 면적을 12,000스타디온(1스타디온은 약 8분의1 마일의 측량 수치), 그 성의 크기를 144규빗이라고 성경은 말하고 있다. "**그 성은 네모가 반듯하여 장광이 같은지라 그 갈대로 그 성을 척량하니 일만 이천 스타디온이요 장과 고가 같더라 그 성곽을 척량하매 일백사십 규빗이니 사람의 척량 곧 천사의 척량이라**"(계 21:16,17). 이렇게 십사만 사천과 관계 있는 숫자를 쓴 것은 이 성이 영적인 새 이스라엘 백성이 거하는 집이라는 상징어이다. 새 예루살렘의 성전에 열두 문이 있는데, 한편에 세 개씩 있다. 이 열두 문에 열두 지파의 이름들이 기록되어 있다고 쓰여 있고, 열두 기초석에는 열두 사도들의 이름들이 기록되어 있다고 나온다. 12는 성경에 나오는 하나님의 완성된 왕국의 숫자이다.

2) 십사만 사천인의 경험

계시록 14장에 보면, 이 십사만 사천은 특별한 무리로 설명되어 있는데, 첫 열매며 흠이 없는 자들이라고 되어 있다. "이 사람들은 여자로 더불어 더럽히지 아니하고 정절이 있는 자라 어린양이 어디로 인도하든지 따라가는 자며 사람 가운데서 구속을 받아 처음 익은 열매로 하나님과 어린양에게 속한 자들이니 그 입에 거짓말이 없고 흠이 없는 자들이니라"(계 14:4,5). 이들은 마지막 시대에 살고 있는, 인침을 받는 경험을 하는 특별한 무리들이다.

"하나님과 주 예수 그리스도의 종 야고보는 흩어져 있는 열두 지파에게 문안 하노라"(약 1:1). 야고보는 그 당시 교회에게 편지하면서 교회를 열두 지파라고 부르고 있다. 이스라엘의 뜻은, "이긴 자", "Overcomer"라는 뜻이다. 형 에서가 군사를 거느려 오고 있을 때, 야곱은 얍복 강가에서 하나님과 씨름하였다. 그는 축복해 주실 때까지 놓지 않겠다고 하며 언약의 사자를 끝까지 붙들었다. 그는 자신의 과거의 죄를 생각하며 하나님께 용서의 확증을 구했으며, 끝까지 포기하지 않고 주님과 겨룬 후에 승리자란 뜻을 가진 이스라엘이란 새 이름을 하나님께로부터 받았다. 그리하여 이스라엘은 죄를 승리하는 자들에 대한 표상적인 이름이 된 것이다. "그 사람이 그에게 이르되 네 이름이 무엇이냐 그가 가로되 야곱이니이다 그 사람이 가로되 네 이름을 다시는 야곱이라 부를 것이 아니요 이스라엘이라 부를 것이니 이는 네가 하나님과 사람으로 더불어 겨루어 이기었음이니라"(창 32:27,28).

하나님과 씨름하는 경험이 세상과 마귀와 죄를 이기는 비결이다. "이 사람들은 여자로 더불어 더럽히지 아니하고 정절이 있는 자라 어린양이 어디로 인도하든지 따라가는 자며 사람 가운데서 구속을 받아 처음 익은 열매로 하나님과 어린양에게 속한 자들이니 그 입에 거짓말이 없고 흠이 없는 자들이더라."(계 14:4,5), "세계가 다 내게 속하였나니 너희가 내 말을 잘 듣고 내 언약을 지키면 너희는 열국 중에서 내 소유가 되겠고 너희가 내게 대하여 제사장 나라가 되며 거룩한 백성이 되리라 너는 이 말을 이스라엘 백성에게 고할지니라."(출 19:5,6) 이것이 하나님의 백성이 되는 조건이다.

3) 첫 열매로 표상된 십사만 사천

계시록 7장 9~17절을 보면, "이 일 후에" 즉 십사만 사천이 인침을 받은 후에, 각 나라와 족속과 방언에서 아무라도 셀 수 없는 큰 무리가 보인다. 그리고 이 사람들 속에 십사만 사천이 함께 서 있다. 이 큰 무리는 십사만 사천인들을 통하여 진리로 추수하여 들여진 무리들이다. "**또 내가 들으니 하늘로서 다른 음성이 나서 가로되 내 백성아 거기서 나와 그의 죄에 참예하지 말고 그의 받을 재앙들을 받지 말라.**"(계 18:4) 마지막에 잘못된 오류와 어두움에서 나오라는 초청이 발해질 것이다. 그 초청을 듣고 교회의 타락과 부패를 보면서, 진리가 왜곡되는 모습들을 보면서 탄식하던 참된 하나님의 백성이 그러한 잘못된 곳에서부터, 오류들에서부터 나오게 된다. 이것이 마지막에 있을 사건이다.

첫 열매가 거두어진 다음에 추수가 시작된다. 이스라엘의 농사를 통하여 하나님께서 인류의 구속 사업을 설명하신다. 씨 뿌리는 비유, 알곡과 가라지의 비유, 이른 비와 늦은 비, 추수의 시기 등등. 첫 열매를 거둔 후, 큰 추수가 있다. 첫 열매를 성소에 바치고 나서 추수가 오는 것이다. 이것이 "이 첫 열매처럼 다른 많은 열매의 추수가 곧 온다."는 상징이었다. 예수님도 첫 열매라고 성경은 말한다. 곧 죽었다가 첫째 부활에 일어나는 자들을 위한 첫 열매이다. 예수님은 죽었다가 부활하는 자들을 상징하는 첫 열매가 되시는 것이다. "그리스도께서 다시 사신 것이 없으면 너희의 믿음도 헛되고 너희가 여전히 죄 가운데 있을 것이요 또한 그리스도 안에서 잠자는 자들도 망하였으리니 만일 그리스도 안에서 우리의 바라는 것이 이생뿐이면 모든 사람 가운데 우리가 더욱 불쌍한 자리라 그러나 이제 그리스도께서 죽은 자 가운데서 다시 살아 잠자는 자들의 첫 열매가 되셨도다."(고전 15:17~20) 마찬가지로 마지막 시대의 십사만 사천은 예수께서 오실 때에 살아서 승천할 마지막 시대의 의인들을 상징한다. 또한 알곡들을 진리로 나오도록 인도하는 자들, 곧 추수꾼들을 상징한다.

4) 승리한 자들

계 7:9~12

"이 일 후에 내가 보니 각 나라와 족속과 백성과 방언에서 아무도 능히 셀 수 없는 큰 무리가 나와 흰옷을 입고 손에 종려 가지를 들고 보좌 앞과 어린양 앞에 서서 큰 소리로 외쳐 이르되 구원하심이 보좌에 앉으신 우리 하나님과 어린양에게 있도다 하니 모든 천사가 보좌와 장로들과 네 생물의 주위에 서 있다가 보좌 앞에 엎드려 얼굴을 대고 하나님께 경배하여 이르되 아멘 찬송과 영광과 지혜와 감사와 존귀와 권능과 힘이 우리 하나님께 세세토록 있을지어다 아멘 하더라."

여기에 각 나라와 족속과 방언에서 나온 구원받은 헤아릴 수 없는 많은 무리가 흰옷을 입고 손에 종려나무 가지(승리를 상징)를 들고 어린양에게 찬양을 하는 모습이 나온다. 이때에 이십사 장로들과 천사들도 화답하여 찬양한다.

계 7:13~17

"장로 중 하나가 응답하여 나에게 이르되 이 흰옷 입은 자들이 누구며 또 어디서 왔느냐 내가 말하기를 내 주여 당신이 아시나이다 하니 그가 나에게 이르되 이는 큰 환난에서 나오는 자들인데 어린양의 피에 그 옷을 씻어 희게 하였느니라 그러므로 그들이 하나님의 보좌 앞에 있고 또 그의 성전에서 밤낮 하나님을 섬기매 보좌에 앉으신 이가 그들 위에 장막을 치시리니 그들이 다시는 주리지도 아니하며 목마르지도 아니하고 해나 아무 뜨거운 기운에 상하지도 아니하리니 이는 보좌 가운데에 계신 어린양이 그들의 목자가 되사 생명수 샘으로 인도하시고 하나님께서 그들의 눈에서 모든 눈물을 씻어 주실 것임이라."

그런데 이때에 장로 중 하나가 요한에게 질문을 한다. 이 흰옷 입은 자들이 누구며 어디에서 왔느냐? 요한이 "당신이 알리이다."하자 장로가 대답하기를, "이들은 큰 환난에서 나오는 자들이라"고 말한다. 이 사람들은 마지막 시대의 대환난, 일곱 재앙을 포함한 환난을 통과하고 승리한 사람들이다. 16, 17절의 말씀처럼, 그들은 이제 **다시 주리지도 아니하며 목마르지도 아니하고 해나 아무 뜨거운 기운에 상하지도 아니**"할 것이다. 그 이유는 어린양이 목자가 되셔서 그들을 생명수 샘으로 인도하실 것이기 때문이다. 그리고 하나님께서 그들의 눈물을 씻어 주실 것이기 때문이다.

이들은 개국 이래로 없던 환난을 통과할 자들이다. "그때에 네 만족을 호위하는 미가엘이 일어날 것이요 또 환난이 있으리니 이는 개국 이래로 그때까지 없던 환난일 것이며 그때에 네 백성 중 무릇 책에 기록된 모든 자가 구원을 얻을 것이라."(단 12:1) 이들은 어린양의 피에 그 옷을 씻어 희게 한 자들이다. 예수님의 보혈의 피로 양심을, 성품을 씻은 사람들이다. 이들은 마지막 시대에 특별한 임무를 맡은 증인들이다. 이 마지막 시대에 하나님의 진리로 참 백성을 모으는 일을 할 특별한 사람들이다. 큰 핍박과 환난을 통과하고 하나님의 의를 세상에 나타낼 사람들이다. 하나님의 충실한 증인인 십사만 사천이 하루 속히 준비되어 하나님의 인을 받아야 예수께서 오실 것이다.

제 8, 9장 | **일곱 나팔**

요한계시록
8장 연구
chapter Eight

메뚜기들이 끝없는 구덩이(무저갱)로부터 물밀듯 쏟아져 나온다. 독수리가 공중에서 큰 소리로 외친다. 불붙는 큰 산이 바다에 던지워 바다가 소리를 내며 끓는다. 큰 별이 하늘에서 강물과 물샘으로 떨어져 물이 쓰게 되고 사람들이 죽는다. 도대체 이런 표현들은 무엇을 뜻하는 것이며, 이 속에 담긴 의미들은 무엇일까?

어떻게 보면 요한계시록에는 전혀 이해하기 어려운 표현들이 난해하게 펼쳐져 있는 것같다. 그러나 만일 우리가 이런 표현들 속에 담긴 의미와 뜻을 연구하여 알게 된다면, 그 속에는 하나님의 놀라운 사랑의 기별과 경고의 말씀이 들어 있는 것을 알게 될 것이다. 계시록 8장은 일곱째 인과 일곱 나팔의 예언에 대하여 언급하고 있는데, 이 8장에는 우리가 연구해야 할 중요한 예언들이 많이 나온다. 주의를 기울여 함께 연구하여 보자.

1. 일곱째 인

1) "하늘이 반 시간쯤 고요하더니"

일곱째 인은 하늘에서 일어나는 최종 사건을 간략하게 기록하고 있는 예언이다. 본문은 이렇게 묘사한다. **"일곱째 인을 떼실 때에 하늘이 반 시 동안쯤 고요하더니"**(계 8:1). 왜 하늘이 갑자기 고요할까? 우리는 계시록 7장에서 하나님께서 마지막 시대에 하나님의 백성을 인치시는 일을 진행하시고 계시다는 사실을 공부했다. 이 일은 심각한 일이다. 왜냐하면, 마지막 심판과 환난을 통과하기 위해서는 반드시 하나님의 인을 받아야 하기 때문이다.

옛날 이스라엘 백성은 일 년의 마지막 날인 대속죄일에 조용하게 자신을 살피고 회개하는 일을 하였다. 대속죄일은 자기가 심판에 통과할 수 있는 품성을 가지고 있는지, 그리고 모든 죄를 진실로 회개했는지를 살피는 날이었다. 이 심판의 날에는 모든 사람들이 자신을 스스로 괴롭게 하라는 명령을 받았는데, "스스로 괴롭게 하라."는 뜻은, 죄를 회개하고 자신을 살피라는 뜻이었다. 그 심판의 시간은 조용하고 엄숙하였다. 일곱째 인의 시간은 엄숙한 시간이다. 지금 심판이 진행 중이기 때문에…. 일곱째 인 시기는 하나님의 백성의 이마에 인이 쳐지는 때이다. 그 후에 8장 2절부터 심판이 시작되고 또한 끝나는 모습을 상징적으로 보여 주신다.

"하늘이 반 시 동안쯤 고요하"다는 말씀은 두 가지 해석을 가능케 하는 말씀이다. 한 가지는 일곱째 인의 모든 사건들이 다 이루어진 다음에 이르러 오는 사건은 예수 그리스도의 재림 사건밖에는 없기 때문에, 예수님의 재림 시에 하늘이 텅 비게 된다는 묘사일지 모른다는 것이다. 하늘의 모든 천사들과 함께 하나님께서 이 지구로 오시기 때문이다. 구속 받은 의인들을 하늘로 데려가려고 하늘의 군대들이 이 땅으로 오는 것이다. 그래서 하늘의 중심인 하나님의 보좌가 있는 곳이 갑자기 잠시 동안(반 시 동안) 아무도 없는 조용한 곳이 된다는 것이다.

또 하나의 다른 해석이 가능하다. 그것은 이 땅 위에서 마지막으로 일어나고 있는 최종 사건을 온 하늘이 숨을 죽이고 내려다보고 있기 때문에 하늘이 조용하다고 표현하고 있다는 것이다. 하늘의 모든 천사들이 거문고를 내려놓고 찬양하기를 그치며 그들의 주의를 기울이고 있기 때문에 하늘이 고요하게 된다는 것이다. 그러면 무엇이 그토록 그들을 조용하게 만드는 것일까?

예수께서 겟세마네 동산에서 인류의 죄의 짐을 지시고 신음하셨을 때에 하늘은 조용하였었다. 왜냐하면 그 예수님의 고통에 온 인류의 구원이 달려 있었기 때문이다. 우리의 죄의 짐을 지시는 고통을 견디시고 마귀의 시험을 승리하셔야 우리가 구원을 받을 수가 있기 때문이었다.

이러한 중요한 순간에 온 하늘의 천사들은 노래하기를 그친 채 조용히 지켜보고 있었을 것이다. 마찬가지로 마지막 성도들이 이 세상의 그 마지막 환난을 통과하면서 고통당하고 있을 때에 온 하늘은 잠시 동안 고요하게 지켜볼 것이다. 그들이 과연 하나님과 그 진리에 충성을 다하는 모습을 보여 줄 것인가? 과연 마귀의 마지막 공격에 담대히 서서 하나님의 계명을 지키며 순종하는 증인들의 모습을 보여 주게 될 것인가? 온 하늘은 노래하기를 그친 채 잠시 동안 고요하게 될 것이라는 것이다.

마귀는 인간들이 하나님의 계명을 지킬 수가 없으며 또한 지킬 필요가 없다고 고소하여 오고 있다. 그러므로 마지막 주자인 여자의 남은 교회는 참으로 중요한 증인의 입장에 서게 되는 것이다. 하나님께서 옳으신가, 아니면 마귀의 고소가 옳은 것인가를 보여 주는 마지막 증인의 출두가 생기는 것이다.

여하튼 일곱째 인은 마지막에 생길 짧은 시간의 일임에 틀림이 없다. 그러므로 현재 우리에게 중요한 것은 우리가 여섯째 인의 그 마지막 부분에 살고 있다는 사실을 확인하는 일이다. 예수께서 곧 오신다! 온 세상은 그 앞에서 두 무리로 갈라져서 서게 될 것이다. 양과 염소의 무리로 분리되어 서게 될 것이다. 의인과 악인의 무리로 갈라져서 서게 될 것이다. 알곡과 가라지로 분리되어 서게 될 것이다. 여러분은 과연 어느 무리에 속하게 될 것인가?

일곱 인에 대한 연구는 우리에게 심각한 결정을 촉구하고 있다. 과연 어린 양의 진노의 날에 우리는 어느 편에 서 있게 될 것인가? 이것은 우리에게 있어서 가장 중요한 질문이 아닐 수가 없다.

2) 나팔이 불리기 위한 준비

계 8:2~5

"내가 보매 하나님 앞에 일곱 천사가 서 있어 일곱 나팔을 받았더라 또 다른 천사가 와서 제단 곁에 서서 금향로를 가지고 많은 향을 받았으니 이는 모든 성도의 기도와 합하여 보좌 앞 금제단에 드리고자 함이라 향연이 성도의 기도와 함께 천사의 손으로부터 하나님 앞으로 올라가는지라 천사가 향로를 가지고 제단의 불을 담아다가 땅에 쏟으매 우레와 음성과 번개와 지진이 나더라."

여기에 보면, 일곱 나팔이 불리워지기 위하여 준비되는 장면이 나온다. "**다른 천사가 제단 곁에 서서 금향로를 가지고 많은 향을 받았으니.**" 이 금향로와 많은 향은 성도들의 기도를 뜻한다. 계시록 8장 2~5절은 성소 제도에서 대속죄일날 대제사장이 많은 향을 향로에 담아서 지성소로 들어가 특별한 마지막 중보 기도를 드리며 하나님의 백성을 그들의 모든 죄들로부터 정결케 하는 의식에 대한 묘사이다.

그처럼 성도들이 드리는 기도는 향처럼 하나님께로 올라간다. 우리에게 어떠한 일이 일어나든지, 이 세상에 어떠한 일이 일어나든지 하나님께서는 당신의 백성의 기도를 들으신다. 만유인력을 발견한 유명한 과학자 아이작 뉴턴(Isaac Newton)은 성경학자로도 잘 알려진 사람인데, 그는 이 계시록 8장 2~5절은 사도 요한 시대의 일이 아니라, 인류 역사의 마지막 시대에 있을 미래의 사건에 대한 예언이라고 설명했다. 모세를 통하여 유대인들에게 주신 절기 제도들은 예수 그리스도께서 인류의 구원을 위하여 행하시는 구속 사업의 국면들을 설명해 주는 그림자들이다. 유월절과 요제절과 오순절은 예수님의 십자가와 부활과 오순절 성령의 임하심으로 그 상징이 실제적으로 이루어졌다. 또한 이스라엘의 절기들 가운데서 가을에는 나팔절과 대속죄일과 장막절이 있고, 매년 50년째는 희년이 있는데, 이 절기들은 예수께서 마지막으로 당신의 백성을 심판하시고 알곡들을 골라내시어 인을 치신 후에 영광 중에 다시 재림하시는 사건을 알려 주는 의식들이다.

성경의 이러한 설명들과 예언들을 미루어 볼 때, 우리가 현재 사는 때는 예수께서 다시 오시기 직전, 심판의 시간에 살고 있다는 사실을 확실히 알 수가 있다. 예수께서 아직도 하늘 성소에서 우리를 위하여 중보하고 계시는 동안에는 우리에게 희망이 있다. 우리의 기도가 예수님의 의를 상징하는 향기로운 향과 함께 하나님 아버지께 올라가고 있기 때문이다. 이제 곧 심판이 끝나고 주님께서는 향로를 내려놓으시고, 의인들을 데리러 천천만만의 천사들과 함께 재림하실 것이다. 향로를 땅에 던지는 것은 하나님의 중보 사업이 끝나는 것을 상징한다. 곧 은혜의 시기가 끝나는 것이다. 그러면 더는 죄를 위한 중보가 없게 된다.

2. 일곱 나팔 예언 해석

1) 일곱 나팔의 개요

일곱 나팔은 모두 넷과 셋으로 묶어서 처리되고 있다. 즉 앞부분의 네 나팔과 뒷부분의 세 나팔인 다섯째 나팔과 여섯째 그리고 일곱째 나팔이다. 그런데 계시록 8:13은 앞부분의 네 나팔보다 그 뒤를 따라오는 세 나팔(다섯째, 여섯째, 일곱째 나팔)이 더 무서운 세 개의 "화"를 가지고 온다고 말하고 있다. 그러므로 다섯째 나팔은 "첫째 화"이고, 여섯째 나팔은 "둘째 화"이고, 일곱째 나팔은 "셋째 화"이다.

1~4째 나팔은 타락하고 배도한 교회와 그 배후 세력인 로마 제국 즉 서로마 제국의 멸망을 다루고 있다.

5~7째 나팔들은 세 가지 "화"들로서 5,6째 나팔들은 특히 이슬람 세력이 동로마와 교황권을 침공하여 괴롭히고 심판하는 모습을 예언하고 있으며, 7째 나팔도 현재 이슬람의 미국을 향한 공격과 관련되어 있다.

이제부터 어려운 듯 하지만 연구해 보면 아주 흥미진진한 일곱 나팔에 대하여 함께 공부해 보도록 하자.

2) 도입부로서의 성소의 장면

"나팔"은 성경 예언에서 "심판과 경고" 그리고 "전쟁"을 상징한다. 그러므로 "일곱 나팔"은 "세상 왕국"(계 11:15)들 간에 일어나는 일곱 전쟁을 가리키는데, 하나님께서 당신의 뜻을 계속적으로 거절하고 진노의 잔을 채운 타락한 교회와 교황권 그리고 교황권을 도와주고 옹호하는 세력을 어떻게 심판하시는지에 대해 말하여 주고 있다. 그러나 또한 나팔은 하나님의 백성에게는 하나님께서 어떻게 그들을 구원하시겠다는 놀라운 섭리와 소망의 약속이 되기도 한다.

그런데 천사들이 일곱 번의 경고 나팔을 불기 전에 이 일곱 나팔 예언의 도입부로서 계시록 8장 2~5절에는 성소의 장면을 보여 주고 있다. 그 이유는 왜일까?

요한계시록에 나오는 일곱 교회와 일곱 인에는 모두 성소와 관련된 예수 그리스도의 모습이 나온다. 일곱 교회에 보내는 편지들이 소개되기 직전에는 대제사장의 옷을 입으시고 일곱 금촛대 사이를 다니시는 예수님의 모습이 나오고, 일곱 인을 떼시기 전에는 예수님을 상징하는 유월절 어린양이 하나님의 보좌 곁에 서 있는 모습도 보인다. 지금 이 구절(계 8:2~4)에도 한 천사가 금향단에서 향을 받고 있는 모습이 나타나 있는데, 이 모든 장면들은 모두 성소에서나 볼 수 있는 장면들이다.

그렇다면 우리는 우리를 돌보시며, 우리의 기도를 상징하는 "향이 가득한 금대접"을 드시고 항상 우리를 위하여 간구하시는 예수님의 사랑의 모습과, **"천사가 향로를 가지고 단 위의 불을 담아다가 땅에 쏟으매 뇌성과 음성과 번개와 지진이 나"**(계 8:7)고 그로 인해 땅과 나무가 타는 엄청난 일이 일어나게 되는 장면을 어떻게 연결시키며 설명할 수 있을까?

3) 경고는 사랑의 또 다른 표현

사랑은 때때로 고함을 지르기도 하고 처벌을 내리기도 한다. 그런데 이런 처벌은 우리로 회개하게 하고 나쁜 길에서 돌이키게 하려고 하시는 것이며, 둘째로 우리들을 원수들의 핍박으로부터 보호하기 위해 우리의 원수들을 처벌하는 것이다. 또한 중요한 사실은 하나님께서 어떤 국가나 개인을 처벌하실 때는 그냥 처벌하시는 것이 아니라는 것이다. 그분께서는 먼저 처벌하시는 대상으로 하여금 충분히 회개할 기회와 은혜의 시간을 주시며 기다리신다. 그러나 끝까지 하나님의 자비와 은혜를 거절한 대상에게는 할 수 없이 하나님의 간섭과 보호를 거두심으로 당연한 결과를 거두게 하신다는 것이다. 그러므로 향로를 이 땅에 쏟는 것은 그 대상이 되는 나라들에 대한 하나님의 은혜의 시간이 끝나고 심판이 시작되는 것을 상징하는 것이다.

이 일곱 나팔의 예언은 하나님의 자비와 사랑과 오래 참으시는 인내를 끝내 거절한 이 세상의 타락한 나라들과 교회에 앞으로 임할 심판을 가리키고 있다.

그러나 비록 세상을 뒤흔들 무서운 일곱 전쟁에 관한 예언이지만, 일곱 나팔에 관한 예언은 격려와 희망의 메시지로 시작된다. "일곱 천사"가 세상의 전쟁들과 투쟁들에 대하여 관여하고 있을 때에 "또 다른 천사"(3절) 가 다른 명령을 받게 된다. 이 천사는 하늘 성소 안에 서 있는데, 하나님의 백성의 필요와 간구를 "성도의 기도들과 합하여 보좌 앞 금단에" 드리는 임무를 받았다. 그 이유는 성도들이 두 손 모아 비는 모든 기도들을 하나님 보좌 앞에 올림으로써, 하나님의 백성의 필요를 채우고 안전을 지키기 위해서이다.

"향"(3절)은 예수 그리스도의 의의 향기를 상징한다. 우리가 기도를 드릴 때에 하나님께서는 우리를 죄로 말미암아 무가치하게 된 죄인으로 보지 않는다. 오히려 그분께서는 우리 안에 계시는 그리스도를 본다. 우리의 기도는 우리 안에 계시는 그리스도의 소원과 조화를 이루어야 한다. 예수께서는 기도하는 영혼들을 대신하여 그 간구가 마치 자기 자신의 소망인 것처럼 겸손한 탄원자의 기도를 드리신다. 비록 기도가 유창하게 표현되지 않았을지라도 그것이 마음에서 우러나왔다면 이것은 예수께서 봉사하시는 지성소에 올라갈 것이며, 예수께서는 귀찮게 여기시거나 더듬으시는 말씀이 한마디도 없이 또한 선혀 죄의 흠이 없으신 당신의 완전하신 의를 아름답고 향기로운 향처럼 함께 섞어서 하나님 앞에 바치실 것이다.

이렇게 우리의 기도 속에 예수 그리스도의 소원이 담겨져 있으면, 우리의 기도는 그리스도의 의와 소원이 담겨져 있는 감미로운 향기가 되어 하늘 아버지께 올려진다. 이것이 바로 "예수님의 이름으로 기도합니다."라는 의미이다. 예수께서는 이 고통과 격정의 세상에 사는 하나님의 백성의 고민을 아신다. 하나님께서는 그리스도의 이름으로 나아오는 모든 죄인들을 돕기 원하신다. 그대가 어떠한 사람이라 할지라도 예수님의 이름으로 하나님께 나아가 간구함을 두려워하지 말아야 한다.

4) 향로를 쏟는 일

계 8:5~6

"천사가 향로를 가지고 단 위의 불을 담아다가 땅에 쏟으매 뇌성과 음성과 번개와 지진이 나더라 일곱 나팔을 가진 일곱 천사가 나팔 불기를 예비하더라."

앞 2~4절에서 향로는 향을 담아서 하나님의 백성의 기도를 하나님께 올리는 데 사용되었다. 그런데 여기서는 이 향로에 단 위의 불을 담아다가 땅에 쏟는 장면이 나오는데, 이로 인하여 땅에서는 뇌성과 음성과 번개와 지진이 일어난다. 그러므로 여기서 우리는 하나님의 백성을 보호하기 위하여 사용되던 향로에 제단 위의 불이 담겨질 때에는 땅을 심판하는 일이 시작된다는 사실을 이해할 수 있다. 지상 성소 제도에서 보여지는 것처럼 대제사장이 대속죄일 날 금향로에 분향단의 불을 담아 가지고 지성소로 들어가서 심판 사업을 시작하는 것처럼 말이다. 뇌성과 번개와 지진은 그다음에 나타날 첫 번째 천사의 나팔로 인하여 내려질 불과 연결되어 일곱 나팔의 시작을 알린다.

하늘 성소의 향로에 예수 그리스도의 의를 상징하는 향이 담아졌을 때에는 죄인을 보호하시고 감싸시는 사랑이 나타났으나, 그 사랑을 계속적으로 끝까지 거역하는 자들에게는 동일한 향로를 통하여 심판이 실행된다. 이 말씀을 통하여 죄인을 사랑하시는 하나님의 사랑과 끝까지 거절하는 악인들에 대한 심판은 모두 의롭다는 사실을 알 수 있다. 왜냐하면 죄인에 대한 사랑과 악인에 대한 심판이 같은 향로를 통하여 일어나기 때문이다. 악인들도 그들이 회개하고 그리스도의 사랑을 받아들인다면 바로 이 향로를 통하여 용서함을 받을 수 있기 때문이다.

3. 일곱 나팔들 - 첫째 나팔

✻ **첫째 나팔 : 고트족의 침입을 받는 서로마 제국**
A.D. 395년, 알라릭이 이끄는 고트족이 로마 제국을 침입함

> **계 8:7**

"첫째 천사가 나팔을 부니 피 섞인 우박과 불이 나서 땅에 쏟아지매 땅의 삼분의

일이 타서 사위고 수목의 삼분의 일도 타서 사위고 각종 푸른 풀도 타서 사위더라."

성경 구절 공부

❶ "첫째 천사가 나팔을 부니"

성경의 여러 곳에서 나팔은 전쟁과 심판에 연관되어 있다. 고대에는 전쟁을 위해 병사들을 소집할 때, 그리고 전투 중에 기별을 전할 때 나팔을 사용했다. 이 일곱 나팔의 예언에는 전쟁과 심판이 결합되어 있나. 특히 싱경 요엘서에는 하나님의 심판이 가까왔음을 알리면서 백성을 경고하고 회개하라고 촉구하기 위해 나팔을 불라는 표현이 나온다.

❷ "피 섞인 우박과 불이 나서"

"우박"과 "불"은 전투에 대한 고대의 시적 묘사에서 비롯한 것이다. 우박과 불은 "피"와 함께 전쟁의 특성을 나타내고 있다. 첫 번째 나팔에 나온 "우박"은 추운 북쪽 나라의 침입자들을 가리키며, "불"은 농가들과 도시들이 불타는 모습을 나타내고, "피"는 이 침입자들에 의해 주민들이 학살 당하는 것을 상징한다. 쓸만한 푸른 풀의 삼분의 일이 불타서 없어지는 표현도 세계 전체에 걸친 대살육은 아니라 할지라도 대단히 심각한 수준의 군사 행위에 대한 묘사이다.

❸ "수목의 삼분의 일도 타서"

"나무"는 성경에서 지도적 계층에 있는 사람들을 가리킬 때 쓰는 말이다. 사사기 9장 8,9절에 보면 "하루는 나무들이 나가서 기름을 부어 왕을 삼으려 하여 감람나무에게 이르되 너는 우리 왕이 되라 하매 감람나무가 그들에게 이르되 나의 기름은 하나님과 사람을 영화롭게 하나니 내가 어찌 그것을 버리고 가서 나무들 위에 요동하리요"라고 하였다. 또한 예수께서 자신과 제자들을 가리키시는 상징으로 "푸른 나무에도 이같이 하거든 마른 나무에는 어떻게 되리요"(눅 23:31)라는 표현 즉 사람을 나무로 표현하시는 말씀을 하셨다. 그러므로 성경에서 "나무"는 백성을 상징하며, 이 성경 절 사사기 9장 8,9절의 표현을 보면 나무들이 지도자를 뽑는 위치에 있는 사람들이기 때문에 특별히 지도적 계층에 있는 많은 사람들도 죽임을 당할 것을 예언하고 있는 것이다.

4 "각종 풀도 타서 사위더라"

이사야 44장 3,4절에는 "대저 내가 갈한 자에게 물을 주며 … 나의 신을 네 자손에게 나의 복을 네 후손에게 내리리니 그들이 풀 가운데서 솟아나기를 시냇가의 버들같이 할 것이라"고 하였다. "그들이 풀 가운데서 솟아"날 것이라고 하였으므로 "풀"도 사람들을 가리킨다. 또한 풀은 아무 곳에서도 잘 자라기 때문에 "각종 풀도 타서 사위더라"는 뜻은 많은 평민들이 죽임을 당할 것을 가리킨다.

예언 해석

1 첫째 나팔의 시작점

일곱 교회와 일곱 인의 예언은 그리스도교 역사의 전 기간을 망라하는데, 일곱 교회와 일곱 인의 시대처럼 일곱 나팔의 시작점도 초기 기독교 시대 즉 로마 제국으로부터 시작된다. 첫 번째 "나팔"은 한 때 천하무적이었던 로마, 특히 타락한 교회인 교황권과 그를 후원하던 배후의 세력인 서로마가 정복 전쟁에 시달리기 시작하면서 점점 퇴화되어 가는 역사의 시작점으로부터 시작되고 있다.

2 서로마 제국의 멸망

로마 제국은 다른 어떤 나라들보다 진리의 빛을 받을 기회를 많이 가졌던 나라였다. 인류의 구주이신 그리스도께서도 로마에 속한 유대 국가의 국민으로 탄생하셨다. 또한 사도들이 복음을 전파한 주요 지역 중의 하나도 로마 제국이었다. 그러나 로마는 그 빛과 특권을 무시하고 배척하였으며 하나님의 자비와 은혜를 거절하였다.

로마 나라는 사도 바울이 순교당한 당시 로마의 네로 황제의 박해를 비롯하여 순결하고 진실되고 진리를 고수하며 타협하지 않는 하나님의 참 백성을 박해하고 죽였으며, 그 나라에서 하나님의 진리를 믿고 간직하며 이교와의 타협과 교회의 타락을 저지하고 순수한 신앙을 지키던 수많은 그리스도인들의 피가 흘려졌다. 그리고 이교도였던 콘스탄틴 황제의 개종과 더불어 이교와 그리스도교를 혼합시키는 일이 일어났으며, 한 국가로서 그 당시 태양신을 섬기는 이교의 휴일이었던 일요일을 강제로 지키게 하는 법을 만들어 진실된 그리스도인들을 핍박하는 일을 하였으며, 이 로마에서 불법의 사람(살후 2:3,4), 교황과 교황권의 세력을 확립하고 그를 지지하는 세력이 구축되었다. 그리하여 그 당시 하나님의 자비의 초청을 거절하고 은혜의 시간을 채워 버린 서로마는 첫째 나팔이 불려지면서 참혹한 전쟁의 화를 당하게 되었다.

게르만족의 이동과 침략에 따라 그렇게 튼튼하던 로마 제국, 특별히 서로마가 어떻게 서서히 붕괴하였는지, 또한 진리를 믿는 하나님의 참 백성을 핍박하는 타락한 교회를 지원하던 서로마가 어떻게 하나님의 자비의 잔을 채워 심판을 받게 되었는지 역사는 증명해 주고 있으며, 우리는 그 역사와 예언을 통해 그 역사의 뒤에서 세상을 주관하시고 인도하시는 하나님의 손길을 보는 것이다.

역사적 성취

다니엘서는 "무섭고 놀라우며 또 극히 강하며 또 큰 철 이가 있어서 먹고 부서뜨리고 그 나머지를 발로 밟았"(단 8:7)던 로마 제국이 차츰 멸망 당할 것인데, 다른 나라에 완전히 정복되지는 않고 단지 독립적인 열 개의 부족 국가로 나뉠 것이라고 예언하고 있다(단 2:40,42; 7:23,24 참고). 로마 제국이 번영함에 따라 하나님의 참 교회를 더욱 핍박하여 순교자들의 피를 흘리며 도덕적으로 영적으로 타락하자, 시민들은 극히 부하게는 되었으나 그들의 도덕적 타락상은 불운한 운명을 자초하게 되었다.

국가적으로 하나님의 진리의 초청을 거절한 서로마 제국에 하나님의 심판의 채찍이 내려지게 되었다. 로마 제국 북쪽에 살고 있었던 야만적인 부족들은 연약하여지고 타락된 로마 제국의 부와 안락한 생활을 탐내고 있었다. 마침내 A.D. 395년 알라릭이 이끄는 고트족의 군대는 동북 쪽에서부터 로마 제국으로 침범해 들어왔다. 그리고 A.D. 410년에는 알프스를 넘어 로마 시까지 침입, 공격하여 제국의 3분의 1을 정복하였다. 고트 사람들은 역사가 증명하는 것처럼 3~5세기에 로마 제국에 침입하여 이탈리아, 프랑스, 스페인에 왕국을 건설한 "튜튼" 족의 한 파로서 난폭한 야만족으로 알려져 있었으며, 그들의 침략으로 인한 전쟁은 정말 "땅과 수목의 3분의 1"이 파괴될 만큼 무섭고 치열한 것이 되었다.

4. 둘째 나팔

✵ 둘째 나팔 : 반달의 침입을 받는 서로마 제국
A.D. 428~468년 동안에 가이세릭이 이끄는 반달족이 지중해 연안의 로마 제국의 영토를 침입하여 생긴 전쟁들

> **계 8:8,9**

"둘째 천사가 나팔을 부니 불붙는 큰 산과 같은 것이 바다에 던지우매 바다의

삼분의 일이 피가 되고 바다 가운데 생명 가진 피조물들의 삼분의 일이 죽고 배들의 삼분의 일이 깨어지더라."

성경 구절 공부

1 "큰 산과 같은 것"

예레미야 51장 25절에 보면 고대 바벨론 제국을 "멸망의 산"이라고 불렀다. 성경에서 "큰 산과 같은 것"은 어떤 나라를 가리킨다.

2 "바다와 배"

이 예언은 반달족이 지중해를 배경으로 해전을 통해 로마를 침공하고 괴롭힌 전쟁의 사건들을 다룬 것인데, 해전을 바다와 배의 상징 언어로 표현한 것은 정말 흥미로운 일이 아닐 수 없다.

예언 해석

북부 아프리카에 위치한 반달족이 서로마를 침공하여 오랫동안 지중해를 배경으로 큰 해전들이 치러졌다. A.D. 455년에 반달족(로마 문화의 파괴자라고 불리는 게르만의 한 종족)이 로마를 두 번째로 침입하였을 때에 그들은 두 주일 동안 로마의 예술, 문화, 공공 시설 등을 무자비로 파괴하였다. 그들은 값이 나가는 모든 귀중품들을 파괴하였으며, A.D. 70년대에 로마의 장군 타이터스가 예루살렘으로부터 로마로 빼앗아간, 일곱 금촛대도 그들의 본부가 있었던 카르타고(아프리카 북안의 고대 도시 국가)로 가져갔다.

반달의 우두머리였던 겐세릭은 무서운 약탈자였다. 그의 해군 부대가 있었던 북아프리카에서부터 그는 정규적으로 로마 제국의 해안 도시들을 약탈하였다. 그리하여 지중해를 배경으로 큰 해전들이 치러졌다(그중 칼타고 전쟁이 가장 유명한 전쟁이었음). 그때에 큰 배들이 바다에 빠졌으며, 해상에서 치열한 전쟁들이 치러졌다. 역사에 보면 겐세릭의 한 부하가 "이제 어디로 갈까요?"라고 물었다고 한다. 그러자 그때 겐세릭이 대답하기를 "신이 분노하시는 자들을 치러가자."라고 하였다. 이 말은 로마가 하나님의 백성을 괴롭힌 그 대가를 받고 있다는 의미가 숨겨져 있는 것이다.

역사적 성취

A.D. 428~468년까지 계속된 반달족의 침입은 "불붙는 큰 산과 같은 것이 바다에 던지"운 것 같았다. 북아프리카에 기지를 둔 반달족은 지중해 연안의 서로마 제국의 영역이었던 이탈리아와 그리스 지역을 침범하여 그들의 배들을 불태웠다. 로마 제국의 황제는 이들을 대항하기 위하여 300척이 넘는 군함을 준비하여 카르타게나에서의 전면전을 준비하였다. 그러나 반달의 겐세릭은 로마의 계획을 미리 포착하고 몰래 항구로 침입하여 로마의 군함들을 모두 파괴하였다.

A.D. 468년, 로마의 황제는 반달족에 대항하고자 또 한 번 시도를 한다. 10만 군인들이 1,113척의 배를 타고 반달족과 싸우기 위해 반달족의 본부가 있는 북아프리카의 카르타고로 진격하였다. 그러나 이번에도 반달족의 우두머리는 불이 붙은 배를 로마의 함대 가운데로 보내어 로마의 함대가 큰 혼란에 빠지게 하였고, 이로 인해 로마는 또다시 참패를 당하였다. 큰 배들이 바다에 빠지는 광경들이 연출되었다. 반달족의 우두머리였던 겐세릭은 그가 죽기 전, 서로마 제국이 멸망하는 것을 보았다.

이렇듯이 참 하나님의 백성을 핍박하고 죽이고 하나님의 진리를 대항하여 괴롭히던 타락하고 배도한(진리에서 떠나 인간의 유전을 가르치던) 교회인 교황권을 지지하고 힘을 주던 배후 세력 서로마 제국이 어떤 심판과 일을 당할지에 대하여 성경에는 오래 전부터 기록되어 있었다. 하나님의 안목에는 모든 세상 역사가 그림처럼 펼쳐져 있다는 것을 안다면, 그리고 세상의 역사를 손바닥에 올려놓듯이 보고 계시는 것을 안다면, 그리고 그런 위대하신 하나님께서 우리 하나하나를 눈동자처럼 돌보고 계신다는 것을 믿는다면 우리의 생애는 얼마나 더 행복하고 평안한 것이 되겠는가?

5. 셋째 나팔

✱ 셋째 나팔 : 훈족의 침입을 받는 서로마
A.D. 450년경, "신의 재앙"이라고 불리는 훈족의 아틸라가 로마를 공격함.

계 8:10,11

"셋째 천사가 나팔을 부니 횃불같이 타는 큰 별이 하늘에서 떨어져 강들의 삼분의 일과 여러 물샘에 떨어지니 이 별 이름은 쑥이라 물들의 삼분의 일이 쑥이 되매 그 물들이 쓰게 됨을 인하여 많은 사람이 죽더라."

성경 구절 공부

"큰 별이 하늘에서 떨어져": 셋째 천사의 나팔로 인하여 펼쳐진 역사를 이해하기 위해서는, 별의 반짝임처럼 나타나서 물속에서 그 불이 꺼진 사람이 누구인지를 밝혀야 한다. "강물"은 "바닷물"과 다른 기능을 가지고 있다. 강물은 직접적으로 사람들에게 식수와 농경수를 제공한다. 그러므로 "강물"은 사람의 생명에 직접 관련되어 있으며, 강물이 쓰게 되어 마시지 못할 것으로 되었다는 것은 이로 인하여 많은 사람들이 죽을 것이라는 뜻이다. 또한 "물샘"은 강물이 만들어지는 곳이다. 물샘에서 시내가 흐르게 되고 시내는 강으로 모여들어 바다의 생물들을 살리며 사람들에게 식수를 제공하게 된다. "물샘"이 독물로 변한다는 것은 더 이상 그곳이 사람이 살 수 없을 만큼 완전히 파괴된다는 의미를 포함하고 있다.

예언 해석

하나님의 진리를 말살하고 성경의 진리대로 믿는 그리스도인들을 핍박하던 로마 제국의 황폐는 반달족의 침입으로 끝나지 않았다. 얼마 후 더 심각한 상황이 닥치고 말았다. 그것은 새로운 장군이 일어나 로마를 공격한 것이었는데, 그 장군의 이름은 '아틸라'였다. 그는 야만적이고 잔인하기로 이름난 훈(Huns-오늘날 헝가리의 이름을 따온 유목민)족을 이끌고 있었다. 어떤 역사가가 말하기를 "그(아틸라)의 나타남은 마치 빛나는 별이 하늘에서 번쩍임과 같았다. 그는 동쪽에서 와서 그의 훈족을 모았고 그들을 별빛이 빛나듯 짧은 시간 안에 남쪽 제국으로 몰아갔다."

역사적 성취

아틸라는 유럽 일대를 휩쓸었다. "물샘"에 떨어진 독처럼 "그의 말이 밟은 자리는 풀이 다시 자라지 않았다. 그는 자신을 신의 재앙이라고 일컬었으며 신의 심판자라고 자칭하였다. 그는 전쟁 시 화려하고 빛나는 옷을 입고 싸웠으며, 전쟁의 신인 화성의 대리자라고 불리기도 했다. … 그의 잔인함과 파괴가 심하여 그를 '쑥' 이라고 별명하였다. 서로마 제국의 원로원들과 백성은 아틸라 앞에 무릎을 꿇었다."(Alexander Keith, Signs of the Times, V.1, P.267). 그런데 아틸라가 죽은 AD 453년, 훈족의 군대들도 역사 속에서 갑자기 자취를 감추었다. 그들은 정말로 반짝이고 급히 사라지는 유성과도 같이 역사 속에 갑자기 나타났다가 짧은 시간 내에 사라져 버린 것이다.

6. 넷째 나팔

✽ 넷째 나팔 : 서로마 제국의 멸망과 분열
A.D. 493~526, 동고트의 데오도릭 왕권이 로마 황제의 자리를 대신함. A.D. 541, 서로마의 집정관 제도가 동로마의 저스티니안 황제에 의하여 사라짐.

계 8:12,13

"넷째 천사가 나팔을 부니 해 삼분의 일과 달 삼분의 일과 별들의 삼분의 일이 침을 받아 그 삼분의 일이 어두워지니 낮 삼분의 일은 비침이 없고 밤도 그러하더라 내가 또 보고 들으니 공중에 날아가는 독수리가 큰 소리로 이르되 땅에 거하는 자들에게 화 화 화가 있으리로다 이 외에도 세 천사의 불 나팔 소리를 인함이로다 하더라."

성경 구절 공부

"해, 달, 별"의 의미 : 해, 달, 별은 성경에서 문맥에 따라서 서로 다른 것을 상징하였다. 여섯째 인(계 6:12~17)에 나오는 **"해가 총담같이 검어지고 온 달이 피같이 되며 하늘의 별들이 … 떨어지"**는 일은 역사적으로 1780년 5월 19일 암흑일과, 1833년 11월 13일의 낙성일에 이루어졌다. 일곱 재앙에 나오는 해, 달, 별도, 출애굽 때에 내렸던 일곱 재앙처럼 상징이 아니고 실제를 가리켰다. 그러나 요한계시록 12장에 나오는 해를 입고 달을 밟고 별의 면류관을 쓴 여인에서 나오는 해, 달, 별은 빛 즉 그리스도의 의를 상징하였다. 또한 요셉의 꿈에 나온 해, 달, 별은 요셉의 아버지, 어머니, 형제들을 상징하였다. 그러므로 해, 달, 별이 상징하는 의미가 언제나 일정한 것이 아니고 문장에 따라서 다르다는 것을 알 수 있다.

그러므로 넷째 나팔에 나오는 해, 달, 별에 대한 예언은 서로마 제국의 멸망을 상징하는 것이므로, 해는 황제, 달은 상원 의원들, 별들은 각 지방의 장관들을 상징하는 것이다. 천하를 호령하던 로마 황제들과 상원 의원들과 지방 장관들은 동고트의 데오도릭 장군의 침략으로 많이 죽임을 당하여 그 빛을 잃어버리고 어두어지게 된 것이다.

우리는 일곱 천사의 나팔들이 일곱 인과, 일곱 재앙과 마찬가지로 하나님께서 땅을 심판하시는 모습을 그리고 있음을 확신할 수 있다. 요한계시록 8장 5절에서 **"천사가 향로를 가지고 단 위의 불을 담아다가 땅에 쏟으매 뇌성과 음성과 번개와 지진이"** 났다고 하였다. 그러므로 넷째 천사의 나팔에 나오는 "침"의 근원이 하늘임을 알 수 있다. 또한 하나님께서 관여하시는 전쟁은 단순한 정복 전쟁이 아님을 구약 성서를 통하여 알 수 있다. 아브라함이 계시 가운데 자기의 후손 이스라엘 자손이 이방 나라에서 4백 년 동안 나그네가 되리라는 것을 보았을 때에 여호와께서 아브라함에게 말씀하시기를 **"네 자손은 사대 만에 이 땅으로 돌아오리니 이는 아모리 족속의 죄악이 아직 관영치 아니함이니라"**(창 15:16)고 하셨다. 하나님께서는 아모리 족속에게 400년 동안 은혜의 기간을 허락하셨으나 그들은 하나님을 계속 배반하였으며 결국 하나님의 심판을 받아야만 하였다.

소돔의 멸망과 바벨론의 멸망을 통하여, 하나님께서는 각 나라에 은혜의 기간을 주시며 그 기간이 차도록 그들이 하나님을 배반하면 결국 심판이 내리는 것을 알게 하셨다. 바벨론이 멸망 당할 때에 "하나님이 이미 왕의 나라의 시대를 세어서 그것을 끝나게 하셨다 함."이라고 하였다. 일곱째 천사가 나팔을 불었을 때에 **"…죽은 자를 심판하시며 종 선지자들과 성도들과 또 무론 대소하고 주의 이름을 경외하는 자들에게 상 주시며 또 땅을 망하게 하는 자들을 멸망시키실 때"**(계 11:18)라고 하였다. 그러므로 일곱 나팔은 단순한 침략 전쟁을 가리키는 것이 아니라 하나님의 자비를 끝내 거절한 타락한 교회에 전쟁들을 통하여 내리는 하나님의 심판을 가리키고 있는 것이다.

예언 해석

　1~3째 나팔의 심판을 통하여 로마 제국이 치명타를 당한 것은 사실이지만 아직 그 세력을 유지하고 있었다. 한 나라가 완전히 분열되기 위해서는 그 정부가 완전히 바뀌어야 한다. 셋째 나팔까지 아직 로마는 그 정부의 형태를 유지하고 있었다. 둘째 나팔에 나온 "횃불같이 타는 큰 별"은 로마를 공격하는 장군 아틸라를 상징하였다. 또한 지금까지 나온 우박, 나무, 풀, 산, 바다, 강들이 실제가 아니라 상징으로 사용되었고, 넷째 나팔에 나온 "별"도 어떤 인물을 가리켰기 때문에 해, 달도 실제가 아니라 상징임을 알 수 있다. 그러므로 요셉이 꿈에 본 해, 달, 별이 아버지, 어머니, 형제들을 상징한 것처럼, 셋째 나팔에 나온 해, 달, 별도 로마의 황제, 원로원, 집정관의 삼권제를 표상한다.
　넷째 나팔은 훈족의 후예 Odoacer이 서로마를 침략, 정복하여 로마의 판도를 다스린 첫 야만인이며 이방족 왕이 된 사실을 상징한다. 이것은 서로마의 심각한 쇠퇴를 가져오게 되었다. 로마의 마지막 황제는, '아구스투러스'라고 불렸던 '로물러스'였다. 그는 원로원에 사임의 의사를 전달했으며, 원로원은 그때 당시 비잔티움 제국(동로마 제국)의 황제였던 '제노'에게 서신을 띄워 이제부터 서로마 제국에는 더 이상 황제가 필요 없으며, 수도를 로마에서 콘스탄티노플로 이주해야 할 것을 알렸다. 결국 서로마는 A.D. 476년에 무너지고 말았다.

역사적 성취

　그 후 이탈리아는 새 정복자 동고트족의 데오도릭이 다스리게 되었다. 데오도릭의 왕권은, 로마와 라베나에서 헬루라이를 정복함으로, AD 493년 3월 5일에 세워져 526년까지 계속되었으며, 로마나 콘스탄티노플의 로마 황제의 권위는 이탈리아에서 인정받지 못하였다. 해 삼분의 일이 침을 받아 어두워져서 더 이상 빛을 발휘하지 못하게 된 것이다. 시저가 세웠던 로마 황제의 권위는 없어졌으나, 서로마 제국의 달과 별들은 고트족의 어두움 아래서도 조금 더 그 빛을 비출 수 있었다. 데오도릭은 로마의 원로원과 집정관들을 이탈리아의 가장 높은 정치권으로서 계속 인정하여 주었기 때문이다.

그러나 예언에 나타난 대로 로마의 달과 별도 그 빛을 잃었다. 원로원과 집정관 제도는 반달족이나 고트족의 손에 사라진 것이 아니라 동로마 제국의 저스티니안 황제의 소속 장군이었던 벨리사리우스가 이탈리아에서 일으킨 반란으로 말미암았다. 로마의 집정관 제도는 A.D. 541년 저스티니안 황제에 의하여 사라졌다. 그렇게도 맹렬하였었던, 그리고 많은 참된 그리스도인들과 하나님의 백성을 핍박해 오던 로마 제국의 권세는 이렇듯 어이없이 끝이 나고 말았다.

계 8:13

"내가 또 보고 들으니 공중에 날아가는 독수리가 큰 소리로 이르되 땅에 거하는 자들에게 화 화 화가 있으리로다 이 외에도 세 천사의 불 나팔 소리를 인함이로다 하더라."

■ 화, 화, 화

계시록 9장 연구, 다섯째 나팔(계 9:1~4)을 시작하기 전에 한 가지 주의를 기울여야 할 구절이 나오는데, 그것은 8장 마지막 절에 나오는 "화, 화, 화"에 대한 구절이다. 앞의 네 나팔도 적잖이 공포를 일으키는 무서운 것이었는데, 다섯째 나팔 바로 전에는 앞으로 올, 세 천사의 불어 댈 나팔 소리로 인한 사건에 첨가하여 "화"가 있으리라는 경고가 나옴으로 앞으로 불어질 나머지 세 나팔이 얼마나 더 심각하게 무서운 것임을 알 수 있게 만든다. 세 화에 대하여 흥미로운 9장을 연구해 보자.

요한계시록 9장 연구
Chapter Nine

예언을 연구하는 것은 흥미 있는 일일 뿐만 아니라 우리의 신앙에 매우 유익한 일이다. 왜냐하면 예언은 하나님께서 당신의 백성을 영적으로 깨우시고 부흥시키시기 위하여 마련해 두신 방편이기 때문이다. 우리는 과거에 이루어진 예언들을 연구하므로 우리가 믿고 있는 하나님께서 얼마나 정확하게 이 세상의 역사를 주관하시는 분이시며, 그리고 미리 예언해 두신 일들을 얼마나 정확하게 이루시는가를 알므로 우리의 믿음과 확신이 더욱 강하게 될 수 있다.

아울러 예언은 우리에게 앞으로 이루어질 사건들을 알려주므로 우리가 믿음으로 깨어나 준비할 수 있게 만들어 준다. 하나님께서는 우리가 예언을 연구하기를 원하신다. 그분께서는 우리가 그 예언 속에 담겨진 경고의 메시지를 깨닫고 영적으로 깨어나 마지막 세상 역사에 이르러 올 사건을 위해 준비되기를 원하신다.

자, 이제부터 다섯째 나팔에 대하여 연구해 보자.

1. 다섯째 나팔 : 첫째 화

✱ 다섯째 나팔
1. 이슬람 세력이 올라와 동로마 제국을 침략하여 로마 제국의 종말이 옴. 모하메드가 죽은 후, 아부바커가 로마를 향하여 정복 전쟁을 시작.

2. 다섯 달 : 1299년 7월 27일(오토만이 터키 왕조를 세움)부터 1449년 7월 27일(로마 제국이 터키에 무릎을 꿇음)까지의 150년 기간.

계 9:1~4

"다섯째 천사가 나팔을 불매 내가 보니 하늘에서 땅에 떨어진 별 하나가 있는데 저가 무저갱의 열쇠를 받았더라 저가 무저갱을 여니 그 구멍에서 큰 풀무의 연기 같은 연기가 올라오매 해와 공기가 그 구멍의 연기로 인하여 어두워지며 또 황충이 연기 가운데로부터 땅 위에 나오매 저희가 땅에 있는 전갈의 권세와 같은 권세를 받았더라 저희에게 이르시되 땅의 풀이나 푸른 것이나 각종 수목은 해하지 말고 오직 이마에 하나님의 인 맞지 아니한 사람들만 해하라 하시더라."

성경 구절 공부

❶ "하늘에서 떨어진 별"
셋째 천사의 나팔에 나오는 "횃불같이 타는 큰 별"이 어떤 세력의 지도자를 상징했듯이, "하늘에서 떨어진 별"도 새로운 세력의 지도자를 상징한다.

❷ "무저갱"
"무저갱"은 "측량할 수 없는" 또는 "바닥이 없는" 의 의미를 갖고 있는 헬라어 "아부소스(abussos)"에서 번역한 것인데, 그것은 마치 무덤 같기도 하

고 "광야처럼 황막한 곳"을 의미하며 상징적으로는 악의 세력을 가리킨다. 어떤 학자들은 이 "하늘에서 떨어진 별"을 사단이라고 말한다. 그러나 성경에서 사단이 무저갱의 열쇠를 받았다는 기록은 나오지 않는다. 무저갱의 열쇠를 받은 기록은 오직 요한계시록 20장 1절에 하나님의 천사가 사단을 잡기 위하여 무저갱의 열쇠를 가지고 하늘로서 내려온다는 기록뿐이다. 그러므로 이 무저갱의 열쇠를 받아서 일으키는 나라는 사단이 하나님의 백성을 공격하기 위하여 일으키는 나라가 아니라 하나님께서 배교한 나라들을 치려고 모으시는 세력임을 알 수 있다. 이것은 **"각종 수목은 해하지 말고 오직 이마에 하나님의 인 맞지 아니한 사람들만 해하라"**고 하신 말씀으로 더 확실해질 수 있다.

무저갱에 대한 기록은 요한계시록에 일곱 번 나타난다. 요한계시록 11장 7절에 보면 **"무저갱으로부터 올라오는 짐승"**이 성경 말씀과 싸우는 장면이 나오며, 17장 8절에는 "짐승"이 무저갱으로부터 올라오는 장면이 나온다. 다니엘서에 의하면 짐승은 '나라'를 상징한다. 바벨론은 사자로, 메대·페르시아는 곰으로, 그리스는 표범으로 표상 되었다(단 7장 참고). 그러므로 짐승은 나라를 상징하고, 이 나라들은 이 땅에 실제로 있었던 나라들이므로 무저갱은 넓은 의미로 이 지구를 상징하고, 좁게는 지구에서 황폐되고 황막한 곳을 가리킨다.

그런데 "저가 무저갱의 열쇠를 받았"다는 뜻은 세상에서 새로운 국가나 세력을 일으킬 것을 의미하고, 이 새롭게 부각되는 국가는 지구에서 특별히 황폐된 지역을 중심으로 일어날 것을 의미하고 있는 것이다.

3 "황충"과 "전갈"

황충"(메뚜기)과 "전갈"은 특히 광야, 사막에서 서식한다. 그러므로 무저갱의 열쇠를 가지고 있다고 상징된 어떤 지도자가 광야 지역을 중심으로 한 나라를 일으킬 것이며, 이 나라가 1~4째 나팔의 중심이었던 로마 제국 시대 이후로 연결되는 유럽에서 막강한 세력을 떨치게 될 것을 가리킨다.

4 "연기로 인하여 어두워지며"

또한 그 메뚜기(황충)들은 "무저갱"에서 올라오는 검은 연기에서 나왔다. 여기에 나오는 어두움은 하나님과 예수 그리스도에 대한 진리를 가리거나 거부하는 잘못된 교훈을 나타낸다고 할 수 있다. 성경은 하나님의 진리를 나타내는 밝은 빛으로 표상된다. 그러나 "연기로 인하여 어두워"진다는 뜻은 밝은 빛과는 대조적으로 거짓 기만과 잘못된 교리 그리고 왜곡된 신앙으로 가득 찬 상태를 가리킨다.

예언 해석

1 이슬람의 등장

다섯째 나팔은 어떤 사나운 군대의 침략을 그리고 있다. 그렇다면 여기에 그려진 특성들에 적용될 수 있는 무서운 세력을 가진 국가는 무슨 국가일까? 시대적으로, 지역적으로 또한 이 나라의 출범 성격적으로, 이 세력은 이슬람을 상징한다. 이슬람 세력은 처음에 배교적 우상 숭배를 하였던 기독교회를 치기 위하여 일어났다. 그들은 유일신 하나님을 섬기고 있었다. 그러나 그들이 가지고 있던 오류적 믿음과, 또한 배도한 기독교 교회 국가들을 치기 위하여 벌인 전쟁은 세상에 "연기"를 뿌리게 되었다. "무저갱"이라는 단어가 좁게는 "황폐한 광야"를 의미하듯이, 이슬람 세력은 아라비아 사막을 중심으로 일어났고, 메뚜기 떼처럼 그들의 세력은 확장되었다. 헬라어로 "무저갱"은 "Abyssos"로서 현대 영어의 "Abyss – 심연 또는 지옥"이라는 말의 어원이 되었다. 현대 모슬렘 작가들은 바로 '아라비아 – 어둠의 지옥'이라는 말로 모하메드가 일으켜 놓은 아라비아 사회를 묘사한다.

저 유명한 마틴 루터나 조셉 미드, 아이작 뉴턴 같은 성경 주석가들이 요한

계시록에 나오는 메뚜기들을 모하메드가 일어선 이후에 여러 세기에 걸쳐 거듭하여 서방 그리스도 세계를 괴롭힌 모슬렘 군대로 해석하였다.

❷ 이슬람의 팽창

이슬람교는 남을 개종시키려는 의지가 강력한 선교적 종교이다. 처음에는 가족적인 종교로 출발했으나, 모하메드가 사망할 시기에 이르러서는 전체 아랍인들이 그의 신봉자가 되었다. 늘 부족끼리 싸움을 일삼아 왔던 아랍인들은 모하메드가 내건 성전의 대열에 하나로 뭉쳤다. 선지자의 이름으로 모여 로마 제국(비잔틴 제국)의 그리스도인들에 대항하여 뭉쳐 싸운다면 엄청난 부를 약탈할 수가 있었기 때문이다.

페르시아의 왕 코스로즈 2세는 메카로부터 발신자가 불분명한 한 서신을 받았다. 이 편지는 왕이 와서 모하메드를 예언자로서 인정해 달라는 요청이었다. 왕은 그 편지를 찢어버렸고 그 선지자의 요청을 거절하였다. 코스로즈는 자신이 거절한 이 사람이 얼마 안 있어서 자신의 나라를 짓밟고 세계를 지배하게 될 것을 알지 못하였다. 어떤 사람들은 코스로즈의 패망이 무저갱의 열쇠라고 설명한다. 그 이유는 페르시아의 세력이 완전히 꺾이지 않는 한, 모하메드가 일어설 수 없었기 때문이라고 한다. 페르시아의 패망에 이어서 아라비아의 사라센에게 권력이 돌아갔으며, 그들은 메뚜기와 같이 그 수를 늘려 갔다.

모하메드가 죽은 후 A.D. 636년부터는 '아부바커'(Abubaker) 가 아라비아를 통치하기 시작하였고, 첫 후계자 곧 "칼리프(Caliph)"의 위에 올랐다. 그는 아라비안 족속들을 모아서 정복 전쟁을 시작하였고, 군사적인 팽창을 위한 침략 활동을 개시하였다. 아랍 연합군은 모하메드와 알라 신의 이름으로 진격을 계속하여 651년까지 시리아, 이라크, 메소포타미아, 이란, 이집트를 석권하였다. 아부바커는 그의 추종자들에게 가르치기를, 하나님의 법을 믿음으로 지키는 자들을 존경하고, 우상 숭배하는 자들만 죽이라 하였다. 그는 그의 군사들에게 "너희의 승리가 어린이와 여자의 피로 이루어지지 않게 하

라. 종려나무를 자르지 말고, 옥수수 밭에 불을 놓지 말며, 과수들을 자르지 말고, 먹으려고 하는 것 외에 가축들을 죽이지 말라. 너희가 나아갈 때에 산중과 시골에 은거하며 이것이 자신들이 하나님을 섬기는 길이라고 주장하는 사람들을 만나거든 그들을 건드리지 말고 죽이지 말며 그들의 사원도 파괴하지 말라. 그러나 너희는 머리를 삭발한 사단의 회에 속한 사람들을(그 당시 수도원의 삭발승들) 만나게 될 것인데 그들이 모하메드교로 개종하거나 조공을 바치기 전에는 절대로 살려두지 말라."고 하였다. (Edward Gibbon, The Decline and Fall of the Roman Empire, V.5, Chapter 51)

성경은 황충의 성질에 대하여 다음과 같이 묘사하고 있다. **"황충은 임금이 없으되 다 떼를 지어 나간다"**(잠 30:27). 회교도들은 처음에 왕도 없고 별다른 조직도 없었으나 그 애매하고도 몽롱한 연기에 미혹되어 마치 성난 벌떼가 벌집에서 밀려 나오듯이 아라비아 전역으로 모여들었다. 그들은 무기를 들고 사방으로 나아가 사람들에게 회교도가 될 것을 강요하였다. 이들은 전갈과 같이 잔학하여 사라센 제국과의 전쟁에서 패전한 나라의 백성은 심한 고통을 당하였다.

"풀"과 "수목"은 첫째 나팔에서 나온 것처럼 백성을 상징한다. **"땅의 풀이나 푸른 것이나 각종 수목들은 해하지 말"**이라고 한 것은 어린이와 여자와 산중과 시골에 은거하며 자신의 신앙생활에 충실한 사람들을 죽이지 말라고 아부바커가 그의 군사들에게 명령한 것으로 이해할 수 있다. 그래서 **"오직 이마에 하나님의 인 맞지 아니한 사람들만 해하라 하시더라"**는 예언이 성취되었다.

계 9:5~11

"그러나 그들을 죽이지는 못하게 하시고 다섯 달 동안 괴롭게만 하게 하시는데 그 괴롭게 함은 전갈이 사람을 쏠 때에 괴롭게 함과 같더라 그날에는 사람들이 죽기를 구하여도 얻지 못하고 죽고 싶으나 죽음이 저희를 피하리로다 황충들의 모양은 전쟁을 위하여 예비한 말들 같고 그 머리에 금 같은 면류관 비슷한 것을 썼으며 그 얼굴은 사람의 얼굴 같고 또 여자의 머리털 같은 머리털이 있고 그이는 사자의 이 같으며 또 철 흉갑이 있고 그 날개들의 소리는 병거와 많은 말들이 전장으로 달려들어가는 소리 같으며 또 전갈과 같은 꼬리와 쏘는 살이 있어 그 꼬리에는 다섯 달 동안 사람들을 해하는 권세가 있더라 저희에게 임금이 있으니 무저갱의 사자라 히브리 음으로 이름은 아바돈이요 헬라 음으로 이름은 아볼루온이더라."

> 성경 예언에서 상징적 **하루**는 **일 년**을 가리킨다(에스겔 4장 참고). 또한 창세기 7장 11절, 8장 4절, 7장 24절, 요한계시록 11장 2절의 42달, 11장 3절, 12장 6절의 1260일을 비교함으로써 한 달을 30일로 계산함을 알 수 있다. 그러므로 다섯 달은 150일이고, 150일은 150년이 된다.

역사적 성취

❶ 하나님의 채찍으로 쓰인 이슬람

모하메드가 죽은 후 몇 백 년 동안 그의 추종자들은 왕이나 정부 없이 여러 조직으로 분리되어 있었으나 13세기 말, 오토만 장군이 처음으로 단합된 정부를 구성하였고 '오토만 제국'이라고 알려진 터키 왕국을 설립하였다. 이슬람 군대가 백성을 괴롭힌 "다섯 달"(150일=150년)은 서기 1299년 7월 27일 이슬람교도의 지도자인 오토만이 터키 왕조를 세우고 난 후 타락한 기독교국인 동로마 제국을 침입한 때부터 시작하여 1449년 7월 27일까지 괴롭힌 기간을 가리킨다. 이 기간에 터키는 그리스 민족과 라틴 민족과 전 기독교군과 거의 끊임없이 전쟁을 계속하여 괴롭혔다. 그러나 성경 예언대로 "괴롭게만 하고 … 죽이지는 못하"였다. 즉 전쟁한 나라들을 정복하지는 못하였다.

150년이 지난 후 큰 변화가 일어났다. 동로마 황제의 세력은 급격히 쇠약해졌으며, 1448년 10월 31일 동로마의 황제 요한이 죽은 후, 그의 형제들은 터키 이슬람 왕국의 수상이었던 무라드 2세(Murad II)에게 그들의 맏형이 황제가 될 수 있도록 요청하여 1449년 새 황제가 임명되었다. 이렇게 동로마 제국은 자진해서 터키에게 무릎을 꿇으므로 독립 국가로서의 맥이 끊기게 되었고, 터키 이슬람 왕국은 하나님의 진리와 그리스도의 자녀들을 괴롭히던 로마 제국을 괴롭히는, 심판의 채찍이 되었다.

"황충의 모양"은 이슬람 군대의 모습을 그리고 있다. 그들은 세계적으로 유명한 아라비아 말들을 타고, 머리에는 누런 황색 두건을 두르고 있었기 때문에 마치 금면류관을 쓴 것같이 보였다. 그들은 남자들도 머리를 길렀으며 ("여자의 머리털 같은 것이 있더라"는 예언), 그들의 창은 사자의 어금니같이 생겼고, 가슴에는 철갑 옷을 입고 전쟁에 나갔다. 11절에 나온 "무저갱의 사자"는 이 오토만 제국의 지도자를 가리킨다. 히브리 음으로 아바돈, 헬라 음으로 아볼루온의 뜻은 "멸망 또는 파괴자"라는 의미이다. 그들의 전쟁하는 모습과 공격성은 잔인하고 무서운 것이었으며, 그 뜻처럼 파괴적이었다.

❷ 첫째 "화"와 종교 개혁

한 가지 특이할 만한 중요한 사실은 나팔이 불리고 "화"가 임할 때 하나님의 백성에게는 아주 중요한 사건들이 하나씩 이루어진다는 것이다. 다섯째 나팔 즉 첫째 "화"가 이르러 왔을 때 종교적으로 아주 의미심장한 사건이 이루어지고 있었는데, 그것은 다름이 아닌 하나님의 진리의 횃불이 다시 한 번 밝게 비치는 종교 개혁이 일어난 사건이었다. 로마 천주교의 세력은 온 세상에 종교 암흑시대가 초래하도록 만들었으며, 승려들과 신부의 저지로 그 당시의 백성은 하나님의 말씀인 성경을 접할 수도, 읽을 수도 없었다. 오류와 미신과 인간이 만들어낸 유전이 하나님의 진리를 대신했으며, 이 세상은 하나님에 대한 오해로 어두워졌고 백성은 교황을 하나님을 대신하여 믿고 섬기도록 세뇌되어 있었다.

그러나 하나님의 섭리와 자비로 인해 진리에 대한 무지와 어두움을 벗어버릴 때가 왔으니, 그것은 바로 마틴 루터에 의해 이루어진 종교 개혁이었다. 그런데 로마 나라 당국이 그 종교 개혁으로 인한 여파를 진압하고 제압하려고 시도할 때마다 이슬람 세력이 나타나 로마를 괴롭히고 침략함으로 인해 로마는 그들의 힘을 적군을 방어하는 데 다 소모하므로 말미암아 종교 개혁 운동을 제대로 진압할 수 없게 되었다. 그리하여 종교 개혁의 영향은 널리 퍼져 갈 수 있었으며, 그것은 하나님의 섭리였을 뿐 아니라 하나님께서 배도하고 타락한 교회와 그를 지지하던 세력인 로마를 심판하신 그 사실은 하나님의 참 백성에게는 오히려 도움이 되었다.

2. 여섯째 나팔 : 둘째 화

✲ 여섯째 나팔

터키 제국이 로마 제국을 굴복시킨 후부터 391년 동안 세력을 떨침. 1449년 7월 27일(로마 제국의 굴복)부터 1840년 8월 11일 (터키가 주권을 잃음)까지

계 9:12~15

"첫째 화는 지나갔으나 보라 아직도 이후에 화 둘이 이르리로다 여섯째 천사가 나팔을 불매 내가 들으니 하나님 앞 금단 네 뿔에서 한 음성이 나서 나팔 가진 여섯째 천사에게 말하기를 큰 강 유브라데에 결박한 네 천사를 놓아 주라 하매 네 천사가 놓였으니 그들은 그 년 월 일 시에 이르러 사람 삼분의 일을 죽이기로 예비한 자들이더라."

첫 번째 화는 모슬렘 세력이 등장하여 그 세력을 확장하면서 일어나는 전쟁으로 인한 것이었다. 이제 두 번째 화가 이르러 전 유럽을 또다시 큰 혼란의 도가니로 몰아가게 되었는데 그것은 A.D. 1449년, 여섯째 천사가 그동안 회교국 세력이 동유럽의 부와 영화를 완전히 정복하지 못하도록 막고 있던 억제를 풀게 되는 것이었다. 이슬람 세력은 터키, 소아시아까지 신장되어 강하게 커졌으며, 결국 그 세력에 의해 교황권과 교황의 세력 및, 타락한 기독교를 지지하던 세력이었던 동로마 제국이 멸망하게 되었다.

성경 구절 공부

1 "네 천사"

네 천사는 타락하고 배교한 나라들을 징계하고 처벌하는 임무를 받은 사자를 가리키며, 이 천사들은 세상의 어떤 인물이나 세력을 통하여 그들의 의무를 실행한다. 이들은 유프라데 강 유역에 위치하여 있던 네 이슬람 족장들을 의미했다.

2 "유브라데"의 뜻

"유브라데"는 이 네 천사가 억제하고 있던 세력들이 어느 지역을 가리키는지 보여 준다. 13세기경 회교국 세력들은 유브라데 강을 중심으로 자리 잡고 있었다. 여기 나타난 네 지역은 모슬렘 세력의 네 관할 구역이었던 알렙포(Aleppo), 이코니움(Iconium), 다마스커스(Damascus), 바그다드(Baghdad)를 가리킨다.

예언 해석

"년 월 일 시에 이르러"

"년 월 일 시에 이르러"의 의미는 "그때에"라는 의미가 아니라 "그 기간에"라는 의미이다. '그때에 이르러 … 죽이기로' 한 것이 아니라 '그 기간에 … 죽이기로' 했다는 것이다. 그 이유는 "년 월 일 시"가 문맥적으로 어떤 역사적 시점을 형성할 수 없고, 다니엘서의 "한 때 두 때 반 때"와 요한계시록의 "마흔두 달"과 같은 성격을 가지고 있기 때문이다.

또한 두 번째 화는 첫 번째 화부터 연결되는 것이므로 "년 월 일 시"의 시작점은 첫 번째 화 즉 다섯째 나팔에 나온 150년이 끝나는 해가 되어야 한다. A.D. 1299년 7월 27일 이슬람교도의 지도자인 오토만이 왕조를 세운 다음 동로마 제국을 침입한 때로부터 시작하여 5개월 즉 150년의 기간은 1449년 7월 27일에 마쳐진다.

에스겔 4장에 의하여 성경 예언 속에 나타난 상징적인 하루는 일 년을 의미한다. 일 년은 360일로 계산한다. 그 이유는 성경에서 한 달을 30일로 평균화하여 계산하기 때문이다. 어떤 사람은 일 년을 평균 365.25일로 잡고 다니엘서의 "한 때 두 때 반 때"의 3년 반이 1260일이 될 수 없다고 주장한다. 그러나 365.25 계산법은 각 달간의 오차를 평균화할 수 없기 때문에 기간 계산에 혼란을 주게 된다. 또한 요한계시록 12장 2절에 나온 42달은 다니엘서 7장 25절과 요한계시록 12장 14절에서 "한 때 두 때 반 때"로 설명하였고, 요한계시록 11장 3절에서는 1260일로 설명되어졌다. "한 때"는 일 년임을 모든 학자들이 동의한다. 그러므로 한 때 두 때 반 때 = 3년 반 = 42달 = 1260일이 되므로 결과적으로 성경에서는 한 달을 30일로, 일 년을 360일로 평균분할하여 계산하고 있음을 알 수 있다. 창세기 7장과 8장에서도 5달을 150일로 계산한 것을 볼 수가 있다. 지구의 공전 주기를 달별 오차를 없애기 위하여 360일로 균등 분할하였다는 것이다. 그렇기 때문에 일 년을 360일로 계산한다고 360일로 계산된 일 년이 실제 일 년보다 짧다고 할 수 없는 것이다. 정분할을 하나 평균 분할을 하나 원래 기간이 변하지 않기 때문이다.

그러므로 "년 월 일 시"는 다음과 같이 계산된다. 상징적 1년=실제 360년이며, 상징적 1달=실제 30년이고, 상징적 1일=실제 1년이다. 그러므로 상징적 1시간=실제 15일(360을 24로 나눈 것)이 된다. 이 공식에 의하여 "년 월 일 시"는 실제로 391년 15일을 의미하게 된다. 이 기간은 다섯째 나팔의 150년 기간이 마쳐진 1449년 7월 27일에 시작되었고 여기에 391년 15일을 더하면 1840년 8월 11일이 된다.

역사적 성취

1 동로마 제국의 멸망

실제로 터키 제국이 1840년 8월 11일에 무너졌을까? 1833년에 미국의 한 성경학자 죠수아 릿치 박사가 요한계시록 9장을 연구한 후에 "그리스도의 재림"이라는 책자를 발행하면서 1840년 8월 11일에 터키 제국이 그 주권을 잃어버릴 것이라고 발표하였다. 그 예언이 발표되었을 당시 그는 많은 사람들에게 조롱을 받았다. 그러나 터키는 실제로 1840년에 그 주권을 박탈당하였다.

1838년 터키와 이집트가 전쟁을 벌였을 때, 이집트는 터키를 정복할 수 있는 단계에 이르게 되었다. 그런데 그렇게 되면 이슬람 세력인 터키가 사라지려고 하는데 이집트 곧 또 다른 이슬람 세력이 올라옴으로 인해 이슬람 세력이 더 커질 것을 염려한 유럽 연맹은 이집트에게 터키를 치지 말 것을 경고하기 시작하였고, 터키는 자발적으로 유럽 연맹에 굴복하고 주권을 포기하였다. 이때 유럽 연맹의 대표자가 편지를 가지고 이집트에 보내졌으며, 이집트 정부에 유럽 4대 열강(Britain, Austria, Prussia, Russia)의 메시지 곧 이제 터키의 운명이 자기들 손에 달렸다는 것을 알렸다. 그리고 애굽이 터키에게서 손을 뗄 것을 종용하였다. 그때 터키는 완전히 유럽 연맹에 무릎을 꿇었고, 이 사실과 함께 유럽 연맹의 사절이 이집트의 알렉산드리아에 도착한 날이 바로 1840년 8월 11일이었다.

계 9:16~19

"마병대 수는 이만만이니 내가 그들의 수를 들었노라 이같이 이상한 가운데 그 말들과 그 탄 자들을 보니 불빛과 자줏빛과 유황빛 흉갑이 있고 또 말들의 머리는 사자 머리같고 그 입에서는 불과 연기와 유황이 나오더라 이 세 재앙 곧 저희 입에서 나오는 불과 연기와 유황을 인하여 사람 삼분의 일이 죽임을 당하니라 이 말들의 힘은 그 입과 그 꼬리에 있으니 그 꼬리는 뱀 같고 또 꼬리에 머리가 있어 이것으로 해하더라 이 재앙에 죽지 않고 남은 사람들은 그 손으로 행하는 일을 회개하지 아니하고 오히려 여러 귀신과 또는 보거나 듣거나 다니거나 하지 못하는 금 은 동과 목석의 우상에게 절하고 또 그 살인과 복술과 음행과 도적질을 회개하지 아니하더라."

a. 최초의 폭탄 사용 : 오토만 터키의 국세가 한창 강성했을 때, 그 나라에서 화약과 총포가 처음으로 발명되어서 전쟁에 사용되기 시작하였다. 터키 군인들이 말을 타고 총과 대포들을 쏘면서 전쟁하는 모습은 불과 연기와 유황이 말의 입에서 나오는 것처럼 보였다. 불빛과 자줏빛과 유황은 전쟁 중에 터키 군사들이 입었던 군복의 색깔을 나타낸 것이다. 또한 그들은 처음으로 전쟁에서 대포들을 사용하였는데 그 대포 쏘는 모양이 말의 입에서 연기가 나오는 것처럼 표현되어진 것이다. 이슬람 군대의 공격 특징은 갑자기 시작되는 것, 그리고 매우 폭력적인 것이었다.

A.D. 1453년까지 로마의 콘스탄티노플의 성벽은 많은 적군을 성공적으로 저항하였다. 그래서 동로마 제국은 한동안 버틸 수 있었다. 그러나 지금은 상황이 달라졌다. 오토만 터키는 새로 개발된 거대한 대포와 화약을 사용하여 성벽을 공격하였고 콘스탄티노플은 곧 함락을 당하였다. 성경에서 꼬리는 선지자를 상징하고 머리는 정부 지도자를 상징한다. 그러므로 이슬람 세력은 그 정부 지도자와 선지자 모하메드의 종교를 동시에 가지고 전쟁을 하는 것을 알 수 있다.

b. **머리와 꼬리와 입의 영적인 상징** : 성경에서 "머리"는 지도자를 상징하고, 입은 거짓 선지자의 입을 상징한다. 또한 꼬리는 거짓 선지자를 상징한다 (사 9:15, 출 4:15,16). 이것은 이슬람이 오류를 가르치는 거짓 선지자와 거짓 교리를 가지고 있는 것을 가리킨다.

하나님께서는 성경 진리에서 떠나 타락한 사람들을 징계하기 위하여 터키 군대를 채찍으로 사용하셨다. 그러나 그들은 잘못을 고치지 않고 오히려 배교하는 일을 계속하였다. 그들은 교회 안에 우상 숭배를 들여왔으며, "살인과 음행과 복술과 도적질"을 계속하였다.

❷ 둘째 "화"와 재림 운동

앞에서도 언급했던 사실이지만 하나님의 심판의 나팔은 하나님의 백성에게는 의미심장한 구원과 도움의 계기가 되는 것을 알 수 있다. 여섯째 나팔 즉 둘째 화가 지나자, 이 세상 전역에 굉장한 재림 운동들이 생기기 시작하여 교회들에 큰 부흥이 일어나게 되었다. 그 이유는 바로 둘째 "화"인 터키의 침략으로 인해 동로마가 멸망한 후 세력을 떨치던 터키가 1840년 8월11일에 무너지리라는 죠수아 릿치의 예언 해석이 들어맞음으로, 둘째 "화"의 예언인 년 월 일 시, 곧 391년 15일의 예언이 정확하게 성취되는 것을 보게 된 그리스도인들이, 1일을 1년으로 해석하는 성경 예언이 옳다는 사실을 깨닫게 되었기 때문이었다. 그러므로 다니엘서의 2300일 예언을 2300년으로 해석하고 있던 교회들이 2300년의 예언이 마치는 마지막 때가 1844년이라는 것을 깨달음으로 예수 재림이 가까웠다는 확신을 가지게 되었으며, 이 사건은 교회들에 큰 부흥을 일으키게 하였다.

이 재림 운동은 미국뿐 아니라 전 세계에서 일어났는데, 예수님의 재림과 세상의 마지막 사건을 연구하던 신실한 사람들이 주축이 되어 일어났다. 그 때의 기독교의 상황을 보면, 종교 개혁 이후로 개신교 안에는 깊은 영적인 침체와 타락상이 나타나 있던 때였다. 이 운동에는 전 세계에 있는 각 종파 곧 성결교회, 침례교회, 성공회, 감리교회 등등 여러 다른 교파에서 예수 재림이 가까웠음을 깨달은 목사들과 성직자들과 평신도들이 함께 참여하였는데, 미국에서는 윌리엄 밀러를 위시하여 많은 사람들이 마지막이 왔으니 재림을 위해 준비하자고 외쳤으며, 그에 호응하여 많은 사람들이 이 재림 운동에 참여하였다. 수만 명의 개신교 교인들과 수백 명의 개신교 목사들이 이 운동에 가담하였으며, 특별히 웨스트 버지니아주에서는 90% 이상의 목사들이 이 운동에 참여하였다.

비록 그들이 2300주야 예언에서 "성소가 정결함을 입"는다는 의미를 하늘 성소가 아닌 이 세상으로 잘못 해석하는 우를 범하여 예수 재림의 날짜를 잘못 정하는 실수를 범하였기는 하였으나, 그 사건을 계기로 큰 영적인 부흥과 깨달음과 하나님의 섭리가 기독교 안에 있게 되었다. 그 사건을 계기로 신실한 그리스도인들은 이 세상이 정말로 말세에 접어든 것을 확신하게 되었고, 예수 재림 전에 성도들이 어떻게 정결하게 되어야 하는지 그리고 마지막 남은 하나님의 백성이 어떻게 준비될지를 깨닫는 굉장한 계기와 기회가 되었다.

이렇듯이 성경 요한계시록에 예언되었던 첫째와 둘째 화의 예언은 성취되었고, 그 나팔의 경고와 심판의 사건이 성취될 때마다 하나님의 백성에게는 아주 중요한 일들이 일어난 것을 우리는 역사를 통하여 알 수 있다. 우리에게 알리지 않으시고는 일하지 않으시는 신실하고 미쁘신 하나님을 우리가 믿고 있다는 사실은 얼마나 고무적인가! 예언을 통해 우리에게 말씀하시는 하나님께 감사드리자!

모하메드와 이슬람교의 신조에 대하여

1 성경에 예언되어 있는 이스마엘의 자손 이슬람

"여호와의 사자가 또 그에게 이르되 네가 … 아들을 낳으리니 그 이름을 이스마엘이라 하라 … 그가 사람 중에 들나귀같이 되리니 그 손이 모든 사람을

치겠고 모든 사람의 손이 그를 칠찌며 그가 모든 형제의 동방에서 살리라 하니라."(창 16:11,12)

성경에는 이스마엘의 자손인 이슬람교도들이 모든 사람들과 함께 싸우며 전쟁을 할 것에 대한 예언이 나와 있다. 그리고 그들이 모든 다른 인종들과 싸울 때 다른 인종들은 그들을 대적하기 위해 서로 더욱 결속하게 되어 이스마엘(아랍)족들을 대항하여 일어서게 되는 것이다. 그 예언이 오늘날에도 이루어지고 있는 것을 우리는 눈으로 보고 있다.

❷ 모하메드

모하메드의 추종자들의 종교 이슬람은 기원 612년경에 발생하였다. 모하메드는 아라비아의 한 도시인 메카에서 상업에 종사하고 있었는데, 이때부터 그는 하나님이 자신에게 계시를 주셨다고 믿기 시작하였다.

모하메드의 기본적 신념은 하나님은 오직 한 분이시라는 것이었다. 그는 하나님을 아랍식으로 알라(Allah)라고 불렀으며 노아, 아브라함, 예수 등 많은 선지자들이 있었으나 자신이 알라신의 최후의 선지자라고 하였다. 모하메드는 그를 따르는 무리들을 위하여 여러 규칙들을 제정하였다. 그의 사후에 이 규칙들을 모아 하나의 책으로 정리한 것이 이른바 "코란"으로서 이슬람교의 성경이다. 코란에도 마지막 때에 대한 예언들이 많이 있는데, 그것에 의하면 마지막 때가 얼마 남지 않았고, 최후의 심판에서 알라 신은 악한 자들을 지옥에 가두어 피와 끓는 물을 마시게 하고 영원한 불에 타면서 고통을 치르게 한다고 가르친다. 그러나 알라 신은 의로운 사람들에게는 대단히 동정적이기 때문에 그들을 하늘의 화려한 연회에 초대하여 아름답고 부드러운 눈을 가진 처녀들과 연회를 즐기게 할 것이라고 하였다.

코란은 지하드(Jihad)라고 하는 성전(Holly War – 거룩한 전쟁)을 찬양하고 있다. 코란은 말하기를 모든 신자들이 하늘에서 쾌락을 누리면서 살 것이지만, 성전에서 목숨을 버리는 자들은 하늘에서 더 큰 쾌락을 누릴 것이라고 하였다. 그들은 성전으로 새로운 영토를 점령하여 노략한 부를 분배하였는데, 점령지의 백성에게 모하메드는 "알라 신이냐, 칼이냐, 하나를 택하라!"고 강요했으며, 코란에는 모슬렘들이 자기 종족 중 그리스도교로 개종하는 자는 처형하도록 되어 있다. 그러나 한 가지 특기할 만한 사실은 그들은 그들의 신조와 비슷하게 신실히 믿고 있는 그리스도인들은 너무 잔인하게 대하지 않았다는 것이다. 그들은 로마 천주교가 아닌 진실한 그리스도인들을 보면 그들을 건드려 괴롭히지 않았으며 포교를 하거나 개종을 하지 않았다.

3. 일곱째 나팔 : 셋째 화

일곱째 나팔 예언(11:15)이 나오기 전에 계시록 10장에는 삽입 장이 나온다. 그러나 편리상 일곱 나팔의 연구를 연결하여 마친 후, 그다음에 10장을 연구하기로 하자.

1) 일곱째 나팔의 개요

일곱 나팔 성경 예언의 내용 자체가 마지막 세 나팔들(5,6,7째 나팔들) 즉 첫째 화, 둘째 화, 셋째 화를 처음 네 나팔들과 분리시키고 있는 것을 우리는 볼 수가 있다. 그 이유는 처음 네 나팔들은 서부 로마 제국의 몰락을 다루고 있는 예언들인 반면에, 5번째부터 7번째까지의 세 나팔들은 하나님께서 어떻게 배도한 기독교회와 그 배도한 교회를 받들어 주고 있는 동로마 제국을 심판하시는가를 설명해 주는 예언이다. 세 가지 화들은 하나님의 심판을 다루고 있다.
우리는 이 성경 예언 자체가 마지막 세 나팔들을 "세 가지 화"라고 설명하는 사실에 주목하도록 하여야 한다. 이 세 가지 나팔들의 사건들은 세상을 향한 하나님의 심판을 상징하고 있다. 즉 괴롭게 하는 일들이 진행될 것이라는 것이다. 그래서 그것들을 "세 가지 화"들이라고 표현하였다. 첫 번째 화 즉 다섯 번째 나팔은 로마 제국을 멸망시키지는 말고 괴롭게만 하라고 말씀하고 있고, 두 번째 화인 여섯 번째 나팔은 로마 제국을 쳐서 멸망시키라고 말씀하고 있는데, 전체를 멸망시키는 것이 아니라 3분의 1만 죽이라고 예언하고 있다. 그러나 세 번째 화 즉 일곱 번째 나팔은 온 세상 전체를 심판하며 멸망시키는 사실을 담고 있다. 특히 세상을 파괴하는 자들 곧 원어의 뜻에 의해서, 세상을 부패케 하는 자들을 멸망시키라는 예언이 이 세 번째 화 속에 포함된 것이다. 그러면 먼저 계시록 11장에 있는 셋째 화, 일곱째 나팔에 대한 본문을 읽어 보도록 하자.

2) 마지막 심판과 셋째 "화"

계 11:14~19

"둘째 화는 지나갔으나 보라 셋째 화가 속히 이르는도다 일곱째 천사가 나팔을 불매 하늘에 큰 음성들이 나서 가로되 세상 나라가 우리 주와 그 그리스도의 나라가 되어 그가 세세토록 왕 노릇하시리로다 하니 하나님 앞에 자기 보좌에 앉은 이십사 장로들이 엎드려 얼굴을 대고 하나님께 경배하여 가로되 감사하옵나니 옛적에도 계셨고 시방도 계신 주 하나님 곧 전능하신 이여 친히 큰 권능을 잡으시고 왕 노릇하시도다 이방들이 분노하매 주의 진노가 임하여 죽은 자를 심판하시며 종 선지자들과 성도들과 또 무론 대소하고 주의 이름을 경외하는 자들에게 상 주시며 또 땅을 망하게 하는 자들을 멸망시키실 때로소이다 하더라 이에 하늘에 있는 하나님의 성전이 열리니 성전 안에 하나님의 언약궤가 보이며 또 번개와 음성들과 뇌성과 지진과 큰 우박이 있더라."

일곱째 나팔 즉 세 번째 화는 하나님의 심판의 그 결론을 다루고 있다. 그리고 이 심판은 온 세상 나라들에 대한, 다시 말해서 온 세상 전체에 대한 심판이라는 사실을 말씀하고 있다. 이제는 이 세상이 드디어 그리스도께 그 주권이 돌아간다고 선포하는 것이다. 여기에 보면 심판의 끝에 가서 하늘에 있는 이십사 장로들이 하나님께 경배하며 영광을 돌리고 있는 장면이 기록되어 있다. 드디어 심판의 마지막 국면이 이르러 오고 하나님께서 마귀와 악한 자들을 심판하시고 성도들과 의인들은 변호하시며 옹호하시는 일을 하시자, 감사와 찬송이 온 하늘과 우주를 가득 채우는 것이다. 하나님의 심판이 의롭고 정당하며 이 지구의 죄의 역사를 다루시는 하나님의 심판이 너무나 합당하고 의롭다고 말이다.

이렇게 하나님의 심판이 그 마지막 국면에 접어들자 세상의 이방들 즉 이 세상의 나라들이(영어 성경에는 "나라들이"라고 번역되었음) 크게 분노하며 예수 그리스도의 나라가 임하는 것을 반대하여 전쟁을 일으키는 것이다. 나라들이 분노한다는 표현은 시편 2장 1절에서 그 근원을 찾을 수가 있다. 시편 기자는 다음과 같이 말씀하였다. "**어찌하여 열방이 분노하며 민족들이 허사를 경영하는고 세상의 군왕들이 나서며 관원들이 서로 꾀하여 여호와와 그 기름 받은 자를 대적하며.**"

다시 말하자면, 그리스도의 왕국을 대적하여 이 세상의 온 나라들이 분노하여 모인다는 의미이다. 사도 베드로는 유대 나라 지도자들이 분노하여 그리스도의 복음을 반대하고 사도들을 불러서 때리며 핍박할 때에 바로 이 시편 2장 1절의 말씀을 인용하면서 "**또 주의 종 우리 조상 다윗의 입을 의탁하사 성령으로 말씀하시기를 어찌하여 열방이 분노하며 족속들이 허사를 경영하였는고 세상의 군왕들이 나서며 관원들이 함께 모여 주와 그 그리스도를 대적하도다 하신 이로소이다**"(행 4:24,25) 라고 말하였다.

계시록 16장에 나타나는 여섯째 재앙인 아마겟돈 전쟁에 대한 예언에서 성경은 마귀가 세 가지 종류의 귀신의 영들을 구사하며 온 세상의 왕들과 백성을 미혹하여서 하나님의 큰 전쟁의 날에 하나님을 대적하여 싸우도록 모아 오고 있다고 말씀하고 있다. 이렇게 온 세상의 나라들이 연합하여 하나님의 진리와 그리스도의 재림을 대항하여 싸우는 일을 하게 될 때에 하나님께서는 드디어 이 땅을 부패케 하고 망하게 하는 세력인 바벨론을 심판하시고 멸망시키실 것이라는 것이다.

이 심판은 하늘 지성소에서 예수께서 책들을 펴시고 바벨론 세력이 저지른 모든 일들을 다 펼쳐서 공의롭게 심의하시고 판단하실 때에 이루어진다. 그러므로 이 일곱째 나팔은 하늘 지성소의 문이 열리고 그 안에 있는 언약궤(십계명이 들어 있는)가 보인다고 말씀하고 있는 것이다. 하늘의 지성소가 열리는 시기는 대속죄일이었다. 그날은 일 년 동안 쌓인 모든 죄들을 최종적으로 심판하시고 끝내시는 날이었다. 그러므로 일곱째 나팔의 언어는 이 세상에 대한 하나님의 최종적인 심판이 이루어지고 악한 자들에 대한 하나님의 진노가 부어지는 사실을 상징적으로 말씀하고 있는 것이다.

■ 세 번째 "화"

그런데 예언은 이 일곱째 나팔의 사건을 "세 번째 화"라고 말하고 있다. 그렇다면 우리는 이 예언 가운데서 첫 번째와 두 번째의 화가 누구에게 어떠한 일을 했는지에 대하여 살펴볼 때에 하나님께서 이 마지막 시대에 어떻게 세상을 심판하실지에 대한 힌트를 얻을 수 있게 되는 것이다.

하나님께서는 첫째와 둘째 화에서 이슬람 세력을 일으키셔서 배도한 교회와 그 교회를 지지해 주고 있는 이 세상의 나라의 세력을 심판하셨다. 그 당시 중세기의 타락하고 배도한 교회는 바로 로마 교황권의 교회였다. 로마교회는 이교의 가르침을 교회 안으로 들여와 진리와 섞어 놓았으며 하나님의 백성을, 아니 더 나아가서 온 세상을 부패시킨 그 장본인이다. 성경에 보면 이 세력은 세상의 왕들과 백성을 진노의 포도주로 취하게 한 세력이다. 그리고 그 세력을 지지해 주고 있던 나라가 바로 이교 로마 제국이었다.

그러므로 하나님께서는 이슬람 세력을 통하여서 바로 이 교황권과 로마 제국을 괴롭게 하시고 치시는 일을 하신 것이다. 그것이 바로 첫 번째와 두 번째 화에서 일어난 사건들이었다. 그러므로 그 세 번째 화에 있어서도 하나님께서 이슬람 세력을 통하여 배도한 교회와 그 세력을 지지하는 나라를 심판하시는 것이다.

그런데 이 마지막 시대에 와서 배도한 기독교회는 바로 미국 안에 있다. 미국의 기독교회는 개신교회가 되기를 그쳤다. 로널드 레이건 대통령 당시에 미국은 바티칸에 대사를 보내면서 교황과 손을 잡았다. 그리고 미국의 교회들은 교황권의 활동을 크게 환영하며 같이 협력하는 세력으로 탈바꿈하였다. 개신교회(Protestant)의 뜻은 교황을 향하여 항거한다는 것이다(Protest Against the Pope). 그러므로 미국의 개신교회는 더 이상 개신교 국가가 아니다. 오히려 교황권을 지지하는 배도한 교회로 전락해 버리고 만 것이다.

또한 동시에 이 미국이 바로 교황권의 세력을 온 세상의 지도자의 권위로 세워 주는 일에 앞장을 서서 일하고 있으니 배도한 교회를 지지하는 정치적인 세력이 된 셈이다. 그러므로 하나님께서는 이슬람 세력을 통하여 배도한 교회요 동시에 배도한 나라인 이 미국을 이전처럼 이슬람 세력을 통하여서 심판하실 것이라는 사실을 이 세 번째 화가 예언하고 있는 것이다. 그러고 보면 현재 일어나는 미국에 대한 이슬람의 공격은 그 시작에 불과하다고 할 수 있다.

그런데 예언의 성취상 이제 곧 세계 전체 나라들의 연합인 UN의 활동이 진리를 대적하고 참된 하나님의 백성을 공격하는 양상으로 급진하게 될 것이다. 타락한 종교와 교회들은 연합하여 참된 하나님의 백성, 성경 진리대로만 살려고 하는 자들을 핍박하게 될 것이다. 이것은 영적으로만 분별할 수 있는 일이다. 옛날 중세기의 순교자들의 충성심도 진리를 사랑하는 자들에 의해서만 알아볼 수 있었듯이…. 앞으로 나라들이 분노할 것이다. 그리스도의 나라를 대적하여서 분노할 것이다. 그리고 온 세상을 향한 하나님의 마지막 심판인 일곱 재앙이 쏟아지게 될 것이다. 하나님의 참 백성을 핍박하는 짐승의 표를 받은 자들 위에….

■ 이슬람 세력과 마지막 심판과의 관계

요즈음 이슬람 세력이 갑자기 새로 등장하면서 미국과 기독교 세력을 치기 시작하는 모습을 보게 된다. 이러한 세계적인 형세는 결코 우연한 일이 아니다. 이것은 세상을 향한 하나님의 마지막 심판의 역사가 시작되었다는 사실을 우리에게 알려 주고 있다. 2001년 9월 11일의 사태는 성경의 예언상으로 의미심장한 사건이 아닐 수가 없다. 이슬람 세력은 하나님의 채찍이 되어 미국 경제의 상징인 뉴욕의 쌍둥이 빌딩과 무력의 상징인 워싱턴의 펜타곤 빌딩을 공격하였다. 미국이 이라크를 공격하자 온 세상에 있는 과격파 이슬람들은 결속하여 미국을 향하여 "지하드"(성전)를 부르짖으며 자살 테러들을 감행하고 있다. 우리는 이제 미국이 점점 더 이슬람 세력의 수렁에 빠져 들어가고 있는 것을 보게 된다.

이러한 일들은 세상의 나라들 즉 유엔이 더욱더 강력하게 결속하게 되는 결과를 낳게 될 것이다. 지금 나라들이 이슬람의 공격으로 인해 서로 결속하고 있는데, 이슬람의 공격에 연합 전선을 펴서 방어하기 위한 수단으로 세상 나라들이 울며 겨자 먹기 식으로 할 수 없이 결속하고 있다. 이러한 나라들의 연합은 결국에 가서 이 세상 나라들의 연합의 도덕적인 대표자로 교황을 내세울 수밖에 없는 상황을 연출하게 될 것이다. 이 세상에서 미국에 대한 신뢰는 점점 땅에 떨어지는 터라 미국이 세상 나라들의 연맹의 대표자로 군림하기에는 역부족이기 때문이다. 그렇게 되면 교황권은 드디어 과거 중세기에 누렸던 권력 즉 교회들과 나라들 위에 군림하는 새로운 왕의 자리에 앉게 되는 것이다. 그때에 과거에 있었던 핍박이 이 세상에 재현되게 될 것이다.

성경의 예언이 말하고 있는 대로 교황권의 세력은 자기의 핍박을 피하여 미국으로 도망한 하나님의 성도들, 곧 진리를 믿으며 하나님의 계명을 지키는 의로운 자들을 붙잡아 죽이려는 일을 감행하려 할 것이다(요한계시록 12장 참조). 타협하고 타락한 청교도들의 후예들의 도움을 통해서 말이다. 왜냐하면 그 후예들은 자기 선조들이 어떻게 이 나라를 세웠으며 어떻게 성경의 진리를 높이며, 교황권의 기만에서 이 나라를 보호하려 했는지에 대한 고난의 역사를 까마득하게 잊어 버렸기 때문이다.

한 가지 지나칠 수 없는 흥미로운 성경 예언이 있다. 그것은 이슬람 세력에 대한 예언이다. 창세기 16장 11,12절은 다음과 같이 예언하였다. **"여호와의 사자가 또 그에게 이르되 네가 잉태하였은즉 아들을 낳으리니 그 이름을 이스마엘이라 하라 이는 여호와께서 네 고통을 들으셨음이니라 그가 사람 중에 들나귀같이 되리니 그 손이 모든 사람을 치겠고 모든 사람의 손이 그를 칠지며 그가 모든 형제의 동방에서 살리라 하니라."**

다시 말하자면 팔레스타인 동방에 사는 아랍 국가들은 아브라함의 아들 이스마엘의 자손들이며, 그들은 광야의 들나귀처럼 지낼 것이고, 그들이 다른 모든 민족들을 치게 되면 다른 모든 민족들이 연합하여 이슬람 족속들을 치게 된다는 것이다. 이슬람의 공격은 다른 모든 민족들이 연합하게 만드는 결과를 초래하게 된다는 것이다. 우리는 지금 바로 우리의 눈앞에서 이 예언의 성취를 보고 있다. 온 세상의 나라들이 할 수 없이 연합하여 이슬람의 세력과 싸우는 것을 보지 않는가!

첫째 화가 지나간 후에 종교 개혁 운동이 일어났었다. 이슬람 세력이 로마 제국을 치는 동안 교황권은 종교 개혁자들을 소탕하기 위한 군대를 되돌려서 이슬람의 공격을 막을 수밖에 없었고, 그러는 동안 하나님의 종들은 기회를 얻어 진리를 개혁하여 로마교회의 압제에서 벗어나는 일에 성공할 수가 있었다. 그리고 두 번째 화가 지나가자 이 세상에서는 그리스도의 재림을 강조하며 경건한 삶을 촉구하는 재림 운동이 온 세상에서 불일 듯 일어났다. 19세기에 많은 사람들이 예수 재림에 대한 관심을 가지고 성경을 연구하기 시작하였다. 많은 교회 안에 큰 부흥의 역사가 일어났었다.
 그런데 우리는 지금 그 셋째 화가 일어나는 것을 주목하고 있다. 하나님께서 이슬람의 공격을 사용하시어 배도한 교회와 세상 나라들을 치시고 계신 것을 보게 된다. 옛날 이스라엘이 배도했을 때에 바벨론을 통하여 심판하셨던 것처럼 말이다. 그렇다면 이번에는 이 셋째 화가 지나가면서 과연 어떠한 영적인 큰 사건이 일어나게 될 것인가? 그것은 다름이 아닌 참 하나님의 교회가 하나님의 성령의 큰 역사를 받게 되는 일일 것이다. 그리고 바벨론에 있는 하나님의 백성을 나오라고 불러내는 놀라운 역사가 곧 생기게 되는 것이다.

 계 18:1~4 "이 일 후에 다른 천사가 하늘에서 내려오는 것을 보니 큰 권세를 가졌는데 그의 영광으로 땅이 환하여지더라 힘센 음성으로 외쳐 가로되 무너졌도다 무너졌도다 큰 성 바벨론이여 귀신의 처소와 각종 더러운 영의 모이는 곳과 각종 더럽고 가증한 새의 모이는 곳이 되었도다 그 음행의 진노의 포도주를 인하여 만국이 무너졌으며 또 땅의 왕들이 그로 더불어 음행하였으며 땅의 상고들도 그 사치의 세력을 인하여 치부하였도다 하더라 또 내가 들으니 하늘로서 다른 음성이 나서 가로되 내 백성아 거기서 나와 그의 죄에 참여하지 말고 그의 받을 재앙들을 받지 말라."

 이 부르심은 더 이상의 짐승의 세력에 속지 말고 그 기만의 세력에서 나오라는 것이다. 성경의 진리로 돌아오라는 것이다. 가짜 복음이 아니라 하나님의 계명을 순종하는 열매를 맺는 참된 구원의 복음으로 돌아오라는 것이다.
 이러한 놀라운 성령의 역사를 경험하게 되는 마지막 교회, 여자의 남은 자손에 대하여 성경은 이렇게 말씀하고 있다. "**성도들의 인내가 여기 있나니 저희는 하나님의 계명과 예수 믿음을 지키는 자니라**"(계 14:12).
 지금 우리 눈앞에서 일곱 나팔의 예언 중의 그 마지막 부분인 셋째 화가 진행 중에 있다. 우리는 과연 세상의 마지막 환난들을 통과하고 예수 그리스도의 재림을 반가이 맞이할 준비가 되어 있는가? 이것이 우리가 지금 생각해 보아야 할 가장 심각한 질문이다.

제10장 | 하나님의 비밀

요한계시록 10장 연구
chapter Ten

한계시록 10장은 여섯째 나팔과 일곱째 나팔 사이에 끼어 있는 삽입 구장이다. 이 장은 마지막 시대를 향한 하나님의 중요한 메시지가 들어 있다. 함께 연구하여 보자.

계 10:1~11

"내가 또 보니 힘센 다른 천사가 구름을 입고 하늘에서 내려오는데 그 머리 위에 무지개가 있고 그 얼굴은 해 같고 그 발은 불기둥 같으며 그 손에는 펴 놓인 작은 두루마리를 들고 그 오른발은 바다를 밟고 왼발은 땅을 밟고 사자가 부르짖는 것같이 큰 소리로 외치니 그가 외칠 때에 일곱 우레가 그 소리를 내어 말하더라 일곱 우뢰가 말을 할 때에 내가 기록하려고 하다가 곧 들으니 하늘에서 소리가 나서 말하기를 일곱 우뢰가 말한 것을 인봉하고 기록하지 말라 하더라 내가 본바 바다와 땅을 밟고 서 있는 천사가 하늘을 향하여 오른손을 들고 세세토록 살아 계신 이 곧 하늘과 그 가운데에 있는 물건이며 땅과 그 가운데에 있는 물건이며 바다와 그 가운데에 있는 물건을 창조하신 이를 가리켜 맹세하여 이르되 지체하지 아니하리니 일곱째 천사가 소리 내는 날 그의 나팔을 불려고 할 때에 하나님이 그의 종 선지자들에게 전하신 복음과 같이 하나님의 그 비밀이 이루어지리라 하더라 하늘에서 나서 내게 들리던 음성이 또 내게 말하여 이르되 네가 가서 바다와 땅을 밟고 서 있는 천사의 손에 펴 놓인 두루마리를 가지라 하기로 내가 천사에게 나아가 작은 두루마리를 달라 한즉 천사가 이르되 갖다 먹어 버리라 네 배에는 쓰나 네 입에는 꿀같이 달리라 하거늘 내가 천사의 손에서 작은 두루마리를 갖다 먹어 버리니 내 입에는 꿀같이 다나 먹은 후에 내 배에서는 쓰게 되더라 그가 내게 말하기를 네가 많은 백성과 나라와 방언과 임금에게 다시 예언하여야 하리라 하더라."

1. 다른 천사

　계시록에는 가끔 "다른 천사"라는 단어가 등장하는데, 그것은 중요한 사건마다 하늘에서 날아오는 다른 천사들이 있기 때문이다. 현재 요한 곁에 서 있는 천사 이외에 다른 천사가 곧 일어날 사건들을 강조하기 위해 내려온다. 그런데 10장에 나타나는 다른 천사는 좀 특이하다. 성경은 이를 힘센 다른 천사라고 부른다. 이 천사는 해와 같은 얼굴을 가지고 있는데, 그 주위에 구름이 둘려 있고 무지개가 그 주위에 있으며, 발은 불기둥 같다. 이것은 계시록 1장에 나오는 예수님의 모습과 같다. 성경에 구름과 무지개는 하나님의 주위에 있는 것이다.
　모세가 불타는 가시떨기나무에서 하나님을 뵈었을 때, 여호와의 사자가 나타났다고 표현되어 있다. 그런데 그다음 절에 "여호와께서 말씀하시기를"이라는 표현으로 계속되는 것을 알 수 있다. 또한 기드온에게 나타난 사자도 예수님인 것을 알 수 있다. 야곱은 창세기 48장 16절에, "나를 모든 환난에서 건지신 사자께서 이 아이에게 복을 주시오며 이들로 내 이름과 내 조부 아브라함과 아버지 이삭의 이름으로 칭하게 하시오며 이들로 세상에서 번식되게 하시기를 원하나이다"라고 하며 환난에서 건지신 하나님을 사자, Messenger 즉, 천사라고 칭했던 것을 알 수 있다. 얍복강가에서 여호와의 사자와 겨루었을 때, 그 사자도 예수 그리스도이셨다. 계시록 10장 1절의 의미도 같은 맥락이다.

2. 작은 책

계시록 10장에 다른 천사인 예수께서 나타나셔서 특별한 말씀을 하시는데, 이 천사는 바다와 땅을 밟고 있다고 표현되어 있다. 그 뜻은 지금 말씀하시는 이 복음이 온 세상에 즉 바다를 건너 온 땅에 전파되어야 한다는 의미이다. 이 말씀은 전 세계적인 복음의 운동을 상징한다. 그런데 예수님 손에 펴 놓인 작은 책은 성경 전체가 아니고 작은 책이었다. 작은 책이 펴 놓여 있다는 것은 전에 닫혀져 있었다는 사실을 말해 주는 것이다. 성경 가운데 닫혀져 있던 예언이 있는가?

다니엘서를 보면 그 답을 얻을 수 있다. "다니엘아 마지막 때까지 이 말을 간수하고 이 글을 봉함하라 많은 사람이 빨리 왕래하며 지식이 더하리라 나 다니엘이 본즉 다른 두 사람이 있어 하나는 강 이쪽 언덕에 섰고 하나는 강 저쪽 언덕에 섰더니 그중에 하나가 세마포 옷을 입은 자 곧 강물 위쪽에 있는 자에게 이르되 이 놀라운 일의 끝이 어느 때까지냐 하더라 내가 들은즉 그 세마포 옷을 입고 강물 위쪽에 있는 자가 자기의 좌우 손을 들어 하늘을 향하여 영원히 살아 계시는 이를 가리켜 맹세하여 이르되 반드시 한 때 두 때 반 때를 지나서 성도의 권세가 다 깨지기까지이니 그렇게 되면 이 모든 일이 다 끝나리라 하더라 내가 듣고도 깨닫지 못한지라 내가 이르되 내 주여 이 모든 일의 결국이 어떠하겠나이까 하니 그가 이르되 다니엘아 갈지어다 이 말은 마지막 때까지 간수하고 봉함할 것임이니라 많은 사람이 연단을 받아 스스로 정결하게 하며 희게 할 것이나 악한 사람은 악을 행하리니 악한 자는 아무것도 깨닫지 못하되 오직 지혜 있는 자는 깨달으리라."(단 12:4~10)

1) 예언된 기간 1260년

여기에 보면 "성도들의 권세가 다 깨어지기까지", "한 때 두 때 반 때"가 지나고 모든 일이 다 끝나겠다고 쓰여 있다. 성도들의 권세가 깨어지는 것은 그들이 크게 핍박당하여 흩어지게 될 것을 말한다. 이 예언은 교황권이 중세기에 성도들을 핍박한 것을 예언한 것이다. 다니엘과 계시록의 예언의 초점은 교황권 세력과 그가 마지막 시대에 어떠한 일을 행할 것인가에 대한 예언과 또한 그 세력에 대한 하나님의 심판에 대한 것이다. 이 세 때 반과(삼 년 반), 1260일에 대한 예언은 12장과 13장을 공부할 때에 자세히 다루기로 하고 지금은 간단히만 언급하기로 한다.

"북방왕은 돌아가서 다시 대군을 전보다 더 많이 준비하였다가 몇 때 곧 몇 해 후에 대군과 많은 물건을 거느리고 오리라."(단 11:13) 여기에 보면, 몇 때를 몇 해라고 한 것을 알 수 있다. 그러므로 세 때 반은 삼 년 반을 의미한다. 하루는 예언 해석 원칙에 의하여 일 년이다. "너희가 그 땅을 탐지한 날 수 사십 일의 하루를 일 년으로 계산하여 그 사십 년간 너희가 너희의 죄악을 질지니…."(민 14:34), "그 수가 차거든 너는 우편으로 누워 유다 족속의 죄악을 담당하라 내가 네게 사십 일로 정하였나니 일 일이 일 년이니라."(겔 4:6) 기간적인 예언에는 일 일을 일 년으로 풀어야 한다. 그러므로 유대인들의 달력으로는 삼 년 반은 42달 즉 1260일 즉 1260년이다. 그러므로 한 때 두 때 반 때를 지나서 성도의 권세가 깨어지기까지라는 뜻은 1260년 동안의 핍박 기간을 지나서라는 뜻이다. 그 시기를 지난 후에 이 닫혀져 있던 예언이 이해가 되고 드디어 끝이 이르러 온다는 뜻인 것이다.

다니엘이 그 계시를 받았을 때에 그는 어떤 것들은 이해를 하지 못했다. 다니엘 8장 26,27절에 보면, 그는 2300일에 관한 예언을 이해 못하고 수일을 앓으며 기절한 것을 알 수 있다. 다니엘 8장 9~19절 예언, 다니엘 7장 19~25절의 예언, 바로 이러한 예언을 계시록 10장에서 펴 놓인 작은 책이란 표현으로 나타내고 있는 것이다. 삼 년 반 동안 즉 1260일인 1260년 동안은 성도의 권세가 깨어지는 시간이고 핍박을 받는 시기였는데, 이때는 A.D. 538~1798년까지로, 538년에 로마에 있는 교회 감독이 로마 황제의 인준에 의하여 온 세상 교회들의 머리로 군림하게 되었다. 그래서 1260년 동안 종교 암흑시대가 된 것이었다. 중세기는 무서운 핍박의 시기였다.

그러나 1260년이 차는 그 정확한 시간인 1798년도에 프랑스의 나폴레옹 장군의 부하인 버티어 장군이 바티칸으로 가서 교황 피우스 6세를 잡아다가 프랑스 옥에 가두자, 교황은 거기서 옥사하게 되고 중세기의 핍박 시대가 끝나게 되었다. 그리고 성경의 복음이 온 세상에 퍼지기 시작했다. 그때 드디어 예언대로, 닫혀져 있던 다니엘서의 예언이 펼쳐지기 시작한 것이었다. 그리고 예언이 이해되기 시작했다. 성경 예언에 대한 연구가 세계적으로 활발해지기 시작했다. 다니엘서의 예언 중에 특별히 닫혀졌다가 마지막 시대에 와서 펼쳐지게 된 예언은 특히 2300주야에 대한 예언이다. **"2300주야까지니 그때에 성소가 정결하게 함을 입으리라."** (단 8:14) 이 예언은 그때에 하늘에 있는 성소에서 죄의 기록을 도말하여 없애는, 성소를 정결케 하는 심판이 시작된다는 사실에 대한 예언이다.

2) 예언의 비밀이 열려짐

성소 정결은 대속죄일에 하는 일이다. 성소 정결은 대속죄일에 대한 표현이다. 그날은 심판의 날이며 인침의 날이다. 각자의 운명이 결정되는 날이다. 이것은 하늘의 성소에서 있을 심판을 의미한다. 우리의 모든 기록들을 가지고 심판하는 것이다. 이러한 중요한 사건의 배경을 설명하는 것이 다니엘서의 2300년에 대한 예언인데, 이 예언이 닫혀져 있다가 말세에 와서 펼쳐져서 이해하게 되었다는 말이다. 1798년도에 핍박의 시기가 끝나자 성경 예언 연구의 운동이 활발하게 되었고 유럽과 미국에서, 특히 각 교파의 목사들과 신학 교수들이 2300주야에 대한 예언 연구를 많이 하게 되었다. 그리고 그들은 드디어 예수께서 오실 때가 되었다고 외치기 시작했다.

유럽에서 수많은 성직자들이, 또한 미국에서도 1830년도 전후로부터 수백 명의 목사와 교수, 신문 기자가 이 예언을 해석하면서 심판 날이 다가왔으며 예수께서 곧 오신다고 외치기 시작하였다. 2300주야가 끝나는 때에 예수 그리스도의 재림 사건이 있을 것이라고 오해한 것이다. 예언 해석은 맞았으나 사건 적용에 오해가 있었다. 그러나 그 예언의 시간이 지나도 예수께서 오시지 않자 다 크게 실망하게 되었는데, 나중에 알고보니 그 예언은 하늘 성소가 정결케 되는 시간이었지 예수께서 이 땅에 오시는 시간이 아니었다. 그것은 기록책을 심판하여 죄의 기록을 도말하고 하늘 성소에서 죄가 다 사라지는 정결의 사업을 말씀한 것이었던 것이다.

2300주야 예언은 예루살렘 성을 중건하라는 명령이 날 때부터 시작하는 예언으로서, 그 중건 명령은 역사적으로 BC 457년에 페르시아의 아닥사스다 왕이 유대인들을 포로된 상태에서 돌려보내 주면서 내린 명령이다. 이 말씀은 다니엘서 9장에 기록되어 있다. 이 예언 속에는 예수께서 침례 받으시고 메시아의 일을 시작하실 연대와 또한 십자가에 돌아가실 해에 대한 정확한 예언이 기록되어 있다. 이 예언은 예수께서 오시기 전 약 500년 전에 기록된 것인데, 정확하게 성취되었다. 예루살렘을 중건하라는 명령이 난 때부터 2300년을 계산하면 1800년도 중반이 된다. 그래서 그때에 예수께서 오실 것이라는 운동이 온 세상에서 일어나게 된 것이다.

그러나 그 예언은 하늘 성소에서 일어나는 사건을 말씀해 준 것이지 예수 재림 사건은 아니었던 것이다. 그러나 하늘에서 이루어지고 있는 심판 사건 즉 성소 정결의 사건은 매우 중요한 것이다. 우리의 이름이 불리고 한 사람씩 그들의 기록책에 따라 심판을 받는 일은 엄숙한 것이다. 예수께서 모든 사람들이 행한 대로 갚아주시기 위하여 재림하시기 전에 하늘 천사들 앞에서 공정하고도 엄숙한 심판이 먼저 있어야 한다.

계시록 10장의 작은 책을 이해하기 위해서는 이러한 긴 서론이 필요하기 때문에 그동안 다니엘서의 예언을 설명한 것이다. 자, 이제 10장 본문으로 돌아가 보자. 여기에는 땅과 바다를 밟고 그 손에 펴 놓인 작은 책을 들고 서 있는 천사가 하늘을 향하여 소리를 치는데, 일곱 우뢰가 소리를 발하고 이 일곱 우뢰에 대하여서는 인봉하고 기록하지 말라고 한다. 아마도 예수께서 오시는 사건에 대한 것들과 그들이 예수님의 오심을 기다리다가 크게 실망할 것에 대한 예언일 것이라고 추측은 하지만 우리에게 감추어진 예언이기 때문에 알려고 할 필요가 없다.

3. 일곱째 천사가 나팔을 부는 날

6절, 7절에 보면, 또 그 천사가 하늘에 계신 하나님, 곧 "**세세토록 살아 계신 자 곧 그 하늘과 그 가운데 있는 물건이며 땅과 그 가운데 있는 물건이며 바다와 그 가운데 있는 물건을 창조하신 이를 가리켜 맹세하여 가로되 지체치 아니하리니 일곱째 천사가 나팔 부는 날 그 나팔을 불게 될 때에 하나님의 비밀이 그 종 선지자들에게 전하신 복음과 같이 이루리라**"는 말씀이 나온다. 여기에 지체하지 않을 것이라는 말씀은 헬라어 원어로 더 이상 이러한 기간이 없을 것이라는 뜻이다. 무슨 기간인가? 2300년 같은 긴 기간의 예언은 더 이상 없으며 예수께서 속히 오실 것이다.

그런데 일곱째 천사가 소리 내는 날 하나님의 복음이 그 종 선지자들이 전한 것처럼 이루어질 것이라고 한다. 앞에서 배운 대로 우리가 바로 그 일곱째 천사가 나팔을 부는 시기에 살고 있다. 이미 죽은 자들로부터 기록책을 펴고 심판이 시작되었다. 예수님은 죽은 자와 산 자를 심판하시는 분이라고 성경이 말씀하고 있다(딤후 4:1 참조). 지금은 이 지구를 멸망할 수 있는 가공할 무기를 가지고 있는 시대이다. 지구를 멸망할 수 있는 군사력이 있는 시대이다. 지금 우리가 사는 이 시대가 일곱 번째 천사가 나팔을 불고 있는 시대인 것이다. 우리는 예수께서 오시기 바로 직전에 살고 있다. 여러분과 여러분의 가족들은 준비되어 있는가?

4. 하나님의 비밀

일곱째 천사가 나팔을 부는 날, "하나님의 비밀이 선지자들을 통하여 전하여진 복음과 같이 이루리라"는 것은 무슨 뜻인가? 우선 하나님의 비밀에 대하여 연구해 보자.

"또 나를 위하여 구할 것은 내게 말씀을 주사 나로 입을 벌려 복음의 비밀을 담대히 알리게 하옵소서 할 것이니."(엡 6:19) 여기에서 바울은 "복음의 비밀"이라고 표현했다. "그 뜻의 비밀을 우리에게 알리셨으니 곧 그 기쁘심을 따라 그리스도 안에서 때가 찬 경륜을 위하여 예정한 것이니 하늘에 있는 것이나 땅에 있는 것이 다 그리스도 안에서 통일되게 하려 하심이라."(엡 1:9,10) 이 하나님의 비밀은 복음을 통하여 타락한 인류를 다시 하늘의 가족으로 회복시키시는 일을 의미한다. "크도다 경건의 비밀이여 그렇지 않다 하는 이 없도다 그는 육신으로 나타난 바 되시고 영으로 의롭다 하심을 입으시고 천사들에게 보이시고 만국에서 전파되시고 세상에서 믿은 바 되시고 영광 가운데서 올리우셨음이니라."(딤전 3:16)

이 예수께서 오셔서 인류를 구원하시기 위하여 하신 모든 일이 복음이며, 이것이 하나님의 비밀이며, 이것이 인류를 구속하시기 위한 하나님의 비밀인 복음의 역사이다. 하나님께서는 인간을 구원하시기 위하여 눈에 보이는 찬란한 일을 하시지 않는다. 진리를 말구유의 미천함으로 감싸셨다. 거룩한 하나님의 영광을 초라한 인간의 몸으로 감싸신 것이다. 구원은 눈에 보이는 기적에 있는 것이 아니다. 보이지 않는 마음속의 변화에 있다. 그래서 진리를 찾고 진정으로 구원을 갈망하는 자들만 와서 발견할 수 있도록 하나님께서 비천한 인간의 몸으로 감싸신 채 이 땅에 오신 것이다. 이것이 인류를 구원하시는 하나님의 복음, 하나님의 비밀이다.

그런데 왜 이 하나님의 비밀이 마지막 시대에 이루어질 것이라고 말했는가? 선지자들이 말씀한 대로 옛날부터 항상 복음이 전파되어 오지 않았는가? 거기에는 이유가 있다. 오늘날에는 복음이 변질되어 있다. 성경에 기록된 선지자들의 말씀대로 이해된 복음이 아니라 오해된 값싼 복음, 통속적인 복음이 오늘날 많은 교회들에서 가르쳐지고 있다. 복음은, 듣고 믿는 자들을 변화시키어 하늘에 있는 천사들의 사회에 함께 살 수 있도록 만드는 것이다. 그들이 하나님의 말씀과 명령을 다시는 어기지 않고 거룩한 자들과 이웃이 되어 영원히 살 수 있도록 만들어 주는 능력이 하나님의 비밀인 복음이다. 복음은 믿는 자들의 마음속에서 하늘 백성이 되게 하는 변화의 능력을 주는 것이다. **"내가 복음을 부끄러워하지 아니하노니 이 복음은 모든 믿는 자에게 주시는 하나님의 능력이 됨이라."**(롬 1:16)

계시록은 마지막 시대에 짐승의 표의 환난을 통과하고 살아 남는 참된 복음을 아는 자들을 이렇게 묘사하고 있다. **"성도들의 인내가 여기 있나니 저희는 하나님의 계명과 예수 믿음을 지키는 자니라."**(계 14:12) 아담과 하와가 타락한 이유는 하나님의 계명을 어겼기 때문이다. 죄는 하나님의 계명을 어기는 것이다. 그러므로 하나님의 복음의 능력은 인간을 변화시켜서 예수를 믿는 믿음으로 하나님의 계명을 순종하도록 변화시킨다.

5. 하나님의 비밀을 이루는 비결

"이 비밀은 만세와 만대로부터 옴으로 감취어졌던 것인데 이제는 그의 성도들에게 나타났고 하나님이 그들로 하여금 이 비밀의 영광이 이방인 가운데 어떻게 풍성한 것을 알게 하려 하심이라 이 비밀은 너희 안에 계신 그리스도 니 곧 영광의 소망이니라 우리가 그를 전파하여 각 사람을 권하고 모든 지혜로 각 사람을 가르침은 각 사람을 그리스도 안에서 완전한 자로 세우려 함이니."(골 1:26~28)

이 성경 절을 보면, 이 비밀은 "너희 안에 계신 그리스도"라고 말하고 있다. 그러므로 일곱째 천사가 나팔을 불 때에 하나님의 종들에게 이루어지는 이 비밀은 하나님의 복음의 비밀 곧 복음이 사람의 안에서 역사하여 하나님의 나라에서 살 수 있는 자격을 갖춘 사람들을 만드는 복음의 비밀인데, 그 비밀을 이루는 비결은, "우리 안에서 역사하시는 예수님"이라는 것이다. 하나님께서는 이 복음의 능력이 어떠한 것인지 복음을 모르는 이들에게 알게 하신다. 우리가 예수 그리스도를 믿을 때, 예수께서 성령을 통하여 우리 속에 들어 오셔서 우리를 하나님의 형상으로 변화시키시고, 완전한 자로 세우시기까지 쉬지 않고 역사하신다. 그리고 이것이 복음의 역사이며, 또한 이것이 우리가 가지고 있는 소망이며, 바울이 말한 영광의 소망인 것이다.

여러분은 이 참된 복음의 역사를 경험하고 있는가? 믿기만 하면 된다는 값싼 복음은 성경의 가르침이 아니다. 참된 복음은 우리를 하늘에 있는 교회와 하나가 되게 만든다. 그런데 이러한 복음의 역사는 성소 제도의 지성소에 상징되어 있다. 옛날 성소 제도에서 죄를 지은 죄인은 양을 끌고 성소로 가서 죄를 고백한다. 그리고 그 양을 죽여 그 피를 믿고 구원받은 죄인이 첫째 칸인 성소를 거쳐 성소 제도의 결론인 지성소로 들어가게 된다. 그런데 그 지성소에는 법궤가 있고, 법궤 속에는 십계명이 있다. 그러므로 죄를 용서받은 죄인은 지성소에 들어가 결국은 십계명 앞에까지 가서 그가 더 이상 하나님의 계명을 어기지 않고 하나님의 뜻대로 사는 사람으로 변화되었는지를 심판받는 것이다. 계속 하나님의 계명을 어기며, 하나님의 뜻대로가 아니라 자기의 뜻대로만 사는 사람은 정말로 죄를 용서받고 구원 얻은 사람이 아니다. 구원은 "죄로부터 구원함을 받는 것"이다.

2300주야의 예언 기간이 차면, 이 세상은 상징적으로 대속죄일의 기간 가운데 살게 되는 것이다. 하늘에서 각 사람들에 대한 심판이 시작된다. 죽은 자들로 시작하여 산 자들에게 이르기까지…. 지금은 정말 하나님의 비밀인 복음대로 살며 참된 복음을 경험할 시간이다. 왜냐하면 심판이 시작되었기 때문이다.

6. 입에서는 달지만 배에서 씀

요한계시록 14장 6,7절을 보면, 천사가 요한에게 이 책을 먹으라고 하여 먹으니 입에서는 달지만 속에서는 썼다. 이 의미는 2300년에 대한 예언을 그리스도인들이 연구한 후 예수께서 곧 오신다고 기뻐한 것처럼, 처음 받아 먹었을 때는 너무 달고 기뻤으나 예수께서 기대하던 시기에 오시지 않자 크게 실망하여 배 속에서는 쓰게 된 경험을 말하는 것이다. 그래서 다시 예언하여야 하리라고 하는 것이다. 이 예언의 참된 목적은 하늘에 있는 성소에서 지금 무엇이 진행 중에 있다는 것을 온 세상 모든 민족에게 알리고 심판을 위하여 준비하라는 부르심이다. 곧 오시는 예수님의 재림을 맞이하기 위해서는 우리의 영혼을 정결케 하는 대속죄일의 경험을 해야 한다.

제11장 | **마흔두 달 동안의 두 증인**

요한계시록 11장 연구
chapter Eleven

언을 연구하는 것은 흥미 있는 일일 뿐만 아니라 우리의 신앙에 매우 유익한 일이다. 예언은 하나님께서 당신의 백성을 영적으로 깨우시고 부흥시키시기 위하여 주신 것이다. 우리는 과거에 이루어진 예언들을 연구하므로 우리가 믿는 하나님께서 얼마나 정확하게 이 세상의 역사를 주관하시는 분이시며, 미리 예언해 두신 일들을 얼마나 정확하게 이루시는가를 알므로 우리의 믿음과 확신이 더욱 강하게 될 수 있다.

아울러 예언은 우리에게 앞으로 이루어질 사건들을 알려주므로 우리가 믿음으로 깨어나 준비할 수 있게 만들어 준다. 하나님께서는 우리가 예언을 연구하기를 원하신다. 그분께서는 우리가 그 예언 속에 담겨진 경고의 메시지를 깨닫고 영적으로 깨어나 마지막 세상 역사에 이르러 올 사건을 위해 준비되기를 원하신다.

우리는 지금 성경의 결론인 계시록을 공부하는 중이다. 이 연구가 여러분을 예수 그리스도께 더욱더 가까이 나아가도록 도와주게 되기를 기도한다. 이 계시록은 예수 그리스도의 계시이다. 모든 성경이 이 계시록에 와서 결론을 맺는다. 이 말씀은 보통 말씀이 아니다. 하나님의 영감의 말씀이다. 그러므로 예언을 진실하게 연구하는 사람들은 영적인 큰 축복을 받게 된다.

계시록 11장 연구에서는 계시록 11장 전반부만 공부할 것이다. 후반부 일곱째 나팔은 일곱 나팔을 연구할 때 이미 공부했기 때문이다. 이 11장 전반부는 계시록 10장의 연속이다. 10장의 내용에서 계속 연결되어지는 부분이다.

계 11:1~13

"또 내게 지팡이 같은 갈대를 주며 말하기를 일어나서 하나님의 성전과 제단과 그 안에서 경배하는 자들을 측량하되 성전 바깥 마당은 측량하지 말고 그냥 두라 이것은 이방인에게 주었은즉 그들이 거룩한 성을 마흔두 달 동안 짓밟으리라 내가 나의 두 증인에게 권세를 주리니 그들이 굵은 베옷을 입고 천이백육십일을 예언하리라 그들은 이 땅의 주 앞에 서 있는 두 감람나무와 두 촛대니 만일 누구든지 그들을 해하고자 하면 그들의 입에서 불이 나와서 그들의 원수를 삼켜버릴 것이요 누구든지 그들을 해하고자 하면 반드시 그와 같이 죽임을 당하리라 그들이 권능을 가지고 하늘을 닫아 그 예언을 하는 날 동안 비가 오지 못하게 하고 또 권능을 가지고 물을 피로 변하게 하고 아무 때든지 원하는 대로 여러 가지 재앙으로 땅을 치리로다 그들이 그 증언을 마칠 때에 무저갱으로부터 올라오는 짐승이 그들과 더불어 전쟁을 일으켜 그들을 이기고 그들을 죽일 터인즉 그들의 시체가 큰 성 길에 있으리니 그 성은 영적으로 하면 소돔이라고도 하고 애굽이라고도 하니 곧 그들의 주께서 십자가에 못 박히신 곳이라 백성과 족속과 방언과 나라 중에서 사람들이 그 시체를 사흘 반 동안을 보며 무덤에 장사하지 못하게 하리로다 이 두 선지자가 땅에 사는 자들을 괴롭게 한 고로 땅에 사는 자들이 그들의 죽음을 즐거워하고 기뻐하여 서로 예물을 보내리라 하더라 삼 일 반 후에 하나님께로부터 생기가 그들 속에 들어가매 그들이 발로 일어서니 구경하는 자들이 크게 두려워하더라 하늘로부터 큰 음성이 있어 이리로 올라오라 함을 그들이 듣고 구름을 타고 하늘로 올라가니 그들의 원수들도 구경하더라 그때에 큰 지진이 나서 성 십분의 일이 무너지고 지진에 죽은 사람이 칠천이라 그 남은 자들이 두려워하여 영광을 하늘의 하나님께 돌리더라."

1. 계 11:1 "성전을 측량하라"

여기에 언급된 성전은 교회일 수가 없다. 이것은 성전 안에서 경배하고 있는 자들이 초점인 예언이다. 이 성전은 예루살렘일 수도 없는데, 예루살렘 성전은 이미 로마에 의하여 70년도에 파괴되었기 때문이다. 요한이 계시를 받았을 때는 주후 약 98년도이다. 지상에 있었던 성전은 하늘에 있는 성전의 모형이었다.

"저희가 섬기는 것은 하늘에 있는 것의 모형과 그림자라 모세가 장막을 지으려 할 때에 지시하심을 얻음과 같으니 가라사대 삼가 모든 것을 산에서 네게 보이던 본을 좇아 지으라 하셨느니라."(히 8:5) 그러므로 이 계시록 11장 1절에 언급된 성전은 하늘에 있는 성전을 가리키는 것이다. 이 마지막 시대에는 특히 하늘 성전으로 우리의 시선이 집중되어야 한다. 예수님의 사역이 하늘 지성소의 사역으로 옮겨지는 시대이기 때문이다. 그리고 이에 따라 대속죄일의 상징도 이루어져야 하기 때문이다. 그러므로 하늘 성전을 향하여 기도하고 예배하는 자들 즉 믿는 자들을 척량 즉 심판하라는 말씀이다.

에스겔 9장에도 비슷한 말씀이 이미 기록되어 있다. 에스겔 9장 1~6절을 읽어 보면, 성소에서 먼저 심판이 시작된다고 쓰여 있고, 베드로전서 4장 17절에도 "**하나님의 집에서 심판이 시작할 때가 되었나니 만일 우리에게 먼저 하면 하나님의 복음을 순종치 아니하는 자들의 그 마지막이 어떠하며**"라고 쓰여 있다. 그런데 이 하늘 성소에서 진행되는 심판이 어느 때에 있게 되는지에 대해서 그다음에 말씀하고 있다. 요한계시록 11장 2절을 보면, "**성전 밖 마당은 척량하지 말라**"는 말씀이 나온다. 그것은 이방인들에게 밟히도록 내어준 바 되었기 때문인데, 이방인에게 밟히는 시간이 42달이라고 되어 있다. 이것은 1260년 예언 즉 한 때 두 때 반 때의 3년 반의 핍박 기간을 말하는 것이다. 성경은 한 달을 30일로 계산하므로 42달은 1260일이고 하루는 1년을 말하므로 1260년의 기간이 되는 것이다. 지금 달력은 한 달이 31일 내지 30일이지만, 성경의 달력은 한 달이 30일이다(창 7:11; 8:3,4; 7:24 참조).

2. 심판이 시작되는 시간

그러므로 성전 밖이 아니라 성전 안에 있는 사람들 즉 하나님을 믿는 자들을 척량하는, 재어 보는 심판을 시작한다고 이 예언은 말하고 있는 것이다. 이 심판 즉 참된 믿음, 사랑으로 역사하는 믿음이 있는지를 재어 보는 심판이 언제부터 시작된다고 했는가? 믿는 자가 진실로 회개했는지를 살펴보는 심판을 언제부터 한다고 되어 있는가? 심판은 1260년 동안 성전이 이방인에게 짓밟힌 후에, 다시 말해서 교황권이 중세기에 진리대로 살며 성경대로 믿는 많은 그리스도인들을 죽이고 핍박한 1260년의 종교 암흑시대가 끝난 후에 있을 것이라고 말하고 있다. 다니엘서에서도 이미 같은 말씀을 하고 있다(단 7:23~27). 심판은 42달 곧 3년 반 후에 즉 1260년의 핍박 기간 후에 있다고 했다.

3. 두 증인과 그들의 예언

요한계시록 12장 6절을 보면, "**그 여자가 광야로 도망하매 거기서 일천 이백육십일 동안 저를 양육하기 위하여 하나님의 예비하신 곳이 있더라**"는 말씀이 나온다. 중세기 때에 핍박당하며 쫓기던 교회가 참 교회였다. 그런데 계시록 11장 3절을 보면, 두 증인이 굵은 베옷을 입고 예언을 하는 모습이 나오는데, 이 두 증인이 누구인가? 이들은 주 앞에 섰는 두 감람나무와 두 촛대라고 했다. 이 해석 때문에 많은 사교들이 등장하여 자기가 이 두 증인 중 하나라고, 자기가 감람나무라고 하여 많은 사람들을 미혹하는 일들이 있었다. 그러나 이 두 증인은 구약과 신약인 하나님의 말씀이다.

"너희는 스스로 삼가라 두렵건데 마음에 미혹하여 돌이켜 다른 신들을 섬기며 그것에게 절하므로 여호와께서 너희에게 진노하사 하늘을 닫아 비를 내리지 아니하여 땅으로 소산을 내지않게 하시므로 너희가 여호와의 주신 아름다운 땅에서 속히 망할까 하노라"(신 11:16,17). 엘리야 때에 3년 반 동안 비가 오지 않았다. 중세기 때는 그 3년 반이 예언적 기간이 되어 하루를 1년으로 계산하여 1260년 동안 교회에 성령의 비가 내리지 않았다. 곧 영적인 기근이 오랫동안 계속된 것이다.

또한 이 말씀은 "물이 피가 되게 했다."고 말하고 있다. 애굽의 바로 왕은 모세를 통해서 들려준 하나님의 말씀을 무시했다. 그때에 그 나라에 물이 피가 되는 재앙이 내렸다. 마지막 시대에도 7재앙이 올 것이다. 하나님의 증인인 이 말씀을 불순종하고 인간의 가르침대로 사는 이 세상이 마지막 7재앙으로 심판을 받는 것이다. 애굽에 내린 10재앙 중, 첫 번째 재앙이 바로 물이 피가 되는 재앙이었다.

그 다음에 나오는 두 감람나무는 하나님의 말씀을 상징한다(슥 4:1~6, 11~14 참조). 또 두 촛대는, 시편 119장 105,130절 "**주의 말씀은 내 발의 등이요 내 길의 빛이니이다 … 주의 말씀을 열므로 우둔한 자에게 비취어 깨닫게 하나이다**"라고 하여 하나님의 말씀인 것을 알 수 있다. "**너희가 성경에서 영생을 얻는 줄 생각하고 성경을 상고하거니와 이 성경이 곧 내게 대하여 증거하는 것이로다**"(요 5:39). "**이 천국 복음이 모든 민족에게 증거되기 위하여 온 세상에 전파되리니 그제야 끝이 오리라**"(마 24:14).

그러므로 이 세상에 하나님 앞에 모셔 섰는 두 증인은 "하나님의 말씀"인 "성경"이다. 이 성경 말씀이 1260년의 종교 핍박의 시기 동안에 죽임을 당했다. 베옷을 입고 증거한다는 표현은 슬퍼서 부르짖는다는 표현이다. 중세기 때에는 사람들이 성경을 읽지 못하게 하였다. 그러므로 하나님 앞에 모셔 선 두 증인은 하나님의 말씀이다.

4. 짐승과 전쟁을 함

이제부터 또 한 가지 아주 흥미 있는 성경 예언을 보게 된다. 그것은 성경과 무신론 세력과의 전쟁이 일어나는 것이다. 함께 연구해 보자.

이 예언은 1260년 즉 42달 동안 성전이 이방인의 발에 밟히는 시기가 끝나는 즈음에, 다시 말해서 교황권이 이방인들인 이교의 가르침을 들여와 교회를 타락시키고 참된 신자들을 핍박한 시기가 끝나고 교황권의 세력이 약화되는 시점에, 이제 마귀가 다른 세력을 일으켜서 하나님의 말씀인 성경과 전쟁을 일으키는 것에 대한 예언이다. 그런데 이 다른 세력이란 다름이 아닌 "무신론 세력"이다. 1260년의 핍박 기간이 그 예언된 대로 끝나게 되었는데, 1798년도에 프랑스의 나폴레옹 장군의 부하 버티어 장군이 바티칸에 가서 교황 피우스 6세를 잡아다가 감옥에 가두고 거기서 죽게 함으로 끝났다. 그럴 즈음, 곧 1260년의 핍박이 거의 끝나는 즈음에 프랑스에서 유명한 프랑스 혁명이 나게 되었다. 그들은 종교를 다 폐쇄시켰고 성경을 불에 태웠으며 미신을 믿게 하는 것이라고 하여 성경을 다시 읽지 못하도록 법적으로 제재하였다. 계시록 11장 7,8절의 예언의 표현이 얼마나 정확하게 들어맞았는가!

"저희가 그 증거를 마칠 때에(1260년 동안의 베옷을 입고 외치는 시기) 무저갱으로부터 올라오는 짐승이 저희로 더불어 전쟁을 일으켜 저희를 이기고 저희를 죽일 터인즉 저희 시체가 큰 성 길에 있으리니 그 성은 영적으로 하면 소돔이라고도 하고 애굽이라고도 하니 곧 저희 주께서 십자가에 못 박히신 곳이라"(계 11:7,8).

"무저갱"은 진리의 근거가 없는, 밑바닥이 없는 곳이라는 뜻이다. 1793년도에 프랑스는 성경을 없애고, 한 여인을 이성의 여신이라고 부르며 가마에 태워 시가지를 돌면서 축제를 했다. 그들은 소돔과 고모라처럼 타락하였다. 그들은 종교의 핍박에 너무 지쳐서 이제는 정반대로 갔다. 종교 자체를 없애 버리려고 한 것이다. 그리하여 그들은 성경을 불태웠다. 그곳은 애굽과 같이 되었다. 바로 왕이 하나님의 말씀을 대항하여 싸우고 하늘의 하나님을 무시한 것처럼 된 것이다. 3일 반 동안 성경이 죽어 지내고 무덤에 장사되자 땅에 거하는 자들이 즐거워하게 되었다.

5. 두 감람나무(성경)의 부활

 심판의 기준과 진리의 기준이 사라졌다. 그들은 그들을 견제하는 도덕과 진리의 원칙을 죽이고 축제를 하며 그것이 자유인 것으로 착각하였던 것이다. 그러나 3일 반 후에 이 두 증인이 부활하였다. 예언 기간인 3년 반 후에 부활한 것이다. 엘리야 시대 즉 교회의 배도의 시대 동안에 3년 반 동안 비가 오지 않았다. 3년 반 후에야 비가 오게 되었다. 마찬가지로 이 성경도 프랑스 혁명 정부가 3년 반 동안 죽게 하였으나 3년 반 후에 부활하게 되었다.

 프랑스의 시인 볼테르는 말하기를, "앞으로 100년 안에 이 세상에서 성경은 다 사라지고 없어질 것"이라고 했다. 그러나 그의 집이 성경을 인쇄하는 성서 공회가 되었다. 종교와 성경을 폐쇄시켰던 프랑스 정부는 성경의 일주일 제도도 없애고 9일 동안 일하고 10일째 쉬는 10일 제도를 도입하였다. 그러나 노동자들이 일하다가 지치게 되었다. 성경 예언대로 프랑스 정부의 방침은 3년 반 후에 실패했다. 프랑스의 도덕이 땅에 떨어지자 국회가 다시 종교와 성경을 회복시킨다는 법을 통과시켜서 성경이 부활하게 되었다. 성경 예언대로 정확하게 3년 반 후의 일이었다.

 그 후로부터 세계적으로 성서 공회가 일어나기 시작하였다. 세계 모든 나라 말로 성경이 번역되는 일이 일어나기 시작한 것이다. 복음이 온 세상에 전파되었고, 선교사들이 파견되기 시작하였다. 성경이 부활하자 "구경하는 자들이 크게 두려워"하게 되었다.

 "그 성의 십분의 일이 지진으로 무너졌다."는 말의 의미는 무엇일까? 프랑스는 로마 제국이 분열되어 생긴 열 나라 중 하나이다. 그래서 성경은 프랑스를 그 성의 십분의 일이라고 말한 것이다. 그리고 사회 도덕의 타락, 범죄의 급증으로 마치 지진으로 파괴되는 것처럼 프랑스 혁명 정부가 도산케 된 것을 말한다. George Croly 박사가 쓴 "The Apocalypse of St. John"이라는 책 p183에 보면, "교회와 성경은 프랑스 정부에 의하여 1793년 11월부터 1797년 6월까지 3년 반 동안 죽임을 당하였었다. 그러나 3년 반이 지나자 성경은 이전에 압박을 당했던 것만큼 존경을 받게 되었고 자유 개신교회의 공개적인 책이 되었다."고 쓰여 있다.

6. 새로 등장한 무신론 세력

그런데 이 1260년, 세 때 반, 42달의 핍박 기간이 지난 다음에 이 세상에는 마귀가 만든 또 다른 세력이 등장하게 되었다. 교황권의 핍박이 그치자 또 다른 공격이 시작된 것이다. 그것은 바로 무신론 세력이었다. 그리고 이 무신론 세력이 세운 정치 이념이 바로 공산주의이다. 공산주의 사상은 프랑스의 농민 전쟁에서 시작되었다. 파리 임시 정부의 주역이었던 농민들과 상인들의 사회주의 사상이 공산주의를 태동케 한 것이다. 1917년도에 일어난 러시아의 볼셰비키 혁명은 바로 이 프랑스 혁명의 사상에 그 기초를 두고 있다.

그런데 이 공산주의가 무너져 내린 것을 우리 시대에서 목격하였다. 이제는 성경의 예언대로 교황권이 다시 그 세력을 구축하고 땅에서 올라오게 되는 것이다. 이제 곧 짐승의 표의 핍박이 오는 것이다. 중세기 핍박이 지난 후에 이 세상에 일어난 무신론 세력들을 보라. 프랑스의 혁명 이후, 19세기에 들어서 갑자기 벨하우젠의 성경에 대한 고등 비평학회가 생겨 성경을 하나님의 말씀이 아니라고 비평하는 학문이 생기고, 니체는 하나님이 존재하지 않는다는 사신 신학을, 또 같은 시기에 다윈이 창조설을 부인하고 진화론을 주장하고 나섰다. 그 후에 드디어 하나님을 부인하는 이념하에서 공산주의가 탄생했다. 이 모든 무신론 세력이 하나님의 말씀인 성경을 공격하기 시작하여 새로운 전쟁의 양상이 생겨났던 것이다. 이 무신론 세력이 인본주의 사상을 만들어 냈다. 인본주의 사상이란 하나님이 우리의 삶과 사상의 중심이 아니라, 인간 자신이 그 중심이 되게 하는 사상이다. 이 인본주의 사상은 오늘날 세상의 모든 교육 이념에 깊이 뿌리를 내리고 있다. 오늘날 청소년들이 그렇게도 비종교적인 이유가 여기에 있는 것이다.

7. 마지막 경고의 복음

이때에 하늘에 계신 하나님께서 이 세상을 향하여 마지막 메시지를 보내신다. "또 보니 다른 천사가 공중에 날아가는데 땅에 거하는 자들 곧 여러 나라와 족속과 방언과 백성에게 전할 영원한 복음을 가졌더라 그가 큰 음성으로 가로되 하나님을 두려워하며 그에게 영광을 돌리라 이는 그의 심판하실 시간이 이르렀음이니 하늘과 땅과 바다와 물들의 근원을 만드신 이를 경배하라 하더라."(계 14:6,7)

이 복음은 심판의 때가 되었다고 경고하고 있다. 하나님을 두려워하라고, 또한 창조주를 경배하라고 말한다. 프랑스 혁명 이후로 이 세상에 무신론 세력이 크게 위협하고 있는 이 시대에 하나님께서 경고의 복음을 주신 것이다.

하나님의 창조를 부인 내지는 의심하는 시대, 하나님의 계명과 명령을 무시하는 시대에 메시지를 주신 것이다. 하나님을 두려워하는 것은 그의 명령을 지키는 것을 의미한다. "여호와를 경외하며 그 도에 행하는 자마다 복이 있도다."(시 128:1) "인자와 진리로 인하여 죄악이 속하게 되고 여호와를 경외함으로 인하여 악에서 떠나게 되느니라."(잠 16:6)

이 경고의 기별은 이 세상에 사는 모든 민족과 백성에게 전파되어야 한다.

이 복음은 하늘 성소에서 심판 사업을 진행 중이신 예수 그리스도의 특별한 사역에 대하여 온 세상 사람들의 관심을 집중케 하기 위한 메시지다. 그리고 이 복음은 곧 오시는 주님의 재림을 위하여 준비시키는 메시지다.

8. 셋째 화

"둘째 화는 지나갔으나 보라 셋째 화가 속히 이르는도다."(계 11:14) 세 번째 화가 세상에 이르러 오면 그것은 온 세상을 파멸에 이르게 하는 엄청난 재난이 될 것이다. 진리와 거짓의 전쟁, 빛과 어두움의 전쟁의 그 마지막 장면이 곧 다가올 것이다. 마귀는 아마겟돈 전쟁을 위하여 자기의 부하들을 모으고 있고, 반면에 하나님께서는 당신의 백성을 환난을 위하여 준비시키시며 그들의 이마에 인치고 계신다. 현재 여러분의 영적인 경험은 어떠한가?

일곱째 나팔은 이렇게 말씀하고 있다. "**이방들이 분노하매 주의 진노가 임하여 죽은 자를 심판하시며 종 선지자들과 성도들과 또 무론대소하고 주의 이름을 경외하는 자들에게 상 주시며 또 땅을 망하게 하는 자들을 멸망시키실 때로소이다 하더라.**"(계 11:18) 이것은 놀라운 예언이다. 여러분은 마음의 준비가 되었는가? 열 처녀의 비유를 기억하라. 그들은 다 같이 신랑을 기다리고 있었다. 그러나 다섯 처녀는 기름이 없었다. 성령의 은혜가 없었다. 등잔은 다 있는데 기름이 없었던 것이다.

이 마지막 라오디게아 교회의 특징은 예수께서 그 안에 계시지 않는 교회이다. 예수님이 문밖에서 문을 두드리시는 그림을 본 적이 있을 것이다. 그 그림은 유명한 화가 죠지 헌트 씨의 예수께서 등불을 들고 오두막집의 문을 두드리시는 그림이다. 그 그림의 제목을 "세상의 빛"이라고 했는데, 예수님을 마음에 모셔들이면 영광의 빛이 그 집을 가득 채울 것이기 때문에 제목을 그렇게 붙인 것이다. 그런데 그 그림을 본 어떤 사람이 그림에 한 가지 실수가 있다고 죠지 헌트 씨에게 이야기했다. 그 그림의 문에 문고리가 없다고…. 그러자 죠지 헌트 씨는 이 집에 문고리는 안에 있어서 안에서만 열 수 있기 때문이라고 대답했다.

한 여름 성경 학교에서 이 그림을 보면서 선생님이 질문을 했다. "왜 예수께서 문을 두드리시는데 문을 열지 않을까요?" 그러자 한 어린이가 대답했다. "그 집 사람들은 지하실에 살고 있기 때문에 문 두드리는 소리를 듣지 못해서 그래요!" 독자는 혹시 지하실에 살고 있지 않은가? 이기적이고 교만하며 정욕적인 욕심에 사로잡혀 살고 있으면 예수님의 문 두드리는 소리를 들을 수 없다. 여러분의 마음 문을 두드리는 예수님의 노크 소리가 들리지 않는가? 문을 열면 예수께서 들어오셔서 같이 먹고 함께 사실 것이다. 예수 그리스도를 우리 마음에 영접하자!

요한계시록
11장 - 부록 1
Chapter Eleven - Appendix 1

계시록 11장은 첫 부분에 성소 안에서 경배하는 자들을 척량하라는 즉 심판하라는 말씀이 등장하고, 끝 부분에는 죽은 자를 심판하신다는 말씀이 나오기 때문에 하나님의 심판하시는 이유와 아울러 이 예언 속에 주어진 심판의 시간표에 대하여 설명하고 지나가야 할 필요가 생긴다.

하나님의 심판의 시간표

1. 심판이 있기 전에 항상 복음이 주어짐

이 요한계시록 연구 11장 부록에서는 계시록 가운데 있는 아주 중요한 한 가지 주제에 대하여 독자들과 함께 연구하려고 한다. 그것은 다가온 하나님의 심판의 시간에 대한 연구이다. 요한계시록은 이 마지막 시대를 사는 인류들에게 마지막 최후의 메시지를 전달해 주고 있다. 마치 노아 시대에 하나님께서 노아를 통하여 마지막 메시지를 그 세상에 말씀하셨던 것처럼 말이다. 하나님께서는 이 세상을 홍수로 멸망하시기 전에 노아를 일으키셨다. 노아는 이 세상이 홍수로 멸망할 것이라고 외치면서 120년 동안이나 전도하였다. 그러나 그 당시 대부분의 사람들은 그를 정신 나간 미친 할아버지로 생각하면서 비웃었다. 그러나 실제적으로 노아의 메시지는 하나님께로부터 온 복음이었다. 그때에 노아의 말을 믿고 방주에 들어간 자들은 구원을 받았고 노아의 말을 믿지 않고 거절한 자들은 홍수에 의하여 모두 멸망하고 말았다. 예수께서 이 땅에 초림하시기 직전에도 하나님께서는 침례 요한을 일으키셨다. 그 당시 사람들도 역시 그를 광신이며 미친 사람이라고 생각했고 또한 핍박하여 죽였다. 그러나 침례 요한이 전했던 메시지는 하나님께로부터 온 것이었고, 하나님께서는 그를 통하여 사람들을 그리스도의 초림을 위하여 준비시키려고 하셨던 것이다.

그렇다면, 예수께서 이 땅에 두 번째 다시 오시기 전에도, 이 세상 역사에 있어서 가장 중요한 사건인 그리스도의 재림이 있기 직전에도 하나님께서 특별한 메시지를 세상에 보내지 않으시겠는가? 이 세상이 물로 멸망되기 전에 노아를 일으키셔서 메시지를 세상에 보내신 그 하나님께서 이 세상이 불로 멸망 당하기 전에도 특별한 메시지를 보내주시지 않는다면 얼마나 이상한 일이겠는가? 예수님의 초림 당시에 침례 요한을 통해서 메시지를 주셨던 그 하나님께서 예수께서 재림하시는 사건을 위해서도 메시지를 보내시지 않으시겠는가? 하나님께서는 말세를 살아가는 세상 사람들을 경고하기 위하여 마지막 메시지를 보내 주셨다! 요한계시록은 마지막 시대에 하나님께로부터 온 메시지를 긴급하게 전달하는 일들이 있을 것에 대하여 예언하고 있다.

2. 마지막 시대를 위한 심판의 복음

요한계시록 14장 6절에는 하나님께서 그분의 자녀들을 위하여 마지막에 주시는 경고의 메시지가 들어 있다. 함께 보자. "**또 보니 다른 천사가 공중에 날아가는데 땅에 거하는 자들 곧 여러 나라와 족속과 방언과 백성에게 전할 영원한 복음을 가졌더라.**" 여기에서 천사가 공중에 날아가면서 복음을 전한다는 뜻은 이 메시지가 하늘에서 왔다는 말이며, 또한 온 세상에 빠르게 전파될 것을 뜻하는 것이고, 그가 전하는 메시지가 이 세상에 있는 모든 민족들과 사람들에게 전파되어야 할 전 세계적인 것이라는 사실을 말하고 있다. 이 세상의 어느 세력도 이 메시지의 전파를 막지 못할 것이다.

어떤 종교적인 지도자나 정치적인 지도자도 말세에 이루어지는 하나님의 역사를 막지 못할 것이다. 이 복음은 물을 건너고 바다를 건너 산을 넘고 평야들을 지나 온 땅에 전파될 복음이다. 요한계시록 1장 1절은 다음과 같이 말씀하고 있다. "**예수 그리스도의 계시라 이는 하나님이 그에게 주사 속히 될 일을 그 종들에게 보이시려고 천사를 그 종 요한에게 보내어 지시하신 것이라.**" 요한계시록 속에는 마지막 시대에 살고 있는 인간들을 예수 그리스도의 재림을 위하여 준비시키기 위한 긴급한 메시지가 들어 있다.

자, 그러면 도대체 하나님께서 말세에 살고 있는 인간들에게 주시는 긴급한 메시지가 무엇인가? 천사가 날아가며 외친다고 해서 하늘을 쳐다보아서는 안 된다. 독자 여러분은 큰 날개를 달고서 하늘을 날아가는 천사를 아마 보지 못할 것이다. 왜냐하면 여기서 천사가 외친다는 것은 상징적인 표현이기 때문이다. 요한계시록에 나오는 천사는 여러 경우에 있어서 하나님의 종(사람)들을 상징하고 있다. 이제 천사 즉 하나님의 종들이 특별한 메시지를 전 세계의 사람들에게 전파한다는 말씀 바로 뒤에 이어지는 계시록 14장 7절을 읽어 보도록 하자.

"그가 큰 음성으로 가로되 하나님을 두려워하며 그에게 영광을 돌리라 이는 그의 심판하실 시간이 이르렀음이니 하늘과 땅과 바다와 물들의 근원을 만드신 이를 경배하라 하더라." 자 여기에 있는 말씀 가운데서 "**심판하실 시간이 이르렀음이니**"라는 말씀에 주의를 기울여야 한다. 이 말씀은 예수께서 재림하시기 얼마 전에 인류는 하나님께로부터 심판을 받게 될 것이라는 말씀이다. 다시 말하자면, 우리가 주님의 재림을 고대하며 사는 동안에 우리의 운명이 결정지어지는 심판의 시간이 먼저 이르러 올 것이므로 진리의 말씀대로 경건하게 살라는 복음이다.

사람들이 여전히 먹고 마시고 시집가고 장가가며, 장사하고 사고 팔면서 여전히 이 세상이 몇십 년 아니 몇백 년 동안 이러한 식으로 계속될 것이라고 생각하며 여유 있게 살아가고 있는 바로 그 시간에 그들의 운명을 결정짓는 하나님의 심판의 시간이 먼저 이르러 올 것이라는 말씀이다. 노아 시대에 홍수가 내리기 전에 이미 방주의 문이 닫혀 버리고 사람들의 운명이 결정된 것처럼 말이다. 창세기 7장 10절은 노아의 식구들이 방주에 들어가고 문이 닫힌 후 7일 후에 홍수가 왔다고 말씀했다. 홍수가 올 때에는 회개할 시간이 더 이상 주어지지 아니했다. 사람들이 그때 믿고서 방주에 들어가려고 애를 썼지만 들어갈 수가 없었다. 사람들은 자신도 모르는 사이에 이미 하나님의 심판을 통과하였고, 그것을 통하여 그들의 운명이 영원히 결정지어져 버렸기 때문이다.

3. 심판에 대한 경고 이후에 이어지는 추수

요한계시록 14장 7절에 나오는 하나님의 심판의 경고에 대한 말씀 이후에 14장 14,15절에는 다음과 같은 말씀이 기록되어 있다. 경고의 기별이 주어진 후에 곧 이어서 추수의 장면이 나오고 있다는 점에 유의해야 한다. "**또 내가 보니 흰 구름이 있고 구름 위에 사람의 아들 같은 이(예수님-필자 주)가 앉았는데 그 머리에는 금면류관이 있고 그 손에는 이한 낫을 가졌더라 또 다른 천사가 성전으로부터 나와 구름 위에 앉은 이를 향하여 큰 음성으로 가로되 네 낫을 휘둘러 거두라 거둘 때가 이르러 땅에 곡식이 다 익었음이로다 하니.**"

이 장면은 한 천사가 예수께 보고하는 장면이다. 천사가 "하나님, 이 땅에 추수가 준비되었습니다. 곡식들이 익었으니 낫을 대어 추수하실 때입니다." 라고 말하는 장면이다. 하나님의 복음의 진리가 인간의 마음속에 뿌려져서 그

의의 열매들을 맺은 것이다. 성령의 열매인 사랑과 희락과 화평과 오래 참음과 절제 같은 하나님의 자녀가 된 증거인 성품의 열매들 말이다. 뿌려진 모든 씨들은 추수 때에 다 드러나게 된다. 모든 씨는 종류대로 그 열매를 반드시 내도록 되어 있다. 의로운 자들은 의롭게 추수될 것이고, 악인들은 악인들대로 거두어져서 유황 불 속에 던져지게 될 것이다.

마지막 시대에는 하나님을 사랑하고 순종하며 섬기는 의인들의 품성이 드러날 것이다. 그러나 반면에 악한 영에 사로잡힌 마음들과 불신과 죄를 사랑하는 자들 역시 그들의 열매로 그 본성을 드러내게 될 것이다. 마지막 시대에는 중간이란 있을 수가 없다. 모든 사람은 예수 그리스도의 영으로 채워져 있든지 아니면 마귀의 영으로 채워져 있든지 둘 중의 하나가 될 것이다. 하나님의 진리와 성령에게 등을 돌리고 핑계하게 되면, 마귀에게 마음 문을 활짝 열어 주게 되는 것이다. 계시록 22장 12절은 말씀하고 있다. **"보라 내가 속히 오리니 내가 줄 상이 내게 있어 각 사람에게 그의 일한 대로 갚아 주리라."** 예수께서 재림하시는 때는 그것으로 모든 것이 끝난다. 성경은 두 번째 기회에 대해서 단 한 번도 언급하지 않는다.

그런데 만일 예수께서 우리의 일한 대로 갚아 주려고 오신다면, 이 땅에 재림하시기 전에 누구에게 어떤 상급을 주실지에 대하여 결정하시고 심판하시는 일이 먼저 선재되어야 하지 않겠는가? 그렇다! 요한계시록은 말세에 하늘에서 인간들을 위한 심판 사업이 진행될 것이라는 경고를 우리 모두에게 주고 있다. 혹시, 지금 하늘에서 진행 중에 있는 하나님과 천사들의 심판의 사업을 모르고 무관심하게 지내고 있지는 않은가?

4. 다니엘서에 기록되어 있는 심판의 시기

어떤 분들은 이렇게 말할지 모른다. "지금이 마지막 시대인지 어떻게 알 수 있습니까? 예수 재림의 징조인 전쟁과 기근과 지진 같은 것들은 역사적으로 항상 있었지 않습니까? 지금이 말세라는 증거가 어디에 있습니까?" 물론, 전쟁과 지진과 기근은 항상 있었다. 그러나 요즘처럼 이렇게 크게 그리고 빈번하게 세계적으로 가속화되어 가는 때는 과거에 없었다. 또한 원자 폭탄의 발명으로 인류 스스로 지구를 자멸하게 할 가능성이 있는 때는 과거에는 없었다. 요한계시록은 지금과 같은 상황이 벌어질 때에 "땅을 망하게 하는 자들을 멸망"시키시려고 예수께서 재강림하실 것이라고 기록하고 있다. "**주의 분노가 임하여 죽은 자들을 심판하시며 종 선지자들과 성도들과 또 무론 대소하고 주의 이름을 경외하는 자들에게 상 주시며 또 땅을 망하게 하는 자들을 멸망시키실 때로소이다**"(계 11:18).

또한 중요한 것은 다니엘서와 요한계시록에 "마지막 때" 혹은 "말세" 또는 "심판의 때"에 대한 정확한 시간적인 예언들이 기록되어 있다는 사실이다. 성경의 예언을 연구하면 지금 우리가 사는 이 시대가 말세라는 사실을 도무지 부인할 수 없게 된다.

특히 마지막 때에 관한 예언들이 다니엘서에 기록되어 있는데, 다니엘서의 예언은 수천 년 전부터 예수께서 언제 이 땅에 태어나실 것과, 언제 십자가에 돌아가실 것과, 또한 언제부터 말세가 시작될지에 대하여 말해 주고 있는데, 그 예언은 역사적으로 정확한 때에 분명하게 성취되었다. 물론, 예수 재림에 대한 정확한 날짜와 시간은 아무도 알 수 없다. 마태복음 24장 36절에서 예수께서는 당신께서 재림하시는 날과 시는 아무도 모른다고 말씀하셨다. 이 예언 연구에서 우리는 예수께서 오시는 정확한 날짜를 알아내려고 애쓰는 것이 아니다.

정확한 날짜와 시간은 알 수 없지만, 예수께서 언제쯤 재림하실 것이며 언제쯤부터 말세가 시작되는지에 대한 시기는 성경에 분명하게 기록되어 있다. 사실상 사도행전 17장 31절에 기록되어 있는 "이는 **정하신 사람으로 하여금 천하를 공의로 심판할 날을 작정하시고**"라는 말씀을 통해서 우리는 하나님께서 세상을 심판하실 시간을 이미 작정해 두시고 있다는 사실을 알 수 있다. 어떤 사람들은 예수 재강림과 심판을 동일한 사건으로 이해하고 있지만, 성경은 심판과 예수께서 오시는 재림의 날을 분리하여 말하고 있다. 바로 이러한 이유 때문에 요한계시록은 예수께서 오시기 전에 심판하시는 시간이 먼저 있을 것이라고 경고하고 있고, 구약의 예언서인 다니엘서는 말세에 시작될 심판의 때에 대한 말씀을 기록하고 있는 것이다. 자, 그러면 이제부터 다니엘서가 다루고 있는 하나님의 심판의 장면과 그때에 대한 예언을 연구해 보도록 하자.

5. 하늘에서 벌어지는 심판에 대한 이해

먼저 다니엘 7장 13절을 읽어 보도록 하자. "**내가 또 밤 이상 중에 보았는데 인자 같은 이가 하늘 구름을 타고 와서 옛적부터 항상 계신 자에게 나아와 그 앞에 인도되매.**" 이것은 예수께서 하늘에서 하나님 아버지 앞으로 나아가시는 장면이다. 하나님 아버지와 아들 예수께서 함께 모여 어떤 일을 하기 위해서 만나시는 것이다. 무슨 목적으로 만나시는 것일까? 몇 절 앞으로 가서 다니엘 7장 9,10절을 읽어 보면 그 궁금증이 풀리게 된다. "**내가 보았는데 왕좌가 놓이고 옛적부터 항상 계신 이가 좌정하셨는데 그 옷은 희기가 눈 같고 그 머리털은 깨끗한 양의 털 같고 그 보좌는 불꽃이요 그 바퀴는 붙는 불이며 불이 강처럼 흘러 그 앞에서 나오며 그에게 수종하는 자는 천천이요 그 앞에 시위한 자는 만만이며 심판을 베푸는데 책들이 펴 놓였더라.**" 이 말씀은 예수께서 기록책을 펴고 살피는 심판을 하기 위해서 하나님 아버지 앞으로 나아가시는 장면이다.

사단은 태초부터 하나님이 불공평하시다고 고소하였다. 그래서 하늘에 우주적인 고소 사건이 생긴 것이다. 또한 하나님께서 인류를 구원하시는 문제에 있어서 이의를 제시해 왔다. 그래서 하나님께서는 사단의 고소와 이의가 부당하다는 사실을 우주 앞과 천사들이 모두 보는 앞에서 분명하게 나타내 보이셔야만 한다. 예수 그리스도의 피의 공로를 믿고 주님 앞으로 나아오는 모든 자들을 용서하시고 그 마음을 변화시킴으로써 구원하시는 하나님의 구속 사업이 얼마나 공정하고 의로운 일인가 하는 것을 나타내 보이시고 변호하셔야만 한다. 그런데 하늘 법정에서 벌어지고 있는 이 재판을 통하여 의인들의 구원에 대한 공정성도 입증되지만 진리와 복음을 거절하고 믿지 않거나 믿는다고 말은 하지만 진실하게 살지 않는 가짜 그리스도인들을 가려냄으로써, 하나님의 구원이 얼마나 정확하고 의로운 판단인가 하는 것이 드러나게 된다.

그래서 다니엘 7장에 하나님 아버지와 인류의 구원을 위하여 피 흘려 돌아가신 예수 그리스도께서 함께 모여서 책들을 펴 놓고 심판하시는 장면이 기록되어 있는 것이다. 다니엘 7장에는 심판의 장면이 기록되어 있지만, 마지막 시대에 벌어지는 하늘 심판의 시기에 대한 시간 예언은 언급되어 있지 않다. 심판의 때에 관한 예언은 8장에 가서야 발견하게 된다.

다니엘서는 8장에서, 메대·페르시아 시대부터 중세기의 핍박의 역사와 말세에 이르기까지 하나님의 진리가 짓밟히게 되는 사건들을 예언해 주고 있다. 그리고 그다음에 이러한 일들이 다 일어날지라도 하나님께서 모두 심판하고 깨끗하게 처리할 것이니 염려하지 말라고 말씀하시는 과정에서 다음과 같은 심판의 때에 대한 예언을 기록하고 있다. "**그가 내게 이르되 이천삼백 주야까지니 그때에 성소가 정결하게 함을 입으리라**"(단 8:14). 다시 말해서 "그때에 내가 심판하겠다."라는 뜻이다. 계속해서 이어지는 17절에서 우리는 "2300주야(일)"에 대한 천사의 설명을 읽을 수 있다. "그가 나의 선 곳으로 나아왔는데 그가 나아올 때에 내가 두려워서 얼굴을 땅에 대고 엎드리매 그가 내게 이르되 인자야 깨달아 알라 이 이상은 정한 때 끝에 관한 것이니라." 이 계시는 어떠한 때에 관한 것이라고 하였는가? 천사는 "정한 때 끝"에 관한 계시라고 말하였다. 다시 말해서 말세에 관한 계시라는 뜻이다.

6. 성소가 정결하게 된다는 말의 의미

1) 구약의 성소

여기서 이런 질문이 나올 수 있을 것이다. "성소가 정결하게 된다는 말과 심판과는 무슨 관계가 있습니까?" 이 질문에 대한 답은 구약 시대에 있었던 유대인들의 성소 제도에서 찾아볼 수 있다. 하나님께서는 구약 시대에 성소에서 이루어지는 의식들을 통하여 당신의 구원에 관한 모든 계획들을 알려 주셨다. 하나님께서는 모세에게 하늘에 있는 하나님의 성전을 계시 가운데 보여 주심으로써, 하늘 성소를 모방하여 이스라엘 백성을 위한 지상 성소를 짓도록 명하셨다. "**저희가 섬기는 것은 하늘에 있는 것의 모형과 그림자라 모세가 장막을 지으려 할 때에 지시하심을 얻음과 같으니 가라사대 삼가 모든 것을 산에서 네게 보이던 본을 좇아 지으라 하셨느니라**"(히 8:5).

또한 히브리서 9장 11절에 나오는 "**그리스도께서 장래 좋은 일의 대제사장으로 오사 손으로 짓지 아니한 곧 이 창조에 속하지 아니한 더 크고 온전한 장막으로 말미암아 염소와 송아지의 피로 아니하고 오직 자기 피로 영원한 속죄를 이루사 단번에 성소에 들어가셨느니라**"는 말씀을 통해서도 우리는 하늘에 성소가 있다는 사실을 확인할 수 있다. 하늘에는 성전이 있는데, 예수께서 부활하시고 승천한 다음에 우리를 위한 대제사장이 되셔서 그곳 하늘 성소에서 봉사하고 계신다. "**그리스도께서는 참 것의 그림자인 손으로 만든 성소에 들어가지 아니하시고 오직 참 하늘에 들어가사 이제 우리를 위하여 하나님 앞에 나타나시고**"(히 9:24).

자, 이제 잘 생각해 보기 바란다. 구약 시대의 지상 성소는 두 칸으로 나뉘어져 있었다. 첫째 칸에서는 성소 뜰에서 죽은 희생 제물의 피를 가지고 들어와 휘장 앞에 뿌리고 그 죄를 고백한 죄인을 위하여 제사장이 중보 기도하는 일이 이루어졌다. 다시 말하자면 죄를 지은 죄인이 양을 끌고 와서 자기의 죄를 지고 대신 돌아가실 메시아를 상징하는 양 머리에다 죄를 고백한 후에 그 양을 죽여서 피를 흘리게 하는 것이다. 그때에 제사장은 그 양의 피를 받아서 성소 안으로 들어가서 피를 휘장 앞에 일곱 번 뿌리고 난 다음, 성소의 둘째 칸 곧 지성소를 향하여 서서 이 죄인의 죄를 메시아의 피 공로에 의지하여 용서해 주실 것에 대하여 기도하는 것이다. 상징적으로 그 피 속에 죄인들의 죄가 담겨져 있는 것이었다. 그러므로 그렇게 뿌려진 피가 일 년 내내 성소 안에 쌓이는 것이다. 일 년 동안 뿌려진 피(죄)에 의해서 더럽혀진 성소를 정결하게 하기 위해서, 매년 말에 한 번 대속죄일 의식이 거행되었다.

2) 하늘의 성소

그리스도의 십자가로 인하여 지상 성소 제도는 폐지되었다. 예수께서 부활 후 승천하셔서 하늘 성소에 들어가신 후부터는, 지상에서 올려 보낸 인간들의 죄의 고백이 하나님의 성전에 들어와서 쌓이게 되었다. 하늘에는 죄는 없지만, 인간들의 죄에 대한 기록이 하늘 성소의 기록책에 기록되어 있다. 유대인들이 매년 연말에 대속죄일을 통하여 성소를 정결하게 했듯이, 지구 역사가 끝나는 종점에도 하늘에 있는 죄에 대한 기록을 씻음으로써 하늘 성전을 정결케 하시는 역사가 반드시 있어야 한다.

앞에서 언급했듯이 그 일은 유대인들의 경우에 있어서는 매년 말인 대속죄일에 이루어졌다. 그날에는 누가 진정으로 죄를 용서함 받고 깨끗하게 되었는지가 최종적으로 드러났다. 누가 진실로 모든 죄를 고백했으며 깨끗한 마음을 가졌는지를 심판하는 시간이었다. 대속죄일은 하나님의 백성이 죄로부터 완전하게 해방되고 정결하게 되는 날이었다. 그러나 죄를 다 고백하고 버리지 아니한 자들은 이스라엘 백성에게서 끊어지는 날이 바로 대속죄일이었다. 그러므로 성경적으로 성소를 정결케 하는 날인 대속죄일은 그들에게 있어서 심판의 날이었다. 레위기 16장 30절은 **"이날에 너희를 위하여 속죄하**

여 너희로 정결케 하리니 너희 모든 죄에서 너희가 여호와 앞에 정결하리라"라고 말씀하셨고 또한 33절에는 "**지성소를 위하여 속죄하며 회막과 단을 위하여 속죄하고 또 제사장들과 백성의 회중을 위하여 속죄할지니**"라고 말씀하여, 대속죄일에는 사람들뿐만 아니라, 성소 그 자체도 정결케 될 것을 상징하고 있는 것이다.

그러므로 다니엘 8장 14절에 나오는 "**2300주야까지니 그때에 성소가 정결함을 입으리라**"는 말씀은 하나님께서 당신의 백성의 죄를 심판하시어 모든 죄들을 정결케 하시고, 하나님의 성소에 들어온 모든 죄의 고백들을 정리하신다는 의미이다. 모든 사람들의 생애를 통하여 나타나게 되는 그들의 회개와 고백의 진실성을 심판하여 의인으로 판단되는 사람들은 그들의 죄의 기록을 하늘 기록책에서 영원히 지워버림으로써 그들의 영원한 운명을 결정지으실 것이라는 뜻인 것이다. 그러므로 성소를 정결케 한다는 말의 성서적 의미는 세상 끝에 가서 하나님께서 당신의 법과 자비롭고 공의로우신 판단에 의하여 사람들의 생애와 성품을 심판하셔서 그들의 죄를 하늘 기록책으로부터 완전히 도말해 버리신다는 것이다. 그러므로 "2300주야까지니 그때야 성소가 정결하게 되리라"는 말은 "그때에 가서야 심판 하리라"는 뜻이다.

그런데 여기서 확실하게 이해해야 할 한 가지 사실이 있다. 대속죄일에 죄를 도말(정결케)하기 위해서는 대제사장이 성소의 둘째 칸인 지성소로 들어가야만 했다. 그곳은 하나님의 임재와 영광의 광채가 있는 곳이기 때문에 아무나 들어가지 못하며 심지어는 일반 제사장들도 들어가지 못하는 곳이었다. 오직 대제사장만 일 년에 단 한 번 대속죄일에 들어갈 수 있었다. 그날에 대제사장은 모든 이스라엘 백성의 죄를 대신 가지고 지성소에 들어가 그들의 죄를 위하여 하나님 앞에서 속죄하는 기도를 드렸다.

이것이 성소 제도에 있어서 최종적인 의식이요, 이 의식이 끝나야 비로소 백성은 자신들이 범한 모든 죄로부터 정결함을 받았다. 이러한 대속죄일의 과정을 거쳐야만 드디어 누가 진정으로 용서받을 자격이 있는지에 대한 심판이 이루어지게 된다. 유대인들은 지성소에서 이루어지는 속죄 사업을 "Rosh Hashanah"라고 불렀는데, 그것은 곧 "심판의 날"이라는 뜻이었다. 그러므로 앞에서 읽은 다니엘 7장에 있는 심판의 장면인, 예수께서 하늘 아버지 앞으로 나아가시는데 하나님 앞에서 심판이 베풀어지고 책들이 펴 놓여져 있다고 한 말씀은, 바로 예수께서 우리의 대제사장으로서 하늘 지성소에 계시는 하나님 앞에 나아가셔서 우리의 죄를 변호하시는 마지막 심판의 사업을 하시는 광경에 대하여 말하고 있는 것이다. 자, 이제 이러한 이해를 가지고 성경에서 가장 긴 기간의 예언 문제를 풀어나가 보도록 하자.

요한계시록
11장 – 부록 2

Chapter Eleven – Appendix 2

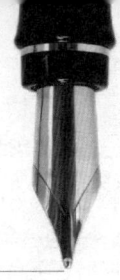

성경에서 가장 긴 예언

먼저 2300주야, 곧 2300일은 약 7년이 채 못 되는 기간으로서 이 기간을 실제적인 기간으로 풀면, 다니엘 시대로부터 이 말세의 시대까지 오는 데 어림도 없는 짧은 기간이다. 그래서 우리는 이 2300일을 상징적인 해석으로 풀어야 하는 것이다. 성경 에스겔 4장 6절은 이렇게 기간적 예언을 풀 때를 위한 열쇠를 제공하고 있다. **"그 수가 차거든 너는 우편으로 누워 유다 족속의 죄악을 담당하라 내가 네게 사십 일을 정하였나니 일 일이 일년이니라."** 여기서 1일이 얼마라고 했는가? 1일이 1년이라고 했다. 민수기 14장 34절도 같은 말씀을 하고 있다. 그러므로 2300일은 2300년간의 예언을 말하는 것이다. 2300년이 지나면 그때에 성소가 정결케 될 것이며, 하나님께서 성소에서 인간의 운명들을 결정하여 일한 대로 갚아 주기 위한 심판을 시작하실 것이다. 자, 이제부터 차근차근 이 예언을 공부해 보자.

1. 성소 진리를 파괴한 작은 뿔

성경에는 긴 기간의 예언들이 여러 번 등장한다. 그 예언들 중에서 가장 긴 기간에 대한 예언은 2300주야에 대한 예언이다. 그런데 한 가지 우리가 분명히 이해해야 할 성경적 사실이 있다. 그것은 다니엘과 요한계시록의 예언들의 초점이 작은 뿔 곧 짐승의 표의 막후 인물인 교황권이 하나님의 교회에게 어떠한 지장과 어려움을 초래하는지에 대한 활동을 미리 말해 주는 예언이라는 것이다. 이 문제가 두 예언서의 주류를 이루고 있는 주제이다.

그런데 이 두 책에 이것이 언급된 이유가 있다. 그것은 이 2300년에 대한 예언이 교황권이 진리를 땅에 던져 짓밟고 성소에 대한 이해를 훼파하여 버리는 일과 관련되어 등장하기 때문이다. 그러므로 2300년에 대한 예언은 다음의 다니엘서의 내용이 선제하고 나서 언급된 것을 알 수 있다.

"그중 한 뿔에서 또 작은 뿔 하나가 나서 남편과 동편과 또 영화로운 땅을 향하여 심히 커지더니 그것이 하늘 군대에 미칠 만큼 커져서 그 군대와 별 중에 몇을 땅에 떨어뜨리고 그것을 짓밟고 또 스스로 높아져서 군대의 주재를 대적하며 그에게 매일 드리는 제사를 제하여 버렸고 그의 성소를 헐었으며 범죄함을 인하여 백성과 매일 드리는 제사가 그것에게 붙인 바 되었고 그것이 또 진리를 땅에 던지며 자의로 행하여 형통하였더라"(단 8:9~12).

여기에 나타나는 작은 뿔은 교황권을 의미한다. 이 세력이 남편과(아프리카 지방) 동편과(헬라, 바벨론, 페르시아, 앗시리아 지방) 또 영화로운 땅(유대 나라 지역)을 향하여 세력을 뻗어가는 것을 보아 이 세력은 서쪽으로부터 오는 세력임에 틀림이 없다. 교황권은 성경 지리상 예루살렘을 중심으로 하여 서쪽인 로마에서 오는 세력이다. 이 세력이 진리를 땅에 던지며 짓밟는다고 말씀하였다. 다시 부연할 필요 없이 교황권은 중세기 동안에 많은 오류들을 이교로부터 끌어 들여와 교회를 어둡게 하였고 진리를 수호하는 많은 성도들을 박해하였다. 그런데 그(교황권)가 한 일 가운데 가장 중요한 배도의 일은 매일 드리는 제사를 제하고 하나님의 성소를 헐어 버린 사실이다. 이 언급은 이 예언이 과연 누구에 대한 예언인지를 알아낼 수 있는 아주 중요한 힌트이다.

로마 교황권은 역사를 보아서도 알 수 있듯이 성경의 중심 사상인 성소 제도에 대한 진리를 훼손시켜 버린 장본인이다. 하늘로 승천하셔서 사람의 손으로 짓지 아니한 하늘 성소에서 우리를 위하여 대제사장의 역할을 하고 계시는 예수 그리스도의 사역을 파괴하는 역할을 한 세력이 바로 교황권이다. 그 세력은 인간 신부 제도를 만들어 놓음으로써, 죄를 범한 사람이 하나님께 직접 나아가는 것이 아니라 신부들에게 가서 죄를 고하도록 만들어 놓았다. 또한 하나님께서 구원의 은혜와 권한을 교회에게 주셨다고 가르침으로써, 교인들은 교회에서 만든 인간의 전통들과 오류의 가르침들에 얽매어 살게 만들었고 하늘에서 역사하시는 예수 그리스도의 역할을 올바로 보지 못하게 만들었다.

또한 마리아 상을 포함하여 수많은 성자들의 상을 만들어 그것들에게 기도하도록 하여 유일한 중보자이신 예수님의 사역을 가려 놓았고, 성지들을 순례하는 등 여러 가지 자선 사업들과 헌금들을 통하여 공로를 얻게 만드는 제도들을 만들어 놓음으로써, 믿음으로 구원을 얻게 되는 유일한 구원의 도리를 짓밟아 버렸다. 다시 말해서 구원의 역사를 설명해 주는 하늘 성소에 대한 이해를 없애 버림으로, 하나님의 구속의 오묘를 설명해 주고 있는 성소를 허물어 버린 것이다. 그러므로 다니엘의 이 예언이 너무나도 분명하게 교황권의 활동에서 성취된 사실을 볼 수가 있다.

2. 성경에서 가장 긴 예언 - 2300일

이러한 예언의 말씀 후에, 하늘에서 하나님과 한 거룩한 천사 사이에 나누어지는 대화를 소개하면서 2300주야 예언이 등장하게 된다. "**내가 들은즉 거룩한 자가 말하더니 다른 거룩한 자가 그 말하는 자에게 묻되 이상에 나타난 바 매일 드리는 제사와 망하게 하는 죄악에 대한 일과 성소와 백성이 내어준**

바 되며 짓밟힐 일이 어느 때까지 이를꼬 하매 그가 내게 이르되 이천삼백 주야까지니 그때에 성소가 정결하게 함을 입으리라 하였느니라"(단 8:13,14).

이 문맥으로 보아 2300주야(일)에 대한 예언은 교황권 세력의 활동 중에서 구속의 의미를 담고 있는 성소 제도의 진리를 짓밟는 일과 명백한 관계가 있는 것이다. 한 천사가 물었다. "다른 거룩한 자가 그 말하는 자에게 묻되 이상에 나타난바 매일 드리는 제사와 망하게 하는 죄악에 대한 일과 성소와 백성이 내어준 바 되며 짓밟힐 일이 어느 때까지 이를꼬 하매"(13절). 이 성경 절은 "언제 이 성소가 정결케 되겠습니까?"라고 묻는 질문이다. 이 질문의 의미는 "과연 언제 하나님께서 이 교황권의 횡포를 심판하여 성도를 신원하여 주시겠습니까?"라고 묻는 것이다.

다니엘은 이미 이 교황권의 활동에 대해 하나님께서 심판하시어 성도들의 한을 풀어 주실 것에 대하여 먼저 기록해 둔 사실을 볼 수 있다. **"내가 본즉 이 뿔이 성도들과 더불어 싸워 이기었더니 옛적부터 항상 계신 자가 와서 지극히 높으신 자의 성도를 위하여 신원하셨고 때가 이르매 성도가 나라를 얻었더라"**(단 7:21,22). 신원하신다는 뜻은 심판하여 변호하여 주신다는 뜻이다. 다니엘 7장에 기록된 성도들을 위하여 변호하고 심판하여 주시겠다는 말씀이 8장에 와서는 더 자세한 내용으로 기록되어 있는데, 그 내용은 심판해 주실 시간에 대하여서 알려 주신 것이다. 그 시간이 바로 2300일에 대한 예언 곧 성경 예언 기간에 대한 해석의 원칙에 의하여서 2300년에 대한 예언인 것이다.

1) 2300일 예언의 시작점

그렇다면 이 2300년 동안의 긴 기간이 언제부터 시작되는가? 어떤 사람들은 이 예언이 너무 어려워서 잘 이해할 수가 없다고 하지만 염려할 것이 없는 것이 이 계시를 받은 다니엘 자신도 처음에는 깨닫지 못하고 기절하였기 때문이다. 그러나 우리는 아직 기절까지는 하지 않았고, 또 하나님의 은혜로 잘 이해할 수 있을 것이다. 이 계시를 연구하여 이해하게 되면, 정말 하나님의 예언의 확실성과 그 정확한 성취에 깜짝 놀라게 될 것이다.

자, 계속해서 공부해 보자. 2300년의 예언이 언제부터 시작되는가? 다니엘 8장에서 이 계시에 대한 설명과 이해가 끝나지 않고 지나갔으므로 그다음 장인 9장에서 우리는 그 해석과 설명이 나올 것을 기대할 수 있다. 다니엘 9장 21~23절은 이렇게 설명해 주고 있다. "곧 내가 말하여 기도할 때에 이전 이상 중에 본 그 사람 가브리엘이 빨리 날아서 저녁 제사를 드릴 때 즈음에 내게 이르더니 내게 가르치며 내게 말하여 가로되 다니엘아 내가 이제 네게 지혜와 총명을 주려고 나왔나니 곧 네가 기도를 시작할 즈음에 명령이 내렸으므로 이제 네게 고하러 왔느니라 너는 크게 은총을 입은 자라 그런즉 너는 이 일을 생각하고 그 이상을 깨달을지니라."

여기에서 보면 그 전 이상 중에 본 같은 천사 가브리엘이 다니엘에게 그 이상을 깨닫게 도와주고 지혜를 주기 위해서 왔다고 언급되어 있다. 왜 그랬는가? 다니엘이 8장에서 본 2300년에 대한 이상을 깨닫지 못하고 기절하였기 때문에 나중에 같은 천사 가브리엘이 다니엘이 이해하지 못하였던 그 계시를 다시 설명하여 깨닫게 해 주기 위해 다시 파송된 것이었다. 그러므로 2300년에 대한 기간 예언의 해석이 드디어 천사의 가르침으로 알게 되기에 이르렀던 것이다. 천사는 다니엘에게 예언을 해석하여 설명해 주었다. 자, 천사의 설명을 들어보자.

"네 백성과 거룩한 성을 위하여 칠십 이레로 기한을 정하였나니 허물이 마치며 죄가 끝나며 죄악이 영속되며 영원한 의가 드러나며 이상과 예언이 응하며 또 지극히 거룩한 자가 기름 부음을 받으리라."(24절) 여기에서 "네 백성" 곧 다니엘의 백성은 누구인가? 그것은 유대인들을 가리킨다. 그러면 그들을 위하여 칠십 이레, 곧 70주일의 기한을 정했다는 것은 무슨 뜻인가? "정했다"는 것은 히브리 말로 "샤댜크"인데, "어디에서 떼어 내었다"는 뜻이다. 어디에서 떼어 내었는가? 바로 2300년 기간에서부터 떼어 내었다. 하나님을 거역하고 불순종하던 유대 나라가 바벨론에 포로되어 가서 고난 가운데 살고 있는 것을, 하나님께서 긍휼하게 여기시어 그들에게 다시 은혜의 기간을 주시는 예언이 바로 유대인들을 위한 70주일 즉 490년에 대한 예언인 것이다. 그래서 그들로 하여금 다시 예루살렘으로 돌아오게 하시어 하나님의 은총 가운데 살게 하시는 은혜의 기간 예언이다.

2) 2300년 예언의 시작점과 70주일 예언

2300년의 예언은 언제부터 시작되는 것일까? 그것은 이 예언의 첫 부분인 490년의 예언 기간의 시작점에서 함께 시작된다. 왜냐하면 490년 예언은 2300년 예언 속에 포함되어 있는 첫 부분이기 때문이다. 그러면 이 예언은 과연 언제 시작되는 것일까? 다니엘 9장 25절은 그 시작점에 대해서 이렇게 기록하고 있다. "그러므로 너는 깨달아 알지니라 예루살렘을 중건하라는 영이 날 때부터 기름 부음을 받은 자 곧 왕이 일어나기까지 7이레(7주일)와 62이레(62주일)가 지날 것이요 그때 곤란한 동안에 성이 중건되어 거리와 해자가 이룰 것이며."

가브리엘 천사는 70주일 예언을 7주와 62주와 마지막 1주로 나누면서 이 모든 예언의 시작점에 대해서 "너는 깨달아 알지니라 예루살렘을 중건하라는 영이 날 때부터"라고 다니엘에게 가르쳐 주었다. 그렇듯이! 2300년 예언의 시작점은 바벨론의 침공에 의해서 무너져서 폐허가 된 예루살렘 성이, 바벨론으로부터 해방된 후에 유대인들에 의해서 다시 중건되는 때로부터 시작된다.

3) 그리스도의 초림과 유대 민족의 마지막 유예 기간을 가리키는 70주일 예언

구약에 나타난 유대 민족의 역사는 반역과 불순종의 역사이다. 하나님께서는 40년 동안의 광야 생활과 70년 동안의 바벨론 포로 생활 등과 같은 고난을 통하여 유대 민족이 하나님의 선민처럼 살기를 고대하였지만, 그들은 불순종의 길을 떠나지 않았다. 이러한 때에 드디어 하나님께서는 이스라엘에게 마지막 유예 기간을 주시는 것이 다니엘 9장 예언이다. 다니엘서 9장에서 하나님께서는 다니엘 선지자에게 예수 그리스도의 초림에 대한 예언을 주시면서, 그들이 메시아와 그분의 복음을 거절할 경우 이스라엘 민족이 하나의 국가로서 가진 특권을 상실하게 될 것이라는 예언을 주셨다. 다시 말하면, 예수 그리스도를 메시아로 영접하고 복음을 온 세상에 전파하는 것을 조건으로 유대 민족은 하나님의 선택된 백성으로 남아 있을 수 있게 된 것이다.

하나님께서는 이 중요한 예언을 가브리엘 천사를 통하여 다니엘 선지자에게 전달하셨다. "네(다니엘) **백성과 네 거룩한 성을 위하여 70이레(주일)로 기한을 정하였나니**"(단 9:24). 이 70주일 예언은 70년간의 바벨론 포로 생활에서 귀환한 유대인들에게 다시 한 번 주어진 마지막 은혜 기간이다. 이 예언적 기간 동안 유대인들은 메시아의 오심을 위하여 잘 준비해야만 하였다.

이 예언의 의미를 이해하기 위해서는 먼저 70주일이라는 암호를 풀어야만 하는데, 기간적인 예언을 해석할 때를 대비해서 하나님께서는 그것을 풀 수 있는 암호 해독법을 성경 에스겔 4장 6절과 민수기 14장 34절에 기록해 두셨다. "1일은 1년이니라." 건축 기사들이 1미터를 1센티미터로 환산하여 축소 도면을 그리는 것처럼, 하나님께서 주신 기간적 예언을 해석할 때에도 그분께서 지정하신 이 특별한 계산 원칙을 따라야 한다.

그러므로 70주일은 490일(70주일 x 7일)이고, 이것은 기간적 예언의 계산 원칙에 의거하여 490년이 된다. 그런데 490년이 시작되는 시점은 언제인가? 계속되는 가브리엘 천사의 설명을 들어 보도록 하자. "**그러므로 너는 깨달아 알지니라 예루살렘 성을 중건하라는 영이 날 때부터 기름 부음을 받은 자 곧 왕 곧 메시아가 일어나기까지 일곱 이레(7주)와 육십이 이레(62주)가 지날 것이요 그때 곤란한 동안에 성이 중건되어 거리와 해자가 이룰 것이요**"(단

9:25). 그러므로 분명히 70주일 즉 490년의 시작점은 예루살렘 성을 중건하라는 명령이 내려질 때이며, 그때부터 시작해서 7주일과 62주일 즉 69주일(69 x 7 = 483일 즉 483년)이 지나면, 기름 부음을 받은 자 곧 메시아가 나타날 것이라는 것이 가브리엘 천사의 설명이다.

그런데 여기에서 "기름 부음을 받은 자"란 누구인가? "기름 부음을 받은 자"란 그리스도를 가리킨다. "그리스도"는 "기름 부음을 받은 자"라는 뜻을 가진 헬라어이고, "메시아" 역시 "기름 부음을 받은 자"라는 뜻을 가진 히브리어이다. 그러므로 "기름 부음을 받은 자 곧 왕이 일어"난다는 말은 예수 그리스도의 나타나심을 뜻한다.

성경은 예수께서 이 땅에 오셔서 생애 하시는 정확한 기간을 말해 주고 있다. 예수 그리스도는 보통 인간이 아니다. 그분은 하나님의 아들이시며 성경에 정확하게 예언하여 둔 우리의 구세주이시다. 이 성경 절에서 가브리엘 천사는 우리에게 "깨달아 알라"라고 말하고 있다. 그렇다면 우리가 이해할 수가 있다는 말인가? 그렇다. 반드시 이해해야만 하는 중요한 예언이다.

4) 예언의 시작점

앞에서 잠시 언급하였던 것처럼, 490년(70주일)과 2300년(2300일) 예언은 모두 예루살렘 성을 중건하라는 명령 즉 바벨론에 의하여 멸망되고 파괴되어 있는 예루살렘 도성을 다시 지으라는 명령이 날 때부터 시작된다고 가브리엘 천사는 설명하였다. **"너는 깨달아 알지니라 예루살렘을 중건하라는 영이 날 때부터."** 이것은 2300년 예언의 비밀을 풀 수 있는 중요한 열쇠가 아닐 수 없다. 왜냐하면 이제부터는 언제 포로로 잡혀가 있던 유대인들에게 고향 땅으로 돌아가서 예루살렘을 다시 건설하라는 명령이 났는지만 찾으면 되기 때문이다.

에스라 7장 7,13절에는 유대인들이 예루살렘으로 돌아가서 성을 다시 건축하라고 명령이 내려진 그 연도가 분명하게 기록되어 있다. 바벨론을 무너뜨리고 페르시아 제국이 들어섰는데, 그 당시 페르시아 제국의 왕이었던 아닥사스다 왕은 은과 금과 재료들을 주면서 유대인들이 고향 땅으로 돌아가 자기들의 무너진 성전을 다시 건축하도록 허락하는 명령을 내렸던 사실이 성경에 기록되어 있는데, 그것이 에스라 7장 7,13절이다. "**아닥사스 왕 7년에 이스라엘 자손과 제사장들과 레위인들과 노래하는 자들과 문지기들과 느디님 사람들 중에 몇 사람이 예루살렘으로 올라 올 때에 … 조서하노니.**" 여기에 분명히 이 예언의 시작점인 예루살렘을 중건하라는 명령이 난 해가 정확하게 기록되어 있다. 그해는 역사적으로 페르시아 나라의 아닥사스 왕 7년 즉 B.C. 457년이다.

물론 고레스 왕과 다리오 왕 때에도 예루살렘 성전을 건축하라는 허가와 함께 유대인들이 돌아가도 좋다는 명령을 내렸지만, 성경에 예언된 대로 예루살렘 성전뿐만 아니라 예루살렘 성 그 자체를 재건축하여 한 독립 국가로서 회복되도록 인정해 주는 조서는 아닥사스다 왕 제7년이었던 것이다. 그래서 이 예언이 "**그때 곤란한 동안에 성이 중건되어 거리와 해자가 이룰 것이며**"라는 예언을 포함시키고 있는 것을 주목해야만 할 것이다.

5) 정확한 시간에 성취된 그리스도의 침례와 공중 봉사 사업의 시작

가브리엘 천사는 기름 부음을 받은 왕 곧 그리스도가 나타나기까지 62이레와 7이레를 지날 것이라고 말하였다. 62이레(주일)와 7이레(주일)는 62에 7을 더하여 69주일이 된다. 69주일은 몇일인가? 483일이다(69주일 x 7 = 483일). 예언 기간의 원칙은 1일이 1년이므로 483일은 483년으로 환산할 수 있다. 그러므로 예루살렘 성을 중건하라는 명령이 내린 BC 457년부터 시작하여 483년 후에는 메시아 곧 그리스도가 나타난다는 예언인 것이다. 예루살렘 성의 중건령의 조서가 그 효력을 발휘하는 BC 457년 가을부터 시작해서 첫 7주일 동안, 다시 말해서 49년(7주일 x 7 = 49) 동안 예루살렘 성이 다시 재건축 되어서 B.C. 408년도에 중건되었고, 중건 명령이 내린 시점인 B.C. 457년부터 69주일 즉 483년을 내려가면, 역사의 연대표에서 가장 영광스러운 사건이 일어나는 해를 만나게 되는데, 그해는 바로 그리스도께서 침례를 받으셨던 해이다.

한 가지 우리가 계산하기 전에 알아야 할 것이 있다. 그것은 B.C.에서 A.D.로 넘어갈 때, 다시 말해서 기원전에서 기원후로 넘어갈 때에는 "0"년이 없기 때문에 B.C. 1년에서 그다음 해가 A.D. 1년이 되어 버렸다. 그러므로 실제적인 계산에서는 1년을 더해야 하는 것이다. 자, 그러면 함께 계산해 보도록 하자. B.C. 457에서부터 69주일인 483년을 앞으로 더해 가면 얼마가 나오는가? A.D. 26년이 나오는데, B.C.에서 A.D.로 넘어가는데 1년을 더해 주어야 하므로 실제적으로는 A.D. 27년이 된다. A.D. 27년에 어떠한 일이 있었는가? 놀랍게도 그해는 예수께서 요단 강에서 침례를 받으시고 메시아로서 공중 전도 사업을 시작하신 바로 그해이다. 다시 말하자면, 메시아로서의 사업을 시작하신 해이다. 얼마나 놀라운 예언인가?

사도행전 10장 38절은 "**하나님이 나사렛 예수에게 성령과 능력을 기름 붓듯 하셨으매**"라고 말씀하였다. 예수께서 요단 강에서 침례를 받고 올라오실 때에 성령이 비둘기같이 임한 사실을 우리는 잘 알고 있다. 누가복음 3장 1절은 침례 요한이 회개의 침례를 전파한 해가 디베료 가이사 제15년이라고 말씀하고 있는데, 디베료 가이사 15년은 바로 역사적으로 A.D. 27년이었다. 그해에 예수께서 요한에게 침례를 받으시고 드디어 메시아로서 복음 사업을 시작하신 것이다.

예수께서는 바로 이러한 예언을 근거로 당신의 지상 사업을 시작하셨기에 다음과 같은 말씀을 하셨던 것이다. "**하나님의 복음을 전파하여 가라사대 때가 찼고**(The time is fulfilled, 때가 성취되었고)"(막 1:14,15). 무슨 때가 찼다는 것인가? 다니엘 9장에 예언되어 있는 69주일(483년)이라는 예언의 때가 찼다는 것이며, 때가 찬 바로 서기 27년에 예수께서는 침례를 받으셨으며, 성령으로 기름 부음을 받은 후, 공중 전도를 시작하셨던 것이다. 이 예언을 공부하는 사람들은 누구나 다 성경을 하나님의 말씀으로 받아들이게 되고 예수님을 하나님으로 영접하게 될 것이다. 왜냐하면 하나님의 지혜와 미래를 예언하시는 초자연적인 능력이 아니면 이렇게 정확하게 미래를 예언하여 줄 수가 없기 때문이다.

6) 정확한 시간에 이루어진 그리스도의 죽음과 십자가

2300년 예언의 첫 부분인 70주일 예언 속에는 예수께서 십자가에 못 박혀 돌아가시는 정확한 해가 나타나 있다. "육십이 이레 후에 기름 부음을 받은 자가 끊어져 없어질 것이며 ⋯ 그가 장차 많은 사람으로 더불어 한 이레 동안의 언약을 굳게 정하겠고 그가 그 이레의 절반에 제사와 예물을 금지할 것이며"(단 9:26,27). 가브리엘 천사는 62주일 후 즉 서기 27년 이후에 예수 그리스도께서 십자가 상에서 "끊어져 없어"질 것이라는 사실을 언급한 후에, 예수께서 메시아로서 하실 일에 대한 자세한 설명을 다음과 같이 덧붙이고 있다. "그가 장차 많은 사람으로 더불어 한 이레(1week) 동안의 언약을 굳게 정하겠고 그가 그 이레(week)의 절반에 제사와 예물을 금지할 것이며"(27절). (여기서 "이레(week)의 절반"은 7년의 반이므로 3.5년 즉 3년 반이 됨)

이 예언의 의미를 좀더 자세하게 설명하자면, 예루살렘을 중건하라는 명령이 날 때부터 시작하여 7주일과 62주일 즉 69주일(483년)이 지나면 그리스도가 일어날 것이요, 69주일(483년)이 지난 다음에 이어지는 마지막 주인 70번째 주(7년) 동안에는 유대인들을 위한 은혜의 70주일 기간 즉 490년 기간이 끝마쳐지면서 메시아가 "끊어져 없어진다." 즉, 죽게 될 것이라는 뜻이다. 2300일 예언의 첫 부분인 70주일(490년) 예언은 예루살렘 성을 중건하라는 중건령이 선포된 때로부터 시작하는데, 그때로부터 7주일과 62주일 즉 483년이 지나가고 마지막 70번째 주일 즉, 마지막 7년의 절반이 되는 시점에 그리스도께서 돌아가실 것이 70주일 예언의 핵심적 내용이다.

다니엘 9장 27절은 그리스도가 70주일 예언 곧 490년 예언 기간 동안의 마지막 한 이레 곧 7년 동안 사람들과 더불어 언약을 굳게 정하겠다고 하였다. 마태복음 26장 27,28절은 이렇게 말씀하고 있다. "**또 잔을 가지사 사례하시고 저희에게 주시며 가라사대 너희가 다 이것을 마시라 이것은 죄 사함을 얻게 하려고 많은 사람을 위하여 흘리는 나의 피 곧 언약의 피니라.**" 그러므로 예수께서는 당신의 피로 인류와 언약을 굳게 정하셨다. 또한 그가 그 마지막 한 주일 즉 7년의 절반에 다시 말해서 7년의 중간인 3년 반만에, 다시 말해서 A.D. 27년에 침례 받으시고 복음 사업을 시작하신 지 3년 반 후에 제사와 예물을 금하시겠다고 했다. "**그가 그 이레의 절반에 제사와 예물을 금지할 것이며.**"

예수께서 침례를 받으시고 공생애를 시작하신 서기 27년 가을부터 3년 반 후인 서기 31년 봄에는 어떤 일이 일어났는가? 아담과 하와가 범죄한 이후 메시아의 죽음을 상징하여 드려 온 성소 제도의 "제사와 예물을 금지하"게 만드는 사건이 일어났다. A.D. 31년 봄 유월절 날에 십자가에 못 박혀 돌아가셨던 것이다. 이 얼마나 놀라운 예언인가? "**…우리의 유월절 양 곧 그리스도께서 희생이 되셨느니라**"(고전 5:7). A.D. 31년 봄 유월절에 예수께서는 우리의 죄를 위하여서 십자가에서 피를 흘리심으로써 다시 한 번 예언을 정확하게 성취시키셨던 것이다. 이 얼마나 놀라운 예언이며 얼마나 큰 사랑인가?

오랜 세월 동안 유대인들은 흠 없는 어린양을 성소의 번제단 위에서 태움으로써 장차 오실 메시아에 대한 믿음을 나타냈으며, 양의 죽음을 통하여 죄의 용서를 받아 왔다. 그러나 마지막 70번째 주일의 중간인 서기 31년 봄, 예수 그리스도께서 참된 속죄양이 되셔서 십자가에서 죽으심으로써 더 이상 양을 잡아서 태워 죽이는 제사 제도가 필요 없게 되었다.

성소 제도의 모든 제사들은 바로 예수 그리스도의 대속의 죽음을 상징한 것들이었다. 그러므로 그 상징의 실체가 오신 다음에는 더 이상 양을 잡아서 제사드리는 일이 필요 없는 것이다. "**하나님이 제사와 예물을 원치 아니하시고 오직 나를 위하여 한 몸을 예비하였도다 … 이에 내가 말하기를 하나님이여 보시옵소서 두루마리책에 나를 가리켜 기록한 것과 같이 하나님의 뜻을 행하러 왔나이다**"(히 10:5~7). 또한 "이 (구약 시대의) 제사는 언제든지 죄를 없게 하지 못하거니와 오직 그리스도는 죄를 위하여 한 영원한 제사를 드리"심으로써, "**다시 죄를 위하여 제사드릴 것이 없느니라.**"(히 10:12,18). 얼마나 분명한 예언의 성취인가?

예수께서 십자가에서 돌아가심으로 다시는 양을 잡아 죽이는 제사 제도가 필요 없게 되었다는 사실을 알려 주는 기적이 성소에서 일어났다. "**예수께서 다시 크게 소리 지르시고 영혼이 떠나시자 이에 휘장이 위로부터 아래로 찢어져 둘이 되고**"(마 27:50). 성소 안에 있던 성전 휘장이 갑자기 찢어짐으로써, 모세가 제사 제도에 대해서 기록하였던 의문의 율법이 정하고 있는 제사와 예물이 더 이상 필요 없게 되었음을 보여 주셨다. "**우리를 거스리고 우리를 대적하는 의문에 쓴 증서를 도말하시고 제하여 버리사 십자가에 못 박으시고**"(골 2:14).

7) 정확한 시간에 끝난 유대인의 은혜의 기간과 이방인들을 위한 복음 전파의 시작

70주일 예언 중에서 마지막 1주일의 절반 즉 7년의 절반인 서기 31년에 십자가가 세워졌고, 이제 그 나머지 절반인 3년 반이 지나면 하나님께서 유대 민족에게 허락하신 70주일의 전체 예언이 완전히 종결된다. 70주일 예언 중에서 마지막 70번째 주일의 절반 이후에 성취된 사건들은, 메시아를 십자가에 못 박은 백성에게 여전히 3년 반이라는 은혜의 기간이 남아 있었음을 보여 준다. 십자가 이후에도 한동안 제자들은 유대 민족의 구원을 위해서 일했

70주일(490년) 예언 [유대인들을 위한 은혜의 시간]

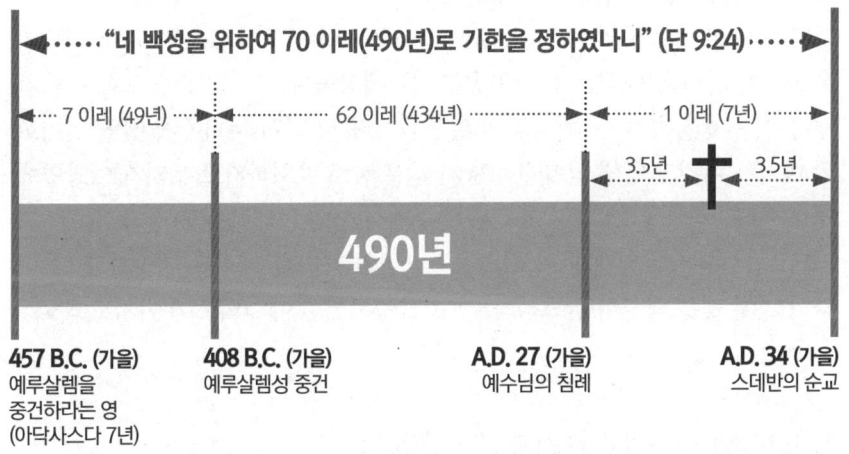

- **7주**: 7주 x 7일 = 49일 = 49년 (예루살렘 성을 중건하는데 소요된 기간)
- **62주**: 62주 x 7일 = 434일 = 434년
  (메시야가 오실 때까지 유대인들이 준비하며 기다리는 시간)
- **69주**: 7주 + 62주 = 69주 = 69주 x 7일 = 483일 =483년
- **1주**: 1주 x 7일 = 7일 = 7년
  (그리스도의 공중 봉사 기간 + 십자가 이후 제자들이 유대인에게 복음을 전파한 기간)
- **A.D.34**: 유대인들에게 정해진 70 이레 (490년)의 은혜의 기간이 마쳐지면서, 스데반이 그리스도 교회의 첫 순교자가 되는 사건과 함께 복음이 이방인들에게로 전파되기 시작한 해

다. 그러나 예수께서 돌아가신 지 3년 반 후인 서기 34년, 새 언약의 복음을 끝까지 거절하는 유대인 지도자들을 향하여 경고와 호소의 설교를 하던 스데반에게 산헤드린 공회가 돌로 쳐서 죽이는 판결을 내림에 따라, 스데반은 그리스도교회의 첫 번째 순교자가 되었으며(행 7:51~60), 이로써 유대 민족을 위한 70주일(490년)의 유예 기간은 완전히 끝났으며, 곧 이어서 일어난 핍박

과 함께 그리스도의 제자들과 사도들은 온 세계로 퍼져나가 이방인들에게 복음을 전파하기 시작하였다(행 8:1~40).

바로 이것이 70주일 예언의 끝을 알리는 최후의 신호였으며 유대 민족의 운명이 영원히 결정되는 순간이었고, 온 세상을 위한 그리스도교회 시대가 개막되는 시간이었다. "**하나님의 말씀을 마땅히 먼저 너희에게 전할 것이로되 너희가 버리고 영생 얻기에 합당치 않은 자로 자처하기로 우리가 이방인에게로 향하노라**"(행 13:46). 이것은 예수께서 이미 마태복음 21장 43절에 "그러므로 너희(유대인)에게 이르노니 하나님의 나라를 너희는 빼앗기고 그 나라의 열매 맺는 백성이 받으리라"라고 말씀하셨던 예언의 성취이기도 하다.

3. 정확하게 성취된 가장 긴 예언 - 2300일

다니엘의 예언은 빈틈없이 정확하게 성취되었다. 예수께서 A.D. 27년에 메시아의 일을 시작하실 것이라는 예언이 정확하게 성취되었다. 또한 주님께서 A.D. 31년 봄에 돌아가심으로 제사와 예물을 금하실 것이라는 예언도 정확하게 성취되었다. 또한 유대인들이 예수님을 못 박고 진리를 거절하였으며 드디어 스데반을 돌로 쳐 죽이면서 그리스도교를 내어쫓음으로 그들의 은혜의 기간이 A.D. 34년에 끝나게 될 것이라는 기간적인 예언도 놀랍게도 그대로 성취되었다. 이렇게 해서 2300년 예언의 전반부는 예수님의 초림에 그 초점을 맞추어서 예언되었고 또 그대로 성취되었다.

그렇다면 "**2300주야까지니 그때에 성소가 정결함을 입으리라**"(단 8:14)는 하나님의 심판의 시간에 대한 예언은 어떻게 이해해야 하는가? 2300년에서 유대인들에게 허락된 은혜의 기간이었던 490년을 빼고 나면 1810년이 남게 된다. 다시 말해서, 이 예언의 시작점인 B.C. 457년부터 시작해서 유대인들을 위한 은혜의 기간인 490년을 지나고, 또 그 후에 1810년을 더 지나가면

1844년이라는 해에 도달하게 된다. 그래서 "**2300주야까지니 그때에 성소가 정결함을 입으리라**"는 다니엘서 8장 14절의 예언 때문에, 1830년도 말기부터 미국과 유럽 그리고 남미에서도 예수께서 1844년도에 재림하실 것이라고 설교하는 일들이 열렬하게 일어났다. 그들은 장로교회, 감리교회, 침례교회, 성결교회, 회중교회 등을 총망라한 여러 교파에서 신앙 생활을 하고 있던 그리스도인들이었다. 그러나 그들이 주님의 오심을 사모했으며 진실되게 준비하려고 했을지라도 그 예언의 적용을 잘못함으로 크게 실망하는 경험들을 하게 되었다.

예수께서는 당신이 다시 오시는 날과 시간은 아무도 모른다고 말씀하셨지만, 그 당시 다니엘서 8장을 연구하였던 사람들은 "2300 주야까지니 그때에 성소가 정결함을 입으리라"는 말씀을 예수 그리스도의 재림에 관한 예언으로 오해하였던 것이다. 그 당시의 성경 학자들도 1844년에 예수께서 재림하신다고 설교하던 사람들이 설명하는 다니엘서 8장의 2300년에 대한 해석만큼은 성서적으로나 역사적으로 너무나 정확하게 성취되어 왔기 때문에 그 예언 자체에 대해서는 어떠한 반박도 할 수 없었다. 예언의 기간에 대한 해석과 계산 방법에는 아무런 문제가 없었지만, 2300년이 끝마쳐지는 시점에 이루어지는 사건에 대해서 오해하였던 것이 그들의 문제였다.

그 당시 그리스도의 재림을 사모하며 기다리던 그리스도인들은 2300년 예언이 마쳐지는 종점인 1844년에 하늘 성소가 정결함을 입는 하나님의 심판 사업을 가리킨다는 사실을 성서적으로 이해하지 못했다. 성소가 정결함을 입는다는 것은 세상이 불로 정결케 된다는 뜻이 아니라, 하늘 성소에 있는 죄의 기록들이 도말되어 정결하게 된다는 뜻이다. 하늘의 성소의 정결은 죄의 기록들을 지워버리는 일이 선재해야 하는 것이다. 죄인들의 기록들을 조사하여 그들의 회개와 정결의 경험을 증명해 보인 다음에 그 기록들을 영원히 지워 버릴 때에만 하늘의 성소가 정결케 될 수가 있는 것이다.

그러나 그들은 하늘 성소에서 이루어지는 마지막 심판의 시작을 가리키는

"2300주야까지니 그때에 성소가 정결함을 입으리라"는 말씀을 이 세상에서 실제적으로 일어날 사건 즉 예수께서 재강림하심으로 지구가 죄의 오염으로부터 구속함을 받는 사건으로 오해하였다. 성소가 정결함을 입는다는 말씀에 대한 오해로 인하여 그들은 1844년에 대실망의 경험을 하게 되었던 것이다. 그러나 1844년에 겪은 대실망의 경험으로 인하여, 많은 그리스도인들은 마지막 시대에 이루어지는 하나님의 심판의 시간에 대하여 깊은 관심을 갖게 되었고 또한 그 문제에 대해서 올바로 이해하기 시작하였다.

4. 말세를 위하여 준비된 심판의 복음

이제 이 세상은 2300년의 예언 기간이 끝나면서 완전히 종말의 때에 접어들게 되었다. 2300주야 예언에 포함된 종교 암흑시대였던 1260년의 예언은 1798년도에 끝마쳐지는데, 그때부터 그리스도인들은 이 세상이 말세가 되었다고 말하기 시작하였다. 1798년도를 전후로 해서 교황권이 잠시 동안 몰락하게 되었고, 프랑스 혁명이 일어나 무신론 세력이 기치를 들기 시작하여 세계의 국가들과 사람들의 생각과 사상이 달라지기 시작하였고, 미국이 건국되어 일어났으며, 이 세상 역사가 드디어 말세를 가리키고 있는 예언들의 시대로 접어들게 된 것이었다.

그러나 2300년의 예언은 더 나아가서 온 인류가 드디어 하나님의 마지막 심판을 통과하게 되는 마지막 시대에 돌입한 사실을 알려 주고 있다. 1844년도가 지나자 이 세상은 벨하우젠의 성경의 권위를 비판하는 고등 비판의 소리가 크게 나타나기 시작하였고, 니체가 일어나 하나님의 존재를 의심하는 회의주의의 씨를 심기 시작하였으며, 1859년에는 드디어 다윈의 진화론이 소개되면서 하나님의 창조를 무시하고 부인하는 반역적인 운동들이 세상을 온통 뒤덮기 시작하였다. 1865년도에 멘델의 유전 법칙의 발표 결과 다윈의 진화론이 완전히 무너졌음에도 불구하고 하나님이 없었으면 좋겠다고 느끼는 인간들이 성경의 하나님을 부인하고 무신론적인 사상으로 이 지구를 가득 채우기 시작하게 된 것이다.

이러한 때에 하나님께서는 요한계시록 14장 7절을 통하여 말세를 위한 기별을 준비해 두셨다. "**하나님을 두려워하며 그에게 영광을 돌리라 이는 그의 심판하실 시간이 이르렀음이니 하늘과 땅과 바다와 물들의 근원을 만드신 이를 경배하라.**" 여기서 독자 여러분 중의 어떤 분들은 마음 가운데 다음과 같은 의문이 떠오를 수 있을 것이다. "2300년의 예언 기간이 끝난 지 벌써 160여 년이 흘렀는데도 아직 아무런 일도 일어나지 않고 있지 않습니까?" 이 의문에 대한 답변으로 우리는 노아의 때를 되돌아 보아야만 한다. 예수께서는 인자의 때도 노아의 때와 같을 것이라고 말씀하셨다. 노아는 120년 동안 홍수로 세상이 멸망할 것이라고 외쳤다. 120년간의 긴 세월 동안 아무런 일도 일어나지 않는 것처럼 보였다.

심판의 메시지를 전하던 노아는 미친 사람처럼 취급을 받고 배척을 받았다. 그러나 하나님께서는 오래 참으시면서 하늘에서 인류들을 내려다보고 계셨다. 사람들이 노아의 말을 어떠한 태도로 받아들이든지에 상관없이 노아는 하나님께로부터 받은 분명한 심판의 메시지를 가지고 있었다. 그 당시 인간들이 대담해져서 그들의 생각하고 계획하는 모든 것이 악하게 되었을 때에 하나님께서는 불순종하는 그들을 물로 멸망시키셨다. 지금 우리가 살고 있는 이 세상도 악해질 대로 악해져 있다. 지금도 하나님께서는 노아의 때처럼 하늘에서 이 세상을 내려다보고 계신다.

이제 곧 하나님께서 더 이상 참지 못하실 때가 다가오고 있다. 지금은 마지막 심판이 지나가고 있는 때이다. 지금은 하나님께서 우리들 각자의 죄가 기록되어 있는 기록책을 중심으로 판단하고 심판하고 계신다. 그 심판이 마쳐지면 곧 예수께서 이 세상에 임하실 것이다. 그때에는 우리들 각자가 행한 행위대로 보상 또는 처벌을 받게 될 것이다. 만일 예수께서 심판을 끝내시고 다음

주일에 오신다면 아니, 오늘 오신다면 여러분은 준비되어 있는가? 독자 여러분은 그때에 어디에 있을 것인가? 여러분은 지금 예수께 나아와 마음을 온전히 드리고 하나님의 심판을 위하여 준비해야 한다. 하나님의 사랑의 품으로 돌아가야 할 시간이 거의 끝나가고 있다.

1년 = 1일 원칙에 대하여

상징적인 기간을 나타내는 예언 해석에 있어서 1일을 1년으로 해석하는 원칙은 오래 전부터 인정되어 온 예언 해석법이다. 수많은 성경 학자들뿐 아니라 종교 개혁자들도 다니엘서와 요한계시록에 나오는 상징적 예언인 1260일, 1335일, 2300일 등의 예언 해석에 1일=1년이라는 원칙을 적용하였다. 1년=1일 원칙에 대한 교회사적 증거들을 살펴보면, 이 원칙이 초기 그리스도교회 때부터 시작하여 중세기의 카톨릭 교회, 종교 개혁시대, 그리고 근대 기독교회에 들어와서까지 일관성 있게 적용되어 왔다는 사실을 확인할 수 있다.

❶ 초기 기독교회 성경 학자
: 터툴리안, 클레멘트, 유세비우스, 테오도렛, 데오도시우스, 안드로니쿠스

❷ 중세의 유대인 학자
: 나하웬디, 알리, 라시, 나하메니데스, 라시바즈

❸ 중세의 카톨릭 학자
: 요아킴, 아놀드, 우베르티노, 데리라, 부르테, 니콜라스 크렙

❹ 종교 개혁자
: 마틴 루터, 멜란히톤, 풍크, 불링거, 존 낙스, 존 베일, 토마스 브라이트만, 요

한 웨슬리의 조력자인 플레셔르

❺ 1700년대의 성경 학자
: 루터교회의 신학자인 벵겔, 만유인력을 발견한 아이작 뉴턴 경

❻ 1800년대의 성경학자
: 장로교회 일반 의회 의장인 죠 슈아 윌슨 박사, 감독교회의 주교인 존 핸셔, 예일 대학의 총장인 티모디 드와이트, 유니온 대학의 총장인 엘리팔리트 노트, 오하이오 대학 총장인 조지 정킨

이와 같이 예언 해석상 1년=1일 원칙은 어떤 개인이나 교단의 독창적인 견해나 돌발적인 해석 방법이 아니라, 오랜 역사를 통해서 그리고 여러 교파에서 소속되어 있는 다양한 성경 학자들의 심도 있는 성경 연구의 열매로 거두어진 결론이다.

제12장 | **하나님의 참 교회**

요한계시록 12장 연구
chapter Twelve

한계시록 연구 중에서 12장은 가장 폭넓은 계시에 대한 연구라고 할 수 있다. 이 12장의 예언은 참 교회의 줄기를 보여 주는 예언이기도 하며, 마치 가족의 흐름의 역사를 그린 것처럼 예수님 부활 승천 이후 초대 교회부터 마지막 시대의 교회까지의 참 교회의 흐름을 보여 준다. 계시록 12장을 공부하면서부터 계시록의 예언이 점점 더 심각해져 가는 것을 우리는 알 수 있을 것이며, 또한 계시록 12장 이후의 계시들은 현대에 살고 있는 우리와 직접적으로 관련된 마지막 장면들을 보여 주기 시작하는 것을 발견하게 될 것이다. 자, 같이 함께 연구해 보자.

요한계시록 12장은 하나의 파노라마이다. 사단이 하늘에서 하나님의 정부를 대항하여 반역을 일으키는 일로부터 시작해서, 마지막 시대에 하나님의 교회를 미워하여 공격하는 일까지의 줄거리를 파노라마처럼 보여 주는데, 이 예언은 다음의 네 가지 장면들로 구성되어 보여 주고 있다.

❶ 죄의 근원과 하늘에서 시작된 선악 간의 대쟁투의 모습. ❷ 그리스도께서 인간을 구원하시기 위하여 이 세상에 오셨을 때에 마귀가 그를 공격하는 모습. ❸ 예수께서 부활하신 후에 마귀가 그리스도께서 세워 놓으신 교회를 핍박하는 모습. ❹ 드디어 마지막 시대에 사단이 그 기독교회의 참된 남은 무리를 공격하는 모습.

1. 12장에 나타난 하나님의 참 교회

1) 참 교회란 무엇인가?

"참 교회"란 무엇을 의미하는 것일까? 그것은 어떤 조직이나 교단이나 건물을 말하는 것이 아니라, 하나님께서 태초에 아담과 하와에게 가르쳐 주셨던 진리 곧 변하지 않는 영원한 복음을 간직하고 가르치는 하나님의 참된 교회를 말한다. 그리고 또한 참 교회는 노아가 전파하였던 진리, 아브라함이 믿었던 진리, 엘리야가 경고하였던 진리, 다니엘과 사도 요한에게 계시되었던 예언 그리고 예수 그리스도와 그분의 제자들이 가르쳤던 가르침을 정확하게 보존하고 있는 하나님의 백성 즉 남은 무리를 의미한다. 그러므로 교회란 참된 진리를 보존하고 그 진리대로 살기 위해서 자신의 생애를 바치는 그리스도인들을 의미한다.

그러므로 참 교회란 시대와 환경을 초월하여, 예수님께 직접 진리를 받은 12제자들의 가르침을 순수하게 보존하고 있는, 그리고 그들이 믿는 진리와 그들의 생애가 하나님의 영광으로 환하게 빛나며 하나님의 성품을 그대로 반사하는 진실한 그리스도인들을 말한다. 교회라고 다 그리스도의 교회가 아니다. 주님의 말씀과 진리대로 가르치며 사는 교회가 참 교회이다.

성경에 나타난 역사와 초기 그리스도교회사와 중세기의 역사를 살펴볼 때, 우리는 항상 성경의 진리를 그대로 전수하며 생애 하였던 하나님의 교회 즉 남은 무리가 면면히 이어져 내려왔던 사실을 확인할 수 있다. 과거의 모든 시대를 통하여 하나님의 참 교회인 소수의 남은 무리가 항상 존재해 왔듯이, 마지막 시대에도 하나님께서는 당신의 참 교회를 가지고 계시며 예수께서 재림하실 때까지 그 교회는 진리를 사랑하는 진실한 그리스도인들에 의해서 계속 이어질 것이다.

2) 예언에 여자로 상징된 참 교회

계 12:1

"하늘에 큰 이적이 보이니 해를 옷 입은 한 여자가 있는데 그 발 아래에는 달이 있고 그 머리에는 열두 별의 관을 썼더라."

요한계시록 12장에는 하나님의 참 교회가 소개되어 있다. 12장 1절에서 우리는 여인으로 표상된 참 교회의 모습을 볼 수 있다. "**하늘에 큰 이적이 보이니 해를 입은 한 여자(a woman)가 있는데 그 발 아래에는 달이 있고 그 머리에는 열두 별의 면류관을 썼더라.**"

이 성경 절은 문맥상으로 볼 때, 상징적인 표현임에 틀림이 없다. 성경에서 여인은 하나님의 신부인 교회를 상징한다. 성경에서 가장 많이 사용되는 상징적 표현 중의 하나는 교회를 여인으로 묘사하는 것인데, 사도 바울 역시 하나님의 참 백성인 교회를 정결한 처녀로 표현하였다. "**…내가 너희를 정결한 처녀로 한 남편인 그리스도께 드리려고 중매함이라**"(고후 11:2), "**이는 너를 지으신 자는 네 남편이시라 그 이름은 만군의 여호와시며 네 구속자는 이스라엘의 거룩한 자니라**"(사 54:5). 또한 선지자 예레미야는 "**아름답고 묘한 딸 시온**"이라고 말하였으며(렘 6:2), 이사야는 "**시온에게 이르기를 너는 내 백성이라**"라고 말하였는데(사 51:16) 이것을 통하여 우리는 성경에서 시온은 하나님의 백성을 뜻하는 동시에 아름다운 딸(여인)로 묘사되고 있다는 사실을 확인할 수 있다.

정결한 처녀 = 시온 = 아름다운 딸 = 여인 = 하나님의 백성 = 참 교회

잠깐 여기서 덧붙이자면, 성경에 순결한 여자가 하나님의 교회요 신부로

표현된 반면, 음녀는 타락하고 부패한 교회를 상징한다. "…네가 많은 무리와 행음하고도 내게로 돌아오려느냐 … 그러므로 단비가 그쳤고 늦은 비가 없어졌느니라 그럴지라도 네가 창녀의 낯을 가졌으므로 수치를 알지 못하느니라"(렘 3:1,3). "또 일곱 대접을 가진 천사 중 하나가 와서 내게 말하여 가로되 이리 오라 많은 물위에 앉은 큰 음녀의 받을 심판을 네게 보이리라 … 그 이마에 이름이 기록되었으니 비밀이라 큰 바벨론이라 땅의 음녀들과 가증한 것들의 어미라 하였더라"(계 17:1,5).

이제 요한계시록 12장에 나오는 여인 즉 교회의 모습을 살펴보자. 여기에는 흰옷을 입고 있는 여인이 등장하는데, 이 여인은 해를 옷입고 달을 밟고 서 있으며 머리에는 12별이 달린 면류관이 있다. 이 장면은 예언들 가운데서 가장 아름다운 모습이다. 이것은 진리로 단장한 순결하고 참된 하나님의 교회를 상징한다. 이 교회는 해를 입고 있는 영광스러운 모습으로 묘사되어 있다. 그런데 이 여자가 머리에 쓰고 있는 면류관에 달린 12별은 12사도들을 상징하며, 발아래 있는 달은 햇빛인 신약의 예수 그리스도를 반사하는 예언을 가진 구약을 상징한다. 그러므로 이것은 구약의 예언을 기초로 한 메시아 예수 그리스도를 가지고 있는, 달을 밟고 해를 입은 신약의 교회를 가리킨다.

예수님은 세상의 빛이시다. **"여호와 하나님은 해요 방패시라."**(시 84:11) 달은 자체의 빛이 없고 다만 햇빛을 반사한다. 바로 이것이 교회의 역할이다. 다시 덧붙여 설명하자면, 달은 신약의 예수 그리스도의 사역을 상징하는 구약의 의식들을 가리킨다. 구약의 의식들 즉 성소 제사들이나 절기 의식들은 메시아가 오셔서 행하실 일들을 미리 예언해 주는 그림자와 같은 것들이었다. 실체가 오면 폐지되는 것이다. 그래서 이 여인은 구약의 예언과 의식들의 진리의 발판에 굳게 서 있는 것이다. **"또 궁창의 확실한 증인 달같이 영원히 견고케 되리라."** (시 89:37) 달은 확고한 자세를 상징한다. 또 이 여인이 쓴 면류관의 12별은 열두 사도들의 가르침을 상징한다고도 할 수 있다. **"오직 너희는 택하신 족속이요 왕 같은 제사장들이요 거룩한 나라요."** (벧전 2:9)

"…일곱 별은 일곱 교회의 사자요…"(계 1:20)

2. 여자와 용

계 12:2~5

"이 여자가 아이를 배어 해산하게 되매 아파서 애를 쓰며 부르짖더라 하늘에 또 다른 이적이 보이니 보라 한 큰 붉은 용이 있어 머리가 일곱이요 뿔이 열이라 그 여러 머리에 일곱 왕관이 있는데 그 꼬리가 하늘의 별 삼분의 일을 끌어다가 땅에 던지더라 용이 해산하려는 여자 앞에서 그가 해산하면 그 아이를 삼키고자 하더니 여자가 아들을 낳으니 이는 장차 철장으로 만국을 다스릴 남자라 그 아이를 하나님 앞과 그 보좌 앞으로 올려가더라."

그런데 이 여인, 교회가 남자 아이를 해산하려고 아파 부르짖고 있다. 만국을 다스리고 하늘에 계신 하나님 앞으로 올려간 이 아기는 누구일까? 이 성경 절을 만족시키는 유일한 사람은 예수 그리스도 이외에는 없다. 그렇다면 용은 누구이며 누가 아기 예수를 죽이려고 했는가? 예수께서 마굿간에 태어나셨을 때, 사단(성경에서 용으로 표상된)은 로마의 헤롯 왕을 통하여 2살 이하의 어린아이들을 학살함으로써 아기 예수를 죽이려고 했다. 그러나 하나님께서는 마리아와 요셉을 애굽으로 피신하도록 하셨으며, 헤롯 왕이 죽은 후에 어린 예수와 함께 나사렛 마을로 돌아와 생애토록 하셨다.

아이를 죽이려고 했던 마귀는 또, 그 당시 온 교회를 잠들게 해서 메시아를 알아보지 못하게 하였다. 예수 재림 직전에 교회의 상태도 이와 마찬가지일 것이다. 또한 사단은 제사장들과 로마인들을 통해 예수를 십자가에 못 박아 죽였다. 그러나 사랑과 희생의 생애를 마치시고 예수께서는 부활하셔서 하늘로 올라가셨다. 예수께서 부활하시고 승천하시자, 예수를 죽이려던 마귀는 닭 쫓던 개가 지붕 쳐다보는 격이 되고 말았다. 사단은 그의 실패를 알게 되었다. 그래서 그는 복수심으로 예수께서 세워 놓으신 교회를 핍박하고 죽이려고 작정하게 된 것이다. 예수를 없애지 못하자 예수께서 구원하시려는 교회를 없애려고 하는 것이다.

여기서 이 여인은 구약에서 신약으로 넘어오는 시대의 교회 곧 초대 교회를 말한다. 3절을 보면, "**하늘에 또 다른 이적이**" 보인다고 말하고 있다. 사실 이 악한 세상에서 그렇게 순결한 교회가 생긴다는 것, 존재한다는 것은 기적이라고 할 수 있다. 다른 또 하나의 기적이 있는데 그것은 붉은 용(사단)이 생겨났다는 것이다. 죄 없는 하늘에서, 영광스럽고 사랑이 가득한 하늘에서 반역하여 천사가 마귀가 되었다는 사실은 참으로 기이한 일이 아닐 수 없다. 이 사단은 하나님의 아들 예수 그리스도와 하늘에서 전쟁을 하였고, 전쟁에서 져서 부하들과 함께 이 지구로 쫓겨 내려왔다. 이 마귀는 예수께서 인간을 구원하기 위하여 이 땅에 태어나실 것이라는 예언을 보고 그 일을 기다려 왔다. 그리하여 마귀는 예수께서 탄생하시자 어릴 때부터 그를 죽이려고, 죄로 유혹하여 범죄케 하려고 온갖 힘을 다하였던 것이다.

3. 용의 핍박

계 12:7~9

"하늘에 전쟁이 있으니 미가엘과 그의 사자들이 용과 더불어 싸울새 용과 그의 사자들도 싸우나 이기지 못하여 다시 하늘에서 그들이 있을 곳을 얻지 못한지라 큰 용이 내어쫓기니 옛 뱀 곧 마귀라고도 하고 사단이라고도 하며 온 천하를 꾀는 자라 그가 땅으로 내어쫓기니 그의 사자들도 그와 함께 내어쫓기니라."

위의 성경 절은 "용", 사단이 원래 하늘에서 반역을 일으켰던 존재인 것을 설명하고 있다. 미가엘은 예수께서 사단과 싸우실 때의 별명이다. 미가엘이란 단어가 성경에 4번 등장하는데, 그 단어는 하나님께서 마귀의 군대와 싸우시는 장면에 사용된 것을 알 수 있다. 미가엘의 뜻은 "누가 여호와와 싸우겠느냐?"라는 뜻이다. 또 여기 보면, 용이 자기 꼬리로 별의 삼분의 일을 끌어다가 땅에 던지는 언급이 나온다. 유다서 6절을 보면, "또 자기 지위를 지키지 아니하고 자기 처소를 떠난 천사들을 큰 날의 심판까지 영원한 결박으로 흑암에 가두셨으며"라는 내용이 나온다. 그들이 사단과 함께 쫓겨난 악한 천사들이다.

4. 핍박받는 여자, 핍박받는 교회

계속하여 다음 내용을 보자. "**용이 자기가 땅으로 내어쫓긴 것을 보고 남자를 낳은 여자를 핍박하는지라**"(계 12:13). 기독교 역사를 보면, 사단의 정신으로 고무되고 용으로 표현된 로마 제국은, 그리스도의 추종자들을 극렬하게 핍박하였던 것을 알 수 있다. 초기 그리스도교회의 교인들은 자신의 목숨을 바쳐야만 신앙을 지킬 수 있었다. 수많은 순교자들의 피가 강을 이루었던 사실을 우리는 역사를 통하여 확인할 수 있다. 이교신을 믿었던 로마 제국이 교황권의 세도에 굴복하여 합병된 후, 그리스도인들에 대한 교황권의 핍박은 더욱 극심해졌다. 역사가들은 중세기의 종교 암흑시대 동안에 죽은 순교자의 숫자가 5천만 명에 달한다고 증거하고 있다. 교황권의 핍박을 피하기 위하여 깊은 산과 계곡으로 피신하였던 참 교회에 대해서 성경은 다음과 같이 기록하고 있다. "**그 여자가 큰 독수리의 두 날개를 받아 광야 자기 곳으로 날아가 거기서 그 뱀의 낯을 피하여 한 때와 두 때와 반 때를 양육 받으매**"(계 12:14). 중세기 교황권의 핍박을 피하기 위해서 여자(참 교회, 남은 무리)는 알프스의 깊은 산속으로 피신할 수밖에 없었다.

5. 1260년 동안의 종교 암흑시대

계 12:13~16

"용이 자기가 땅으로 내어쫓긴 것을 보고 남자를 낳은 여자를 핍박하는지라 그 여자가 큰 독수리의 두 날개를 받아 광야 자기 곳으로 날아가 거기서 그 뱀의 낯을 피하여 한 때와 두 때와 반 때를 양육 받으매 여자의 뒤에서 뱀이 그 입으로 물을 강같이 토하여 여자를 물에 떠내려가게 하려 하되 땅이 여자를 도와 그 입을 벌려 용의 입에서 토한 강물을 삼키니."

그런데 참 교회가 얼마나 오랫동안 광야에서 피신하였다고 하였는가? 하나님의 예언은 말하기를 "한 때와 두 때와 반 때"라고 하였다. 참 교회가 광야에 피신하였던 "한 때와 두 때와 반 때"란 얼마나 긴 기간이며, 그 핍박의 기간은 언제 시작해서 언제 끝나는가? 같은 장 6절에 그 해답이 있다. "**여자가 광야로 도망가매 거기서 일천 이백육십 일 동안 저를 양육하기 위하여 하나님의 예비하신 곳이 있더라**"(계 12:6).

1260일의 핍박 기간은 성경에 7번(다니엘에 2번, 계시록에 5번) 언급되어 있다. 먼저 한 가지 알고 지나가야 할 것이 있는데, 이 1260일의 예언은 성경에 조금씩 다르게 표현되어 있다는 것이다. 어떤 곳에는 "3년 반"으로, 어떤 곳에는 42달로 표현되어 있고, 어떤 곳에는 1260일로 기록되어 있으나 그 기간은 다 같은 기간이다. 성경 예언을 해석할 때, 하루는 일 년인데, 한 때라는 상징어도 일 년을 의미하는 것이다.

"**북방왕은 돌아가서 다시 대군을 전보다 더 많이 준비하였다가 몇 때 곧 몇 해 후에 대군과 많은 물건을 거느리고 오리라.**"(단 11:13) 성경은 "한 때"를 "한 해"라고 설명해 주고 있는데, 이처럼 한 때, 두 때, 반 때는 3년 반이며 곧 1260일이다. 이 1260년 기간은 아주 중요한 기간으로서 "**한 때와 두 때와 반 때**"(단

7:25)는 교회권 즉 작은 뿔이 성도들을 핍박하는 기간인 것이다. 또한 "한 때 두 때 반 때"는 성도의 권세가 깨어지기까지 지내는 기간이며, 이 기간은 계시록 11장 2절에 나오는 "마흔두 달", 3년 반과 같은 기간이다.

그러므로 이것은 다니엘서 7장 25절에 나오는, **"그가 장차 말로 지극히 높으신 자를 대적하며 또 지극히 높으신 자의 성도를 괴롭게 할 것이며 그가 또 때와 법을 변개코자 할 것이며 성도는 그의 손에 붙인 바 되어 한 때와 두 때와 반 때를 지내리라"** 라는 것과 같은 예언으로서, 계시록 12장에서는 이 일을 교회가 용의 낯을 피하여 광야로 도망가 사는 기간으로 나타내고 있는 것이다. 이것은 1260년간의 중세기 종교 암흑시대 동안 교회가 교황권을 통하여 크게 핍박당하여 산으로 도망가서 지낸 기간을 말한다. 그들은 하나님의 말씀인 성경의 진리를 지키고 고수하기 위하여 험한 알프스 산 기슭 피에몽 골짜기에 숨어서 고생과 고난을 당하며 살았으며, 그러다가 발각을 당하면 생명을 잃곤 했다.

6. 1260년 예언의 시작점

하나님의 교회가 핍박을 받던 이 1260년의 기간은, 성도들이 핍박을 받아 속절없이 쫓기는 기간이었고, 성도들의 권세가 깨어지는 기간이었으며, 교황권이 전성기를 이루어 하나님의 법을 폐하고 하나님에 대하여 참람된 말을 하던 기간이었다. 그러면 그 기간은 언제 시작되었는가? 그 시작은 A.D. 538년, 교황권이 자기를 반대하던 세 민족, 반달, 헤룰라이, 오스트로고스를 쳐서 없애고 로마 황제 저스티니안의 칙령에 의하여 로마교회의 감독을 세상 모든 교회들의 머리로 인정한다는 칙령을 통하여 교황으로 군림한 해였다. 그때로부터 1260년 후에 어떤 일이 일어났는가?

이 일은 기가 막힌 하나님의 예언의 성취이며, 하나님께만 가능한 일이다. 538+1260=1798년인데, 1798년 그해에 나폴레옹 장군의 부하 버티어 장군이 로마에 가서 그 당시 교황 피우스 6세를 잡아서 말에 태워 프랑스로 데리고 가서 옥에 가두는 사건이 생겼고, 교황은 거기서 3개월 후에 죽었다. 그때, 많은 사람들이 드디어 교황의 압제에서 해방되었다고 환호성을 질렀다. 교황권이 죽게 되는 상처를 받게 되리라는 예언이 계시록 13장 3절에 나오는데, "**그 머리 하나가 상하여 죽게 된 것 같더니 그 죽게 되었던 상처가 나으매 온 땅이 이상히 여겨 짐승을 따르고.**" 1798년에 교황이 죽고 그 권력을 잃게 된 사건을 성경은 "죽게 되었던 상처"라고 부른다. 교황권의 세력이 공식적으로 출발된 538년부터 시작해서 프랑스의 버티어 장군에 의해 잡혀 가서 죽게 되어 그 세력이 죽게 되는 상처를 받게 되기까지 그 기간이 정확하게 1260년이다. 얼마나 놀라운 예언 성취인가! 이 예언은 누가 적그리스도인가를 정확하게 짚어 주는 예언이다. 그런데 오늘날은 종교 개혁자들의 신앙을 떠나서 적그리스도를 미래의 사실로 해석하고 있다.

7. 땅이 하나님의 교회를 도움

1) 여자를 도운 땅은 무엇인가?

그런데 이 계시록 12장의 예언의 가장 중요한 골자는 중세기에 광야로 도망가 살았던 핍박받던 교회가 참 교회라는 사실이다. 계시록 12장은 초대 교회로부터 시작된 하나님의 참 교회의 줄기를 보여 주고 있는 것이다. 하나님의 참 교회는 1260년 동안 핍박하던 교회가 아니라, 핍박을 당하여 쫓기던 교회이며 이 교회가 여자의 남은 자손인 것이다. 그런데 이 교회가 중세기의 핍박에 못이겨 피난을 간다. 이 사실을 16절은 "…**땅이 여자를 도와**"라고 표현한다. 용이 입에서 물을 토하여 내어 여자를 삼키려고 할 때, 땅이 여자를 도운 것이다. 계시록 17장 15절을 보면, "또 천사가 내게 말하되 네가 본바 음녀의 앉은 물은 백성과 무리와 열국과 방언들이니라." 그러므로 물은 예언에서 사람들을 상징한다. 이것은 교황권이 사람들을 풀어서 참된 교회의 교인들을 죽이려고 한 것을 말한다.

땅은 물과 반대이다. 여기서 "땅"은 무엇일까? 계시록 13장에 그 힌트가 있다. 계시록 13장에는 짐승 둘이 등장하는데 첫 번째 짐승은 물에서 올라오고 두 번째 짐승은 땅에서 올라온다. 물에서 올라온 첫 번째 짐승은 물 곧 사람들이 많이 사는 유럽에서 올라오는 짐승이고, 두 번째 짐승은 물이 없는 땅 즉 사람이 없는 곳에서 올라온다. 그런데 이 땅에서 올라온 짐승 곧 새끼 양 같은 두 번째 짐승이 첫 번째 짐승을 위하여 우상을 만들고 짐승의 표를 만들어 주는 것을 알 수 있다.

땅은 사람들이 많이 살지 않는 곳으로 상징된다. 사람이 많이 살지 않는 곳, 핍박받던 하나님의 교회를 도와준 나라가 어떤 나라인가? 그 국가는 미국이다. 1700년도 중반에 요한 웨슬리는 이 새끼 양 같은 짐승이 곧 올라올 때가 되었다고 말했다. 이 땅의 출현 곧 미국의 출현의 예언에 대해서는 13장에서 자세히 다루기로 한다. 1260년간의 종교 암흑시대가 끝나갈 무렵, 사단의 공격으로부터 하나님의 참 교회를 보존하시기 위하여 주님께서 한 "땅"을 준비하셨던 것이다. 1260년간의 종교 암흑시대 말엽에, 그 당시의 참 교회였던 유럽의 청교도들은 정치적·종교적 핍박을 피하여 신대륙인 미국으로 피신하였다. 하나님께서는 용의 핍박으로부터 당신의 백성을 구원하기 위해서 미국이라는 새로운 대륙을 사용하셨던 것이다.

"여자의 뒤에서 뱀이 그 입으로 물을 강같이 토하여 여자를 물에 떠내려 가게 하려 하되 땅이 도와 그 입을 벌려 용의 입에서 토한 강물을 삼키니"(계 12:15,16). 그리하여 이 여자 즉 교회는 신대륙인 미국으로 이민하여 도망을 가게 된다. (청교도들이 종교의 핍박을 피하여 메이 플라워 호를 타고 미국으로 온 사실을 가리킴.) 그러자 용이 화가 나서 이 도망간 교회를 다시 자기 손아귀에 넣기 위하여 싸우려고 으르렁대는 모습이 12장 마지막에 나오는 것이다. 그런데 이 예언은 미국으로 피해간 교회를 여자의 남은 자손이라고 말하고 있다.

2) 참 교회의 특징

하나님께서 미국이라는 신대륙을 통하여 당대의 참 교회였던 신실한 청교도들을 구원하시자, 사단이 분노하는 모습이 12장의 마지막 절에 그려져 있다. "용이 여자에게 분노하여 돌아가서 그 여자의 남은 자손 곧 하나님의 계명을 지키며 예수의 증거를 가진 자들로 더불어 싸우려고 바다 모래 위에 섰더라"(계 12:17).

이 성경 절은 성경에 나오는 예언 중에서 가장 중요한 예언 가운데 하나이다. 왜냐하면 이 예언은 중세기 암흑시대 이후에 적용되는 것으로서, 마지막 시대 곧 미국의 출현 이후부터 예수께서 재림하실 때까지의 참 교회의 정체를 분명하게 드러내고 있기 때문이다. 요한계시록은 마지막 시대의 여자의 남은 자손인 참 교회의 특징을 설명하면서 "하나님의 계명을 지키며 예수의 증거를 가진 자들"로 표현하고 있다는 사실을 주목해야 한다. 그러므로 18세기 이후에 나타나는 참 교회의 특징을, 성경은 하나님의 계명을 지키며 예수의 증거를 가진 자들로 묘사하고 있다.

8. 남은 자손

1) 남은 무리란?

계 12:17

"용이 여자에게 분노하여 돌아가서 그 여자의 남은 자손 곧 하나님의 계명을 지키며 예수의 증거를 가진 자들과 더불어 싸우려고 바다 모래 위에 섰더라."

요한계시록 12장 마지막 절인 17절에 나오는 성경 절에서, 우리는 사단이 여자의 남은 무리와 전쟁을 벌이려고 한다는 사실을 발견하게 된다. 여기서 **남은 무리**(Remnant)란 무엇을 의미하는 말일까? Remnant의 원어를 살펴보자. 옷감을 파는 집에 가면 천을 큰 두루마리로 말아 놓은 것이 있는데, 그 두루마리의 마지막 남은 조각을 Remnant라고 부른다. Remnant는 두루마리의 첫 번째 천과 동일한 천으로서, 맨 마지막에 남는 조그만 천 조각을 의미하는 말이다. 그러므로 남은 무리는 초기 사도 시대의 교회가 가지고 있던 가르침과 동일한 변질되지 않은 가르침을 그대로 전수하고 있는 참 교회, 참된 그리스도인들을 의미한다.

2) 남은 무리의 특징

성경은 마지막에 사단이 싸우려고 하는 남은 자손의 특징을 **"하나님의 계명을 지키는 자들"** 이라고 말하고 있다. 그러므로 하나님의 계명을 순종하는 자들이 바로 여자의 남은 무리, 하나님의 참된 남은 자손들이다. 그 사람들은 예수를 그저 머리로만 믿는 자들이 아니라 하나님의 말씀과 계명을 순종하는 자들이다. 그들은 하나님의 명령과 말씀을 그들의 생애에서 가장 중요하게 삼는 사람들이며, 또한 주님의 말씀을 듣고 이해만 하는 자들이 아니라 그 말씀대로 따라 사는 자들이다. 자기의 목숨을 잃어버리게 되는 상황에 처하게 될지라도 하나님의 진리의 말씀을 더 높이는 자들, 하나님의 명령을 더 중요하게 여기는 자들, 먹고 사는 일보다 주님의 명령이 더 중요한 자들, 그러한 자들이야말로 참된 하나님의 남은 자손들이 아니겠는가!

하나님의 계명을 지킨다는 것은 하나님의 십계명을 지키는 성품을 가지고 있는 것을 의미한다. 계명을 지키는 것은 율법주의적인 생활을 의미하는 것이 아니다. 하나님을 온 마음과 뜻과 정성을 다하여 사랑함으로 주님의 모든 계명을 존중하며 순종하는 생애를 말한다. 그런데 교황권의 핍박을 피해 도망온 여자의 남은 자손을 언급하는 과정에서 왜 계명을 언급하였을까? 그것은 교황권이 하나님의 십계명 중 두 계명을 임의대로 바꾸었기 때문이다. 그들은 둘째와 넷째 계명을 바꾸었는데, 둘째는 빼 버렸고, 넷째는 바꾸어 버렸다. 곧 우상 숭배 계명과 안식일 계명을 변경한 것이다.

하나님의 영원한 진리, 변질되지 않은 복음을 가르치는 참 교회, 하나님의 남은 무리의 특징은 "하나님의 계명을 지키며 예수의 증거를 가진 자들"이다. 계시록 14장 12절에도 이 남은 무리의 특징을 이렇게 소개하고 있다. **"성도들의 인내가 여기 있나니 저희는 하나님의 계명과 예수의 믿음을 지키는 자니라."**

성경의 마지막 장인 요한계시록 22장에는 하늘에 들어갈 마지막 참 교회는 어떤 사람들로 구성될 것인가에 대한 결정적인 대답이 있다. 마지막 시대에 누가 끝까지 살아남아 영생을 누리는 자들이 될까? **"그의 계명을 지키는 자들은 복이 있나니 이는 저희가 생명나무에 나아가며 문들을 통하여 성에 들어갈 권세를 얻으려 함이로다."**(계 22:14 – 한글 성경에는 "그 두루마기를 빠는 자들은"이라고 번역되어 있지만 킹 제임스 영어 성경과 성경의 원문에는 "그의 계명을 지키는 자들"이라고 기록되어 있음. 역자주). 성경은 마지막 시대에 하늘에 들어가는 자들의 특징을 설명하면서 하나님의 계명을 신실하게 지킨다는 표현을 반복하여 사용하고 있다는 사실을 주목해야 한다.

요한계시록은 마지막 시대의 참 교회를 묘사하면서 참 교회는 계명을 지키는 자들로 구성될 것이라고 예언하고 있다. 오늘날 과연 누가 사도 요한을 통해서 우리에게 주신 그리스도의 예언을 부인할 수 있겠는가? 그러나 현실을 살펴보면, 너무나 많은 목사들과 종교 지도자들이 하나님의 계명은 십자가에서 폐해졌다고 설교하고 있다. 우리는 기억해야 한다. 마지막 시대에 사단이 분노하여 전쟁을 벌이는 상대는 오직 여자의 남은 자손 외에는 없다는 사실을…. 하나님의 계명이 폐하여졌다고 믿는 그리스도인들은 사단의 공격 대상에서 제외될 것이며, 선과 악의 대쟁투에서 그들은 오히려 사단의 편에 가담하게 될 것이다.

예수께서는 당신이 계명을 폐하기 위해서 이 땅에 오신 것이 아니라는 사실을 분명하게 말씀하셨다. "**내가 율법이나 선지자를 폐하러 온 줄로 생각지 말라 폐하러 온 것이 아니요 완전케 하려 함이로라 진실로 너희에게 이르노니 천지가 없어지기 전에는 율법의 일점 일획이라도 없어지지 아니하고 다 이루리라**"(마 5:17,18).

참 교회의 교인들은 구원을 얻기 위한 방법으로 계명을 지키는 사람들이 아니다. 그들은 하나님의 용서와 구원의 은혜를 깊이 체험하고, 또 마음이 새롭게 거듭나는 경험을 하였기 때문에 순결한 양심으로 하나님의 계명을 사랑하며 지키는 변화의 삶을 사는 사람들이다. 그리고 예수님이 가지셨던 똑같은 믿음으로 죄를 승리하는 경험을 하며 사는 사람들이다. 그러므로 성경에 나타나 있는 하나님의 뜻과 계명을 분명히 알면서도 그것을 지키지 않는 그리스도인들은 아직 구원을 경험하지 못했다고 말해도 과언이 아니다.

요한계시록은 18세기 이후에 나타나는 참 교회의 교인들을 설명하면서 **3번이나 반복하여 "계명을 지키는 자들"**이라고 정의하고 있다. "**너희가 나를 사랑하면 나의 계명을 지키리라**"(요 14:15). 이 것은 율법주의가 아니다. 계명을 지킴으로 구원을 쌓아 간다는 바리새인적인 사상이 결코 아니다. 예수를 믿고 그의 은혜로 구원 얻은 자들은 성령의 인도하심을 받는 변화된 생애를 살게 됨으로 그러한 새로운 생명의 삶은 하나님의 뜻대로, 다시 말해서 하나님의 계명을 지키며 사는 생애로 드러난다는 의미이다.

미국으로 건너간 청교도들의 후손들이 다 하나님의 참된 교회는 아니다. 그들 중에 참된 초대 교회의 정신과 진리를 고수하고 있는 자들이 참 교회이다. 성경은 그들의 특징을 이렇게 두 가지로 말하고 있다. "**하나님의 계명을 지키며 예수의 증거를 가지고 있는 자들**"이라고….

3) 예수의 증거를 가진 교회

계시록 12장 17절에 보면, 남은 무리의 또 다른 특징은 "**예수의 증거를 가진 자**"들이라고 나온다. "**예수의 증거**"란 무엇인가? 우리는 그 대답을 성경절에서 찾을 수 있다. 요한계시록 1장 1~3절을 보자. "**예수 그리스도의 계시라 이는 하나님이 그에게 주사 반드시 속히 될 일을 그 종들에게 보이시려고 그 천사를 그 종 요한에게 보내어 지시하신 것이라 요한은 하나님의 말씀과 예수 그리스도의 증거 곧 자기의 본 것을 다 증거하였느니라 이 예언의 말씀을 읽는 자와 듣는 자들과 그 가운데 기록한 것을 지키는 자들이 복이 있나니 때가 가까움이라.**"

2절과 3절을 보면, "**예수 그리스도의 증거 곧 자기의 본 것**" 이라는 구절과 "**이 예언의 말씀**"이라는 구절이 나온다. 그러므로 예수의 증거란 요한이 본 계시 곧 계시로 예언된 하나님의 말씀을 가리킨다. 또 다른 성경 절을 보자. 요한계시록 19장 10절에는 "**내가 그 발 앞에 엎드려 경배하려 하니 그가 나더러 말하기를 나는 너와 및 예수의 증거를 받은 네 형제들과 같이 된 종이니 삼가 그리하지 말고 오직 하나님께 경배하라 예수의 증거는 대언의 영이라 하더라.**"

위의 성경 구절도 예수의 증거가 무엇인지 확실하게 말해 주고 있는데, 예수의 증거는 대언(예언)의 영이며 영어로는 "Spirit of prophecy"이다. 그러므로 마지막 남은 교회는 예수의 증거인 예언의 말씀 곧 예언 해석을 가지고 있다. 그러므로 참 교회는 사도 요한이 계시록에 기록해 준, 마지막 시대의 하나님의 교회의 위험과 오류들의 함정에 대하여 잘 알고 있는 교회, 그래서 선지자의 증거들을 잘 순종하는 교회이다. 하나님께서는 각 시대마다 예언의 증거의 말씀으로 하나님의 교회를 진리의 길로 인도하시고 보호해 오셨다. 그러므로 이 참 교회는 마지막 때까지 진리의 배도에서 순결하게 보호함을 받을 것이며 끝까지 하나님께 순종하고 승리하는 교회가 될 것이다.

오늘날 우리의 시대에도 예수의 증거 곧 예언의 말씀들로 참 교회를 인도하는 특별한 역사가 활동하고 있다. 당신의 백성을 오류와 위험에서 보호하시기 위하여 보내어진 예수님의 증거, 그 증거의 역사는 오늘날 이 시대에 더욱 크게 역사하고 있다. 그래서 요한계시록은 우리의 시대에 더욱더 큰 중요성을 가지게 되는 것이다. 하나님의 계시의 역사는 우리의 시대에도 활동하고 계신다.

제13장 | 두 짐승

요한계시록 13장 연구

chapter Thirteen

　　계시록 13장은 짐승의 표에 대한 예언의 장으로 유명하다. 처음으로 계시록을 연구하는 분이라면 어려운 듯 하겠지만, 이 예언을 차근차근 공부해 보면 매우 흥미진진한 예언이라는 것을 발견할 것이다. 이 계시록 13장은 그 내용이 두 부분으로 구분되어 있다. 먼저 짐승의 표를 강요하는 중심 세력인 "그 짐승은 과연 누구인가?"하는 문제를 1절~10절까지 다루고 있으며, 그다음에 짐승의 표에 대한 실제 예언이 후반부인 11절~18절까지 기록되어 있다. 요즈음 기독교에서는 짐승의 정체와 상관없이 아무렇게나 짐승의 표를 갖다 붙여 해석하는 경향이 있다. 그러므로 이 예언을 자세히 연구하여 짐승과 짐승의 표에 대한 확실한 견해를 가지는 것은 매우 중요하다고 하겠다.

　　계시록 13장에는 짐승 둘이 등장한다. 첫 번째 짐승은 바다에서 올라오고 (13:1~10에 묘사됨), 두 번째 짐승은 땅에서 올라온다고 기록되어 있다. 그런데 11절과 12절에 두 번째 올라오는 짐승이 먼저 나온 첫 번째 짐승을 위하여 우상을 만들어 준다고 기록되어 있다. 이 짐승들의 정체는 무엇일까? 먼저 첫 번째 짐승에 대하여 연구해 보자.

1. 첫 번째 짐승

계 13:1~10

"내가 보니 바다에서 한 짐승이 나오는데 뿔이 열이요 머리가 일곱이라 그 뿔에는 열 면류관이 있고 그 머리들에는 참람된 이름들이 있더라 내가 본 짐승은 표범과 비슷하고 그 발은 곰의 발 같고 그 입은 사자의 입 같은데 용이 자기의 능력과 보좌와 큰 권세를 그에게 주었더라 그의 머리 하나가 상하여 죽게 된 것 같더니 그 죽게 되었던 상처가 나으매 온 땅이 이상히 여겨 짐승을 따르고 용이 짐승에게 권세를 주므로 용에게 경배하며 짐승에게 경배하여 가로되 누가 이 짐승과 같으뇨 누가 능히 이로 더불어 싸우리요 하더라 또 짐승이 큰 말과 참람된 말 하는 입을 받고 또 마흔두 달 일할 권세를 받으니라 짐승이 입을 벌려 하나님을 향하여 훼방하되 그의 이름과 그의 장막 곧 하늘에 거하는 자들을 훼방하더라 또 권세를 받아 성도들과 싸워 이기게 되고 각 족속과 백성과 방언과 나라를 다스리는 권세를 받으니 죽임을 당한 어린양의 생명책에 창세 이후로 녹명되지 못하고 이 땅에 사는 자들은 다 짐승에게 경배하리라 누구든지 귀가 있거든 들을지어다 사로잡는 자는 사로잡힐 것이요 칼로 죽이는 자는 자기도 마땅히 칼에 죽으리니 성도들의 인내와 믿음이 여기 있느니라."

1) 짐승의 모양

이 두 짐승 중에 첫 번째 짐승은 바다에서 올라온다. 바다 즉 물은 많은 사람들을 상징한다. "또 천사가 내게 말하되 네가 본바 음녀의 앉은 물은 **백성과 무리와 열국과 방언들이니라.**"(계 17:15) 그러므로 이 짐승은 많은 사람들이 살고 있는 지역에서 많은 사람들의 지지를 받으면서 일어나는 실체라는 것이 분명하다.

그런데 이 짐승은 복합적인 모습을 가진 이상한 짐승인 것을 알 수 있다. 2절을 보면 이 짐승은 몸의 표범 같고 발은 곰 같고 머리는 사자 같다고 하였다. 이 상징은 다니엘서에서 빌려 온 것이다. 구약 시대의 선지자 다니엘은 계시 가운데서 세계 역사의 제국들이 차례대로 물에서부터 올라오는 것을 보았다. 그 나라들은 짐승들로 상징되어 있었는데, 그 예언이 다니엘 7장에 있다. 그 짐승들은 계시록 13장에 나오는 이 짐승의 모습들과 같다.

그러면, 여기서 잠깐 다니엘서에 나오는 짐승들의 모습을 살펴보자.

2) 다니엘 7장에 나오는 네 짐승(다니엘 7:3~8, 16~27)

다니엘 7장은 다니엘이 70세에 가까운 노인이 되었을 때에 자신의 꿈을 통하여 본인이 직접 받은 계시이다. 다니엘 7장은 다니엘 2장에 나타난 대제국들의 흥망성쇠와 하나님의 백성의 운명을 좀더 상세히 설명해 주고 있다. 다니엘 7장에서는 2장에 나타난 동일한 역사적 기간이 다른 표상과 상징을 통하여 반복 설명되면서, 하나님과 사단 사이에 벌어지는 선과 악의 대쟁투로 초점을 모아가고 있다. 그리고 또한 하나님의 백성과 짐승으로 표상된 세상의 대제국들이 어떻게 선과 악의 대쟁투에 참여하게 되는지를 보여 주며, 대제국들을 통하여 자신의 의도를 이루려고 시도하는 사단의 계획이 적나라하게 묘사되어 있다.

A. 네 짐승의 출현

이 이야기는 바벨론의 벨사살 왕 원년의 어느 깊은 밤에 시작된다(단 7:1). 그날 밤 다니엘은 꿈을 통하여 계시를 받았다. 먼저 바다가 그의 시야에 들어왔다. 바닷가 사방에서 불어 오는 바람으로 인하여 파도가 사납게 요동치고 있었다. 그의 눈길이 거친 파도 위를 배회하고 있을 때, 갑자기 전에 본 일이 없는 큰 짐승 넷이 하나씩 바다 위로 떠올랐다. "**내가 밤에 이상을 보았는데 하늘의 네 바람이 바다로 몰려 불었더니 큰 짐승 넷이 바다에서 나왔는데 그 모양이 각각 다르니**"(단 7:2,3).

첫 번째로 올라온 짐승(4절) : 사자
두 번째로 올라온 짐승(5절) : 곰
세 번째로 나타난 짐승(6절) : 네 날개와 네 머리를 가진 표범
네 번째로 나타난 짐승(7절) : 열 뿔과 철 이빨을 가진 놀라운 짐승

B. 계시에 대한 천사의 해석

계시를 통하여 이상한 장면을 보는 다니엘은 자신이 보는 이상의 의미가 무엇인지 알 수 없었기 때문에 그의 마음이 매우 번민케 되었다. 그리하여 계시의 장면을 보여 주고 계신 그리스도의 곁에서 수종을 드는 한 천사에게 계시의 의미를 물어보았다. "**내가 그 곁에 모신 자 중 하나에게 나아가서 이 모든 일의 진상을 물으니 그가 내게 고하여 그 일의 해석을 알게 하여 가로되 그 네 큰 짐승은 네 왕이라 세상에 일어날 것이로되**"(단 7:16,17). 다니엘은 네 짐승

은 장차 세상에서 일어날 국가들을 지배하는 왕들을 상징한다는 사실을 알게 되었다. 23절에서 다시 천사가 "넷째 짐승은 땅의 넷째 나라인데"라고 말한 것을 보아서도 네 짐승은 세상을 다스릴 네 제국들의 역사적 순서를 상징한다는 것을 확인할 수 있다.

성경에서 바다는 백성 또는 나라를 상징한다(사 17:12,13, 8:7~, 계 17:1,15). 바다는 인간들이 군집하여 바다 물결처럼 아우성치듯 살아가는 인간들의 기존 세계를 대표한다. 바다에는 언제나 바람이 불고 그 결과로 파도가 높게 이는 것처럼, 세상 역사는 바다와 바람이 서로 각축을 벌이는 끊임없는 풍파의 연속이다. 결론적으로, 바다로 표상된 인간 세상에서 서로의 이해관계가 뒤얽혀 한바탕의 정치적 소동과 전쟁이 휩쓸고 지나가면, 그 결과로 역사의 새로운 주인공들이 나타나서 새로운 나라가 세워지게 되는 흥망성쇠의 과정을, 바람이 부는 바다에서 네 짐승이 떠오르는 장면으로 묘사하였던 것이다. 그렇다면, 바다에서 떠오르는 네 짐승은 역사적으로 어떤 국가들을 말하는 것인가?

◆ **첫 번째 짐승 : 바벨론**

"**첫째는 사자와 같은데 독수리의 날개가 있더니…**"(단 7:14).

고고학을 근거로 해서 볼 때, 바벨론은 사자를 국가의 상징물로 사용하였다. 2400년이 지난 지금도 바벨론의 성벽에는 사자가 조각되어 있으며, 거대한 돌사자가 앉아 있는 모양을 볼 수 있다. 다니엘 2장에서, 바벨론이

모든 금속 중의 왕인 금으로 표상되었던 것처럼, 7장에서는 바벨론이 모든 동물들의 왕인 사자와 모든 새들의 왕인 독수리로 상징되었다. 그러나 세월이 흐르면서 바벨론은 공격적이고 사납던 사자와 독수리의 기질을 잃어버리고, 연약한 "사람의 마음"을 지니게 된 이후 역사에서 사라지게 되었다. 실제로 느부갓네살 왕 이후의 바벨론 왕들은 모두 연약한 기질을 가진 왕들이었던 사실을 역사에서 확인할 수 있다. 그들은 정치와 군사에 관심을 갖는 대신에 문화와 종교에 관심을 집중시킴으로써, 국가는 점점 쇠약해져만 갔다. 역사의 주인이 바뀌는 시간이 되자 한때 그토록 강력한 패권을 휘둘렀던 바벨론도 메대와 페르시아의 연합군에 의해서 힘없이 정복되고 말았다.

◆ **두 번째 짐승 : 메대와 페르시아(바사)**

"다른 짐승 곧 둘째는 곰과 같은데…"(단 7:5).

사자의 위엄을 갖추지는 못했지만, 끈질기고 물러설 줄 모르는 용맹과 잔인한 특징을 가지고 있는 곰은 메대와 페르시아를 대표하기에 적절하다. 한 번 제정하면 영원히 변경할 수 없는 메대와 페르시아의 미련한 법의 성질은 곰의 특성에 잘 부합된다. 메대와 페르시아는 둘 다 인도-유럽계의 형제지간의 나라였다. 역사의 초기에는 메대가 주도권을 잡았으나 페르시아의 고레스가 일어나면서 메대는 페르시아에게 흡수되고 말았다.

그러나 하늘에서 정해진 시간이 되자 헬라 문화 지역에서 놀라운 맹장이 세계의 재패를 꿈꾸며 나타났는데, 그가 바로 알렉산더 대왕이다. 페르시아의 마지막 왕인 다리우스 3세는 알렉산더의 침공을 대비하여 막강한 군사를 육성했으나 알렉산더와의 치열한 전투에서 참패함으로써 그토록 강력한 힘을 가졌던 페르시아 제국도 역사의 현장에서 사라지게 되었다.

◆ 세 번째 짐승 : 그리스(헬라)

"그 후에 내가 또 본즉 다른 짐승 곧 표범과 같은 것이 있는데…"(단 7:6).

표범은 체구는 작지만 빠르고 용맹한 맹수이다. 게다가 신속한 행동을 표상하는 날개를 단 것은 그의 기민성이 매우 놀라웠음을 표현하고 있다. 이러한 기민성은 알렉산더 대왕이 이끄는 마게도니아-그리스의 군대가 가장 짧은 시간에 가장 넓은 땅을 점령했던 역사적 사실과 일치한다. 20대에 왕위에 오른 알렉산더는 삼만오천 명의 기마 부대와 70달란트밖에 안되는 군자금과 일 개월분의 군량만을 가지고 페르시아 제국과 소아시아를 정복하였다. 그는 동쪽으로는 인도까지 점령하는 대제국을 이룩하였지만 부절제한 생활과 열병으로 인하여 33세의 나이로 요절하게 되었다. 그는 동서남북을 새처럼 빠르게 움직이면서 가장 짧은 시간에 거대한 땅을 손 안에 넣었다. 그러나 하나님께서 정하신 운명의 시간은 이번에도 어김없이 찾아왔다. 그리고 세계를 정복한 그 나라는 알렉산더의 네 장군들에 의하여 사 등분으로 나누어졌다. 네 장군에 의해서 분할 통치되던 4개의 왕국은 네 번째 짐승인 로마 제국에 의해서 차례로 흡수되고 말았다.

◆ 네 번째 짐승 : 로마 제국

"내가 밤 이상 가운데 그다음에 본 넷째 짐승은 무섭고 놀라우며…"(단 7:7). 이 나라의 출현에 대해서 하늘의 해석자는 이렇게 설명하였다. "**넷째 짐승은 곧 땅의 넷째 나라인데 이는 모든 나라보다 달라서 천하를 삼키고 밟아 부서뜨릴 것이며**"(단 7:23).

다니엘 2장에서는 로마 제국의 강력한 세력을 "**철이 모든 것을 부수는 것같이 그 나라가 뭇나라를 부서뜨리고 빻을 것이**"라고 묘사하였으며(단 2:20), 7장에서는 "**철 이가 있어서 먹고 부서뜨리고 나머지를 발로 밟았**"다고 묘사하고 있다(단 7:7). 이탈리아 반도에서 일어난 라틴 민족의 강철 같은 의지는 여러 차례의 전쟁을 통하여 당대의 모든 문명 세계 즉 남부 유럽, 프랑스, 잉글랜드, 네덜란드, 스위스, 남부 독일, 헝가리, 터키, 소아시아 전역, 아프리카를 정복하였다. 그 당시 로마의 강력한 통제와 군사력을 벗어나서 도망칠 수 있는 나라는 없었다. 로마에 대항하여 저항한다는 것은 곧 파멸을 의미하였다.

다니엘은 네 번째 짐승이 이전에 나온 모든 짐승과 다르다고 말하면서, 네 번째 짐승에는 열 뿔이 달려 있다고 말하였다. "**이 짐승은 전의 모든 짐승과 다르고 또 열 뿔이 있으므로**"(단 7:23). 앞에 나온 세 짐승은 계속해서 뒤에 나오는 짐승에 의해서 정복되었다. 예를 들면 바벨론은 페르시아에게, 페르시아는 그리스에게 그리고 그리스는 로마 제국에게 멸망 당했다. 그러나 네 번째 짐승인 로마 제국은 이전에 나온 짐승과는 달리 열 개의 부족 국가로 분열된다. 계속해서 나오는 24절에서 천사는 다음과 같이 설명하고 있다. "**열 뿔은 이 나라(로마 제국)에서 일어날 열 왕이요**"(단 7:24). 다니엘 2장에서 로마를 표상하던 철 다리가 열 발가락으로 나뉜 것과 똑같이(단 2:41), 철 이빨을 가진 무서운 짐승 로마에게 열 뿔이 붙여짐으로써, 장차 로마로부터 분리되어 나올 열 개의 독립국들이 예언되었다. 다니엘 2장에 나온 열 발가락과 마찬가지로 열 뿔에도 다음과 같은 공통적인 특징을 가지고 있다.

3) 요한이 본 짐승의 특징

그런데 요한의 묘사를 보면 다니엘이 말한 짐승들의 순서와 반대인 것을 알 수 있다. 그 이유는 다니엘은 미래를 내다보며 말을 했고, 요한은 다니엘의 예언이 거의 다 성취되어 가고 있을 때에 뒤를 돌아다보며 설명을 했기 때문이다. 그래서 계시록 13장에 물에서 올라오는 짐승은 몸은 표범 같고 발은 곰과 같고 머리는 사자 같다고 한 것이다. 그런데 이 짐승은 머리가 일곱인데 거기에 열 뿔이 있고 그 열 뿔에는 면류관이 있었다. 이것은 로마가 열국으로 갈라진 이후의 시기를 말하고 있다. 일곱 머리는 다니엘 7장 계시에 나오는 네 짐승의 머리의 숫자들 즉, **네 나라의 왕들 = 사자 1 + 곰 2 + 표범 4 + 용 1 = 7**, 일곱 왕들을 가리킨다. 또 이 짐승의 표상은, 이 짐승이 바벨론의 부와 페르시아의 용맹과 헬라의 신속함의 특성들을 한 몸에 지니고 있다는 것을 상징한다.

그런데 용이 자기의 능력과 보좌와 권세를 이 짐승에게 주었다고 하였다. 용은 성경에서 사단을 상징하며, 또 자주 사단이 사용하는 이 세상의 세력들로 상징되기도 한다. 에스겔 29장 3절을 보면 애굽을 큰 악어 즉 용으로 묘사한 것을 알 수 있다. 또 계시록 12장 4,5절에는 로마를 용으로 표현했는데, 곧 예수께서 어릴 때에 헤롯 왕을 통하여 죽이려 했던 로마의 세력을 상징했다. 그런데 이 용이, 다시 말해서 이교 로마의 세력이 이 짐승에게 자기의 보좌와 능력과 권세를 주었다고 언급되어 있다.

4) 용이 권세를 줌

여기서 중요하게 살펴보아야 할 것이 있다. 성경 예언에 나타나는 제국들의 순서는 바벨론, 페르시아, 헬라, 로마(이교 로마)이다. 그다음에 이교 로마의 세력이 몰락되면서 그 뒤를 잇는 세력이 바로 중세기를 지배했던 교황 로마이다. 이 교황 로마의 탄생과 그 권력을 얻은 역사를 살펴보면 이 예언을 푸는 실마리를 찾을 수 있다.

역사를 보면, 로마의 콘스탄틴 황제가 A.D. 330년에 로마를 떠나 동쪽 흑해와 터키 쪽으로 가서 자기 이름을 따서 콘스탄티노플이라는 도시를 건설하기 시작하였고, 이것이 동로마와 서로마의 분리의 시작이 되었다. 나중에는 로마의 수도를 아주 콘스탄티노플로 이주했고, 그러면서 로마가 있는 서부 지역에 권력의 진공 상태가 생기게 되자 A.D. 538년도에 당시 로마의 저스티니안 황제가 로마교회의 감독인 유세비우스를 온 세계의 교회의 머리로 임명하면서 서로마 제국에 있는 군대를 사용할 수 있는 권한까지 주게 되었고, 이것이 용이 그 보좌와 능력과 권세를 주는 계기가 되었다.

그해에 로마의 교회 감독 즉 교황이 세계의 교회의 머리로서 군림했다. 그때에 이 일을 반대하는 세 민족이 있었는데, 그들은 헤룰라이, 반달, 오스트로고스족이었다. 그들은 교회의 유일한 머리는 예수 그리스도라고 하며 이를 반대하자 로마의 교황은 군대를 풀어서 이 세 민족을 치기 시작하였고, 538년도에는 로마 시내까지 들어와 있던 오스트로고스(동고트)족을 완전히 쳐서 섬멸시켜 버렸다.

다니엘 7장은 이것을 작은 뿔이 다른 세 뿔을 뽑아 버릴 것이라는 표현으로 예언하였다. "내가 그 뿔을 유심히 보는 중 다른 작은 뿔이 그 사이에서 나더니 먼저 뿔 중에 셋이 그 앞에 뿌리까지 뽑혔으며 이 작은 뿔에는 사람의 눈 같은 눈이 있고 또 입이 있어 큰 말을 하였더라."(단 7:8) 또 다니엘 7장 19, 20, 21, 24절에는 "이에 내가 넷째 짐승의 진상을 알고자 하였으니 곧 그것은 모든 짐승과 달라서 심히 무섭고 그 이는 철이요 그 발톱은 놋이며 먹고 부서뜨리고 나머지는 발로 밟았으며 또 그것의 머리에는 열 뿔이 있고 그 외에 또 다른 뿔이 나오매 세 뿔이 그 앞에서 빠졌으며 그 뿔에는 눈도 있고 큰 말하는 입도 있고 그 모양이 동류보다 강하여 보인 것이라 내가 본즉 이 뿔이 성도들로 더불어 싸워 이기었더니 … 그 열 뿔은 이 나라에서 일어날 열 왕이요 그 후에 또 하나가 일어나리니 그는 먼저 있던 자들과 다르고 또 세 왕을 복종시킬 것이며"라고 표현하였다. 얼마나 놀라운 예언인가!

5) 이 짐승의 정체

이 넷째 짐승은 로마 제국인데, 거기서 나온 열 뿔은 로마가 열국으로 분열될 것을 가리키는 것이었다. 로마 제국이 분열되면서 그 열국 가운데서 등장하는 세력이 바로 이 작은 뿔이다. 이 작은 뿔이 다른 열 뿔 중에서 세 뿔을 뽑는 것을 알 수 있다. 이 작은 뿔은 다른 동류보다 다르고 더 강하여 보였다. 이 세력은 종교적이면서도 국가적인 세력이었는데, 이 작은 뿔의 세력은 바로 교황권을 가리키는 것이다. 이 세력은 예언된 대로 로마가 분열되는 시기 이후에 등장한다. 즉 열 뿔이 나온 후에, 그리고 세 뿔을 뽑아 버린 후에 올라온다.

그러므로 네 번째 짐승인 용이(이교 로마) 자기의 권세를 물려주는 이 계시록 13장에 나오는 짐승은 다름이 아닌, 중세기 때에 1260년 동안 유럽을 지배했던 로마 교황권의 세력을 말한다. 이 물에서 올라오는 짐승은 표범, 곰,

사자 즉 옛날 마귀가 하나님의 백성과 진리를 반대하고 핍박하기 위하여 사용했던 바벨론과 페르시아와 헬라 나라들의 특징을 다 가지고 있는 세력으로서, 이교 로마 제국이 그에게 권세와 왕의 보좌와 능력을 준 다음에 일어나는 세력이다. 그래서 이 짐승은 다니엘 7장에 나오는 4제국을 상징했던 네 짐승들의 모습들을 다 가지고 있는 것이다. 계시록 17장에 나오는 바벨론 즉 음녀의 어미가 타고 있는 붉은 짐승도 일곱 머리와 열 뿔을 가지고 있는 같은 모양의 짐승으로 그려진 것을 보아서도 이 계시록 13장의 첫 번째 짐승은 로마 교황권임이 틀림없다.

6) 참람된 말을 한다는 의미는 무엇인가?

그런데 그 짐승의 머리에는 참람된 이름이 가득하다고 되어 있다. 5절에는 이 짐승이 참람된 말을 한다고 한다. 도대체 이것이 무슨 뜻일까? 성경에서 참람됨이란 두 가지 의미가 있다. 예수께서 요한복음 10장 33절에서 당신 자신이 하나님 아버지와 동등되다고 말씀하셨을 때 제사장과 바리새인들이 예수님을 참람되다고 하였고, 둘째로는 누가복음 5장 21절에서 예수님이 자기 스스로 죄를 용서할 수 있다고 하셨을 때 또 참람되다고 예수님을 정죄하였다. **"이 작은 뿔에는 사람의 눈 같은 것이 있고 또 입이 있어 큰 말을 하였느니라"**(단 7:8 하단). 다니엘서의 작은 뿔과 계시록 13장의 이 짐승에 대한 예언은 똑같다.

"또 짐승이 큰 말과 참람된 말하는 입을 받고"(계 13:5). 그러면 교황권인 이 짐승이 정말 참람된 말을 했는가? 역사적으로 교황은 자신의 권한에 대하여 어떻게 주장하여 왔는지를 살펴보면 그 대답을 얻을 수 있다. 천주교회 백과사전의 "교황"에 대한 해석 중에서, 레오 13세의 말을 보면, "교황은 너무 존엄하고 높기 때문에 단지 인간이 아니라 하나님과 같은 존재로서 하나님의 대리자이다."라고 되어 있다. 또 1894년 6월 24일 교황의 교서 중에는, "교황들은 이 지구상에서 전능한 하나님의 자리를 대신한다."고 되어 있으며, 바티칸의 공식 저서인 Feraris 저, Prompta Bibliotheca 제6권 p.26에는, "교황은 하늘의 왕, 지상의 왕, 연옥의 왕으로서 삼층 면류관을 쓴다."라고 쓰여 있고, 1895년 7월 호, The Catholic 월간지에는 "교황은 단지 예수 그리스도의 대리자일 뿐만 아니라 그는 육신의 베일 속에 감추어진 예수 그리스도 자신이시다."라고 되어 있다. 얼마나 놀라운 말인가?

또한 그는 신부들이 죄를 용서하는 일에 대하여 이렇게 주장한다. "하나님 자신도 신부들이 용서해 주거나 용서하기를 거절하는 사제들의 판단에 따라서 행하시며, 신부들의 선언이 선제한 후에야 하나님께서 그것에 의해 판단하신다." 1984년 12월 11일 요한 바오로 2세의 교서, p.137, "용서는 하나님께로부터 직접 임하는 것이 아니다. 그러므로 자주 신부들에게 죄를 고백해야만 하는 것이다." 신부들의 존엄성과 의무들 12권, p.27

그러나 성경은 다음과 같이 선포하고 있다. "**하나님은 한 분이시요 또 하나님과 사람 사이에 중보도 한 분이시니 곧 사람이신 그리스도 예수라.**"(딤전 2:5) "**저는(불법의 사람) 대적하는 자라 범사에 일컫는 하나님이나 숭배함을 받는 자 위에 뛰어나 자존하여 하나님 성전에 앉아 자기를 보여 하나님이라 하느니라**"(살후 2:4) 성경의 예언이 얼마나 확실한가? 또한 마흔두 달 일할 권세를 받았다는 것은 앞에서 배운 대로 1260년 동안 성도들을 박해한 기간을 말한다.

7) "죽게 된 상처가 나으매"

교황권에 관한 또 한 가지 흥미로운 예언은 다음과 같다. "**그의 머리 하나가 상하여 죽게 된 것 같더니 그 죽게 되었던 상처가 나으매 온 땅이 이상히 여겨 짐승을 따르고 용이 짐승에게 권세를 주므로 용에게 경배하며 짐승에게 경배하여 가로되 누가 이 짐승과 같으뇨 누가 능히 이로 더불어 싸우리요 하더**

라 또 짐승이 큰 말과 참람된 말 하는 입을 받고 또 마흔두 달 일할 권세를 받으니라"(계 13:3~5).

A. 죽게 되는 상처를 입은 첫 번째 짐승

로마 교황권은 과거 수백 년 동안 유럽을 정치적으로 위압하였다. 요한계시록 13장 2절에는 "용이 자기의 능력과 큰 권세를 그에게 주었더라"고 하였다. 이러한 정치적 독재는 종교 개혁자들의 개혁이 시작되기 전까지 계속되다가 종교 개혁 운동이 시작될 즈음부터 그 세력이 쇠퇴되기 시작하였다. 바로 이러한 이유 때문에 그 이전에도 이미 여러 차례 시도되었지만 결국에는 실패로 끝났던 종교 개혁이 16세기에 와서 성공할 수 있었던 것이다. 독일의 경건주의 운동, 영국의 청교도 운동, 미국의 독립과 개신교주의 운동으로 인하여 로마 교황권의 세력은 더욱 약화되었고 1789년 프랑스 대혁명으로 결정적으로 쇠퇴하게 되었으며 1798년 프랑스의 버티어 장군이 나폴레옹의 지휘 아래 교황 피우스 6세를 잡아 감금하여 옥사시킴으로 1260년간의 세도는 종말을 고했다. 1798년 교황이 잡혀간 사건을 1700년도 말기~1800년도 초기에 살았던 종교 개혁자들과 초기 개신교인들은, 요한계시록 13장에 나오는 첫 번째 짐승이 죽게 되는 상처를 받은 것으로 해석하였다. 결국 1806년 신성 로마 제국이 망함으로써 로마 교황권은 중세기의 역사에서 사라져 갔다.

B. 상처가 회복된 첫 번째 짐승

그런데 계시록 13장 3절은 "그 죽게 되었던 상처가 나을"것이라고 말하고 있다. 만약 1798년에 교황 피우스 6세가 프랑스 혁명군에 의하여 옥사당함으로 교황권의 세력이 완전히 쇠퇴한 것이 "죽게 되는 상처를 받"는 것이라면, 죽게 되었던 상처가 낫는 것은 로마 카톨릭이 이전에 가지고 있었던 권세가 예수께서 오시기 직전에 다시 회복되는 것을 의미한다.

오늘날 이 예언의 성취를 보는가? 1929년에 이탈리아의 무솔리니가 바티칸의 180에이커의 땅을 내어주며 로마 교황청을 독립된 국가로 인정하는 일이 일어났다. 그것을 라테란(Lateran) 조약이라고 부른다. 1929년 2월 12일자 그 당시 미국의 San Francisco Chronicle 신문은, 전면에 〈교황의 죽었던 상처가 치료되다〉라는 톱기사를 다음과 같이 게재하였다. "오늘밤 로마에 관한 문제는 과거에 대한 것이었으며, 바티칸은 이탈리아와의 사이에 평화를 유지하고 있다. … 중대한 협정 조인 문서에 '상처를 낳게 함' 이라는 친필을 추가한 것은 양편 다 이 문제에 대하여 극진한 진실성을 보여 주기 위함이었다." San Francisco Chronicles 신문, 1929년 2월 11일자.

현시대에 온 세계를 누비는 교황권의 힘을 보라. 그리고 그에 동조하는 미국을 보라. 교황권이 그 잃어버렸던 정치적 세력을 다시 얻어 세계를 지배하는 권위를 회복하는 데 있어서 미국이 일조하게 될 것이라는 생각은 1850년대까지는 꿈에도 상상하기 어려운 일이었다. 그때 당시 미국은 강력한 반교황권 사상을 가지고 있었으며, 그때로부터 적어도 100년 동안 곧 1950년대까지만 해도 그러한 사상이 바뀌지 않았다.

이때로부터 바티칸은 서서히 그러나 계속적으로 성장하여 근래에 들어와서는 놀라운 정치적 영향력을 세계에 펼치기 시작하였다. 1979년 9월 18일자 워싱턴 스타지에는 교황의 첫 번째 미국 방문에 대하여 다음과 같은 기사를 게재하였다. "…과거에는 교황이 미국을 방문한다는 것은 상상만 해도 벼락을 맞을 일이었다. 그러나 … 이제 역사상 최초의 폴란드인인 법왕 요한 바오로 2세가 그의 놀라운 선거를 치룬 지 1년 후에 온 세계의 하늘에 빛나는 별로서 만 7일간을 우리와 함께 지내겠다는 약속 아래 미국에 오게 되었다. 정치가들은 앞을 다투어 그를 맞을 준비를 하고 있다. 여섯 개 도시의 시장들은 그들의 도시 업무를 실제적으로 중단하고 교황을 맞이할 행사를 열렬하게 준비하였다."

개신교회의 지도자인 빌리 그래함 목사마저 교황의 미국 방문을 크게 환영하면서 다음과 같은 글을 발표하였다. "교황 요한 바오로 2세의 미국 방문은 로마 천주교회뿐만 아니라, 세계는 물론이요 온 미국 사람들에게 참으로 의미 깊은 사건이다. … 그가 교황이 된 기간은 짧으나 현시점에 요한 바오로 2세는 세계의 영적 지도자가 되었다. 그가 여행하는 동안 나의 기도와 헤아릴 수 없이 많은 개신교도들의 기도가 그를 위하여 드려질 것이다." 1979년 9월 27일자, Religious News.

교황권은 미국과 더불어 소련의 공산주의를 몰락시킬 정도로 막강한 힘이 있으며, 각 나라의 정치가들의 알현이 줄을 서고 있다. 쿠바나 북한조차도 교황의 힘을 빌려 보려고 애를 쓰고 있을 정도다. 2005년 4월 8일에 있었던 요한 바오로 2세의 장례식에는 온 세계의 왕들과 대통령들이 모여 와서 천주교회의 미사의 떡을 받아먹으며 깊은 존경을 표한 사실은 과거 중세기에 있었던 교황의 세력을 재현한 것이라고 말해도 과언이 아니겠다. "죽게 된 상처"가 나은 것이다!

2. 짐승이 다스리는 권세를 받다

계 13:7,8 "또 권세를 받아 성도들과 싸워 이기게 되고 각 족속과 백성과 방언과 나라를 다스리는 권세를 받으니 죽임을 당한 어린양의 생명책에 창세 이후로 녹명되지 못하고 이 땅에 사는 자들은 다 짐승에게 경배하리라."

계시록 13장은 짐승이 권세를 받아 하나님과 그 성도들을 훼방한다고 언급하고 있으며, 마지막 때에 가서는 생명책에 기록되지 않은 모든 사람들이 중세기 암흑시대에 1260년간 성도들을 괴롭히던 이 세력에게 결국 다시 굴복하고 경배할 것이라고 예언하고 있다. 이 세력은 기독교의 진리와 이교의 가르침을 섞어 놓은 세력이다. 교황의 명칭 중에 "Pontifex Maximus"라는 명칭이 있는데, 그 뜻은 "The Greatest Bridge Builder" 라는 뜻으로

"위대한 다리를 건설하는 자"라는 뜻이다. 이것은 옛날 바벨탑을 쌓았던 고대 바벨론의 니므롯에게서 비롯된 말이다. 이 세상의 모든 이교의 가르침들은 옛날 고대 바벨론에서부터 흘러 내려온 것이다. 그래서 타락한 기독교회를 성경은 바벨론이라고 말하는 것이다.

사제 제도와 고해 성사, 미사 제도, 교회 안의 우상들과 성자 숭배, 성지 순례 등등은 이교에서 들여온 것들이며, 크리스마스는 옛날 니므롯의 아들 담무스의 생일이고 이교의 축제일이었다. 그것은 이교인들을 교회로 끌어들이기 위해 만들어 놓은 축제일이었으며, 부활절도 이교 절기를 들여온 것이다. 이 부활절은 봄이 되면 죽었던 담무스 신의 영혼이 돌아온다는 이교의 축제일이었기 때문에, 그래서 새벽에 해 뜨는 산에 올라가 예배를 드렸던 것이다. 태양 숭배의 이교 절기였기 때문에 부활절에는 다산 신을 상징하는 토끼와 계란들을 사용하여 축하하고 있는 것이다. 또한 기독교회의 가르침과 이교의 가르침을 섞어 놓음으로 기독교 안에 영혼 불멸설과 지옥설 그리고 연옥설이 들어오게 된 것이다.

그런데 계시록 13장 10절은 성도의 인내와 믿음이 여기에 있다고 말하고 있다. 이 세력이 이제 곧 다시 이 세상을 지배하게 될 것이며 과거의 핍박이 다시 재현될 것이므로 인내로 견디라는 것이다. 유럽의 통일과 유로화는 심상치 않은 조짐이다. 성경 계시록 17장 5절은 이렇게 말하고 있다. **"그 이마에 이름이 기록되었으니 비밀이라 큰 성 바벨론이라 땅의 음녀들과 가증한 것들의 어미라 하였더라."** 성경 예언은 너무나 정확하게 성취되어 가고 있다. 곧 예수께서 재림하실 것이다. 독자는 준비되어 있는가? 성경은 생명책에 녹명되지 아니한 모든 자들은 다 그에게 경배할 것이라고 예언하고 있다.

그런데 요즈음 많은 교회에서 마치 미래에 전혀 알지 못하는 어떤 독재자가 나와서 기독교인들을 핍박하는 짐승의 세력으로 등장하게 될 것이라고 가르치고 있는데, 이것은 성경과 맞지 않다. 종교 개혁자들은 다 이구동성으로 교황권이 바로 이 계시록 13장의 짐승의 세력이며 그가 다시 온 세상을 향하여 힘을 얻게 되고 핍박을 다시 전개할 것이라고 성경 예언을 해석했다. 마틴 루터, 요한 칼빈, 존 녹스, 필립 멜란히톤, 아이작 뉴턴, 요한 웨슬리 등 등은 모두 이렇게 성경의 예언을 올바로 해석하였던 것이다. 제수이트 신부이며 바티칸 대학의 역사가였던 Malachi Martin 교수는 그의 책 "Keys of This Blood"에서 이렇게 말했다. "이 세상에 세 개의 수퍼 파워가 존재하는데, 그것은 교황, 미국의 자본주의, 공산주의이다." 그런데 공산주의는 벌써 몰락했고, 이제 곧 교황권이 세계를 지배하는 수퍼 파워로 다시 등장하게 된다고 그는 말했다.

3. 첫 번째 짐승의 9가지 특성에 대한 역사적인 증거와 고찰

요한계시록 13장에는 짐승의 표와 짐승의 표를 강요하는 배경인 짐승이 나온다. 두 번째 짐승과 짐승의 표에 대하여 연구하기 전에 첫 번째 짐승의 정체에 대한 역사적인 증거를 살펴보고 더 확실하게 짚고 넘어가기로 하자.

■ **요한계시록 13장의 첫 번째 짐승의 9가지 특징**
바다에서 나옴 - 1절
사자, 곰, 표범, 열 뿔을 가진 복합 짐승 - 1~2절
누가 능히 이로 더불어 싸우리요 - 4절
큰 말과 참람된 말을 하는 입을 받음 - 5절
각 족속, 방언, 나라를 다스림 - 7절
성도들과 싸워 이기게 됨 - 7절
입을 벌려 하나님을 향하여 훼방함 - 6절
그의 장막 곧 하늘에 거하는 자를 훼방함 - 6절
마흔두 달(42개월) 일할 권세를 받음 - 5절

1) 첫 번째 특징 :
작은 뿔과 첫 번째 짐승은 로마 제국의 분열 이후에 서유럽에서 일어난다.

· 다니엘 7장의 작은 뿔: "넷째 짐승은 … 열 뿔이 있으므로 내가 그 뿔을 유심히 보는 중 다른 작은 뿔이 그 사이에서 나더니 먼저 뿔 중에 셋이 그 앞에서 뿌리까지 뽑혔으며"(8절).

· 요한계시록 13장의 첫 번째 짐승: "내가 보니 바다에서 한 짐승이 나오는데 뿔이 열이요 머리가 일곱이라 그 뿔에는 열 면류관이 있고 … 내가 본 짐승은 표범과 비슷하고 그 발은 곰의 발 같고 그 입은 사자의 입 같은데 용이 자기의 능력과 보좌와 큰 권세를 그에게 주었더라"(1,2절).

■ **교황권이 확립되는 시기와 장소**
– 언제: 로마 제국의 분열 이후 / 어디서: 서부 유럽

예언 해석

· 작은 뿔: 다니엘 7장에는 계시를 기록한 선지자 다니엘 시대로부터 시작해서 역사적 순서로 나타나는 네 개의 제국이 네 짐승으로 표상되어 있다. "그 네 큰 짐승은 네 왕이라 세상에 일어날 것이로되 … 넷째 짐승은 곧 땅의 넷째 나라인데"(단 7:17,23). 네 짐승은 각각 사자(바벨론), 곰(페르시아), 머리 넷을 가진 표범(그리스), 그리고 열 뿔을 가진 놀라운 짐승(로마 제국)인데, 선지자 다니엘은 이 네번째 짐승(로마 제국)이 다시 열 나라로 분열되고, 그 분열된 열 나라 가운데서 작은 뿔 세력이 일어나는 모습을 보았다. "넷째 짐승은 곧 땅의 넷째 나라인데 … 열 뿔이 있으므로 … 열 뿔은 이 나라에서 일어날 열 왕이요 그 후에 또 하나(작은 뿔)가 일어나리니 그는 … 세 왕을 복종시킬 것이며"(24절).

그렇다면 넷째 짐승으로 표상된 로마 제국이 열 나라로 분열된 것은 언제인가? 역사는 서기 476년에 로마 제국이 열 나라로 분열된 사실을 증명한다. 로마의 멸망과 함께 열 조각으로 분열된 부족들의 이름은 다음과 같다. 앵글로 색슨, 프랑크, 알레마니, 벌건디언, 반달, 수에비, 동고트, 서고트, 헤룰리, 롬바르드. 그러므로 작은 뿔은 서기 476년 이후, 로마 제국이 분열된 열 나라가 있던 지역에서 세 나라를 제거하면서 서부 유럽에서 부상한 세력이다. "**그 후에 또 하나(작은 뿔)가 일어나리니 그는 … 세 왕을 복종시킬 것이며**"(23, 24절).

다니엘 7장에서 작은 뿔로 표상된 세력이 요한계시록 13장에서는 다니엘 7장에 나온 네 짐승들의 혼합 형태로 등장한다. 사도 요한은 계시록 13장의 이 첫 번째 짐승을 사자의 입 + 곰의 발 + 표범의 몸 + 일곱 머리 + 열 뿔을 가진 괴상하고 무서운 모습으로 묘사했는데, 이것은 이 짐승이 다니엘 7장에 나오는 바벨론, 페르시아, 그리스 그리고 로마 제국의 권세와 하나님의 백성을 핍박하는 성격을 복합적으로 지니고 있는 세력이라는 사실을 말해 준다. 요한계시록 13장의 첫 번째 짐승은 "일곱 머리"를 가지고 있는데, 이것을 보아서도 이 짐승이 다니엘 7장에 나오는 네 짐승의 복합체라는 사실을 알 수 있다. 특히, 이 짐승의 열 뿔 위에 면류관(왕관)이 있는 것을 볼 때 이 복합적 짐승이 강력한 왕권을 가지고 출현하는 시기가 로마 제국이 멸망하여 열 뿔(열 나라)로 나누어진 이후(서기 476년)라는 사실을 알 수 있다.

역사적 증거

역사는 교황권이 로마 제국이 열 나라로 분열된 이후에 서부 유럽에서 등장하였던 사실을 증명한다. "**로마 제국의 무너짐으로부터 로마교회의 거대한 종교적 왕국이 일어났다.**" A.F. Flich, The Rise Of The Medival Church, 1900년도 판 15쪽. "**교황은 로마 황제가 가졌던 권력과 명성 그리고 이교의 명칭들을 물려받음으로써 공석이 된 로마 황제의 자리를 차지하였다.**" 스텐리의 역사, 40쪽.

로마 교황권은 언제 일어났는가? 로마 카톨릭 교회가 강력한 세력으로 등장하는 역사적인 연대가 이 첫 번째 특징과 정확하게 일치한다. 교황권은 로마 제국이 열 나라로 분열된 서기 476년 이후에 강력한 세력으로 등장하였다. 좀더 정확하게 말하자면, 서기 538년에 저스티니안 황제는 로마교회에게 막강한 권세(종교, 정치, 군사권)를 주기로 선포했는데, 이로써 교황권이 세상을 지배하는 중세기의 종교 암흑시대가 열리게 되었된 것이다. 역사는 교황권이 등장하는 지리적 위치를 서부 유럽이라고 기록하고 있다. 그렇다. 교황권은 서부 유럽에서 발생되었는데, 좀더 구체적으로 말하자면, 로마 제국의 심장부인 이탈리아 반도의 로마 시에서 일어났다.

2) 두 번째 특징 :
작은 뿔과 첫 번째 짐승은 종교적 세력이다.

· **다니엘 7장의 작은 뿔**: "이 작은 뿔에는 … 또 입이 있어 큰 말을 하느라 … 그가 장차 말로 지극히 높으신 자를 대적하며"(8, 25절).
· **요한계시록 13장의 첫 번째 짐승**: "용이 짐승에게 권세를 주므로 … 짐승에게 경배하여 … 또 짐승이 큰 말과 참람된 말하는 입을 받고 … 짐승이 입을 벌려 하나님을 향하여 훼방하되 … 이 땅에 사는 자들은 다 짐승에게 경배하리라"(4~6, 8절).

교황권은 종교적 세력이다. 경배를 받으며 하나님을 대적하는 말을 한다.

예언 해석

· **작은 뿔**: 다니엘 7장에 나오는 작은 뿔은 "말로 지극히 높으신 자(하나님)를 대적"한다고 했으므로 이것은 종교적 세력임에 틀림없다. 다니엘은 작은

뿔 세력은 그 이전에 존재했던 열 뿔 즉 열 나라와 다른 속성을 가지고 있다고 설명했다. **"열 뿔은 이 나라에서 일어날 열 왕이요 그 후에 또 하나가 일어나리니 그는 먼저 있던 자들과 다르고"**(24절). 다니엘은 무엇이 어떻게 다르기에 작은 뿔을 "먼저 있던 자들과 다르고" 라고 표현하였는가? 열 뿔은 단순히 정치적인 왕권을 가진 나라들이었지만 작은 뿔은 정치적인 왕권뿐만 아니라, 종교적인 속성을 가지고 있었기 때문이다.

· <u>첫 번째 짐승</u>: 계시록 13장의 첫 번째 짐승은 작은 뿔처럼 "큰 말과 참람된 말"을 하며, 이 땅에 사는 모든 사람들의 "경배"를 요구하며, 또한 입으로 하나님을 대적하는 종교적 세력이다.

역사적 증거

교황권은 이전에 존재했던 어떤 왕국이나 국가와 전혀 다른 성격인 종교적 특성을 가지고 있다. "이전의 열 나라들은 모두 정치적 군주 국가였으나, 교황 로마는 종교적 군주 국가라는 점에서 크게 다르다. 이전의 왕국들은 사람의 몸을 다스렸으나 교황은 사람의 영혼까지 다스렸다." Daniel by Ford, 152쪽.

교황권은 종교적 세력으로 시작되었으며, 지금까지 거대한 종교적 단체로 남아 있다. 교황권은 단일 교단으로서는 이 세상에서 가장 크고 영향력 있는 종교 단체이다. 교황권의 영향력이 미치지 않는 나라는 이 세상에 없을 정도로 세계적인 종교 단체이며, 지금은 종교 연합 운동의 거센 바람 하에 개신교회에도 강력한 영향력을 행사하고 있다.

3) 세 번째 특징 :
작은 뿔과 첫 번째 짐승은 크고 참람된 말을 한다.

· <u>다니엘 7장의 작은 뿔</u>: "이 작은 뿔에는 … 또 입이 있어 큰 말을 하느니라"(8절).

· 요한계시록 13장의 첫 번째 짐승: "또 짐승이 큰 말과 참람된 말하는 입을 받고"(5절).

교황권은 크고 참람된 말을 하는 세력이다. 자신을 하나님과 동등시하며, 스스로 죄를 사할 수 있는 권세가 있다고 주장한다.

예언 해석

작은 뿔과 첫 번째 짐승이 하는 "큰 말과 참람된 말"이란 무엇인가? 성경에서 "큰 말"은 그 의미에 있어서 "참람된 말"과 함께 사용되는 낱말이다. 그러므로 어떤 세력이 "큰 말"을 한다는 것은 그 세력이 "참람된 말"을 한다는 뜻이다.

신약 성경에는 "참람"이라는 단어가 다음과 같은 두 가지 의미로 사용되는데, 첫째는 인간이 자기 스스로 죄를 용서할 수 있는 권세를 가지고 있다고 주장하는 것이고(눅 5:21), 둘째는 인간이 자신을 하나님과 동등한 위치에 올려놓는 것을 말한다(요 10:33). 요한복음 10장에는, 예수께서 자신과 하나님이 하나라고 말씀하시자 유대인들이 예수님께 참람되다고 말하면서 그분을 향하여 돌을 던지려고 하는 장면이 나온다(요 10:30~33). 또한 마가복음 2장에는 "참람"에 대한 또 다른 정의가 나온다. 예수께서 문둥병자에게 "**소자야 네 죄 사함을 받았느니라**"고 말씀하시면서 당신께서 가지고 계신 죄를 사하는 권세를 말씀하시자 유대인들이 주님을 향하여 참람되다는 말을 하였다(막 2:5,6).

물론, 예수께서는 하나님과 동등한 분이시기 때문에 당신 자신을 하나님과 동등되다고 말씀하실 수 있으며, 죄를 사하실 수 있는 권세를 가지고 있다고 말씀하실 수 있다. 그러나 예수 그리스도가 아닌 어떤 사람이나 세력이 스스로 하나님과 동등하다는 말을 하거나, 죄를 사할 수 있는 권세를 가지고 있다고 주장한다면, 그는 하나님을 대적하는 "참람된 말" 즉 "큰 말"을 하고 있는 것이다. 작은 뿔은 하나님을 대적하는 큰 말을 하는데 즉 스스로 하나님과 동등함을 주장하며 죄를 사할 수 있는 권세를 가지고 있다고 주장하는 특징을 가진 세력이다.

역사적 증거

과연 교황권은 자신을 하나님과 동등시 하고, 스스로 인간의 죄를 용서할 수 있는 권세를 가지고 있다고 주장하는 "크고 참람된 말"을 함으로써 "지극히 높으신 자를 대적"하는가? 바티칸 교황청에서 공식적으로 발행된 문서들의 내용을 중심으로 이 질문에 대한 답을 찾아보자.

A. 교황권은 교황을 하나님의 자리에 두거나 동등시 하는 주장을 한다.

"교황은 너무 존엄하고 높기 때문에 단지 인간이 아니라, 하나님과 같은 존재로서 하나님의 대리자이다." 천주교회 백과사전에 기록된 "교황"에 대한 정의(교황 레오 13세의 말 중에서 발췌).

"교황들은 이 지구 상에서 전능한 하나님의 자리를 대신한다." 1894년 6월 20일 교서 중에서.

"교황은 하늘의 왕, 지상의 왕, 연옥의 왕으로서 삼층 면류관을 쓴다." Feraris 저, Prompta Bibliotheca 제6권, p.26(바티칸에서 발행한 공식 서적).

"교황은 단지 예수 그리스도의 대리자일 뿐만 아니라, 그는 육신의 베일 속에 감추어진 예수 그리스도 자신이다." 1895년 7월호, The Catholic National 지.

"성경에서 교회의 머리 되시는 그리스도를 지칭하는 모든 명칭들과 그분의 최상권에 관한 모든 내용은 모두 다 교황에게도 적용된다." Bellarmin, Authority of Councils, 2권 17장.

"교황만이 가장 거룩하다고 불릴 수 있으며 … 거룩한 군주, 지고한 황제, 그리고 왕중 왕이라고 불릴 수 있다. 교황은 그토록 큰 위엄과 능력을 가지고 있기 때문에 그리스도와 하나가 되어 동일한 심판을 구성할 수 있다. 그래서 교황이 행한 바는 무엇이든지 하나님의 입으로부터 발해진 것처럼 여김을 받는다. 만일 천사들이라도 신앙을 거부한다면, 그들을 심판하고 파문에 처할 수 있다." Article on the Pope, Ferraris, Ecclesiastical Dictionary.

"우리(주:교황들)는 이 땅에서 전능하신 하나님의 자리를 차지하고 있다." Pope Leo XIII, Encyclical Letter, 7/20, 1894.

"교황은 너무나 위엄이 있고 지고하기 때문에 그는 단순한 사람이 아니라, 하나님인 동시에 하나님의 대리자이시다. 교황은 지상의 하나님이시며, 왕중의 왕이시고, 최고의 권세를 가지고 계시다." Prompta Bibliotheca, vol. VI, p. 25-29.

지금 현재에도 이러한 교황권의 사상은 변치 않고 계속되고 있는가? 교황 요한 바오로 2세의 대관식 때에, 교황의 머리에 삼층관을 얹으면서 드린 오타비아니 추기경의 기도는 그들의 사상이 전혀 변치 않고 계속되고 있음을 확인할 수 있다. "세 관으로 꾸며진 이 삼층관을 받으소서. 당신은 군주들과 제왕들의 아버지이며, 세계의 주교요, 구세주 예수 그리스도의 지상 대리자임을 생각하소서. 주의 명예와 영광이 영원하실지어다."

B. 교황권은 자신들이 죄를 용서할 수 있다는 참람된 주장을 한다.

"하나님 자신도 신부들이 용서해 주거나 용서하기를 거절하는 사제들의 판단에 따라서 행하시며, 신부들의 선언이 선제한 후에야 하나님께서 그것에 의해 판단하신다." 신부의 존엄성과 의무들, 12권, P.27.

"교황은 그의 권세가 사람에게서가 아니라, 하나님에게서 온 것이기 때문에 하나님의 율법을 수정할 수 있고 땅 위의 대리자로서 그는 그의 양들을 매고 푸는 가장 큰 권세를 가지고 행동한다." Daniel by Ford, p.151.

"용서는 하나님께로부터 직접 임하는 것이 아니다. 그러므로 자주 신부들에게 죄를 고백해야만 하는 것이다." 1984년 12월 1.1일 요한 바오로 2세의 교서 137쪽.

4) 네 번째 특징 :
작은 뿔과 첫 번째 짐승은 정치적 세력이다.

· 다니엘 7장의 작은 뿔: "작은 뿔에는 사람(a man)의 눈 같은 눈이 있고"(8절).
· 계시록 13장의 첫 번째 짐승: "온 땅이 이상히 여겨 짐승을 따르고 … 각 족속과 백성과 방언과 나라를 다스리는 권세를 받으니"(3, 7절).

교황청은 강력한 중앙집권적 제도를 가진 도시 국가이며, 정치적 세력이다.

예언 해석

· 작은 뿔: 적그리스도 세력을 상징하는 다니엘 7장의 작은 뿔의 "뿔"은 이 세력이 정치적 세력임을 증명해 준다. "뿔"은 성경에서 왕권을 상징하므로 작은 뿔은 국가적인 속성을 가지고 있는 세력이다. "열 뿔은 … 열 왕이요"(단

7:24). 즉 작은 뿔은 왕권과 같은 조직을 가지고 있는 세력이어야 한다. 왕권과 같은 조직을 가지고 있을 뿐만 아니라, "한 사람(a man)"이 작은 뿔로 상징된 세력의 지도자로서 군림한다. 그러므로 작은 뿔은 왕권과 같은 중앙집권적인 조직을 가지고 있고, 한 사람이 조직의 지도자로 군림하는 군주 국가의 모습을 가지고 있는 정치적 세력이다.

· **첫 번째 짐승**: 계시록 13장의 첫 번째 짐승 역시 "**각 족속과 백성과 방언과 나라를 다스리는**" 정치적 권세를 가졌을 뿐 아니라, 전 세계적인 영향력을 행사하는 세력임에 틀림없다. "**온 땅이 이상히 여겨 짐승을 따르고**"(3절).

역사적 증거

피라미드 형태의 강력한 조직을 가지고 있는 교황권의 형태는 강력한 왕권을 연상케 하기에 충분하다. 실제에 있어서도, 로마의 바티칸은 지금도 교황이 군주로서 군림하는 하나의 독립된 국가인 동시에 절대적 군주 국가의 형태를 취하고 있다. 이 세상의 어떤 나라도 교회 자체가 국가로서 군림하는 형태는 없다. 교황권을 대부분의 사람들은 하나의 종교라고 생각하지만 실제로는 그렇지 않다. 바티칸은 국제적으로 인정받는 독립된 나라로서, 현재 전 세계 150여 국가와 대사를 교환하고 있다.

교황권은 세계 정치와 종교계를 감독하고 판단하는 역할을 하고 있다. 역사적으로 볼 때, 교황권은 중세기에 천 년 이상 동안이나 유럽을 정치적으로 위압하였으며, 16세기 초에 일어난 종교 개혁 운동에 의하여 한동안 개신교회들에 밀려서 주춤했지만, 지금은 다시 온 세계에 절대적인 정치적 영향력을 행사하고 있다. 교황권은 영토와 민족을 초월하여 영향력을 행사하는 범세계적인 세력이다.

교황권이 유럽 전체에 강력한 영향력을 행사했던 종교 암흑시대 동안에, 교황은 유럽 여러 나라의 황제들을 세우고 폐할 정도의 권세를 휘둘렀는데, 이러한 역사적 사실은 수많은 역사가들의 기록에서 확인할 수 있다.

"교황 그레고리 7세의 세력에 반발하였던 신성로마 제국의 헨리 4세 황제를 교황이 파문시키자 당황한 헨리 4세는 이탈리아의 카놋사에서 교황에게 용서를 간구하였다." 조좌호 저, 세계사 7쪽.

"교황은 최고의 재판장으로 왕과 황제들을 마음대로 폐지시킬 수 있다." 교황 그레고리 1세(서기 590~604년)의 말.

"다른 나라들은 자국의 영토 내에 있는 백성만 다스렸지만, 교황 로마는 영토와 민족에 관계없이 각 족속과 방언과 나라를 다스리는 범세계적 국가라는 점에서 크게 다르다." Daniel by Ford, 152쪽.

5) 다섯 번째 특징 :
작은 뿔과 첫 번째 짐승은 성도들을 핍박한다.

· 다니엘 7장의 작은 뿔: "내가 보니 이 (작은)뿔이 성도들로 더불어 싸워 이기었더니 … 지극히 높으신 자의 성도를 괴롭게 할 것이며"(22,25절).
· 요한계시록 13장의 첫 번째 짐승: "또 권세를 받아 성도들과 싸워 이기게 되고"(7절).

교황권은 하나님의 백성을 핍박하였다.

예언 해석

성경 말씀이 뜻하는 바대로, 다니엘 7장의 작은 뿔과 요한계시록 13장의 첫 번째 짐승은 모두 성도들을 핍박한 세력이다.

역사적 증거

우리는 지나간 중세기의 역사 속에서 교황권이 수백만의 그리스도인들을 핍박하고 순교시켰던 역사의 장면들을 얼마든지 발견할 수 있다. 중세기의 세계사에 대한 지식이 조금이라도 있는 지성인이라면, 수백만의 그리스도인들이 종교 암흑시대 동안에 종교 재판을 통해서 이단이라는 죄목하에 잔혹하게 죽어간 이야기를 기억할 것이다.

"로마 교황은 자신이 양심적으로 믿는 신앙 때문에, 로마교회가 강요하는 가르침과 우상 숭배를 받아들이지 아니하고, 하나님의 말씀에 근거하여 성서를 높이 쳐들며, 죽음도 불사하면서 죄를 대항하여 피로서 항거한 5천만의 남녀들을 종교 암흑시대 동안에 살상한 것으로 추산된다." H.G. 게이네스, 시대의 임박한 종말, 204.

"로마교회는 일찍이 인간 가운데 존재했었던 어떤 제도보다도 더 많은 무죄한 사람들의 피를 흘리게 했다는 사실을 역사에 대한 완전한 지식을 가진 사람이라면 의문의 여지가 없을 것이다." William Lecky, History of the Rise and Influence the Spirit of Rationalism in Europe, 2권 p.35,37.

교황권의 그러한 핍박은, 그들이 가지고 있는 다음과 같은 신학적 신조에서 비롯된다. "이단자란 누구인가? 이단자란 카톨릭 교회가 하나님께서 계시하신 것으로 가르치는 특정한 진리를 분명히 알면서도 이를 고집스럽게 반대하고 자기가 원하는 대로 믿을 것과 안 믿을 것을 택할 수 있다고 생각하는 사람으로 그리스도교회의 신앙을 받아들였다고 공언하는 영세받은 신자이다." M. 뮤럴, 카톨릭 교회의 전통적 해설 4권, p.170.

1998년 5월 28일, 교황 요한 바오로 2세는 자신의 사도 서신에서 다음과 같은 천주교회 법령을 발표하였다. "진리 곧 거룩한 카톨릭 신앙을 부인하거나, 의심하거나, 그리스도인 신앙을 완전히 거부하거나, 법에 의하여 경고받은 다음에도 본인의 입장을 바꾸지 않는 자는 출교시킴으로써 이단자 또는 배도자로 처벌해야 한다. 성직자의 경우에도 예외 없이 기타 다른 벌금형에 처한다." 작은 뿔과 첫 번째 짐승이 가지고 있는 핍박의 정신은 지금도 여전히 계속되고 있다.

6) 여섯 번째 특징 :
작은 뿔과 첫 번째 짐승은 1260년 동안의 권세를 누린다.

· 다니엘 7장의 작은 뿔 : "성도는 그의 손에 붙인 바 되어 한 때와 두 때와 반 때를 지내리라"(25절).
· 요한계시록 13장의 첫 번째 짐승 : "또 짐승이 큰 말과 참람된 말하는 입을 받고 또 마흔두 달 일할 권세를 받으니라"(5절).

교황권은 1260년 동안의 권세를 누렸다.

예언 해석

"한 때와 두 때와 반 때" 또는 "마흔두 달"은 모두 예언적 기간을 나타낼 때에 사용되는 상징적 표현으로서, 적그리스도 세력인 작은 뿔과 첫 번째 짐승이 얼마나 오랫동안 전성기를 구가할 것인지를 나타낸다. 앞에서 배운 것이 반복되지만 다시 한 번 공부하여 확실한 개념을 갖도록 하자.
"한 때와 두 때와 반 때"가 얼마나 긴 기간이라는 것을 알 수 있는 결정적인 단서가 요한계시록 12장에 나와 있다. 요한계시록 12장 6절과 14절에는 여자로 표상된 하나님의 참 교회가 사단의 세력이 가하는 핍박을 피하여 깊은 산과 계곡으로 피신하는 장면이 다음과 같이 두 가지로 표현되어 있다; **"여자가 큰 독수리의 두 날개를 받아 광야 자기 곳으로 날아가 거기서 그 뱀(사단)의 낯을 피하여 한 때와 두 때와 반 때를 양육 받으매"**(계 12:14). **"여자가 광야로 도망하매 거기서 일천이백육십 일 동안 저를 양육하기 위하여 하나님의 예비하신 곳이 있더라"**(계 12:6). 요한계시록 12장 14절에서는 여자가 광야로 피신하여 있는 기간을 "한 때와 두 때와 반 때"라고 말하였는데, 동일한 사건에 대해서 6절은 여자가 광야에 피신하여 있는 기간을 "1260일"이라고 설명하고 있다. 그러므로 우리는 여기서 "한 때와 두 때와 반 때"가 "1260일"과 동일한 기간을 의미한다는 사실을 확신할 수 있다.

그런데 "한 때와 두 때와 반 때"에서 "때(time)"는 얼마나 긴 기간인가? "때"(time)는 원어로 "iddan"인데, 이것의 의미는 "해"(year, 년)이다. 다니엘 11장 13절에 기록된 같은 표현을 보아서도 "때"의 의미를 알 수 있다. "북방 왕은 돌아가서 다시 대군을 전보다 더 많이 준비하였다가 몇 때(time) 곧 몇 해(year) 후에 대군과 많은 물건을 거느리고 오리라." 이 성경 절에서 "때(time)"는 "해(year)"를 의미하는 상징적 표현이라는 사실을 알 수 있다. 그러므로 한 때와 두 때와 반 때=1년+2년+반년=1260일=42달이 된다는 상징적 기간에 대한 예언 해석 공식을 얻을 수 있다(성경에서 언제나 한 달은 30일, 일 년은 360일로 계수됨).

상징적 예언 가운데 있는 기간을 계산할 때는 1일을 1년으로 환산해야 한다(1일=1년, 겔 4:4과 민 14:34 참조). 그러므로 우리는 성경에 나오는 상징적 기간인 "한 때와 두 때와 반 때, 1260일, 그리고 42달"은 모두 실제에 있어서 1260년이라는 긴 기간을 의미한다는 성서적 결론을 내릴 수 있다.

하나님께서는 작은 뿔과 첫 번째 짐승이 1260년 동안 권세를 가지면서 성도들을 핍박하며 진리를 변조시킬 것에 관한 예언을 다니엘서와 요한계시록 전체에 7번이나 반복하여 기록하여 두심으로써, 당신의 백성을 적그리스도의 기만과 공격으로부터 보호하고자 하셨다.

❶ 다니엘 7:25 : "성도는 그의 손에 붙인 바 되어 한 때와 두 때와 반 때를 지내리라."
❷ 다니엘 12:7 : "한 때 두 때 반 때를 지나서 성도의 권세가 다 깨어지기까지."
❸ 요한계시록 11:2 : "저희가 거룩한 성을 42달 동안 짓밟으리라."
❹ 요한계시록 11:3 : "저희가 굵은 베옷을 입고 1260일을 예언하리라."
❺ 요한계시록 12:6 : "그 여자가 광야로 도망하매 거기서 1260일 동안 … 있더라."
❻ 요한계시록 12:14 : "그 여자가 큰 독수리의 두 날개를 받아 광야 자기 곳으로 날아가 거기서 그 뱀의 낯을 피하여 한 때와 두 때와 반 때를 양육받으매."
❼ 요한계시록 13:5 : "또 짐승이 큰 말과 참람된 말하는 입을 받고 또 42달 일할 권세를 받으니."

역사적 증거

이 예언도 교황권에게 역사적으로 정확하게 이루어졌는가? 그렇다. 우리는 이 사실을 확인하기 위해서, 중세기의 역사를 들추어 보아야 한다. **"서기 538년도에, 로마교회의 감독은 세상 모든 교회들의 머리가 되었고, 이단자들을 처벌하는 자가 되었으며, 또한 그해에 1260년간의 교황의 통치가 시작되었다."** History of the reformation by J.A. Wylie.

1260년의 기간은 언제 시작해서 언제 마쳐지는 기간인가? 먼저, 교황권이 언제, 어디서 일어나는가를 살펴보아야 한다. 한 가지 분명한 사실은 로마 제국이 열 나라로 분열한 이후 즉 서기 476년 이후에 그 세력이 강성해졌다는 것이다. 그렇다면, 476년 이후 어느 때에 로마교회가 권세를 장악하는 계기가 만들어졌는가? 서기 538년은 매우 의미심장한 해이다. 이해에, 저스티니안 황제는 로마 교황권에게 강력한 권세를 준다는 조서를 반포함으로써, 교황권이 교회의 머리로서 모든 성도들을 장악할 수 있는 권한을 공인해 주었는데, 우리는 이 사실을 바로 그다음 해(서기 539년)에 편찬된 저스티니안 법전에서 확인할 수 있다.

1260년 기간의 후반기에 접어들면서, 교황권은 르네상스와 종교 개혁 운동을 만나게 되었고, 프랑스 혁명의 여파를 통하여 결정적인 타격을 입게 되었다. 1260년이라는 운명의 기간이 끝마쳐지는 정확한 해인 1798년에 이르자, 놀라운 사건이 일어나게 되었는데, 당시 프랑스 혁명 정부의 명령을 받은 버티어 장군이 군대를 이끌고 로마 교황청으로 쳐들어가서 교황 피우스 6세를 그의 권좌로부터 끌어내리는 사건이 일어났던 것이다. 교황 피우스 6세는 말할 수 없는 수모 속에서 로마로부터 프랑스의 감옥으로 압송되어 투옥된 후, 감옥 속에서 병으로 옥사하였으며 교황권의 모든 재산은 압류되었는데 바로 그해가 1260년의 종점인 1798년인 것이다.

참으로 놀랍게도, 요한계시록 13장에는 1260년이 끝나는 시점에 발생되는 교황권의 종말의 모습에 대해서도 이렇게 예언되어 있다. "**누구든지 귀가 있거든 들을지어다 사로잡는 자는 사로잡힐 것이요 칼로 죽이는 자는 자기도 마땅히 칼에 죽으리니**"(계 13:9,10). 서기 538년에 교황권의 권세가 확립되어 시작된 1260년의 예언은 1798년에 버티어 장군의 "칼"에 의하여 교황권이 붕괴됨으로써 놀라울 정도로 정확하게 성취되었다. 1798년 로마에서의 한 프랑스인 살해 사건은 프랑스인들에게 영원의 도시인 로마를 정복하고 교황의 세속적 권력에 종지부를 찍을 구실을 마련해 주었다. 늙은 교황은 발렌스로 유배당했다.

7) 일곱 번째 특징:
작은 뿔은 하나님의 십계명을 변경시키고자 하였다.

- **다니엘 7장의 작은 뿔**: "그가 또 때와 법을 변개코자 할 것이며 성도는 그

의 손에 붙인 바 되어 한 때와 두 때와 반 때를 지내리라" (25절).

교황권은 종교 암흑시대 동안에 십계명을 변경시켰다.

예언 해석

요한계시록 13장 6절에는 "**짐승이 입을 벌려 하나님을 향하여 훼방하되**"라고 기록되어 있지만, 다니엘 7장에는 이 예언에 대한 좀더 자세한 묘사가 기록되어 있다. 적그리스도 세력은 종교 암흑시대 동안, 하나님의 "법"인 십계명을 변경시켰는데, 특히 "때" 즉 시간과 관련된 계명을 변경시킴으로써 하나님을 훼방하였다.

역사적 증거

교황권은 자신들에게 하나님의 법을 변경하거나 삭제할 수 있는 권한이 있다고 믿는 믿음을 카톨릭 백과사전에 다음과 같이 기록하여 두었다. "베드로와 그의 후계자(주: 교황을 뜻함)들은 교훈이나 금지에 관한 율법을 부가할 수 있는 권세를 가졌음과 아울러, 이러한 율법들로부터 면제해 주는 권세도 있고, 필요하다면 폐지시키는 권세도 있다. … 이러한 사법상의 권한은 심지어 죄까지라도 용서할 수 있는 권세를 포함하고 있다." Pope, The Catholic Encyclopedia, vol. XII, 265, col. 2. "카톨릭교회는 안식일을 주일 중 일곱째 날인 토요일에서 첫째 날인 일요일로 변경시킨 후, 십계명의 넷째 계명을 고쳐서 일요일을 주일로 지키라고 명하였다." 카톨릭 사전 4권, 153.

이러한 신학적 배경하에서 카톨릭 교회는 자신들의 교리 문답과 교리책에서 두 번째 계명을 삭제하였는데, 그 이유는 십계명에 기록되어 있는 "우상을 만들거나 섬기지 말라"는 두 번째 계명은 그들이 숭배하는 마리아 상이나 각종 성자들의 상을 정죄하기 때문이다. 두 번째 계명을 빼버리는 대신에 열 번째 계명을 둘로 나눔으로써, 열 개의 계명을 가진 십계명의 형태를 유지시켰다. 이렇게 십계명을 변경시킴으로써 카톨릭 교회가 가르치는 십계명에는 우상 숭배에 대한 계명이 없고, 탐심에 대한 계명이 두 개로 중복되어 있다.

또한 네 번째 계명인 제 칠일 안식일(토요일)을 제 일일(일요일)로 변경하여 준수하기 시작하였다. 천 년 이상 동안이나 교황권은 하나님의 법과 때(시간)를 변경시키고자 노력했지만, 하나님께서는 당신의 신실한 백성을 통하여 당신의 법을 보존해 오셨다. 하나님의 법에 대한 사단의 끊임없는 공격에도 불구하고, "진실로 너희에게 이르노니 천지가 없어지기 전에는 율법의 일점일획이라도 반드시 없어지지 아니하고 다 이루리라"는 예수 그리스도의 선언은 오늘날까지 불변하며 유효하다(마 5:18). 종교 개혁의 선봉이었던 마틴 루터는 교황권이 하나님의 십계명을 변경시킨 문제에 대하여 다음과 같이 말하였다.

"바울이 데살로니가후서 2장 4절에 '하나님이나 숭배함을 받는 자 위에 뛰어나 자존하여 하나님 성전에 앉아 자기를 보여 하나님이라 하느니라' 고 기록하였던 그 존재가 여기에 있다. 적그리스도인 '불법의 사람 곧 멸망의 아들' 이 있는데, … 그는 하나님의 법을 변경하였으며, 하나님의 계명 위에 자신이 만든 계명을 높였다. … 우리는 여기서 교황권이 진짜 적그리스도의 권좌에 앉아 있다는 사실을 확신하는 바이다." The Prophetic Faith of Our Fathers, vol.2, P.291, 256.

여기서 잠깐, 교황권이 하나님의 법을 변경시키게 된 역사적 배경을 살펴보자. 태양신을 섬기는 이교도였던 로마 제국의 콘스탄틴 황제는 그리스도인들의 지지를 얻음으로써 자신의 정권을 안정시키기 위하여 그리스도교회로 개종하면서 기독교회를 로마의 국교로 삼았는데, 이것을 기점으로 해서 수많은 정치인들과 이교도들이 황제의 뒤를 따라 그리스도교회 안으로 밀려 들어오기 시작하였다. 기독교회로 새로 개종한 황제는 이교도들의 반발을 막기 위하여 그들의 풍습과 전통인 우상을 만들어서 신전에 세우는 관습과, 그들이 태양신에 예배드리는 날을 기독교회가 수용해 줄 것을 요구하였는데,

교황권의 지도자들은 황제의 환심을 사기 위하여 하나님께서 친히 기록하신 십계명을 변경시킴으로써 황제의 요구를 수락하였던 것이다.

다음에 나오는 교회 역사가 본 모쉐임의 증언은 그 당시의 교회 모습을 잘 보여 주고 있다. "교회의 감독들은 이전에 희랍과 로마의 이방 종교를 믿던 사람들이 자신의 신들에게 존경과 신앙심을 표현하기 위해서 마련하였던 종교 의식들과 제도들을 조금씩 고쳐서 그리스도교회 안으로 끌어들였다. 이렇게 함으로써, 새로 개종한 이교도들은 자신들의 조상 때부터 전래되어 온 의식들이 그대로 존재하는 것처럼 느끼게 되고, 그리스도와 순교자들도 자신들이 섬기던 신들과 같은 방법으로 숭배되는 것으로 생각하게 될 것이며, 그 결과 수많은 이교도들이 좀더 쉽게 그리스도교를 받아들일 수 있을 것이라고 교회 지도자들은 생각하였다. … 이교도였던 콘스탄틴 황제가 그리스도교회로 개종하자마자 곳곳에 굉장한 성전들이 즐비하게 서게 되었는데, 성전마다 여러 가지 그림들과 조각된 우상들로 단장함으로써, 외관상으로나 내면적으로 이교도들의 신전과 흡사한 것이 되었다." J. L. Von Mosheim, Ecclesiastical History, vol 1, 369.

실제로, 8세기에 이르러서는 거의 모든 카톨릭 교회들이 각종 성상들로 가득 차게 되었고, 이것들에 입맞추고 기도하며 분향하고 절하는 일이 극에 달해서, 오히려 우상을 섬기지 않는 회교도들로부터 우상 숭배자라는 조롱을 받는 지경에 이르게 되었다. 이러한 배도의 길을 걷던 로마교회는 결국 "아무 형상이든지 만들지 말며 그것들에 절하지 말며 그것들을 섬기지 말라"는 둘째 계명을 하나님의 법에서 삭제한 다음에 성경에 없는 천주 십계를 만들 수밖에 없었다(천주교 교리 제1권, 28쪽 참조).

8) 여덟 번째 특징:
첫 번째 짐승은 죽게 되는 상처를 입었다가 회복된다.

· <u>요한계시록 13장의 첫 번째 짐승</u>: "그의 머리 하나가 상하여 죽게 된 것 같

더니 그 죽게 되었던 상처가 나으매 온 땅이 이상히 여겨 짐승을 따르고"(3절).

교황권은 1798년에 치명적인 상처를 입었다가 회복되었다.

예언 해석

이 장면은 첫 번째 짐승이 누린 1260년의 권세가 끝났다가 부활하는 장면에 대한 예언인데, 짐승이 죽었다가 다시 살아날 때에는 다음과 같이 3가지 단계를 거치면서 자신이 1260년 동안에 누렸던 엄청난 권세와 힘을 회복함으로써 온 세상이 그를 따르게 된다.

1) "그의 머리 하나가 상하여 죽게 된 것 같더니",
2) "그 죽게 된 상처가 나으매",
3) "온 세상이 이상히 여겨 짐승을 따르고"(계 13:3).

사도 요한은 요한계시록 13장에서 첫 번째 짐승이 죽었다가 다시 살아나는 장면을 반복하여 강조하였다. 10절에, 첫 번째 짐승이 1260년 동안 성도들을 핍박한 후에 죽게 되는 상처를 받는 장면을 **"사로잡는 자는 사로잡힐 것이요 칼로 죽이는 자는 자기도 마땅히 칼에 죽으리니"**라고 묘사하였고, 12절에는 첫 번째 짐승이 마지막 시대에 부활하여 다시 권세를 누리게 되는 장면을 "땅에 거하는 자들로 처음 짐승에게 경배하게 하니 곧 죽게 되었던 상처가 나은 자니라"고 기록하였다.

역사적 증거

1 "그의 머리 하나가 상하여 죽게 된 것 같더니"

역사는 교황권이 1798년에 죽게 되는 상처를 입었음을 증언하고 있다. "1798년도 2월 10일에 프랑스 버티어 장군이 로마 시에 입성하여 교황을 체포하였다." 대영백과사전 1941년 판 The Church History, p.24 (죠셉 릭커비 신부의 저서, 현대 교황 중에서). 1798년은 1260년이라는 운명의 기간이 끝마쳐지는 해였다. 그 당시 프랑스 혁명 정부의 명령을 받은 버티어 장군이 군대를 이끌고 로마 교황청으로 쳐들어가서 교황 피우스 6세를 그의 권좌로부터 끌어내리는 사건이 일어났던 것이다. 교황 피우스 6세는 말할 수 없는 수모 속에서 로마로부터 프랑스의 감옥으로 압송되어 투옥된 후, 감옥 속에서 병으로 옥사하였으며, 교황권의 모든 재산은 압류되었는데, 바로 그해가 1260년의 종점인 1798년인 것이다.

❷ "그 죽게 된 상처가 나으매"

치명적 상처를 입었던 교황권이 놀랍게도 회복되어 다시 온 세상의 주목을 받는 존재로 성장하였다. 세계 1차 대전 직전에 이탈리아의 독재자였던 무솔리니는 교황권을 독립된 국가로 인정하고 그들에게 땅과 재산을 돌려주는 라테란 조약을 1929년 2월 12일에 맺음으로써, 드디어 교황권은 죽게 된 상처를 회복하였다. Los Angeles Times, 1929년 2월 12일자에서는 "죽게 된 상처가 나음"이라는 특집 기사를 실음으로써, 놀라운 예언의 성취를 온 세상에 보도하였다.

❸ "온 세상이 이상히 여겨 짐승을 따르고"

그 이후로 교황권은 서서히 성장하더니, 1965년 10월 4일에는 교황 바오로 6세가 드디어 미국을 방문하여 존슨 대통령에게 축복 기도를 드렸으며, 양키즈 야구 경기장에서 미사를 드리는 모습이 온 세상에 중계되는 위치에 올라섰다.

1979년에 이루어진 교황의 미국 방문에 대하여 미국의 언론은 다음과 같은 기사를 실었다. "교황이 미국을 방문한다는 것은 상상할 수도 없는 일이다. 그러나 … 이제 역사상 최초의 폴란드 교황 바오로 2세가 그의 놀라운 선거를 치룬 지 1년 후에 온 세계의 하늘에 빛나는 별로서 만 7일간을 우리와 함께 지내겠다는 약속 아래 우리 미국에 오게 되었다. 정치가들은 앞을 다투어 그를 맞을 준비를 하고 있다. 6개 도시의 시장들은 그들의 업무를 실제적으로 중단하고 교황을 맞이할 행사를 열렬하게 준비하고 있다." 워싱턴 스타지, 1979년 9월 18일.

세계 각 나라들이 바티칸에 그들의 대사관을 두고 있을 뿐 아니라, 심지어는 교황권의 핍박을 피하기 위하여 신대륙으로 와서 온갖 고생을 했던 청교도들의 후예인 세계 최강국, 미국까지도 바티칸에 대사를 파견함으로써 서로 손을 잡기 시작하는 또 하나의 놀라운 예언이 성취되기 시작하였다. 또한 1980년대 말엽부터 시작된 동구권의 몰락과 소련의 붕괴 뒤에는 교황권과 미국의 긴밀한 협조가 있었다는 사실이 타임지에 보도되어 세상을 놀라게 하였다.

9) 아홉 번째 특징:
첫 번째 짐승의 이름의 수는 666이다. (짐승의 표의 수)

· <u>요한계시록 13장의 첫 번째 짐승</u>: "누구든지 이 표를 가진 자 외에는 매매를 못하게 하니 이 표는 짐승의 이름이나 그 이름의 수라 지혜가 여기 있으니 총명 있는 자는 그 짐승의 수를 세어 보라 그 수는 사람의 수니 666 이니라"(17,18절).

요한계시록 13장에는 짐승의 표에 대하여 나온다. 두 번째 짐승을 연구하기 전에 첫 번째 짐승에 대한 역사적 고찰을 하는 김에 계속해서 짐승의 표에 대하여 연구해 보기로 한다. "짐승의 표", 말만 들어도 스산한 기분이 들게 된다. 그것은 짐승의 표는 사람들에게 지구 종말의 마지막 독재 세력으로서 전 인류의 운명을 결정짓는 무서운 존재로 생각되어지기 때문이다. 그래서인지 하나님을 믿지 않는 자들도 666에 대한 관심이 꽤 높다. 그래서 자기들 나름대로 세상 종말의 시나리오에 맞추어서 적용하며 성경의 표현들을 사용하는데, 헐리우드의 영화들 가운데도 짐승의 표 666에 대한 내용들을 다루고 있는 몇 편의 영화들이 있다.

짐승의 표란 과연 무엇인가? 요한계시록에 나타나는 짐승의 표에 대한 정체를 우리가 정말 정확하게 이해할 수 있을까? 한마디로 잘라 대답한다면 "물론 할 수 있다."이다. 그 이유는 계시록 자체가, 계시록 1장 3절에 "**이 예언의 말씀을 읽는 자와 듣는 자들과 그 가운데 기록한 것을 지키는 자들이 복이 있나니 때가 가까움이라**"라고 기록하고 있기 때문이다. 하나님께서 우리가 이해하지 못할 말씀을 기록하여 주셨을 리가 없다.

교황의 공식 이름의 수를 세어보면 666이 된다.

예언 해석

이 수수께끼 같은 예언의 의미를 어떻게 풀 수 있을까? 하나님께서 주시는 지혜를 가지고 첫 번째 짐승의 이름에 담겨져 있는 숫자를 세어 보는 자들은 짐승의 이름의 수가 666이라는 사실을 발견하게 될 것이다.

천주교회의 잡지인 "Our Sunday Visitor" 1915년 4월 18일자에는, 교황의 공식 명칭은 교황이 특별한 행사 때에 쓰는 삼층 관에 새겨져 있는 "Vicarius Filii Dei"인데 그 의미는 "하나님의 아들의 대리자"라는 기사가 발표되었다. 그런데 라틴어는 각 철자마다 고유한 수치가 주어져 있으므로, "Vicarius Filii Dei"라는 교황의 공식 이름이 가지고 있는 철자의 수치를 합산하여 그 결과가 666이 되며, 바로 그것이 "짐승의 이름이나 그 이름의 수"가 된다. 라틴어에는 로마 알파벳에 각각 숫자가 포함되어있다. 예를 들어 "X"는 10이고 "V"는 5이며, "I"는 1이고 "II"는 2인 것처럼 말이다.

그러므로 교황의 공식 명칭인 Vicarius Filii Dei에 이러한 공식을 적용시키면 그 숫자의 합계가 정확하게 666이 된다. (V=5, I=1, C=100, A=0, R=0, I=1, U=5, S=0, F=0, I=1, L=50, I=1, I=1, D=500, E=0, I=1 / 그래서 다 합해서 666이 됨)

666이라는 숫자 자체가 짐승의 표는 아니다. 그것은 하나님께서 짐승의 정체를 드러내기 위하여 주신 짐승의 9가지 특징 중에 하나에 불과하다. 다시 말해서 666은 "짐승의 이름의 수"에 불과할 뿐이다. 그러므로 어떤 물건이나 컴퓨터의 바코드의 숫자의 합이 666이 된다고 해서 그것을 짐승의 표로 볼 수 없다. 또한 성경은 짐승의 이름의 수를 사람의 수라고 설명하고 있다는 사실도 잊지 말아야 한다. **"짐승의 이름의 수를 세어 보라 그 수는 사람의 수니 육백육십육이니라"**(계 13:18).

결론

지금까지 우리는 다니엘 7장의 작은 뿔과 요한계시록 13장의 첫 번째 짐승은 모두 교황권을 지목한다는 사실을 역사를 통하여 확인하였다. 어떤 사람들은 히틀러나 모슬렘 교회 그리고 공산주의나 컴퓨터를 짐승이라고 믿고 있지만, 그들 중 어떤 것도 성경이 말하는 9가지 특징을 모두 만족시키지는 못한다. 지구 상에 존재하는 오직 한 세력만이 9가지 특징을 완전하게 만족시킬 수 있는데, 그것은 우리가 지금까지 살펴본 교황권이다.

4. 두 번째 짐승

교황권에 대한 성경의 예언은 교황권이 다시 회복되는 장면에서 끝나지 않는다. 요한계시록 13장 후반에는 세상 역사의 종말에 첫 번째 짐승인 교황권이 "두 번째 짐승"과 손을 잡고 엄청난 핍박을 가하는 장면이 전개된다.

계 13:11~15

"내가 보매 또 다른 짐승(두 번째 짐승)이 땅에서 올라오니 새끼 양같이 두 뿔이 있고 용처럼 말하더라 저가 먼저 나온 짐승의 모든 권세를 그 앞에서 행하고 땅과 땅에 거하는 자들로 처음 짐승에게 경배하게 하니 곧 죽게 되었던 상처가 나은 자니라 … 칼에 상하였다가 살아난 짐승(첫 번째 짐승)을 위하여 우상을 만들라 하더라 … 저(두 번째 짐승)가 권세를 받아 그 짐승의 우상에게 생기를 주어 그 짐승의 우상으로 말하게 하고 그 짐승의 우상에게 경배하지 아니하는 자는 몇이든지 다 죽이게 하더라."

"땅"에서 올라오는 새끼 양 같은 짐승, 그러나 결국에는 "용처럼 말하"는 무서운 세력, 이 두 번째 짐승은 누구이며 그것은 첫 번째 짐승과 어떤 관계가 있는가? 이제부터 이 중요한 문제에 대해서 연구해 보기로 하겠다.

1) 땅에서 올라오는 짐승

계 12:11 "내가 보매 또 다른 짐승이 땅에서 올라오니 새끼 양같이 두 뿔이 있고 용처럼 말하더라."

두 번째 짐승은 언제, 어디서, 어떻게 올라온다고 되어 기록되어 있는가? 이 두 번째 짐승의 특징은 땅에서 올라오는 짐승이라는 것이다. "땅"에서 올라온다는 뜻은 무엇일까? 땅에서 올라왔다는 말은 물의 반대 즉 사람들이 많이 살고 있지 않은 지역에서부터 올라온 즉 신생 국가를 말한다. 교황권이 사람들이 많이 살고 있던 유럽에서 올라온 사실을 묘사하기 위에서 바다 즉 물에서부터 올라왔다고 성경은 말하는데, 이 땅에서 올라온 양 같은 짐승은 사람들이 많이 살고 있는 곳에서 전쟁을 통하여 생겨난 나라가 아니라 사람들이 살고 있지 않는 곳을 발견하여 생겨난 나라를 상징한다.

또한 이 짐승은 양 같은 모습으로 시작해서 용 같은 모습으로 변하는 국가라고 되어 있다. 그리고 이 짐승은 첫 번째 짐승인 교황권이 죽게 되는 상처를 받는 시기에 일어난다고 되어 있다. 요한계시록 13장 10절은 이 짐승에 관하여 힌트를 주고 있다. "**사로잡는 자는 사로잡힐 것이요 칼로 죽이는 자는 자기도 칼에 죽으리니 성도들의 인내와 믿음이 여기 있느니라.**" 이 말씀은, 중세기에 핍박을 견디는 성도들의 인내와 믿음을 언급하면서, 핍박하던 자가 자기도 칼에 죽을 것을 예언하고 있는 것이다. 교황권은 1798년도에 나폴레옹 세력에 의하여 죽게되는 상처를 당했는데, 그 즈음에 올라오는 나라가 바로 계시록 13장의 두 번째 짐승인 것이다.

2) 두 번째 짐승은 누구인가?

성경 본문은 두 번째 짐승에 대하여 이렇게 설명하고 있다. "**내가 보매 또 다른 짐승(두 번째 짐승)이 땅에서 올라오니 새끼 양같이 두 뿔이 있고 용처럼 말하더라.**" 사도 요한은 두 번째 짐승의 정체를 묘사하기 위해서 "짐승, 땅, 새끼 양, 용"과 같은 4가지 단어를 사용했는데, 이 상징적 표현의 의미는 다음과 같다.

* "**짐승**"은 성경 예언에서 "<u>나라, 국가</u>"를 나타낸다. "네 큰 짐승은 네 왕이라 세상에 일어 날 것이로되 … 넷째 짐승은 곧 땅의 넷째 나라인데"(단 7:17,23)

* "<u>새끼 양</u>"은 성경 예언에서 "<u>예수 그리스도 또는 기독교 정신</u>"을 의미하는 단어이다. "요한이 예수께서 자기에게 나아오심을 보고 가로되 보라 세상

죄를 지고 가는 하나님의 어린양이로다."(요 1:29)

* 성경에서 "**용**"은 "**사단**"을 뜻한다. "큰 용이 내어 쫓기니 옛 뱀 곧 마귀라고도 하고 사단이라고도 하는 온 천하를 꾀는 자라."(계 12:9)

이 세 가지 사실에서 우리가 알 수 있는 것은, 두 번째 짐승은 어떤 국가를 말하며, 처음에 "땅"에서 올라올 때는 새끼 양 같은 즉 기독교 정신을 가지고 등장하지만 나중에는 "용" 즉 사단 같은 성격으로 돌변한다는 사실이다.

그렇다면 교황권이 상처를 받게 되는 그 시점에, 인구가 많지 않은 땅에서, 새끼 양 같은 모습 곧 예수 그리스도의 기독교의 정신을 가지고 등장하는 나라는 누구인가? 이 짐승은 교회를 핍박으로부터 도와주는 것(여자를 도운 땅)으로 12장에서 언급되었던 것이기도 하다. 교황권이 죽게 된 상처를 받은 당시, 1700년도에 기독교의 정신을 가지고 사람이 많이 살지 않는 곳에서 탄생한 국가가 있는가? 있다. 그 나라는 미국이다. 이러한 부인할 수 없는 지리적, 시기적 특성과 정확한 묘사와 암시들을 가지고서 우리가 어찌 계시록 13장 11절에 나타나는 새끼 양 같은 짐승을 미국이 아니라고 말 할 수가 있겠는가?

3) 미국의 출현

지성과 양심을 가지고 편견 없이 열린 마음으로 살피는 그리스도인이라면 누구나 계시록 13장에 나타난 미국에 대한 예언에 대하여 의심 없이 깨닫게 될 것이다. 미국의 출현에 대한 예언과 성취를 다시 요약하여 보자면 다음과 같다.

출현하는 위치

성경은 이 짐승이 땅에서 올라온다고 하였다(계 13:11). 모든 다른 짐승들은 물에서 올라왔는데, 요한계시록 17장 15절은 물을 백성과 방언과 열국들이라고 해석해 주고 있다. 그 이전 제국들은 인구가 많이 밀집한 지역들에서 일어났다. 그러나 이 짐승은 인구가 별로 없는 지역에서 일어나는데, 땅은 물의 반대이므로 광야와 같이 사람들이 별로 살지 않는 곳을 상징한다. 이 짐승이 올라온다는 말의 헬라어 원어를 살펴보면 "자라나다", 혹은 "식물처럼 솟아 올라오다"라는 뜻을 가진 단어로 쓰여 있다.

"옛 세계를 새 세계와 비교함"이란 책 p.462에서 G. A. Townsend씨는 다음과 같이 말하고 있다. "미국은 그 공허한 곳으로부터 나아오는 신비함이 있고, 마치 씨앗이 조용히 자라 큰 제국으로 성장하는 것과 같다고 할 수 있겠다. 또한 1850년도에 유럽의 알려진 신문이었던 The Dublin Nation지는, 미국이 서서히 조용한 땅에서 올라와 매일 그 힘과 세력을 더해 가고 있다"고 기록하였다.

출현하는 시기

이 짐승은 요한계시록 13장 첫 부분에 나오는 표범처럼 생긴 짐승이 사로잡힘을 당하는 시기에 올라온다(계 13:10,11). 교황권이 1798년도에 프랑스에 의하여 깨어지는 일을 당했기 때문에 두 번째로 올라오는 이 짐승이 1798년도를 전후로 일어나야 하는데, 미국의 건국 시기는 이 예언을 적중시켰다. 요한 웨슬리는 1760년도에 계시록 13장을 해석하면서 이렇게 말하였다. "그가(새끼 양 같은 짐승) 아직 이르지 아니했지만, 그러나 올 날이 결코 멀지 않았다. 그는 첫 번째 짐승의 42달 기간이 끝나는 시기에 나타날 것이기 때문이다." (Explanatory Notes Upon the New Testament, 17th ed., 704). 얼마나 놀라운 해석이었는가!

출현하는 방법

요한계시록 13장 11절은 이 짐승이 새끼 양같이 두 뿔이 있다고 말하고 있다. 새끼 양은 무엇을 상징하는가? 우선 어리다는 것을 상징하는 것이다. 이것은 새로운 세력인 것을 말한다. 두 뿔을 가지고 있는데, 이 뿔들에는 왕관이 없는 것으로 보아 왕권이 없는 나라이며 오히려 두 세력이 서로 조화되어 운영되는 느낌을 주고 있다. 이것은 사법 기관과 입법 기관이 서로 견제하며 통치하는 나라인 것을 말할 수 있을지 모른다. 또한 정치와 종교가 분리되어 있는, 그래서 종교적인 핍박이 없는 통치 기구를 말할지도 모른다. 어린양은 천진난만함을 상징하는 것으로서 이전 유럽의 폭정과 핍박에 비추어 얼마나 대조적인가! 거기에는 압박과 독재가 없고 자유가 있는 것이다. 또한 양은 성경에서 그리스도를 상징한다. 요한복음 1장 29절에는 "**보라 세상 죄를 지고 가는 하나님의 어린양이로다**"라고 말씀하고 있다. 예수께서는 "수고하고 무거운 짐 진 자들아 다 내게로 오라 내가 너희를 쉬게 하리라"라고 말씀하셨다(마 11:28).

뉴욕에 있는 자유의 여신상 밑에 기록되어 있는 Emma Lazarus 의 글은 예수 그리스도의 그 초청의 말씀과 아주 비슷한 내용인 것을 보게 된다. 그 내용은 다음과 같다.

"이곳저곳을 쳐서 점령했던 그리스의 청동구리와 같은 모습이 아닌, 여기 바닷가 해지는 어구에, 불타는 횃불을 들고 서 있는 강력한 여인이 있으니 그 이름은 방황하는 자들의 어머니라. 그 여인의 등대 같은 횃불은 온 세상을 환영하듯이 조명하고 있고, 그의 미소는 다리로 연결된 두 도시를 주장하고 있다. 그의 입술은 '고대의 나라들아 너희의 장식된 허세가 무엇이냐'라고 말하는 듯하다. 너희의 지치고 가난하며 자유를 숨쉬기 위하여 갈망하는 자들을, 너희의 거절하여 온 항구들로부터 보내어 내게 달라. 집이 없는 자들을 물 건너 내게 보내어라. 나는 내 횃불을 황금의 문 옆에 높이 들리라!"

어린양! 미국을 위한 얼마나 걸맞은 상징인가!

그러면, 1798년도를 전후로 하여, 인구가 별로 없는 곳으로부터 왕권이 없이 민주 공화 정치를 구현하며 기독교 정신을 가지고 자유와 천진스러운 성격을 띠고 새끼 양처럼 일어난 나라가 과연 어느 나라인가? 미국 이외에 또 다른 어느 나라가 이 예언에 들어맞는 성격을 가지고 있겠는가? 하나님께서는 이 지구 역사의 마지막 장면에 핍박당하는 그리스도인들을 구출하고 성경의 복음과 진리를 세상에 널리 전하기 위하여 미국을 세우신 것이다. 이렇게 하나님께서는 이 미국의 운명을 성경에 미리 예언하여 두셨다.

4) 용처럼 말하는 미국

그런데 또 한 가지 놀라운 사실을 우리는 미국에 관한 성경 예언에서 발견하게 된다. 이 미국이 새끼 양처럼 올라왔는데, 용처럼 말하게 된다는 사실이다. "…새끼 양처럼 두 뿔이 있고 용처럼 말하더라."(계 13:11). 이것은 어느 정도 시간이 지나면서 이 미국이 양 같은 정신을 버리고 옛날 유럽의 압박의 정신으로 돌아가 핍박하는 세력으로 결국은 변모할 것을 예언하고 있는 것이다. 거기에 더하여 미국은 마지막 때에 첫 번째 짐승을 위하여 아주 결정적인 역할을 할 것이라는 사실이 예언되어 있다.

이것은 엄청난 예언이 아닐 수가 없다. 바로 이 예언이 미국을 통하여서 이루어진다는 말씀이다. 미국이 머지않은 장래에 종교의 힘을 가지고 사람들을 강제하는 일을 하게 될 것이며, 먼저 나온 짐승을 위하여 일하게 될 것이다. 이 일은 미국의 국민들이 사회의 혼란과 무질서를 막기 위하여 스스로 원하여서 종교적인 강제성을 입법화할 것이라는 의미이다. 앞으로 다시 중세기의 핍박이 이 세상에서 예수께서 재림하시기 전에 잠깐 동안 재현될 것이며, 바로 미국이 그 선봉 세력이 될 것이다. 그러나 우리에게는 하나님의 밝은 약속이 있다. "이것을 너희에게 이름은 너희로 내 안에서 평안을 누리게 하려 함이라 세상에서는 너희가 환난을 당하나 담대하라 내가 세상을 이기었노라"(요 16:33). "볼지어다 내가 세상 끝날까지 너희와 항상 함께 있으리라"(마 28:20).

미국의 출현과 미국이 장차 세계적인 초강대국으로 변하게 될 것이라는 놀라운 예언 해석은 지금으로부터 약 150여 년 전에 처음 시작되었다. 종교 개혁자이며, 감리교회의 창시자인 요한 웨슬리는 미국이 건국되기 전에 이미 두 번째 짐승의 출현을 정확하게 예고하였다. 1760년경 그는 1260년간의 교황권의 권세가 무너져 가는 모습을 보면서 요한계시록 13장에 나오는 두 번째 짐승에 대해서 올바른 관점에서 해석하여 놓았다. 그는 미국이 건국되기 이전에 죽어서 자신의 예언 해석이 성취되는 모습을 보지 못했지만, 그가 남긴 해석은 지금까지 남아서 놀랍도록 정확하게 성취되고 있다.

요한 웨슬리의 예언 해석은 그 이후 더욱 발전되어서, 1890년경에는 J.N. 앤드류스 목사에 의하여 두 번째 짐승의 정체는 바로 미국이며, 미국은 장차 온 세상을 향하여 용처럼 말하는 존재로 변모하게 될 것이라는 예언 해석이 세워지게 되었다. 그러나 그 당시 미국은 아직도 인디언과의 내전이 완전히 종결되지 않은 불안정한 상태에 있었고, 또한 미국 내의 기독교계에 깊이 자리 잡고 있던 반천주교회 분위기로 인하여 앤드류스 목사의 예언 해석은 일반 기독교회에게 널리 받아들여지지 못했다. 그 당시만 해도 미국은 청교도적인 정신이 투철하던 때였다. 교황권에게 쫓겨서 고향 땅인 유럽을 등질 수밖에 없었던 미국인들은, 앤드류스 목사에 의하여 미국이 두 번째 짐승으로 지목되자 그의 예언 해석을 완강하게 거절하였다. 그러나 그로부터 100여 년이 지난 지금에는 요한 웨슬리와 앤드류스 목사의 예언 해석이 얼마나 정확하게 성취되었는가를 분명하게 볼 수 있다. 지금 이 순간에도 역사는 요한계시록 13장의 예언 해석을 우리에게 분명하게 확인시켜 주고 있다.

건국 당시만 해도 미국은 세계에서 미미한 존재였다. 아무도 미국이 장차 용처럼 말할 수 있는 초강대국이 될 것이라고는 아무도 생각하지 않았다. 그러나 세계 1,2차 대전을 거치면서 미국은 온 세계의 주목을 받기 시작하였다. 소련과 동구 공산권이 몰락한 후부터는 온 세상을 향하여 "용처럼 말"하기 시작하는 초강대국 미국에 대하여 어떤 나라도 감히 대항하지 못하는 상황이 되었다. 하나님의 예언이 놀라우리만큼 정확하게 성취되는 모습을 보노라면, 엄숙한 두려움마저 느끼게 된다.

5) 짐승의 우상을 세우고 짐승의 표를 강요하는 미국

참으로 믿기 어려운 이야기지만, 하나님의 예언은, 미국은 결국 새끼 양 같은 정신을 버리고 중세기 때에 교황권이 유럽을 압박하던 그 정신으로 돌아가서 결국에는 마지막 시대에 하나님의 백성을 핍박하는 세력으로 변모하게 될 것이라고 경고하고 있다. 마지막 시대에 첫 번째 짐승과 두 번째 짐승이 협력하여 핍박을 가하게 되는 장면을 주의 깊이 살펴보도록 하자.

계 13:12~17

"저(두 번째 짐승, 미국)가 먼저 나온 짐승(첫 번째 짐승, 교황권)의 모든 권세를 그 앞에서 행하고 땅과 땅에 거하는 자들로 처음 짐승에게 경배하게 하니 곧 죽게 되었던 상처가 나은 자(첫 번째 짐승, 교황권)니라 큰 이적을 행하되 심지어 사람들 앞에서 불이 하늘로부터 땅에 내려오게 하고 짐승 앞에서 받은바 이적을 행함으로 땅에 거하는 자들을 미혹하며 땅에 거하는 자들에게 이르기를 칼에 상하였다가 살아난 짐승(첫 번째 짐승, 교황권)을 위하여 우상을 만들라 하더라 저가 권세를 받아 그 짐승의 우상에게 생기를 주어 그 짐승의 우상으로 말하게 하고 또 짐승의 우상에게 경배하지 아니하는 자는 몇이든지 다 죽이게 하더라 저가 모든 자 곧 작은 자나 큰 자나 부자나 빈궁한 자나 자유한 자나 종들로 그 오른손에나 이마에 표를 받게 하고 누구든지 이 표를 가진 자 외에는 매매를 못하게 하니 이 표는 곧 짐승의 이름이나 그 이름의 수라 … 그 짐승의 수를 세어 보라 그 수는 사람의 수니 육백육십육이니라."

미국에 대한 이 엄청난 예언을 보라. 바로 짐승의 표를 강요하는 예언이 군사 및 경제 대국인 미국을 통해서 이루어진다는 말씀이다. 미국은 머지않은 장래에 강압적 방법으로 사람들을 종교적으로 강제하는 일을 할 것인데, 먼저 나온 첫 번째 짐승(교황권)을 위하여 일하게 될 것이다. 요한계시록은 과거 중세기 때에 교황권이 당대의 최고 강대국이었던 로마 황제와 손을 잡고 하나님의 참 백성을 핍박했던 것처럼, 머지 않은 장래에 미국과 손을 잡고 다시 중세기의 핍박을 재현할 것이라고 경고하고 있다. 선지자 다니엘은 이 마지막 시대의 핍박을 "**또 환난이 있으리니 개국 이래로 그때까지 없던 환난일 것이며**"라고 기록하였다(단 12:1).

요한계시록 13장에는 짐승의 표가 세계적으로 강요되는 사건이 소개되었고, 요한계시록 14장에는 짐승의 핍박을 극복하고 승리하는 한 무리의 신실한 그리스도인들이 나타나는데, 그것이 바로 144,000인에 대한 예언이다. 짐승의 세력에 맞서서 승리하는 144,000인, 그들은 누구인가? 계시록 14장의 후반부에는 짐승의 우상에게 경배하지 않고 그의 표를 받지 않는 그리스도인들의 정체가 소개되어 있는데, 바로 그것이 144,000인들의 특성이다. "**성도들의 인내가 여기 있나니 저희는 하나님의 계명과 예수 믿음을 지키는 자니라**"(계 14:12). 요한계시록은 마지막 시대에 하나님의 참 백성의 특징을 다음과 같이 세 가지로 나타내고 있는데, 그것은 "인내와 하나님의 계명과 예수 믿음"이다. 그러므로 마지막 시대에 나타날 그리스도와 사단 사이의 투쟁은 "누가 참 인내를 가지고 하나님의 계명과 예수 믿음을 지키는 신앙을 가지고 있는가?"라는 쟁점으로 모아지게 된다.

6) 결코 변치 않은 첫 번째 짐승의 성격

여기서 잠깐 짐승의 표의 배후 세력인 첫 번째 짐승의 정신과 신조에 대하여 언급하고 지나가자. 교황은, 특히 지난 교황 요한 바오로 2세는 개인적으로 볼 때 여러 사람들로부터 존경을 받을 수 있는 특징들을 가지고 있었다. 그의 카리스마적인 모습과 강한 성격은 세상의 도덕적 발전을 위하여 많은 일들을 행하였다. 대부분의 세상 사람들도 너무나 타락해 가는 사회를 보면서 지구 전체가 안고 있는 도덕적 문제들을 풀어줄 수 있는 위대한 인물로 교황의 영도력을 지목하고 있다.

만약 이러한 사회적 요구를 해결하기 위하여 사람들이 교황을 세계적 지도자로 추대하기로 결정한다면, 그것은 정말로 선한 결과를 이룰 것인가? 지금은 교황이 어느 누구도 핍박하고 있지 않으며, 또한 교황권은 2차 바티칸 선언에서 종교적 자유를 보장한다는 약속을 하였기 때문에 실제에 있어서 이러한 예상이 실현될 것 같지는 않게 보인다. 그러나 우리는 교황권이 가지고 있는 두 얼굴을 분명하게 볼 수 있어야 한다. 한 얼굴은 매우 매력적인 모습으로 온 세상 사람들의 사랑과 존경을 이끌기에 충분한 얼굴이며, 다른 얼굴은 매우 무서운 얼굴로서 중세기의 핍박의 정신을 그대로 담고 있는 것이다. 1998년 5월 28일, 교황 요한 바오로 2세는 "신앙을 보호하기 위함"이라는 제목하의 사도 서신을 발표하였는데, 이 사도 서신은 로마 카톨릭 교회의 법전에 추가되었다. 요한 바오로 2세에 의하여 새롭게 추가된 법조문 1436항의 내용을 함께 살펴보도록 하자;

> **No.1**: "진리, 곧 거룩한 카톨릭 신앙을 부인하거나, 의심 하거나, 그리스도인 신앙을 완전히 거부하거나, 법에 의하여 경고받은 다음에도 본인의 입장을 바꾸지 않는 자는 출교시킴으로써 이단자 또는 배도자로 처벌해야 한다. 성직자의 경우에도 예외 없이 기타 다른 벌금형에 처한다."
>
> **No.2**: "부가적으로, 로마 천주교회의 권위 있는 대주교 및 주교의 가르침을 고집스럽게 거부하거나, 잘못된 것으로 정죄 받은 것을 지지하거나, 법에 의하여 경고받은 후에도 자신의 입장을 철회하지 않는 자들은 적당한 방법으로 처벌되어야 한다."

또한 바티칸은 아직도 종교 재판부를 가지고 있으며, 요한 바오로 2세의 죽음 이후에 새로 선출된 교황인 베네딕토 16세는, 로마 천주교회만이 성경적으로 합법적인 교회며 개신교회는 그렇지 않다는 충격적인 의견을 발표한 바 있다.

요한계시록 13장은 교황권이 세상 끝에 중세기의 핍박을 한 번 더 재현하게 될 것이라고 말하고 있다! 마지막 시대에, 첫 번째 짐승(교황권)과 두 번째 짐승(미국)은 하나님의 백성을 핍박하는 강력한 세력으로 탈바꿈할 것이라는 것이 하나님의 예언이다. 대다수의 사람들은 "핍박하는 세력은 항상 하나님을 믿지 않는 악인들이다."라고 생각한다. 그러나 역사적으로 볼 때, 종교적 핍박은 겉으로 보기에 악인들로부터 일어난 적이 거의 없다. 대부분의 경우에, 자신을 의로운 사람이라고 자처하는 사람들이나 종교인들이 다른 종교인들을 자기들의 뜻대로 올바로 교정하기 위하여 핍박이라는 수단을 사용했었다. 중세기의 종교 암흑시대에 핍박을 행한 사람들(교황권)도 그들 스스로 의로운 일을 행하고 있다고 생각하였으며 그것을 바라보는 대부분의 사람들도 그렇게 생각하였던 것이다. 교황권의 가르침과 명령을 거부하는 참된 그리스도인들을 핍박하면서도, 그것이 교회를 정결케 하는 것이며 하나님의 영광을 위하는 것이라고 생각하였다. **"사람들이 너희를 출회할 뿐 아니라 때가 이르면 무릇 너희를 죽이는 자가 생각하기를 이것이 하나님을 섬기는 예라 하리라"**(요 16:2).

그렇다면 천주교단의 모든 사제들과 교인들 모두가 중세기 때와 같은 핍박을 찬성할 것인가? 그렇지는 않다. 모든 천주교 신부들이 종교적 핍박에 동의하지는 않는다. 그렇지만 천주교회의 신학자 Louis Veuillot 씨가 National Catholic Welfare에 발표한 다음의 글을 보라. "때가 닥치면, 내일이 될지 다음 세기가 될지는 모르지만, 사람들은 영원한 원칙에 의한 사회적 체계를 다시 건설해야만 한다는 사실을 깨닫게 될 것이다. 그때에 카톨릭은 … 특별한 사회적 법을 만들 것이다. 이 법은 예수를 가장 높은 위치에 올릴 것이며 더 이상 그는 모욕을 받지 않게 될 것이다. 이 법은 창조주 하나님께로부터 거절을 당하지 않을 것이며, 단순히 어떤 광적인 사람들이 가지고 있는 무식하며 고립된 생각 때문에 모든 사람들이 타당하다고 생각하는 결정이 방해받지 않을 것이다." 이 글은 아직 진보주의적 종교적 자유를 제시한 2차 바티칸 선언이 있기 전인 1928년도에 발표된 것이다.

그러나 1990년에 출판된 말라카이 말틴의 The Keys of This Blood에 있는 다음의 글을 읽어 보라. "어느 누구도, 민주주의도, 다른 어느 것도, 도덕적으로 옳지 않는 일을 행할 권리가 없다는 것이 요한 바오로 교황의 기본적 사상이다. 또한 교황은, 성스러운 감화 아래 토대를 둔 모든 종교는 도덕적으로 잘못된 것을 가르칠 수 없으며, 그렇게 살 권리도 없다고 생각한다."

이것은 매우 그럴듯하게 들리는 사상이지만, 만약 어느 누구도 도덕적으로 잘못된 것을 믿거나 가르칠 권리가 없다면, 과연 누가 모든 문제에 대하여 도덕적으로 옳고 그름을 판단한다는 말인가? 다음에 계속되는 글에서 말라카이 말틴은 이 질문에 대한 답을 기록하고 있다. "중세기에 그랬었던 것처럼, 그리고 요한 바오로 2세 교황의 지도아래 있는 지금도 마찬가지로, 로마 천주교회는 인간 세상의 도덕적 옳고 그름을 결정할 수 있는 유일한 단 하나의 기관이라고 주장한다." 교황은 자신이 전 인류의 도덕적 옳고 그름을 결정할 수 있는 권리가 자신에게 있음을 주장하고 있다. 이것은 우리 모두를 포함하는 문제인데, 만약 당신이 천주교 신자라면 별 문제가 없을지 모르지만, 그렇지 않다면 이것은 엄청난 종교적 핍박을 가져올 수 있는 문제이다.

교황권은 변하지 않았다. 만일 그들에게 다시 중세기의 정치적 세도가 주어진다면 핍박은 재현될 것이다. 요한계시록 13장은 마지막 시대에 교황권이 다시 한 번 더 정치적 권세를 부여받게 될 것을 말하고 있다! "**땅과 땅에 거하는 자들로 처음 짐승(교황권)에게 경배하게 하니 곧 죽게 되었던 상처가 나은 자니라 … 칼에 상하였다가 살아난 짐승(교황권)을 위하여 우상을 만들라 하더라 … 또 짐승의 우상에게 경배하지 아니하는 자는 몇이든지 다 죽이게 하더라**"(계 13:12, 14, 15). 이 일을 누가 감행하게 되는가? 계시록의 예언은 두 번째로 땅에서 올라온 짐승으로 상징된 미국이 그 일을 행할 것이라고 말하고 있다.

7) 거의 세워진 짐승의 우상

요한계시록 13장은 두 짐승에 관하여 말하고 있는데, 마지막 때에 이 두 짐승이 하나님의 백성을 핍박할 것이라고 하였다. 그런데 이 두 짐승이 어떠한 과정을 거쳐서 핍박하는 세력으로 돌변하게 될까? 요한계시록 13장 11~15절에 묘사되어 있는 장면은 두 짐승이 가까운 장래에 핍박의 세력으로 돌변하여 하나님의 참 백성을 핍박하게 되는 매우 중요한 과정이므로 특별한 주의를 기울여서 읽어 보도록 하자.

"내가 보매 또 다른 짐승(미국)이 땅에서 올라오니 … 저(미국)가 먼저 나온 짐승(교황권)의 모든 권세를 그(교황권) 앞에서 행하고 땅과 땅에 거하는 자들로 처음 짐승(교황권)에게 경배하게 하니 곧 죽게 되었던 상처가 나은 자(교황권)니라 짐승 앞에서 받은바 이적을 행함으로 땅에 거하는 자들을 미혹하며 땅에 거하는 자들에게 이르기를 칼에 상하였다가 살아난 짐승(교황권)을 위하여 우상(Image)을 만들라 하더라 저가 권세를 받아 그 짐승(교황권)의 우상(Image)에게 생기를 주어 그 짐승의 우상으로 말하게 하고 또 짐승의 우상에게 경배하지 아니하는 자는 몇이든지 다 죽이게 하더라."

A. 짐승의 우상이란 무엇인가?

이 예언에는 첫 번째 짐승을 위하여 만들어진 한 우상(Image, 형상)이 등장하는데, 이 우상은 영어로 Image 즉, 형상(모습)이라는 뜻이며 하나님의 백성을 핍박하는 일에 사용될 것이라고 하였다. 그렇다면 첫 번째 짐승을 위하여 만들어지는 우상이란 무엇일까? 요한계시록 13장은 그 우상의 정체에 대하

여 다음과 같은 두 가지 힌트를 주고 있다;

· 우상은 첫 번째 짐승을 위하여 만들어진다:
"칼에 상하였다가 살아난 짐승(교황권)을 위하여 우상을 만들라 하더라 (make an image to the beast)"(14절).

· 우상은 첫 번째 짐승의 모습(Image)을 닮았다:
"저(미국)가 권세를 받아 그 짐승(교황권)의 우상(the image of the beast)에게 생기를 주어 짐승의 우상으로 말하게 하고 또 짐승의 우상에게 경배하지 아니하는 자는 몇이든지 다 죽이게 하더라"(15절).

이 두 가지 힌트를 종합해 보면, 짐승의 우상은 첫 번째 짐승을 위하여 만들어지는데, 그 모습(Image)은 중세기 때의 첫 번째 짐승의 특성과 행적을 닮았다는 결론을 내릴 수 있다. 즉 첫 번째 짐승(교황권)의 우상은 첫 번째 짐승(교황권) 자체는 아니지만, 첫 번째 짐승의 모습(특성)을 가지고 있는 독립된 개체로서, 첫 번째 짐승을 위하여 일하는 세력을 의미한다. 그런데 중세기에 첫 번째 짐승(교황권)이 갖고 있던 모습은 정치-종교적 세력으로서 하나님의 백성을 핍박하는 것이었으므로 마지막 시대에 형성되는 짐승의 우상도 짐승의 모습(Image)을 닮아서 정치적 힘을 이용하여 자신들이 믿는 종교적 교리나 가르침을 강요할 것인데, 이를 거절하는 하나님의 백성은 가혹한 핍박을 받게 될 것이다.

B. 누가, 어디에 짐승의 우상을 세우는가?

이 우상은 두 번째 짐승이 세운다고 하였다. 두 번째 짐승은 미국을 말하므로, 이 우상은 미국이 앞으로 세울 종교적 정치 세력으로서, 첫 번째 짐승을 위하여 핍박을 대행할 세력이다. 그런데 종교 자유주의를 표방하며 개신교 국가인 미국에서 어떻게 중세기 때에 교황권이 행하였던 종교적 핍박 세력이 재형성 될 수 있을까? 앞에서 살펴보았던 바와 같이 미국에서 세워질 짐승의 우상은 첫 번째 짐승(교황권) 자체는 아니다. 그러므로 짐승의 우상(the image of the beast)을 세운다는 말의 의미는, 중세기의 종교 암흑시대에 교황권이 로마 정부의 권력과 손을 잡고 그리스도인들을 핍박했었던 것처럼, 미국의 개신교회가 정부의 권력과 손을 잡고 중세기 때에 교황권이 행했던 핍박의 모습(Image, 형상)을 재현할 것이라는 뜻이다.

8) 기적과 짐승의 우상의 관계

성경은 짐승의 우상이 갖고 있는 종교적 특성에 대하여 다음과 같이 설명하고 있다. **"큰 이적을 행하되 심지어 사람들 앞에서 불이 하늘로부터 내려오게 하고 짐승 앞에서 받은바 이적을 행함으로 땅에 거하는 자들을 미혹하며 … 칼에 상하였다가 살아난 자를 위하여 우상을 만들라"**(계 13:13,14).

현재 미국과 미국의 정치권 내에서 천주교와 교황권의 세력은 놀라울 정도이다. 종교 핍박을 피해서 자유를 찾아 온 사람들이 세운 국가인 미국 국가에서 일어날 수 없는 일들이 요즈음 일어나고 있다. 1960년대 초기에 천주교인이었던 존 에프 케네디 대통령이 선거 유세를 할 때, "나는 교황의 말을 듣지 않을 것이다."라고 해서 대통령으로 당선되었었다. 그러나 1980년대 초기에 레이건이 대통령이 되면서 바티칸에 대사를 보내어 수교를 시작하게 되었고, 2001년도에 부시는, **"나는 교황의 말을 순종할 것이다."**라고 말하여 대통령에 당선되었다. 미국의 국회 의원이나 상원 의원, 국무 장관들이나 유명한 정계의 인물들이 유럽을 방문하게 될 때에, 꼭 바티칸에 들러 교황을 알현하고 가는 사실만 보아도 교황권의 세력과 이에 협력하는 미국의 입지를 알게 된다.

성경은 미국이 교황권을 위하여 짐승의 우상을 만들고 짐승에게 경배하게 할 것이라고 말한다. 그렇다면 미국이 어떻게 많은 사람들을 회유하고 강요하여 바다에서 올라온 첫 번째 짐승인 교황권에게 경배하게 하는가? 어떤 방법으로 그렇게 할 것인가? 그것은 바로 큰 이적을 행하여 사람들을 회유하는 것인데, 심지어 불이 하늘에서 땅에 내리게 하는 것과 같은 기적과 표적, 이적을 행함으로써 그렇게 하는 것이다. 미국이 "이적을 행하여 미혹하는" 문제에 대하여 살펴보자.

흥미로운 사실이 하나 있는데, 현재 개신교가 이적을 행하고 기적을 행하는 일들은 다 천주교에서 배워 온 것이라는 사실이다. 옛날의 개신교들을 보라. 언제 장로교, 감리교, 침례교, 성결교 등등의 개신교회가 기적과 방언, 이적들을 행했는가? 중요하게 주시해야 할 것은, 1960년대 노틀담 대학에서 천주교 대표들과 개신교 대표들이 만나서 집회를 할 때, 이상한 성령 운동이 시작되면서 그때에 함께 기적과 방언을 하는 일들이 시작되었다는 것이다.

1990년도 후반에 발표된 바티칸 교서에 의하면, 각 개신 교파에 오순절파 식의 성령 운동을 유행하게 만들어 방언과 기적과 이적을 행하는 일들을 통하여 종교 연합을 꾀하고, 그 결과로 개신교들을 구교인 로마교회로 다시 흡수하도록 지시를 내린 것을 알 수 있다. 물론 신실한 하나님의 자녀들 사이에 참된 방언이 있을 수 있지만, 대부분의 경우는 거짓 방언이 많으며, 병을 고치고 성령의 불이 내리는 착시 현상들과 함께 나타난다. 이것은 옛날 중세기에 로마 천주교회가 행하던 것들을 배워 온 것이다.

사단이 미국을 이용하여 거짓 성령 운동을 일으키는 이유

사단은 마지막 때에 거짓 이적과 표적들을 이용하여 할 수만 있으면 택하신 자라도 미혹하려고 할 것이다. 위에서도 잠깐 언급을 했지만, 천주교가 배후의 세력이 되어 번지고 있는 거짓 성령 운동은 마지막 때의 많은 하나님의 참 자녀들을 혼란에 빠지게 하고 미혹할 것이다. 기독교인들이 기적이나 이적, 또 초자연적인 현상들을 성령의 역사인 것으로 믿게 만들면 참 성령의 역사 – 곧 성경 진리를 이해하게 도와주고, 죄를 깨달아 회개하게 하며, 하나님의 뜻을 따라 생애를 개혁하게 하고, 극기하고 진정한 거듭남을 경험하게 하며, 다가오는 심판과 재림을 준비하기 위하여 거룩한 생애로 인도하시는 성령의 역사 – 를 소홀히 하게 될 뿐만 아니라 깨닫지도 못하게 되기가 쉽다.

또한 거짓 성령 운동에 빠지게 되면, 생애의 진정한 변화 없이 열광적이고 흥분적인 가짜 성령의 역사 안에서 "구원 받았다."는 거짓 안전감에 빠지게 만들기 때문에 그것은 위험한 일이다. 진리에 토대하지 않은 감정에 입각한 신앙이 판을 치게 되는 것이다. 그리고 이런 거짓 성령 운동에 함께 참여하게 되면, 교파 간의 서로 다른 교리를 간과하게 만들고 성경의 진리를 연구하고 탐구하는 일을 그다지 중요하지 않게 여기게 만들며, 단순히 성령 안에서 사랑, 연합, 차이를 없애는 것, 용서만을 강조하게 만든다. 이런 일들은 우리 기독교인들이 아주 주의해야 할 일들인데, 그 이유는 성경에 예수님과 사도들이 이 일에 대하여 거듭 경고하고 있기 때문이다.

예수께서는 마태복음 24장 24절에 "**거짓 그리스도들과 거짓 선지자들이 일어나 큰 표적과 기사를 보이어 할 수만 있으면 택하신 자들도 미혹하게 하리라**" 말씀하셨고, 사도 바울은 고린도후서 11장 14절에 "이것이 이상한 일이 아니라 사단도 자기를 광명의 천사로 가장하나니"라고 하였다. "**저희는 귀신의 영이라 이적을 행하여 온 천하 임금들에게 가서 하나님 곧 전능하신 이의 큰 날에 전쟁을 위하여 그들을 모으더라.**"(계 16:14) 앞으로 마귀 자신이 직접 나타나는 일까지 있을 것이다. 이렇게 사단은 마지막 때에 그리스도인들을 거짓 성령 운동으로 끌어들여 가까운 예수 재림에 대하여 준비를 못하도록 기만하고, 또한 거짓 성령 운동을 통해 그리스도인들을 미혹하여 모든 종교를 하나로 연합시킨 후, 짐승의 우상을 만들어 그에게 경배하도록 강제령을 내리려는 의도로 역사하고 있는 것이다. 그러므로 그리스도인들은 참된 성령의 역사하심을 따라 진리대로 살도록 인도해 달라고 하나님께 열심히 기도해야 할 것이다.

그러므로 이적을 행하여 미혹한다는 말씀은 짐승의 우상을 세우는 전초 과정으로써, 사단이 "기적"을 사용하여 온 세상 사람들을 "미혹"할 것이라고 경고해 준다. 사단은 마지막 시대에 온갖 기적들을 사용하여 땅에 거하는 모든 사람들을 미혹함으로써, 사람들을 하나의 연합된 세력으로 만들어 가고 있다. 동일한 부류의 기적을 체험하고 있는 그리스도인들에게 있어서 종파와 교파는 더 이상 아무런 의미를 갖지 못한다. 그들은 하나님의 진리보다는 감정적 신앙을 선호하면서 자신들이 체험하고 있는 기적을 중심으로 하나로 뭉쳐가고 있다. 종교 연합 운동의 중심에는 기적과 감정적 신앙이 있다는 사실을 알아야 한다. 그러한 감정적인 체험들이 성경 말씀의 권위보다 더 위에 있는 것처럼 생각하게 되는 것은 참으로 위험한 발상이 아닐 수가 없다.

오늘날 우리들의 눈앞에서 벌어지는 모습을 볼 때, 사단은 짐승의 우상을 세우는 방법으로 다음과 같은 두 가지 방법을 사용하고 있다.

A. 종교 연합 운동

개신교회와 교황권의 연합 운동은 이미 오래 전부터 추진되어 왔다. "교황권의 요구에 따라 200여 종파의 개신교회 지도자들은 각기 다른 전통을 가지고 분리되어 있는 그리스도인들 사이의 장벽을 무너뜨리기 위하여 진행되고 있는 프로그램에서 교황과 함께 기도하고자 트리니티 대학의 예배실에 모였다. 국제 교회 협의회의 총무인 클레이너 랜달 씨는 '거기서 교황이 개신교도들과 함께 칼빈파의 찬미가와 찰스 웨슬리의 찬미를 부르고 있는 것을 볼 때에 감동받지 않을 수 없었다'고 말하였다. 그는 또한 '이 사실은 우리가 얼마나 가까워졌는지를 잘 보여 주는 증거이다'고 덧붙였다." 1979년 10월 8일자 워싱턴 포스트지.

B. 교회와 국가의 연합

　종교 연합 운동의 정신에 깊이 젖어 있는 사람들은 강력한 기독교 정치 단체를 구성하여, 도덕적으로 피폐해진 사회와 국가에 다시 기독교적 정신을 불어넣고, 미국을 하나님께서 인정하시고 축복하실 수 있는 국가로 만들기 위해서 총력을 기울이고 있다. 이러한 목적을 성취하기 위해서는, 종교적 성향을 띤 법안을 입법화하거나 교회와 정치에 대한 분리의 벽을 허물어뜨릴 수 있는 헌법의 재해석이 반드시 이루어져야만 한다. 이러한 목적을 위하여, 그들은 자신들의 사상을 지지하는 특정한 정치인들을 적극적으로 후원하며, 국회의원들에게 강력한 로비 활동을 펼치고 있다. 사단은 이러한 기독교계의 흐름을 주도하면서 미국을 강력한 기독교적 헌법을 가진 용 같은 짐승으로 키우기 위하여 최고의 노력을 경주하고 있다. 이러한 면에 있어서, 미국에 있는 개신교회 단체들이 어떻게 정치적으로 움직이고 있는가를 주목해 보는 일은 매우 중요하다.

C. 사단의 3가지 전략

　미국의 개신교 주의는 종교의 자유를 보장하는 기반에서 시작되었다. 그렇기 때문에 미국의 개신교 주의가 정치적 세력과 연합하여 종교적 핍박을 가할 것이라고 믿는 것은 현실적으로 매우 어렵게 보인다. 그러나 요즈음, 종교의 자유를 부르짖던 미국의 역사적 개신교 주의가 정치적 개신교주의로 바뀌어 가고 있다는 여러 증거들이 나타나는 것은 정말로 놀라운 일이다. 지난 10여 년 동안 미국의 개신교회 안에 다음과 같은 세 가지 뚜렷한 변화가 일어났는데, 사회의 범죄와 타락이 심화되면 될수록 다음과 같은 현상은 더욱 더 뚜렷하게 일어나고 있다. 청교도들은 건국 당시에 교회와 국가를 완전히 분리시킨 법을 제정함으로써, 종교적 핍박이 없는 국가를 세웠다. 그러나 사단은 다음과 같은 세 가지 전략을 통하여 종교 자유를 파괴시키는 짐승의 우상을 세워가고 있다.

- **첫째**: 교회와 국가는 분리되어야 한다는 미국 건국 이념을 반대하는 사람들이 점점 더 많아지고 있다.
- **둘째**: 교회가 정치적 활동에 적극적으로 참가함으로써, 기독교 정신과 교리를 헌법화해야 한다는 주장이 점점 더 거세어지고 있다.
- **셋째**: 그들이 믿는 신앙과 다른 것을 믿는 자들은 법에 의하여 제재하거나 핍박하는 근본주의자들과 비슷한 사상이 크게 기독교계에 일어나고 있다.

9) 지금 세워지고 있는 짐승의 우상

미국에 있는 각 교파 및 기독교 단체들은 정치적으로 어떻게 움직이고 있으며, 그들의 최종 목적은 무엇인가? 기독교 정치 단체들이 종교 연합 운동을 통하여 강력한 영향력을 행사하자, 미국의 정치인들은 앞을 다투어 가장 많은 투표자 수를 확보하고 있는 기독교 정치 단체의 후원을 얻기 위하여 추파를 던지고 있다. 기독교 정치 단체들은 자신들의 사상을 지지하는 정치인들의 정치적 입지를 굳혀주고, 기독교 정치 단체의 후원을 받는 정치인들은 기독교인들이 요구하는 종교적 법안을 국회에 상정하여 입법화시키는 공조 현상을 나타내고 있다. 미국 기독교계와 정치계에서 이뤄지고 있는 다음과 같은 사실들을 살펴보면, 짐승의 우상이 지금 어디까지 세워졌는지를 알 수 있다.

◆ 침례교회

침례교회는 역사적으로 교회와 국가의 분리를 가장 강력하게 주장해 온 교회이다. 침례교도들은 17세기에 영국 국교의 핍박을 피해서 미국으로 이주해 온 사람들이다. 그래서 종교 자유의 아버지라고 불리는 Roger Williams도 침례교도였다. 1960년도에 천주교 신자로서 대통령 선거에 입후보했던 케네디에게 교회와 국가의 확실한 분리를 요청할 때까지는 침례교도들이 종교의 자유에 대한 열성을 보였었다. 그러나 지난 20년 동안 침례교회는 많이 변화되었다.

남 침례교회 중 가장 많은 교인을 갖고 있는 텍사스 주 달라스 시의 First Baptist Church의 W.A. Criswell 목사는 교회와 국가의 분리에 관한 그의 의견을 다음과 같이 피력하였었다. "나는 '교회와 국가의 분리'라는 법 조항은 이교도들이 상상으로 꾸며놓은 허구적인 것이라고 생각한다." 오래 전에 침례교 합동 협의회(BJC)라는 것이 만들어졌는데, 이 협의회의 목적은 미국 법정에서 교회와 국가의 분리 원칙을 유지하는 것이었다. 남 침례교는 미국 내에서 가장 큰 침례교단이므로, 그들이 이 협의회의 가장 큰 후원자가 되었다. 그들은 매년 이 협의회에 400,000달러를 지원하였다. 그런데 1990년 이후부터 그들의 후원은 끊어지기 시작하였으며 지금은 남 침례교회에서 이 협의회를 지원하는 일이 완전히 중단되었다. 교회와 국가의 완전한 분리를 주장하는 이 협의회가, 변해가고 있는 남 침례교회의 사상과 더 이상 어울리지 않기 때문이었다.

◆ 크리스천 콜리션 (Christian Coalition, 기독교 동맹)

미국 버지니아 주 린치버그의 토마스 침례교회의 목사요, 리버티 종합대학을 세운 제리 포웰 목사는 개신교회 교인들을 정치적인 세력으로 연합하여 미국을 옛날 초기 당시의 기독교적인 국가로 환원해야 한다는 사상을 가지고 크리스천 콜리션 운동을 전개하였다. 그래서 그는 개신교회와 천주교회의 연합된 지지와 후원을 통하여 미 의사당을 점령하겠다는 전략하에 크리스천 콜리션을 설립하였다. 크리스천 콜리션은 교회와 국가의 분리는 현대에 와서는 완전히 무의미한 것이며, 미국의 기독교인들은 오히려 정치에 깊이 가담하고 자신들의 종교적 신조를 국정과 입법에 반영함으로써, 미국을 도덕적인 기독교 국가로 키워 가야 한다는 주장을 펼치게 되었다. 이 종교적인 정치 세력은 막강한 정치 세력으로 부상하게 되었다.

또한 미국 정치적 개신교주의의 선봉인, 700클럽 방송 목사인 팻 롸벌슨 목사(Pat Robertson)는 1988년 강력한 기독교 국가를 목표로 미국 대통령 선거에 출마했다. 비록, 대통령에 당선되지는 못했지만, 미국 정치계에 커다란 이슈를 불러일으키는 데 성공하였다. 그는 대통령 선거에서 패배한 자신의 경험을 토대로 정치적 선거에서의 승리를 위해서는 천주교회의 도움과 협조가 반드시 필요하다는 사실을 깨닫게 되었다. 그는 미국에서 천주교회가 단일 교단으로 가장 많은 교인들을 갖고 있다는 사실에 착안하였던 것이다. 개신교회와 천주교회의 연합된 지지를 획득하는데 성공하기만 하면, 어떤 법도 의회에 상정하여 통과시킬 수 있기 때문이다.

팻 롸벌슨 목사는 "1990년대가 다 지나가기 전까지 크리스천 콜리션은 미국 전체에서 가장 강력한 정치적 단체로 성장할 것이다."라고 말하였다. 과연 그의 예견대로 크리스천 콜리션은 미국 대통령 선거 및 국회 의원 선거에서 가장 강력한 영향력을 미치는 정치 단체로 올라섰다. 1994년 미 국회 의원 선거가 끝난 직후, 애틀란타 저널지는 크리스천 콜리션의 정치적 승리에 대하여 다음과 같은 기사를 실었다. "정치적 포도원을 수년간 경작한 결과 기독교 보수파는 1996년 대통령 선거에 중요한 주자로서의 위치를 차지하였다. 크리스천 콜리션의 이념을 지지하는 후보자들이 국회와 각 주 의회를 휩쓸었다."

크리스천 콜리션은 기독교 근본주의 사상을 지지하는 선거 후보자들을 집중적으로 후원함으로써, 그들의 사상을 미 국회에 침투시키는데 성공하였다. 예를 들어서 크리스천 콜리션은 캘리포니아의 샌디에이고 지역 선거에서 공립 학교 행정 위원, 지역 협의회 등 가장 기본적인 행정 분야에 그들과 같은 사상을 갖고 있는 후보자를 당선시킴으로 그들의 정치적 세력을 확보하였다. 크리스천 콜리션의 행정 위원장이었던 Ralph Reed 박사는 샌디에이고 선거에 대하여 다음과 같이 말하였다. "이번 선거는 기독교인과, 종교 연합 운동가들과, 가정주의(편집자 주, 가정의 가치와 전통을 중요시 여기는 주의) 로마 천주교인들이 전국에서 행하려고 하는 사업의 좋은 예증이다." 그들의 노력은 아이오와 주에서도 성공하여 아이오와 주에서 전국 공화당 회에 보낸 48명의 대표들 중에서 43명이 크리스쳔 콜리션의 회원들이었다.

팻 롸벌슨 목사는 1992년 선거를 "승리를 얻기 위한 해"라고 불렀고, "승리를 위한 길" 이라는 회의를 소집하여 여러 정치인들과 함께 1992년 선거에서 2천만 가정주의자들과 기독교인들을 확인하여, 모두 선거에 참가하도록 유도하는 일을 논의하였다. 여러분은 이것을 종교라고 생각하는가? 아니면 정치라고 생각하는가? Christian Today 잡지는 크리스쳔 콜리션 모임에 대하여 다음과 같이 기술하였다. "그들은 전국적으로 일어나고 있는 잘 조직된 새 세대의, 정교한 정치적 기독교 선거 운동 대원들이다. 이들은 재치 있는 새로운 기술을 각 주와 지역 정치에 사용하고 있다."

주일 날 예배를 끝마치고 돌아가는 교인들에게 어떤 특정 후보를 지지하는 팸플릿을 나누어 주는 목사들과 교인들이야말로 크리스쳔 콜리션이 자랑하는 잘 훈련된 선거 운동원들이다. 크리스쳔 콜리션은 지금 현재 공화당이나 민주당 선거 운동원의 수를 능가하는데, 교회가 있는 곳마다 크리스쳔 콜리션의 운동원이 있다는 말이 나돌 정도로 그들의 선거 운동은 전국적으로 막강한 영향력을 행사하고 있다. 이들 기독교 정치단체들의 노력의 결과로 인하여, 이제 미국 국회(하원과 상원)와 대법원에서 천주교인의 수는 최대 다수의 의석을 차지하게 되었다.

최근 제임스 답슨 박사와 척 콜슨 목사의 교황과의 협의를 통하여, 현재 미국이 정치와 종교를 합치기 위한 전략으로 세 가지 일을 추진 중인데, ❶ **연방 세금으로 교회 학교를 도와주는 일**, ❷ **낙태 금지법**, ❸ **공립 학교에서의 기도 운동의 부활** 등이다. 이 일들은 교황권의 권위를 세워 주게 되어 있다. 이 일들은 결국에는 교황권의 세력을 중세기의 세력처럼 회복시켜 주는 결과를 초래하게 될 것이요, 그들의 사상에 반대하는 자들은 누구를 막론하고 핍박하게 만드는 분위기를 형성하게 될 것이다. 개신교의 유능한 목사들이 교황에게 찬사를 하고 있는데, 빌리그래함 목사가 교황을 세상에서 가장 훌륭한 도덕적인 지도자라고 한 것은 주목할 만한 일이다.

기독교를 미국의 국교로 만들어 사회적으로 강요하려는 노력은 현재 미국 각지에서 강력히 진행 중이다. 1999년 10월 21일, FRC(Family Research Council)라고 부르는 기독교 단체와 이를 지지하는 국회 의원들은 십계명을 공공 사무실에 붙이는 캠페인을 하기로 결정하였다. FRC는 1983년에 발족된 기관으로 James Dobson 박사가 지도하는 Focus on the Family에 속해 있다가 1992년에 독립된 단체이다. 그들은 여러 국회 의원들을 설득하여 십계명을 그들이 일하고 있는 국회 사무실에 붙이며 각 공공 기관들, 특히 법원의 벽들에 부착하게 만듦으로써, 십계명이 공공 생활에 없어서는 안 될 중요한 요소라는 것을 공중에 알리기로 하였다. 이 캠페인은 33명의 공화당 의원들과 8명의 민주당 의원들에 의하여 추진되기 시작하였는데, 이제는 전국적으로 십계명을 부착하는 종교적인 운동으로 퍼져 나가고 있다.

이러한 노력은 켄터키 주의 어느 작은 시골에서까지 일어나고 있다. 1999년 11월 8일자 CNN 뉴스에 따르면 남 켄터키 주 작은 마을의 주민들은 십계명을 마을 공공 기관에 복귀시키기 위하여 군중 집회를 행하였다. 3000여 명의 사람들이 일요일 오후 임마누엘 침례교회에 모였다. 이러한 운동은 전국으로 퍼져 나갈 예상이다. 공화당 의원 Robert Aderholt씨가 후원한, 십계명을 공립 학교와 공공 기관에 붙이는 일을 법적으로 추진할 수 있도록 하는 법안이 통과되었으며, 공화당 의원 Jim Demint씨가 제출한, '교회와 국가의 분리법'을 어긴 사건들에 대한 법정 소송을 무마시킬 수 있는 법안도 통과되었다. 이러한 모든 사실들은 미국이 이미 기독교를 공식적인 나라의 국교로 만들어 법적으로 강요하려는 그들의 의지를 명백하게 증거하고 있는 것이다. 지금 현재, 미국 기독교 정치 단체들은 공립 학교에서의 기도, 기독교 정신에 입각한 낙태 금지, 국가의 세금으로 기독교 사립 학교를 지원하는 문제들을 추진해 왔는데, 궁극적으로 그들의 목표는 십계명과 주일 성수로 모아지고 있다.

요즈음에 들어와서는 이러한 크리스천 콜리션 운동이 CCT 운동으로 바뀌었는데, 이 운동은 Christian Churches Together로, "교회들 연합 운동"이라는 뜻이다. 이 운동은 오히려 로마 천주교회의 신부들에 의하여 창시되었는데 크리스천 콜리션 운동을 흡수하여 미국의 대표적인 기독교 정치 운동으로 자리 매김을 하고 있다.

9) 마지막 예언의 성취와 살아남는 자들

사회의 타락과 부패와 범죄가 심화되면 될수록, 경제가 어려워지고 천연재해가 심해지면 질수록, 미국 기독교 정치단체들의 주장은 더욱더 강력한 설득력을 가지고 미국 국민들의 지지를 받게 될 것이다. 그래서 하나님의 예언은 종교와 정치의 연합 세력인 짐승의 우상이 갑자기 "생기"를 받아 강력한 정치적 힘을 행사하게 될 때, 드디어 미국이 "용처럼 말"하면서 짐승의 표를 강요하는 핍박의 세력으로 돌변하게 되는 모습을 다음과 같이 묘사하였다. **"저가 권세를 받아 그 짐승의 우상에게 생기를 주어 그 짐승의 우상에게 말하게 하고 또 짐승의 우상에게 경배하지 않는 자는 몇이든지 다 죽이게 하더라 저가 모든 자 곧 작은 자나 큰 자나 부자나 빈궁한 자나 자유한 자나 종들로 그 오른손이나 이마에 표를 받게 하고 이 표를 가진 자 외에는 매매를 못하게 하니"**(계 13:15~17).

짐승의 우상 즉 미국의 기독교 정치 단체들이 지지하는 정치인들이 정부와 의회의 다수를 점령함으로써, 교회는 종교 암흑시대의 교황권과 마찬가지로 국가의 권력을 사용하여 자신들이 주장하는 교리나 도덕률을 법률로 정하여 강요할 것인데, 이러한 미국의 정치적–종교적 변화는 온 세계에 급속도로 파급될 것이며, 이때 전 세계적으로 핍박의 불길이 타오르게 될 것이고, 대다수의 사람들은 먹고 사는 문제 때문에 짐승의 요구에 굴복함으로써 짐승의 표를 받게 될 것이다.

　미국에 이르러 오는 천연 재해들과 급속한 도덕적 타락 그리고 경제적인 몰락이 하나님에게서 등을 돌린 이유 때문이라고 말하는 것은 위기에 직면한 국민들에게 설득력 있는 웅변이 될 것이며 그리하여 하나님의 법을 지키는 나라로 돌아가야 이러한 재난으로부터 다시 회복될 수가 있다고 말하게 될 것이다. 그러나 과거 역사가 말해 주듯이, 마음의 거듭남이 없이 겉으로 개혁하는, 특히 국가의 헌법의 힘으로 사람들의 양심과 자유 선택을 강요하는 움직임은 오히려 커다란 핍박을 초래하게 되는 것이다. 과거 중세기의 종교 핍박처럼 말이다.

　한 가지 매우 흥미로운 사실은, 미국의 기독교 정치 단체들이 주장하는 이슈와 요한계시록 14장에 기록되어 있는 짐승의 표를 거절하고 승리하는 자들의 특징이 서로 다르지만 겉으로는 비슷하게 보이고 있다는 점이다. 앞에서 살펴본 바와 같이 짐승의 우상 세력은 그들의 로비 활동의 초점을 십계명 준수로 모으고 있는 데 반하여, 마지막 시대에 짐승의 표를 거절하고 살아남는 자들의 특징도 "하나님의 계명을 지키는 자들"로 묘사되고 있다. "**성도들의 인내가 여기 있나니 저희는 하나님의 계명과 예수 믿음을 지키는 자니라**"(계 14:12).

　이 사실을 어떻게 이해해야 하는가? 이것은 마지막 시대에 사단의 편과 그리스도의 편 사이에 펼쳐지는 대쟁투에서 하나님의 십계명이 대쟁투의 초점이 된다는 사실을 의미한다. 요한계시록 12장에도 마지막 시대에 사단과 하나님의 남은 백성 사이에서 벌어지는 마지막 전쟁의 초점이 "십계명"이 될 것이라고 설명되어 있다. "**용(사단)이 여자(교회)에게 분노하여 돌아가서 그 여자의 남은 자손 곧 하나님의 계명을 지키며 예수의 증거를 가진 자들로 더불어 싸우려고 바다 모래 위에 섰더라**"(계 12:17).

　사단은 오래 전부터 하나님의 계명을 집요하게 공격해 왔다. 이러한 이유 때문에 하나님께서는 선지자 다니엘을 통하여 사단이 중세기에 작은 뿔 세력을 통하여 당신의 십계명을 변경시킬 것이라는 경고의 말씀과 함께 적그리스도 세력의 특징을 자세하게 기록해 놓으셨던 것이다. "그가 장차 지극히 높으신 자를 대적하며 또 지극히 높으신 자의 성도를 괴롭게 할 것이며 그가 또 때와 법을 변개코자 할 것이며"(단 7:25). 마지막 시대의 영적 투쟁의 초점이 계명이라는 사실을 이해한 사단은 현대 기독교회 안에 하나님의 계명에 대한 오해를 깊이 심어 놓았다. 이러한 사단의 기만 전략 때문에 계명을 지키는 것은 율법주의요, 바리새주의라는 심각한 오해가 기독교 안에 널리 퍼지게 된 것이다.

바벨론 시대에 두라 평지에 세워졌던 금신상에 절하도록 강요받았을 때, 우상에게 절하지 말라는 둘째 계명에 대한 충성을 다짐하면서 왕의 요구를 거절했던 다니엘의 세 친구들처럼, 마지막 시대의 참된 하나님의 백성은 하나님의 계명을 신실하게 지키기 위하여 짐승의 우상에게 경배하기를 거절할 것이다. 그것은 짐승의 권위를 인정하게 만드는 잘못된 계명, 인간의 권위로 하나님의 계명을 변경한 그러한 비성경적인 계명을 강조하는 일에 항거하고 일어나서 참된 개신교회 교인들이 될 것이다. 이것이 짐승의 표를 강요하는 마지막 핍박의 전쟁이 되는 것이다. 다음의 인용 구절들을 잘 읽어 보자. "물론 우리 천주교회는 예배의 날짜를 변경한 것이 우리 교회가 한 일이라고 주장하는 바이다. 그 행동이 바로 천주교회의 권한과 종교적인 일들에 대한 권위를 나타내는 표이다." Letter, Oct. 28, 1895, 추기경 C.F. Thomas의 답변. "일요일은 우리의 권위의 표이다. 로마교회의 권위가 성경의 권위 위에 있는데, 우리가 안식일 준수에 대한 계명을 바꾼 것이 바로 이 사실에 대한 증거이다." Catholic Record, 9-1, 1923.

제14장 | **하나님의 인을 받은 자들 그리고 세 가지 경고**

요한계시록 14장
chapter Fourteen

계시록 14장은 놀라운 예언의 말씀들로 가득 차 있다. 이 속에는 짐승의 표를 받지 않고 우뚝 서 있는 하나님의 백성에 대하여 기록하고 있다. 그리고 짐승의 표를 받지 않는 하나님의 백성의 특징은 무엇인가에 대하여, 또 그들이 세상을 향하여 외치는 메시지들에 대하여 기록되어 있다. 또한 하나님께서 마지막에 알곡과 가라지를 갈라 내시는 장면, 즉 마지막 추수에 대하여 기록하고 있다. 자 그러면 이제 이 14장을 공부하여 보자.

계 14:1~5

"또 내가 보니 보라 어린양이 시온 산에 섰고 그와 함께 십사만 사천이 섰는데 그 이마에 어린양의 이름과 그 아버지의 이름을 쓴 것이 있도다 내가 하늘에서 나는 소리를 들으니 많은 물소리도 같고 큰 뇌성도 같은데 내게 들리는 소리는 거문고 타는 자들의 그 거문고 타는 것 같더라 저희가 보좌와 네 생물과 장로들 앞에서 새 노래를 부르니 땅에서 구속함을 얻은 십사만 사천인밖에는 능히 이 노래를 배울 자가 없더라 이 사람들은 여자로 더불어 더럽히지 아니하고 정절이 있는 자라 어린양이 어디로 인도하든지 따라가는 자며 사람 가운데서 구속을 받아 처음 익은 열매로 하나님과 어린양에게 속한 자들이니 그 입에 거짓말이 없고 흠이 없는 자들이더라."

1. 십사만 사천의 등장

 여기에 보면 십사만 사천이라는 숫자가 등장한다. 이 숫자에 대한 여러 가지 분분한 가르침들이 세상에 많다. 그러나 성경 자체가 그들의 정체에 대하여 어떻게 설명하고 있는지 보자.

1) 시온 산에 서 있는 십사만 사천

 이 성경 절을 보면, 마지막 구원을 받아 어린양과 함께 시온 산에 설 사람들인 십사만 사천 명에 대한 묘사가 나오는데, 그들의 이마에는 어린양의 이름과 아버지 하나님의 이름이 기록되어 있는 것을 알 수 있다. 이 사람들은 계시록 7장에 나타나 있는 "이마에 하나님의 인을 맞은 사람들"과 관련이 있다.
 먼저 그들이 시온 산 위에 있다고 기록되어 있다. 그리고 그들만 서 있는 것이 아니라 어린양, 예수 그리스도와 함께 서 있는 것을 알 수 있다. 그것은 승리한 사람들의 모습인 것이 확실하다. 우리의 승리는 어린양이신 예수 그리스도와 함께 승리하는 것이다. 거기에는 어린양이 주인공이다. 그런데 왜 시온 산에 서 있을까? 계시록은 상징의 책이다. 예루살렘 성전이 서 있던 곳이 바로 시온 산이며, 이 시온 산은 하나님께서 함께 계시는 성전이 있는 곳이기도 하다. 이곳은 아브라함이 독자 이삭을 번제로 드리기 위하여 올라갔던 바로 그 모리아 산이며, 바로 그곳에 성전이 건축되었고, 앞으로 이곳에 예수님께서 다시 내려오실 것이라고(예수님의 재림이 아니라 삼림 때에) 예언되어 있다. 구약 성경은 예수님의 초림과 재림과 삼림에 대하여 다 예언해 놓았다. 그런데 유대인들이 그중에서 예수의 재림 예언을 메시아의 초림 사건에 맞추어 가르침으로 메시아를 알아보지 못하게 만들어 놓은 것이다.
 "그때에 여호와께서 나가사 그 열국을 치시되 이왕 전쟁 날에 싸운 것같이 하시리라 그날에 그의 발이 예루살렘 앞 곧 동편 감람 산에 서실 것이요

감람 산은 그 한가운데가 동서로 갈라져 매우 큰 골짜기가 되어서 산 절반은 북으로 절반은 남으로 옮기고 … 그날에는 빛이 없겠고 광명한 자들이 떠날 것이라 여호와의 아시는 한 날이 있으리니 낮도 아니요 밤도 아니라 어두워 갈 때에 빛이 있으리로다 그날에 생수가 예루살렘에서 솟아나서 절반은 동해로 절반은 서해로 흐를 것이라 여름에도 겨울에도 그러하리라 여호와께서 천하의 왕이 되시리니 그날에는 여호와께서 홀로 하나이실 것이요 그 이름이 홀로 하나이실 것이며 … 사람이 그 가운데 거하며 다시는 저주가 있지 아니하리니 예루살렘이 안연히 서리로다 예루살렘을 친 모든 백성에게 여호와께서 내리실 재앙이 이러하니 곧 섰을 때에 그 살이 썩으며 그 눈이 구멍 속에서 썩으며 그 혀가 입속에서 썩을 것이요 그날에 여호와께서 그들로 크게 요란케 하시리니 피차 손으로 붙잡으며 피차 손을 들어 칠 것이며 유다도 예루살렘에서 싸우리니 이때에 사면에 있는 열국의 보화 곧 금은과 의복이 심히 많이 모여질 것이요 또 말과 노새와 약대와 나귀와 그 진에 있는 모든 육축에게 미칠 재앙도 그 재앙과 같으리라 예루살렘을 치러 왔던 열국 중에 남은 자가 해마다 올라와서 그 왕 만군의 여호와께 숭배하며 초막절을 지킬 것이라"(슥 14:3,4,6~9,11~16).

　이 내용은 예수님 재림 이후에 있을 사건 즉 마지막 7재앙 이후 사단과 악인들이 다 멸망한 후에, 하나님께서 이 세상에 새 하늘과 새 땅을 세우실 때에 일어날 일들에 대한 예언이다. 이곳은 새로운 세상에서도 새 예루살렘 성이 세워질 곳인 것이다. 계시록 21장은 새 예루살렘이 하늘로부터 내려온다고 쓰여 있고, 요한계시록 21장 1,2절에 "또 내가 새 하늘과 새 땅을 보니 처음 하늘과 처음 땅이 없어졌고 바다도 다시 있지 않더라 또 내가 보매 거룩한 성 새 예루살렘이 하나님께로부터 하늘에서 내려오니 그 예비한 것이 신부가 남편을 위하여 단장한 것 같더라"고 되어 있다. 또 계시록 22장 1절에 "또 저가 수정같이 맑은 생명수의 강을 내게 보이니 하나님과 및 어린양의 보좌로부터 나서 길 가운데로 흐르더라"라고 표현되어 있다.

또한 모든 만국이 와서 하나님께 경배한다고 다음과 같이 이사야서에 기록되어 있다. "**나 여호와가 말하노라 나의 지을 새 하늘과 새 땅이 내 앞에 항상 있을 것같이 너의 자손과 너희 이름이 항상 있으리라 여호와가 이르노라 매 월삭과 매 안식일에 모든 혈육이 이르러 내게 경배하리라**"(사 66:22,23). 그러므로 이 계시록 14장은 십사만 사천이 앞으로 승리하여 새 땅에 있을 시온산에 어린양과 함께 서 있는 장면을 예언을 통하여 보여 주신 것이다.

2) 십사만 사천은 누구인가?

이 십사만 사천은 과연 누구인가? 그들은 이마에 어린양의 이름과 아버지의 이름이 기록되어 있는 사람들이다. 출애굽기 34장에서, 모세가 하나님의 영광을 보여 달라고 하자 하나님께서 당신의 이름을 선포하시면서, 당신의 성품을 말씀해 주시는 장면을 발견하게 된다. 하나님의 대답은 "**내가 내 이름을 네 앞에 반포하리라**", 그리고는 당신의 영광의 광채로 그 앞을 지나가시면서 이렇게 반포하셨다. "**여호와로라 여호와로라 자비롭고 은혜롭고 노하기를 더디하고 인자와 진실이 많은 하나님이로다**"(출 34:6). 성경에서 하나님의 이름은 곧 하나님의 성품을 말하는 동일어이다. 마지막 시대, 재림 전에 사는 그리스도인들은 "살아 계신 하나님의 인"을 받아야 하는데, 이것은 그들의 생애가 하나님의 성품을 온전히 이루고 반영하는 삶, 신의 성품에 참여하는 삶을 사는 것을 가리킨다. 이것이 하나님의 이름이 이마에 기록된 것으로 설명되는 것이다.

그러므로 십사만 사천은 이마에 "어린양의 이름"과 "아버지의 이름"이 있는데, 그것이 곧 하나님의 인이며, 이 하나님의 인은 하나님을 닮은 품성을 소유한 자들 위에 쳐지는 특별한 인이다. 어린양의 이름은 특히 예수께서 이 땅에 오셔서 사셨을 때에 아버지의 계명을 온전히 지키신 거룩한 성품을 말하는 것이다. 그것이 어린양의 품성이다. 그러므로 하나님의 인을 받을 사람

들은 모든 죄를 회개하고 거듭남을 체험한 사람들이며, 성령을 통하여 예수
께서 항상 마음속에 임재하시는 경험을 하고, 마음이 새롭게 되어, 하나님의
은혜와 능력으로 죄를 이기고, 사단의 모든 공격과 시험을 통과한 사람들이
다. 곧 하나님의 계명을 지키는 사람들이라는 말이다. 그리하여 이렇게 하나
님의 능력으로 모든 죄를 이기고 승리한 마지막 하나님의 증인들에게 하나
님의 인정의 표로서 하나님의 인이 찍혀지는 것이다.

  이 하나님의 인을 받은 사람들이 마지막에 나타날 십사만 사천이다. 그들
은 앞으로 땅에서 구속 받은 십사만 사천 명 외에는 아무도 배울 수 없는 노
래를 하나님의 보좌 앞에서 부를 것인데, 그 노래는 자신들을 기이한 섭리
로 인도하신 하나님의 지혜와 사랑에 대한 간증과 경험의 노래이기 때문에
모세와 어린양의 노래가 되는 것이다. "**이 사람들은 … 어린양이 어디로 인
도하든지 따라가는 자며 사람 가운데서 구속을 받아 처음 익은 열매로 하나
님과 어린양에게 속한 자들이니 그 입에 거짓말이 없고 흠이 없는 자들이더
라**"(계 14:4,5).

  그런데 이들은 예수께서 재림하시기 직전 마지막 시대에 사는 자들이다.
어떻게 그것을 알 수 있는가? 계시록 7장이 설명하고 있다. 요한계시록 7장
1~4절을 보면, 마지막 네 바람이 놓이기 전 곧 예수 재림 직전, 7재앙이 내
리기 바로 직전에 하나님의 인을 받는 것에 대해 말하고 있기 때문이며, 요한
계시록 7장 13~17절은, 이들을 마지막 큰 환난에서 나오는 자들이라고 말
하고 있기 때문이다.

3) 영적인 이스라엘의 수

  요한계시록 7장 5~8절을 보면, 십사만 사천은 이스라엘의 각 12지파에서
각각 1만 2천 명씩 나온다고 되어 있다. 그래서 어떤 이들은 이들이 실재 이
스라엘 지파에서 나오는 자들이라고 주장한다. 그러나 현재 북방 이스라엘

의 10지파는 다 흩어지고 없어져 어디로 갔는지 알 수가 없고 나머지 유다 지파와 베냐민 지파도 마찬가지이다. 또한 지금 현재 이스라엘은 더 이상 하나님의 선민이 아니다. 12제자들로 시작한 하나님의 교회가 그 자리를 대신한 것을 우리는 안다. 성경은 현재 교회가 하나님의 이스라엘이라고 강조하고 있다. **"하나님과 주 예수 그리스도의 종 야고보는 흩어져 있는 열두 지파에게 문안하노라"**(약 1:1). 야고보는 교회들에게 편지하면서 흩어져 있는 열두 지파라고 표현한 것이다.

그러면 십사만 사천은 영적인 이스라엘의 열두 지파에서 나오는 것을 알 수 있다. 이 열두 지파라는 것은 각기 다른 성격의 소유자들이 모인 것을 상징한다. 야곱이 죽기 전에 열두 아들들을 놓고 안수 기도를 할 때 그들의 성격의 특징들과 그들의 미래를 예언한 것을 알 수 있다. 하나님께서는 어떠한 종류의 사람이나 어떠한 성격의 소유자나 또한 어떠한 환경에서 나오는 자들이라도 다 구원하시고 변화시키실 수 있다는 사실을 입증하는 증인들로 십사만 사천을 세우시는 것이다. 그들은 모든 나라와 족속과 백성과 방언에서 나오는 자들이며, 온 세상에서 나오는 하나님의 특별한 백성인 것이다. 요한에게 그들은 헤아릴 수 없이 많은 무리로 보였는지 모르겠다. 그들의 수를 들었을 때는 십사만 사천이었지만 그러나 실제로 그들이 서 있는 장면을 보니 셀 수가 없이 많아 보였을지 모른다.

또한 이스라엘이라는 단어 자체는 야곱이 얍복 강가에서 천사와 씨름한 후에 하나님의 인정을 받고 나서, 하나님의 축복을 받고 나서 새로 받은 이름으로서, 승리자라는 뜻이다. 성경은 십사만 사천이 그들의 이마에 인을 받기까지 천사가 사방 바람을 붙잡으라고 외치고 있는 것을 기록하고 있다. 이 뜻은 마지막 전쟁과 환난 올 시간을 연기하라고 하는 것이다. 왜인가? 주님의 백성이 아직 인침을 받지 못했기 때문이다. 이 세상 역사가 끝나지 아니하고 아직 슬픔과 전쟁들이 계속되는 이유는 하나님의 교회가 인침을 받지 못하고 있기 때문이다. 앞으로 엄청난 환난이 이 세상에 이르러 올 것이다. 바다와 땅과 나무들에 이 세상의 천연계에 큰 재난들이 이르러 올 것이다. 먹을 것이 없어 굶주리는 상태가 이를 것이다. 마지막 환난 때에는 인침 받은 자들만 살아남아서 7재앙의 해를 받지 아니하고 통과할 수가 있다. 하나님의 천사들의 보호 없이는 살 수가 없는 때, 곧 "개국 이래로 없던 환난"의 때가 곧 올 것이다.

4) 앞이마에 받는 하나님의 인

하나님의 인은 다른 것이 아니라 예수 그리스도 어린양의 이름 즉 예수를 닮은 품성을 말한다. 성경의 진리를 통하여 거룩하여진 품성을 가리킨다. 그런데 왜 하나님의 인을 이마에 받는가? 우리 인간의 머리는 크게 세 부분으로 나눌 수가 있다. 앞머리, 중간 머리, 뒷머리 곧 전두, 중두, 후두, 이렇게 세 부분으로 나눈다. 뒷머리에는 우리의 감정과 입맛을 주관하는 기능들이 있고, 중간 머리는 우리의 모든 기억들을 저장하는 메모리 칩들이 있으며, 앞이마 부분에는 우리의 이성과 의지, 분별력 그리고 우리의 개성과 성품이 있다. 우리의 감정들과 마음을 주관하는 기능이 바로 앞이마에 있는 것이다.

진리를 이해하고 그대로 따라 순종하는 기능과 또한 변치 않는 믿음을 갖게 하는 의지가 바로 이곳에 있다. 하나님의 진리로 성화되어 주님의 성품을 닮은 자들, 진리대로 충성스럽게 살기로 결심한 자들, 그러한 자들은 이마에 인침을 받는다. 짐승의 표를 강요하는 일이 생길 때에 이 충성스러운 주님의 백성은 굳게 주님의 진리 안에 서서 인침을 받게 된다. 그래서 계시록 13장 사건 이후에 14장에 하나님의 인을 받는 자들이 등장하는 것이다. "**그러나 하나님의 견고한 터는 섰으니 인침이 있어 일렀으되 주께서 자기 백성을 아신다 하며 또 주의 이름을 부르는 자마다 불의에서 떠날지어다 하였느니라**"(딤후 2:19). 견고한 터인 진리로 인하여 변화된 자들, 불의에서 떠난 자들, 모든 죄로부터 정결케 된 자들, 그들이 인침을 받는 자들이다.

5) 십사만 사천의 특징

A. 새 노래를 부름

이 마지막 시대에서 구속함을 입은 마지막 성도들이 하나님의 보좌 앞에서 새로운 노래를 부르는데 그들 이외에는 능히 그 노래를 배울 자들이 없다고 쓰여 있다. 왜 그런가? 그들이 통과하는 경험과 환난이 과거에 없던 경험들이기 때문에 그러한 것이다. 그들 자신들이 특별하다는 것보다는, 그들이 마지막 시대에 겪는 경험들이 특별하다는 것이다. 그들은 거문고를 타면서 찬송을 부르는데 그들의 노랫소리가 물소리 같고 뇌성 같다고 말한다. 이들은 짐승의 표의 환난을 믿음으로 이긴 자들이기 때문에 그들만의 경험의 노래를 부르는데, 계시록 15장 1~4절에는 그들이 부르는 노래를 새 노래라고 하며, 또 어린양과 모세의 노래라고 기록하고 있다. 출애굽 때와 예수 재림 때, 이 두 상황은 다 절박하며 이런 상황에서 구속함을 받은 경험들에 대한 노래를 이들이 부르는 것이다.

B. 여자로 더불어 더럽히지 않은 자들

그런데 성경은, 이 사람들은 여자로 더불어 더럽히지 않은 자들이라고 표현하고 있다. 그래서 어떤 사람들은 이들을 결혼하지 않은 사람들이라고 말한다. 그러나 이것은 상징적인 의미이다. 여기에 나오는 여자, 여인은 음녀를 말한다. "**또 일곱 대접을 가진 일곱 천사 중 하나가 와서 내게 말하여 가로되 이리 오라 많은 물위에 앉은 큰 음녀의 받을 심판을 네게 보이리라 땅의 임금들도 그로 더불어 음행 하였고 땅에 거하는 자들도 그 음행의 포도주에 취하였다 하고**"(계 17:1,2).

이 예언은 하나님의 진리를 잘못 바꾸어 오류를 가르치므로 사람들을 바벨론의 포도주로 취하게 하는 음녀에 대한 심판을 말하고 있다. 그러므로 여자와 더불어 더럽히지 아니하고 정절이 있는 자들이란 뜻은, 오류에 빠지지 않고 참된 하나님의 말씀 진리에 충성하는 처녀와 같은 정절이 있는 자들이란 뜻이다. 그러므로 십사만 사천은 예수님의 진리에 목숨을 걸고 충성하는 자들이다. 즉 영적으로 신랑을 위하여 몸을 깨끗하게 보존하고 있는 처녀들로 상징된 것이다. 그러므로 하나님의 말씀 성경이 가르치는 진리대로 믿고 사는 것이 얼마나 중요한가! 진리는 빛이요, 빛은 하나님을 보여 주는 것이기 때문이다. 예수님은 빛이시요. 진리이시다. 그 빛과 진리는 성경 말씀을 연구할 때에 명백하게 이해될 수가 있다. 하나님을 어떻게 믿고 따르는 것이 하나님의 진리인지를 성경을 이해하는 자들 마음속에 성령께서 각인시키시는 것이다.

C. 어린양을 따라가는 자들

그들은 어린양이 어디로 인도하든지 따라가는 자들이다. 곧 자기를 부인하고 자기 십자가를 지고 주님을 따라가는 백성이라는 것이다. 그들은 예수님이 어디로 인도하든지 따라가는 자들, 오해를 받고 핍박을 받아도, 인기를 다 잃어버리고 따돌림을 받아도, 욕을 먹고 좋은 평판을 다 잃어버리게 되는 한이 있더라도 주님을 따라서, 진리를 따라서 가는 사람들이다. 주께서 가신 길은 외로운 길, 고난의 길이었다. 오늘날 많은 그리스도인들은 희생 없이 쉽게 구원 얻으려는 이기적인 신앙들을 가지고 있다. 이 세상에서도 잘되고 하늘도 가려는…. 여러분의 신앙 상태는 어떠한가?

D. 처음 익은 열매

십사만 사천에 대한 또 한 가지 중요한 문제는, 그들은 처음 익은 열매로 하나님과 어린양에게 속한 자들이라는 것이다. 이 첫 열매에 대한 이해는 매우 중요하다. 첫 열매는 구약의 성소 제도에서 찾아 볼 수 있는 진리이다. 이스라엘 백성이 추수할 시기에 이르면, 먼저 첫 열매를 거두어 성소에 가져다 바치고 나서야 드디어 추수를 시작할 수가 있었다. 대제사장이 밭에 들어가 손으로 제일 먼저 잘 익은 첫 열매 이삭들을 거두어 한 단으로 묶어서 첫 열매로 하나님께 드리는 것이었다. 이 첫 열매는 제사장들이 먹도록 되어 있었는데, 이 첫 열매는 예수 그리스도를 상징했다. "만일 죽은 자의 부활이 없으면 그리스도도 다시 살지 못하셨으리라 그리스도께서 만일 다시 살지 못하셨으면 우리의 전파하는 것도 헛것이요 또 너희 믿음도 헛것이며 … 그러나 이제 그리스도께서 죽은 자 가운데서 다시 살아 잠자는 자들의 첫 열매가 되셨도다"(고전 15:13, 14, 20).

예수께서는 죽은 자들의 부활에 대한 첫 열매가 되신다. 첫 열매는 이제 곧 있을 큰 추수에 대한 대표이며, 상징이다. 첫 열매가 준비되지 않고서는 추수를 할 수가 없는 것이다. 십사만 사천인들은 그러면 어떠한 사람들을 상징하기 위한 첫 열매인가? 그들은 살아서 승천할 자들의 첫 열매인 것이다. 예수님의 부활은 죽어서 부활할 자들에 대한 첫 열매요, 상징이며, 에녹과 엘리야 같은 살아서 승천할 자들 즉 마지막 시대에 살아 있다가 죽음을 맛보지 않고 승천할 자들에 대한 첫 열매가 바로 십사만 사천인 것이다. 그들이 사람에게서 구속을 받았다고 말한 것은 그 당시 이 땅에 살고 있는 자들 중에서 살아서 하늘로 승천하여 올라간다는 의미를 내포하고 있는 말씀이다. 첫 열매는 가장 먼저 익은 가장 잘 익은 극상품이다.

E. 입에 거짓이 없고 흠이 없는 자들

십사만 사천은 입에 흠이 없고 거룩한 자들이라고 되어 있다. 거룩하게 된 자들 즉 예수 그리스도의 피에 씻어 정결케 된 자들, 죄를 승리한 자들, 짐승의 우상을 승리한 자들, 하나님의 계명이 그들의 마음에 기록된 자들, 하나님의 성품을 닮은 자들인 것이다. "너희 마음을 굳게 하시고 우리 주 예수께서 그의 모든 성도(거룩한 자들)와 함께(천사들이라는 뜻) 강림하실 때에 하나님 우리 아버지 앞에서 거룩함에 흠이 없게 하시기를 원하노라"(살전 3:13). "평강의 하나님이 친히 너희로 온전히 거룩하게 하시고 또 너희 온 영과 혼과 몸이 우리 주 예수 강림하실 때에 흠 없게 보전되기를 원하노라"(살전 5:23). "주의 사랑하시는 형제들아 우리가 항상 너희를 위하여 마땅히 하나님께 감사할 것은 하나님이 처음부터 너희를 택하사 성령의 거룩하게 하심과 진리를 믿음으로 구원을 얻게 하심이니"(살후 2:13). 우리는 성령의 거룩하게 하심으로 구원을 얻는다. 지금은 인치는 시기이다. 인에는 두 가지가 있는데, 성령의 인은 구원받는 모든 자들을 위한 것이고, 살아 계신 하나님의 인은 마지막 시대에 사는, 환난을 통과할 자들을 위한 인이다.

2. 세 가지 경고의 메시지

계시록 14장에는 세 다른 천사가 등장한다. 이 천사들은 진짜 천사들이 아니다. 이것은 상징적으로 하나님의 메시지를 전하는 주님의 택하신 종들을 상징한다. "공중에 날아간다"는 것은 신속함을 상징한다. 이 세 천사들은 아주 중요한 메시지를 전하는데, 이 내용들은 우리가 사는 바로 이 세대를 향한 것이다. 이 메시지들이 중요한 것은 짐승의 표가 강요되는 마지막 시대를 향한 것이기에 그렇다. 여기에는 짐승의 표를 받지 말라는 호소가 포함되어 있으므로 이것은 바로 이 마지막 시대에 사는 바로 우리를 향한 복음인 것을 알 수 있다.

계 14:6~12

"또 보니 다른 천사가 공중에 날아가는데 땅에 거하는 자들 곧 여러 나라와 족속과 방언과 백성에게 전할 영원한 복음을 가졌더라 그가 큰 음성으로 가로되 하나님을 두려워하며 그에게 영광을 돌리라 이는 그의 심판하실 시간이 이르렀음이니 하늘과 땅과 바다와 물들의 근원을 만드신 이를 경배하라 하더라 또 다른 천사 곧 둘째가 그 뒤를 따라 말하되 무너졌도다 무너졌도다 큰 성 바벨론이여 모든 나라를 그 음행으로 인하여 진노의 포도주로 먹이던 자로다 하더라 또 다른 천사 곧 셋째가 그 뒤를 따라 큰 음성으로 가로되 만일 누구든지 짐승과 그의 우상에게 경배하고 이마에나 손에 표를 받으면 그도 하나님의 진노의 포도주를 마시리니 그 진노의 잔에 섞인 것이 없이 부은 포도주라 거룩한 천사들 앞과 어린양 앞에서 불과 유황으로 고난을 받으리니 그 고난의 연기가 세세토록 올라가리로다 짐승과 그의 우상에게 경배하고 그 이름의 표를 받는 자는 누구든지 밤낮 쉼을 얻지 못하리라 하더라 성도들의 인내가 여기 있나니 저희는 하나님의 계명과 예수 믿음을 지키는 자니라."

1) 첫 번째 경고의 메시지

A. 영원한 복음

첫째 천사는 "곧 여러 나라와 족속과 방언과 백성에게 전할 영원한 복음을 가졌"다고 기록되어 있다. 이것은 온 세상에 다 전파되어야 할 마지막 호소의 메시지다. 그런데 왜 영원한 복음이라고 했을까? 복음은 복음인데 영원한 복음이다. 영원이라는 말은 변함이 없다는 뜻을 내포하고 있다. 이것은 옛날, 복음을 처음 선포하셨을 때부터 전혀 변하지 않은 그 원래의 복음이라는 뜻이다. 그렇다면 이 마지막 시대에 성경의 복음이 변질되었을 가능성이 있다는 말인가? "일곱째 천사가 소리 내는 날 그 나팔을 불게 될 때에 하나님의 비밀이 그 종 선지자들에게 전하신 복음과 같이 이루리라"(계 10:7). 계시록 10장을 공부할 때에 배웠듯이, 7절은 성경에 있는 선지자들이 전한 것과 같은 복음이라고 강조하고 있다.

오늘날 교회들 안에 값싼 복음들이 들어 왔다. 자유주의의 복음, 신자들에게 거짓 안전을 가져다 주는 가짜 복음이 들어왔다. 지금 그러한 식으로 믿고 나가면 반드시 멸망 받게 될 것인데도 불구하고 거짓 평안을 통하여 자기가 구원받은 줄로 생각하게 하는 가짜 복음들이 기독교를 점령하고 있다. 믿기만 하면 자기 생애를 주 앞에 굴복하지 않고서도 적당히 구원받는 줄로 착각하게 만드는 그러한 가짜 복음, 심지어 영광스러운 구원과 부끄러운 구원이 있다고 가르치는 가짜 복음은 참으로 위험한 것이다. 바울은 로마서 1장 16절에, "**내가 이 복음을 부끄러워하지 아니하노니 이 복음은 모든 믿는 자에게 구원을 주시는 하나님의 능력이 됨이라**"고 했다. 복음은 그저 복된 소식, 아니면 기쁜 소식만 말하는 것이 아니다. 복음은 하나님의 능력 곧 죄인의 죄를 용서해 줄 뿐만 아니라 그 죄의 파워에서 그를 구원하여 내는 하나님의 능력이며, 죄인을 하늘에 살 수 있는 자로 회복시키는 능력인 것이다.

로마서 1장 1~5절을 읽으면, 복음을 통하여 믿어 순종케 한다는 사실을 강조하고 있다. 로마서를 끝마치면서 바울은 같은 점을 강조한다. 로마서 16장 25,26절에도 같은 말씀이 있다. "이 은혜는 곧 나로 이방인을 위하여 그리스도 예수의 일꾼이 되어 하나님의 복음의 제사장 직무를 하게 하사 이방인을 제물로 드리는 그것이 성령 안에서 거룩하게 되어 받으심직하게 하려 하심이라"(롬 15:16). 이것은 성령 안에서 거룩하게 되어 구원 얻게 되는 것을 강조한다.

"주의 사랑하시는 형제들아 우리가 항상 너희를 위하여 마땅히 하나님께 감사할 것은 하나님이 처음부터 너희를 택하사 성령의 거룩하게 하심과 진리를 믿음으로 구원을 얻게 하심이니 이를 위하여 우리 복음으로 너희를 부르사 우리 주 예수 그리스도의 영광을 얻게 하심이니라"(살후 2:13,14). 복음은 죄의 용서 그 이상을 의미한다. 믿는 자를 구원하시는 하나님의 능력이다. 어디로부터 구원을 하는가? 죄로부터이다. 하나님의 계명을 어기는 행위로부터이다. 우상으로부터 구원을 하시는 능력이다. 그래서 그 복음을 받아들이는 자를 거룩하게 하시는 것이다. 예수님의 이름을 믿는 자들은 구원을 얻게 될 것이라고 성경은 선포하고 있다. 예수님의 이름을 믿는다는 것이 무엇을 의미하는 말인가? 예수의 이름은 "자기 백성을 그들의 죄에서 구원하실 자"라는 뜻이다. 그들을 노예로 만드는 죄의 힘에서부터 말이다.

이 영원한 복음은 원래 창세기에서 처음 선포되었다. 아담과 하와에게 양의 가죽 옷을 입히시면서 설명해 주신 것이 이 복음이다. 그들의 죄를 대신해서 창조주이신 아들 하나님이 죽으셔서 그들을 다시 회복시킬 것이라는 복음이 영원한 복음이며, 그 복음에 나타난 하나님의 사랑을 깨달은 사람이 다시는 죄를 짓고 싶은 마음이 없어지게 하는 복음이 영원한 복음인 것이다.

B. 하나님께 영광을 돌리라

"그가 큰 음성으로 … 하나님을 두려워하며 그에게 영광을 돌리라."(계 14:7). 7절에 있는 말씀들이 바로 이 영원한 복음의 내용들이다. 이 첫 번째 천사가 영원한 복음을 가지고 그 복음을 선포하고 있는데, 그것이 어떤 내용인가? "하나님을 두려워하고 그에게 영광을 돌리라"고 촉구하는 내용이다. 왜 그런가? 그 이유는 그의 "심판하실 시간이 이르"렀기 때문이다. 그러므로 "창조주를 경배하라."고 덧붙이고 있다.

여기서 하나님을 두려워한다는 의미는 무엇인가? 그것은 하나님을 경외하고 순종하라는 뜻이다. 다음의 성경 절들은 그 의미를 잘 설명해 주고 있다.

"곧 너와 네 아들과 네 손자로 평생에 네 하나님 여호와를 경외하며 내가 너희에게 명한 그 모든 규례와 명령을 지키게 하기 위한 것이며"(신 6:2). "네 하나님 여호와의 명령을 지켜 그 도를 행하며 그를 경외할 지니라"(신 8:6). "이스라엘아 네 하나님 여호와께서 네게 요구하시는 것이 무엇이냐 곧 하나님 여호와를 경외하여 그 모든 도를 행하고 그를 사랑하며 마음을 다하고 성품을 다하여 내 여호와 하나님을 섬기고 내가 오늘날 네 행복을 위하여 네게 명하는 여호와의 명령과 규례를 지킬 것이 아니냐"(신 10:12,13). "여호와를 경외하며 그 도에 행하는 자마다 복이 있도다"(시 128:1). "그런즉 사랑하는 자들아 이 약속을 가진 우리가 하나님을 두려워하는 가운데서 거룩함을 온전히 이루어 육과 영의 온갖 더러운 것에서 자신을 깨끗케 하자"(고후 7:1).

그러므로 하나님을 두려워하는 것은 하나님의 명령을 순종한다는 뜻이다.

또 그에게 영광을 돌린다는 뜻은 무엇인가? 하나님의 성품을 닮아 세상에 보여 주라는 뜻이다. "이같이 너희 빛을 사람에게 비취게 하여 저희로 너희 착한 행실을 보고 하늘에 계신 너희 아버지께 영광을 돌리게 하라"(마 5:16). "너희가 과실을 많이 맺으면 내 아버지께서 영광을 받으실 것이요"(요 15:8).

C. 심판하실 시간이 이름

예수께서 재림하시기 전에 심판하는 일이 먼저 있어야 한다. "**하나님 집에서 심판을 시작할 때가 되었나니 만일 우리에게 먼저 하면 하나님의 복음을 순종치 않는 자들의 그 마지막이 어떠하며**"(벧전 4:17). "원수 갚는 것이 내게 있으니 내가 갚으리라 하시고 또다시 주께서 그의 백성을 심판하리라 하신 것을 우리가 아노니"(히 10:30). "어떤 사람들의 죄는 밝히 드러나 먼저 심판에 나아가고 어떤 사람들의 죄는 그 뒤를 쫓나니 이와 같이 선행도 밝히 드러나고 그렇지 아니한 것도 숨길 수 없느니라"(딤전 5:24,25). "인자가 아버지의 영광으로 그 천사들과 함께 오리니 그때에 각 사람의 행한 대로 갚으리라"(마 16:27).

성경을 연구해 보면, 재림 전에 심판이 있는 것을 알 수 있다. 그러므로 여기서 심판이 오기 전에 조물주를 경배하라고 하는 것이다. 성경에 창조주를 경배하는 방법 한 가지가 소개되어 있다. 그것은 넷째 계명 속에 있는데, 안식일을 기억하여 지키라는 것이다. 거기에는 창조주의 이름이 나온다. 그러므로 안식일 준수의 회복에 대한 말씀이 들어 있다.

2) 두 번째 경고의 메시지

그다음에 둘째 천사가 뒤따르며 복음을 선포하는데, 그 천사는 "바벨론이 무너졌다"고 외치며, "큰 성 바벨론은 모든 나라들을 그 음행으로 인하여 진노의 포도주를 먹이던 자"라고 소리친다. 바벨론이 무너졌다는 말은 바벨론에 대한 하늘의 심판이 임하여 멸망하게 되었다는 뜻이다. 여기서 "큰 성 바벨론"이란 말은 영적인 것으로 상징된 이야기이다. 이것은 영적인 바벨론이라는 말이다. 왜냐하면 실제적인 국가 큰 성 바벨론은 이미 옛날에 무너졌기 때문이다. 바벨론은 구약에 등장하는 고대 국가의 이름이다. 특별히 다니엘서에는 이스라엘 청년이었던 다니엘이 바벨론 나라에 포로로 잡혀가 활약하는 이야기와 바벨론 나라에 대하여 자세히 언급되어 있다.

A. 영적인 바벨론

성경에 바벨이란 말이 처음 쓰인 곳은 창세기 10장과 11장이며 처음으로 "바벨"과 함께 "바벨탑"에 대하여 언급하고 있다. 바벨탑을 쌓은 사람은 "니므롯"이란 장수였다. 노아 홍수 후 사람들은 다시는 홍수로 이 세상을 멸하시지 않으리라는 무지개를 통한 하나님의 약속을 믿지 않고, 하나님의 약속의 말씀과 주권에 도전하는 뜻으로 니므롯의 명령을 따라 바벨탑을 쌓았다. 인간은 하나님께만 속해 있는 지도권을 취하였다. 그러므로 "바벨론"이란 단어는 하나님의 주권에 반역한다는 뜻을 가진 말과 근원적으로 동의어이다.

또한 히브리어에서 "바벨"이란 단어는 "혼잡"이라는 의미를 가지고 있다. 예수 그리스도가 탄생하기 600년 전에 존재하던 바벨론이라는 도시는 배교와 혼잡함의 특성들을 가지고 있었고. 이 "세계적인 힘"은 하나님의 백성을 억압하였고, 여러 국가를 통일하고 다스리던 바벨론에는 여러 가지 종교가 혼합된 형태의 거짓 종교들이 성행했다. 그 옛날부터 "바벨론"은 모든 거짓 종교의 어미가 되었으며, 그들의 종교는 그들이 행하는 어떤 "행위"에 따라 구원을 얻는 것(이방신의 분노를 달래려고 제사를 드리는 일로 구원을 설정해 놓음)으로 가르쳐 왔으며, 거룩하지 못한 것과 성경의 교리들을 어느 정도 합쳐서 혼잡하게 만들어 놓은 세력이 되었다. 그러므로 영적으로 "바벨론"은 혼돈과 혼잡함을 연상케 한다.

또한 여기서 나오는 바벨론이 영적인 의미로 쓰인 것이 확실한 증거는, 예수님께서 오시기 바로 직전에 일어날 사건을 묘사한 계시록 18장에 "큰 성 바벨론이 무너졌다."라고 쓰인 것이다. 옛날 고대 바벨론 국가가 아니고 영적인 바벨론이라는 것이 확실하다.

그러면 이 바벨론은 누구, 무엇을 가리키는 말인가? 옛날에 바벨론이 유다와 이스라엘을 침공하고 하나님의 백성을 포로로 잡아간 것을 성경을 통해 우리는 알고 있다. 바벨론의 느부갓네살 왕은 예루살렘을 침공해 들어갔을 때 하나님의 성전에 들어가서 하나님의 성소에 있는 거룩한 기명들 곧 금은 기명들과 촛대 등을 다 가지고 바벨론으로 돌아와, 그 거룩한 기명들을 그들의 태양의 신전인 마르둑 신전에 가져다가 놓았다. 그리고 유대인 가운데서 귀중한 사람들과 다니엘과 그 세 친구 같은 사람들을 바벨론의 포로로 잡아갔다.

그러므로 이 마지막 시대의 바벨론은, 겉으로는 하나님의 교회라고 불리고 있으나 영적으로 타락한 교회, 성경의 가르침과 오류를 혼합해 놓은 상태의 교회를 말하는 것이다. 현대의 많은 하나님의 교회들이 바벨론에 포로로 잡혀가 얽매여 있으며 바벨론의 포도주에 취하여 비틀거리고 있는 것이다. 이방 신을 섬기는 잘못된 오류에 매여있는 상태에 있는 것이다. 다시 말해서 교회가 진리가 아닌, 오류를 가지고 있는 음녀의 어미에게 붙잡혀 가 있는 상태를 가리킨다. 그래서 하나님의 성전에 쓰는 기구들이 다 거기에 가 있고, 하나님의 백성도 또한 거기에 있다. 즉 오류와 진리가 뒤섞여서 있는 타락한 마지막 시대 교회의 참상을 가리켜서 "바벨론"이라고 하는 것이다. 그래서 계시록 18장 4절은 **"또 내가 들으니 하늘로서 다른 음성이 나서 가로되 내 백성아 거기서 나와 그의 죄에 참여하지 말고 그의 받을 재앙들을 받지 말라"**라고 외치게 되는 것이다. 바벨론의 잘못된 가르침에 의하여 취한 상태에서 나오라는 것이다.

B. 음행과 진노의 포도주

둘째 천사는 바벨론이 "음행으로 인하여 진노의 포도주를 먹이던 자"라고 폭로하고 있다. **"바벨론은 여호와의 수중의 온 세계로 취케 하는 금잔이라 열방이 그 포도주를 마시고 인하여 미쳤도다"**(렘 51:7).

성경에서 "음행"을 한다는 뜻은 무엇인가? 에스겔 23장 27~30절을 보면 그 의미를 알 수 있는데, **"네가 이같이 당할 것은 네가 음란히 이방을 좇고 그 우상들로 더럽혔음이로다"**(겔 23:30)는 구절을 보아 영적으로 음행한다는 것은, 하나님의 진리를 놓고서 거짓 진리를 받아들이는 것이고 하나님을 믿지 않고 우상을 숭배하는 것이다. 이것이 곧 다른 사람들에게 포도주를 마시게 해 취하게 만드는 것이다. 그래서 성경은 옛날 하나님의 백성이었던 이스라엘이 타락하고 하나님을 떠나 우상 숭배에 빠진 것을 왕들과 백성이 음행을 했다는 것으로 표현하고 있다.

성경은 "음녀"와 "큰 성 바벨론"이 자신의 성경적이지 않은 교리로 온 세상을 취하게 하였다고 말하고 있다. 이교의 교리와 혼합되고, 거짓 오류가 뒤섞인, 하나님의 진리의 말씀인 성경과 맞지 않는 잘못된 교리를 성경은 "취하게 하는 포도주"로 말하고 있는 것이다. 기원후 300년경에 로마는 정치적인 통합 수단으로 기독교를 국교로 만들어 이교도와 그리스도인들의 화합을 꾀하고 정치 세력을 확장하였다. 그 이유로 인해 많은 이교의 교리들이 그리스도교에 도입되었다. 그리하여 인간을 구원하는 단순하고 아름다운 복음의 진리가 인간의 행함으로 구원을 얻는 힘든 교리로 대체되었고, 자비로우신 사랑의 하나님의 모습이 마치 제물이나 제사를 통하여나 달랠 수 있는 두렵고 무서운 이교의 신의 이미지로 대체되었다. 인간 중보자인 마리아를 통하지 않고서는 가까이 나아갈 수 없는 두렵기만 한 신으로…. 천주교는 성경에 없는 많은 교리들을 그리스도교회 안에 소개했는데, 그 교리들은 아직도 개신교 안에 그리고 기독교인들 속에 고스란히 남아 그리스도인들의 구원 문제에 지대한 영향을 미치고 있다.

음행과 우상 숭배에 관한 다른 성경 절들을 읽어 보자.

· 렘 13:27 "내가 너의 간음과 사특한 소리와 들의 작은 산 위에서 행한 네 음행의 비루하고 가증한 것을 보았노라 화 있을진저 예루살렘이여 네가 얼마나 오랜 후에야 정결하게 되겠느뇨."

· 미 1:7 "그 새긴 우상을 다 파쇄하고 그 음행의 값을 다 불사르며 그 목상을 다 훼파하리니 그가 기생의 값으로 모았은즉 그것이 기생의 값으로 돌아가리라."

잠깐 여기서 요즈음 현대 기독교인들의 우상은 무엇인가 살펴보자. 요즈음 기독교인들은 마음으로 우상을 섬긴다. 하나님보다 더 사랑하는 것 – 자녀, 재물, 명예, 쾌락, 자존심 등등 – 은 무엇이든지, 또 하나님께 대한 우리의 애정을 빼앗아 가는 모든 것은 무엇이든지 영적인 현대의 우상이다. 많은 그리스도인들이 무엇이 참 진리인지 깨닫지 못하고 제 갈 길을 모른 채 비틀거리며 방황하고 있다. 진리와 복음이 분명하지 않다. 왜냐하면 음행의 포도주를 마셨기 때문이다.

옛날 바벨론 왕이 귀인과 잔치를 베풀었었다. 그때 벨사살 왕은 예루살렘 성전에서 취하여 온, 하나님 앞에 쓰이던 거룩한 금은 기명을 가지고 와서 술을 부어서 마시게 했다(다니엘 5장 참조). 금은 기명은 성전에서 쓰는 것인데 그 안에 포도주, 사람을 취하게 하는 것이 들어 있었다. 교회는 하나님의 교회이고 예수님의 이름을 부르는데, 가르침은 사람을 취하게 만드는 포도주(거짓 복음, 오류가 섞인 교리)가 들어있었다는 것이다. 이런 교회의 형편을 가리켜서 바벨론이라 한다. 옛날에는 마귀가 믿는 사람을 다 핍박하고 순교시킴으로 승리를 얻으려고 애를 써 왔는데, 그러한 방법이 오히려 믿는 자들을 결국 부흥시키는 결과를 초래한 것을 보고서 그는 작전을 바꾼 것이다. 더 간교해진 사단은 이제 교회 안으로 들어와서 사람들로 하여금 믿기는 믿으나 잘못 믿게 하므로 멸망시키려 하고 있다. 그의 이러한 새로운 시도는 크게 성공을 거두고 있다. 요즘에 그는 사람들을 잘못된 복음과 교리 즉 바벨론의 포도주에 취하게 만들어 멸망 당하도록 이끌고 있다.

옛날에 바벨론에서 가르치는 태양 숭배와 잘못된 가르침을 유다뿐 아니라 온 세계가 그것을 받아들여 태양 신을 섬기는 이방 신전을 세웠고, 그로 인해 모두 취하게 되었던 것이다. 이처럼 마지막 시대에도 잘못된 오류를 믿는 것은 음행을 하는 것이라고 성경은 예언하고 있는 것이다.

· 이사야 28:7,8,13

"이 유다 사람들도 포도주로 인하여 옆걸음 치며 독주로 인하여 비틀거리며 제사장과 선지자도 독주로 인하여 옆걸음 치며 포도주에 빠지며 독주로 인하여 비틀거리며 이상을 그릇 풀며 재판할 때에 실수하나니"(7절).

"모든 상에는 토한 것, 더러운 것이 가득하고 깨끗한 곳이 없도다"(8절).

"여호와께서 그들에게 말씀하시되 경계에 경계를 더하며 경계에 경계를 더하며 교훈에 교훈을 더하며 교훈에 교훈을 더하고 여기서도 조금, 저기서도 조

제14장 | 323

금 하사 그들로 가다가 뒤로 넘어져 부러지며 걸리며 잡히게 하시리라"(13절).

그러므로 포도주에 취하지 않으려면, 위의 13절 말씀처럼, 성경 한 곳만 살피지 말고 전체 성경을 살펴보고, 여기서 얻고 저기서 얻고, 성경 전체에서 문맥을 보고 거기서 진리를 발견해야 할 것이다.

교황권이 들여온 "취하게 하는 포도주"

- 원죄설 – original sin
- 성체설
- 성자 숭배, 성지 순례, 우상(사도상, 베드로상, 성모 마리아상, 성자상)
- 영혼 불멸설(새 세대 운동이나 강신술에서도 발견되는 교리)
- 영원히 불타는 연옥설, 지옥설
- 거짓 이야기들, 경외서
- 일요일 성수 제도
- 십계명 변조
- 거짓 복음

3) 세 번째 경고의 메시지

그 뒤를 이어 셋째 천사가 날아가며 "짐승의 우상에게 절하지 말고 그 표를 받지 말라."고 외친다. 그리고 또 "짐승의 표를 받으면 하나님의 진노의 포도주를 마실 것이라."고 한다. 이것은 7재앙을 말한다. 자기의 목숨을 건지기 위하여 진리를 타협하고 짐승의 표를 받으면 7재앙의 해를 받는다. 하나님의 인은 이마에만 받지만 짐승의 표는 이마와 손에 받는다. 이마에 표를 받는다는 의미는 이해하고 받아들이는 표이고, 손에 표를 받는다는 뜻은 노예와 군인들의 손에 표를 주었듯이 할 수 없이 받는, 원치 않으나 끌려가는 모습을 상징한다. 그것은 하나님과 진리에 대한 확신과 충성심이 없는 상태를 말한다.

섞인 것이 없는 하나님의 진노의 포도주란, 은혜의 시간이 끝난 후 내리는 7재앙, 하나님의 자비가 더 이상 없는 심판을 가리킨다. 또한 거룩한 어린양과 천사들 앞에서 천년기 후에 받는 심판을 말한다. 요한계시록 20장 7~10절에 보면, 짐승의 표를 받는 사람은 "고난의 연기가 세세토록 올라"가도록 형벌을 받는다고 되어 있다. 이것은 영원히 타는 지옥불을 말하기보다는 완전한 멸망, 다 타서 없어지는 것에 대한 상징적인 표현이다.

이사야 34장 8~11,14,15절에 나오는 에돔에 대한 묘사를 보면, 에돔이 영원히 사라지고 없어지는 것에 대한 표현을 이렇게 한 것을 알 수 있다. "**에돔의 시내들은 변하여 역청이 되고 그 티끌은 유황이 되고 그 땅은 불붙는 역청이 되며 낮에나 밤에나 꺼지지 않고 그 연기가 끊임없이 떠오를 것이며 세세에 황무하여 그리로 지날 자가 영영히 없겠고…**"(사 34:9,10). 지금도 에돔 지방에 불이 계속 타며 연기가 올라가고 있는 것이 아니다. 영원한 불은 그 목적이 영원하다는 말이다. 태워야 할 대상이 다 타고 없어지고 나면 그 불이 더 이상 탈 이유도 없어지는 것이다. 유다서에 소돔과 고모라 성을 영원한 불로 멸망시키셨다는 말씀을 같은 시대의 사도 베드로는 다음과 같이 표현하였다. "**소돔과 고모라 성을 멸망하기로 정하여 재가 되게 하사 후세에 경건치 아니할 자들에게 본을 삼으셨으며**"(벧후 2:6). 불로 태워 재가 되게 하셨다는 것이다.

짐승의 표를 받는 자들은 밤낮 쉼이 없다. 하나님의 명령을 어기고 짐승의 세력에 타협하는 자들의 마음속에 진정한 평안과 안식이 없는 상태를 이렇게 묘사한 것이다. 그래서 세번째 천사가 말하는 결론은 요한계시록 14장 12절에 나온다. "**성도들의 인내가 여기 있나니 저희는 하나님의 계명과 예수 믿음을 지키는 자니라.**" 짐승의 표를 받지 않고 하나님께 끝까지 충성하려면 성도의 인내가 필요하다. 앞으로 환난이 올 것이다. 우리에게 인내가 필요한 때가 올 것이다. 핍박을 받으면서도, 굶주리면서도, 옥에 갇히면서도 인내해야 할 때가 온다. 왜 인내가 필요한가? 우리가 한동안 시련을 당할 것이기 때문에, 그때는 마치 하나님께서 우리를 버리신 것 같은 느낌이 생길 것이기 때문이다. 그때는 하나님께서 우리를 시험하시는 때이며 온 우주가 우리들의 진실됨을 살펴보는 때이다. 성도들의 인내는 하나님의 계명을 지키는 일과 관련이 있다. 이 일은 예수를 믿는 참된 믿음으로 되는 일이다. 믿음으로 계명을 폐하는 것이 아니고 완성케 하는 것이다.

"또 내가 들으니 하늘에서 음성이 나서 가로되 기록하라 지금 이후로 주 안에서 죽는 자들은 복이 있도다 하시매 성령이 가라사대 그러하다 저희 수고를 그치고 쉬리니 이는 저희의 행한 일이 따름이라 하시더라"(계 14:13). 13절은 순교자들이 있을 것을 상징하는 말씀이다. 이 말씀은 요한계시록 6장 9~11절에 나오는 다섯째 인 사건과 비슷하다. 다섯째 인의 사건은 중세기의 핍박을 통하여 죽임 당한 영혼들의 부르짖음에 대한 상징인데, 예수 재림 전에 있을 짐승의 핍박의 기간에도 순교자들이 있을 것이다. 목숨을 바치면서까지 하나님의 진리를 수호하면서 하나님의 계명을 옹호하며 지키는 자들이 있을 것이다.

계 14:14~20

"또 내가 보니 흰 구름이 있고 구름 위에 사람의 아들과 같은 이가 앉았는데 그 머리에는 금면류관이 있고 그 손에는 이한 낫을 가졌더라 또 다른 천사가 성전으로부터 나와 구름 위에 앉은 이를 향하여 큰 음성으로 외쳐 가로되 네 낫을 휘둘러 거두라 거둘 때가 이르러 땅에 곡식이 다 익었음이로다 하니 구름 위에 앉으신 이가 낫을 땅에 휘두르매 곡식이 거두어지니라 또 다른 천사가 하늘에 있는 성전에서 나오는데 또한 이한 낫을 가졌더라 또 불을 다스리는 다른 천사가 제단으로부터 나와 이한 낫 가진 자를 향하여 큰 음성으로 불러 가로되 네 이한 낫을 휘둘러 땅의 포도송이를 거두라 그 포도가 익었느니라 하더라 천사가 낫을 땅에 휘둘러 땅의 포도를 거두어 하나님의 진노의 큰 포도주 틀에 던지매 성밖에서 그 틀이 밟히니 틀에서 피가 나서 말굴레까지 닿았고 일천육백 스다디온에 퍼졌더라."

계시록 14장 14~20절까지는 두 추수에 대한 말씀이 나온다. 인침 받은 알곡들의 추수와 짐승의 표를 받은 불순종하는 자들인 가라지들을 추수하는 일이 일어날 것이다. 1600스타디온은 팔레스타인 지역의 길이를 말하는데, 이것은 영적인 상징이다. 이 구절들은 이 세상의 교회들 가운데 있는 악인들을 철저히 심판하시는 모습을 묘사한다. 가라지들의 심판을 가리키는 것이다.

이 계시록 14장의 메시지는 지금 현대를 사는 우리들에게 직접적으로 적용된다. 이 복음은 현대 교회를 향한 하나님의 부르심인 것이다. 짐승의 표를 강요할 때에 하나님의 인을 받는 자들이 세상을 향해 외치는 마지막 메시지가, 세 천사가 외치는 세 가지 메시지로 묘사되고 상징되어 있는 것이 14장의 짜임새이다. 세 천사가 메시지를 외친 후에 두 추수가 생긴다. 그것은 알곡들의 추수와 악인들의 추수이다. 지금은 은혜의 시기가 끝나가는 때이다. 여러분은 마지막 시대를 위한 성도의 인내를 가지고 있는가? 예수께서 속히 오실 것이다.

제15장 | **하나님의 인을 받은 자들의 찬송**

요한계시록 15장 연구
chapter Fifteen

한계시록 15장에는 7재앙의 시작과 그것을 벗어난 자들의 영광스러운 모습이 묘사되어 있다.

계 15:1

"또 하늘에 크고 이상한 다른 이적을 보매 일곱 천사가 일곱 재앙을 가졌으니 곧 마지막 재앙이라 하나님의 진노가 이것으로 마치리로다."

여기에 보면, 하늘에 크고 이상한 다른 이적이 보인다고 기록되어 있다. 왜 이적이라고 했는가? 그것은 사랑이 무한하신 하나님께서 악인들에 대한 심판으로 7재앙을 내리시기 때문에 이적처럼 이상한 일인 것이다. 그러나 비록 그것이 하나님의 진노와 심판으로 기록되었지만, 사실은 사람들이 자신들이 한 행동의 값을 거두는 것이라고 생각해도 무방할 것이다. 하나님의 사랑과 호소를 거절하고 반역한 악인들은 7재앙을 당할 것이다.

"대저 여호와께서 브라심 산에서와 같이 일어나시며 기브온 골짜기에서와 같이 진노하사 자기의 일을 행하시리니 그일이 비상할 것이며 … 대저 온 땅을 멸망시키기로 작정하신 것을 내가 만국의 여호와께로서 들었느니라"(사

28:21,22). 사랑의 하나님의 심판은 이상한 일이지만 정당한 일이다. 왜냐하면, 악인들 때문에 순량한 하나님의 백성이 오랫동안 고통을 당했기 때문이다. 의인들이 영원히 살기 위해서는 악인들이 함께 존재해서는 안 되는 것이다. 그러므로 그 7재앙의 묘사 후에 짐승의 표를 받지 않고 승리한 하나님의 백성이 불이 섞인 유리 바닷가에서 거문고를 들고 찬송을 하는 장면이 이어지는 것이다. 승리한 그들의 기쁨에 대하여 묘사된 것이다.

계 15:2~4

"또 내가 보니 불이 섞인 유리 바다 같은 것이 있고 짐승과 그의 우상과 그의 이름의 수를 이기고 벗어난 자들이 유리 바닷가에 서서 하나님의 거문고를 가지고 하나님의 종 모세의 노래 어린양의 노래를 불러 가로되 주 하나님 곧 전능하신이시여 하시는 일이 크고 기이하시도다 만국의 왕이시여 주의 길이 의롭고 참되시도다 주여 누가 주의 이름을 두려워하지 아니하며 영화롭게 하지 아니하오리이까 오직 주만 거룩하시니이다 주의 의로우신 일이 나타났으매 만국이 와서 주께 경배하리이다 하더라."

빛나는 정금 거리와 유리 바다, 거문고를 들고 승리의 노래를 부르는 구원받은 성도들! 이제 슬픔과 고통과 아픔은 사라지고 승리의 기쁨만이 메아리친다. 그들은 무엇을 승리했는가? 자신과 죄와 세상과 마귀와 그의 기만을 승리했다. 짐승의 표를 이기고 진리로 이긴 충성스러운 자들, 이 세상을 이기고 마귀의 유혹을 이기고 그들은 드디어 승리하여 모세의 노래와 어린양의 노래를 부른다! 모세의 노래는, 출애굽 시 절박한 상황에서 하나님께서 그들을 구원하신 사실을 노래하는 내용이며, 홍해를 가르며 구원하신 하나님을 찬양하는 노래이다. 어린양의 노래도 마찬가지이다. 그 노래는 마지막 환난에서, 절박한 상황에서, 죽게 되었을 상황에서 예수께서 재림하심으로 구원을 받은 것을 찬양하는 노래인 것이다. 옛날에는 홍해를 가르고 구원하셨지만, 이번에는 하늘을 가르면서 오심으로 마지막 성도들을 구원하신다.

계 15:5~8

"또 이 일 후에 내가 보니 하늘에 증거 장막의 성전이 열리며 일곱 재앙을 가진 일곱 천사가 성전으로부터 나와 맑고 빛난 세마포 옷을 입고 가슴에 금띠를 띠고 네 생물 중에 하나가 세세에 계신 하나님의 진노를 가득히 담은 금대접 일곱을 그 일곱 천사에게 주니 하나님의 영광과 능력을 인하여 성전에 연기가 차게 되매 일곱 천사의 일곱 재앙이 마치기까지는 성전에 능히 들어갈 자가 없더라."

여기에 보면, 하늘에 증거의 장막이 열렸다고 묘사되어 있다. 증거의 장막은 하늘 지성소 곧 법궤가 있는 곳을 가리킨다. 그곳은 심판하는 곳이며 거기서부터 일곱 재앙이 내리는 것이다. 그러므로 계시록은 성소 중에서도 지성소에서 진행되고 있는 마지막 심판 사업과 죄의 정결 사업 즉 대속죄일의 사업을 보여 주고 있는 것이다. 하나님의 진노인 7재앙이 끝나야 예수께서 재림하시고 성도들이 승천할 것이며, 그때까지는 아무도 하늘 성전에 들어갈 자가 없다.

제 16장 | **마지막 일곱 재앙**

요한계시록 16장 연구

chapter Sixteen

**16장**에는 일곱 재앙에 대하여 묘사되어 있다. 그리고 아주 중요한 아마겟돈 전쟁에 대하여 기록되어 있다. 함께 연구하여 보자.

1. 7재앙

재앙이 임할 때에는, 하나님의 편에 서서 살아 계신 하나님의 인을 받은 주의 자녀들과, 사단의 편에 서서 짐승의 표를 받은 악인들, 두 그룹만 이 세상에 존재할 것이다. 이제 7재앙에 대하여 공부해 보자.

계 16:1~11

"또 내가 들으니 성전에서 큰 음성이 나서 일곱 천사에게 말하되 너희는 가서 하나님의 진노의 일곱 대접을 땅에 쏟으라 하더라 첫째가 가서 그 대접을 땅에 쏟으매 악하고 독한 헌데가 짐승의 표를 받은 사람들과 그 우상에게 경배하는 자들에게 나더라 둘째가 그 대접을 바다에 쏟으매 바다가 곧 죽은 자의 피같이 되니 바다 가운데 모든 생물이 죽더라 셋째가 그 대접을 강과 물 근원에 쏟으매 피가 되더라 내가 들으니 물을 차지한 천사가 가로되 전에도 계셨고 시방도 계신 거룩하신 이여 이렇게 심판하시니 의로우시도다 또 내가 들으니 제단이 말하기를 그러하다 주 하나님 곧 전능하신 이시여 심판하시는 것이 참되시고 의로우시도다 하더라 넷째가 그 대접을 해에 쏟으매 해가 권세를 받아 불로 사람들을 태우니 사람들이 크게 태움에 태워진지라 이 재앙들을 행하는 권세를 가지신 하나님의 이름을 훼방하며 또 회개하여 영광을 주께 돌리지 아니하더라 또 다섯째가 그 대접을 짐승의 보좌에 쏟으니 그 나라가 곧 어두워지며 사람들이 아파서 자기 혀를 깨물고 아픈 것과 종기로 인하여 하늘의 하나님을 훼방하고 저희 행위를 회개치 아니하더라."

첫째 재앙은 악하고 독한 헌데가 짐승의 표를 받고 짐승의 우상에게 절하는 자들에게 내린다. 그런데 오늘날에는 벌써 재앙처럼 피부에 각종 질병들이 생기는 것을 볼 수 있다. 그리고 피부암들의 증가는 날로 더해 가고 있다. 세계적인 7재앙이 다가오고 있다는 징조이다.

둘째 재앙은 바다가 피가 되는 재앙이다. 오늘날 바다의 적조 현상은 이 재앙을 실제적인 것으로 생각하게 만든다. 바다가 오염되어 물고기들과 생물들 죽는 모습들은 세상의 끝이 가까웠음을 느끼게 한다. 이럴 때에 하나님께서는 이런 약속을 우리에게 주셨다. "**그는 높은 곳에 거하리니 견고한 바위가 그 보장이 되며 그 양식은 공급되고 그 물은 끊치지 아니하리라 하셨느니라**"(사 33:16).

셋째 재앙은 강과 물들의 근원이 피가 되는 재앙이다. 요즈음 하천과 강의 오염들을 보라. 물고기들이 수없이 죽어 떠오르는 모습들이 나타나는 것을 보면 물이 썩었다는 사실이 증명된다. 현재 환경의 오염은 심각함을 이미 넘어섰다. 은혜의 시간이 끝난 이후의 진짜 재앙들은 정말로 심각한 것일 것이다.

넷째 재앙은 해가 뜨거워지는 재앙이다. 현재 오존층의 파괴는 지구의 온

난화 현상의 가속화를 가져오고 있다. 그러므로 넷째 재앙의 징조는 너무도 역력하다.

다섯째 재앙은, 짐승의 보좌가 어두워지며, 재앙을 받는 악인들이 아파서 혀를 깨물며, 아픈 것과 종기로 인하여 하나님을 훼방하는 일이 생기게 한다. 악인들은 끝까지 자기의 행위를 회개치 않는데, 그 이유는 성령이 거두어졌기 때문이다. 짐승의 보좌는 바벨론의 어미의 보좌로서 온 세상의 왕들과 백성을 오류로 취하게 만들어 온 중심부를 말하는 것이다.

2. 아마겟돈 전쟁

여섯째 재앙은 우리가 너무나 익숙하게 들어 오고 있는 아마겟돈 전쟁이다. 그런데 아마겟돈 전쟁에 대해 너무나도 성경 내용과는 맞지 않는 이상한 가르침들이 난무하고 있다. 아마겟돈은 누구에게나 지구 최후의 전쟁이라는 사실로 잘 알려져 있다. 심지어 할리우드에서도 아마겟돈이라는 제목의 영화를 만들었는데, 커다란 운석들이 지구와 부딪히기 직전에 있는 상황을 그린 영화이다. 성경에서 말하고 있는 아마겟돈 전쟁에 대하여 올바로 이해하고 있는 자들은 적지만, 그러나 어쨌든 대부분의 사람들은 아마겟돈을 지구 최후의 전쟁으로 이해하고 있다. 과연 아마겟돈 전쟁이란 무엇이며, 언제 어떻게 일어나는 전쟁인가? 그리고 누가 누구와 싸우는 전쟁인가?

오늘날 기독교 안에서 일반적으로 퍼져 있는 아마겟돈 전쟁에 대한 이해를 다루고 있는 대표적인 책이 핼 린지(Hal Lindsey) 씨가 쓴 Planet Earth 2000 A.D.라는 책인데, 핼 린지 씨는 1969년도에 The Late Great Planet Earth라는 책을 쓴 사람으로 꽤 잘 알려져 있다. 그 책은 또한 영화화 된 적도 있다. 핼 린지 씨는 세대주의적인 이해를 가지고 있었다. 그래서 아마겟돈 전쟁을 실제적인 전쟁으로 해석했다. 좀더 자세히 말하자면, 그는 러시아와 중국이 실제로 현재 이스라엘을 쳐들어오는 전쟁으로 생각하였던 것이다. 그렇다면 그러한 일이 생기기 전에 이스라엘에 있는 유대인들이 다 회개하여 그리스도인으로 바뀌는 기적이 먼저 일어나야 하지 않겠는가? 과연 성경이 예언하고 있는 아마겟돈은 실제로 이스라엘 나라를 향하여 러시아와 중국이 쳐들어오는 실제 전쟁인가? 과연 그 전쟁으로 세상이 끝날 것인가?

성경은 아마겟돈 전쟁을 무엇이라고 말하는지 알아보자. 아마겟돈은 성경 한 군데에만 언급되어 있다.

계 16:12~16

"또 여섯째가 그 대접을 큰 강 유브라데에 쏟으매 강물이 말라서 동방에서 오는 왕들의 길이 예비되더라 또 내가 보매 개구리 같은 세 더러운 영이 용의 입과 짐승의 입과 거짓 선지자의 입에서 나오니 저희는 귀신의 영이라 이적을 행하여 온 천하 임금들에게 가서 하나님 곧 전능하신이의 큰 날에 전쟁을 위하여 그들을 모으더라 보라 내가 도적같이 오리니 누구든지 깨어 자기 옷을 지켜 벌거벗고 다니지 아니하며 자기의 부끄러움을 보이지 아니하는 자가 복이 있도다 세 영이 히브리 음으로 아마겟돈이라 하는 곳으로 왕들을 모으더라."

1) 아마겟돈 전쟁이란 무엇인가?

여기에 대하여 분분한 의견들이 많지만, 가장 성경적이고 올바른 견해는, 아마겟돈 전쟁을 짐승의 표를 강요하는 때로부터 시작하여 예수 재강림하실 때까지 하나님의 백성과 사단의 세력 간에 펼쳐지는 치열한 마지막 영적 투쟁으로 보는 견해이다.

성경은 아마겟돈 전쟁을 마지막 7재앙 중의 하나로 보고 있는데, 7재앙이란 짐승의 표를 강요하는 최후의 환난이 지난 후에 짐승의 표를 받는 자들에게 임하는 것이다. 다시 말하면, 구원하시는 은혜의 기회가 다 마치고 지나간 다음에 내리는 하나님의 진노의 심판이라는 것이다. 사단은 끝까지 하나님께 반역하고 마지막 최후의 전쟁 때까지 자기 편을 모아 하나님을 대적하려고 하며, 이때 두 편에서 생기는 전쟁이 아마겟돈 전쟁인 것이다.

2) 사단이 전쟁을 위해 연합함

아마겟돈 전쟁에서 마귀는 자기의 영으로 세상에 있는 왕들과 사람들을 연합시키는 일을 한다. 이 연합은 마귀가 하나님을 대적하고 싸우기 위하여 자기 편을 모으는 일이다. 이렇게 하는 이유는 하나님을 대항하여 싸우기 위한 반역 운동으로서, 온 세상을 하나로 묶어 하나님과 전쟁을 하려는 이유에서이다. 그런데 어떻게 하나님과 전쟁을 하는가? 이것은 실제적으로 하늘에 계신 분과의 전쟁을 말하는 것이 아니고, 이 땅에 살고 있는 하나님을 신실하게 따르는 자들에 대한 핍박과 공격을 말하는 것이다.

여기서 "하나님 전능하신 이의 큰 날"은 구약 성경에서 하나님의 심판의 날을 말한다. 그런데 마귀가 온 세상을 연합시키어 아마겟돈 전쟁으로 모아 오는 수단이 무엇인가? 그것은 이적을 통해서이다. 사단은 이상한 기적들을 행하고 초자연적인 일들을 행함으로 사람들을 미혹할 것이다. 마지막 시대에 사단이 사람들을 기만하는 수단은 기적을 행하는 것이라고 성경은 가르치고 있다. "큰 이적을 행하되 심지어 사람들 앞에서 불이 하늘로부터 땅에 내려오게 하고 짐승 앞에서 받은 바 이적을 행함으로 땅에 거하는 자들을 미혹하며 땅에 거하는 자들에게 이르기를 칼에 상하였다가 살아난 짐승을 위하여 우상을 만들라 하더라"(계 13:13,14).

아마겟돈으로 사단이 귀신의 영들(악한, 타락한 천사들)을 통하여서 기적들을 행하며 사람들을 모아 온다고 하는데, 오늘날 교회 안에서 왜 그렇게 기적 행하는 일들이 많아지는지 또한 왜 그렇게 교인들이 그러한 일들을 좋아

하는지 참으로 이상한 일이다. 요즈음은 교회에서 병 고치는 신유의 은사가 없으면 인기가 없는 시대가 되어 버렸다. 성경 말씀을 강조하고, 진리에 대한 이해와 경건한 믿음과 성품을 강조하던 옛 신앙이 점점 잊혀 가고 있다.

3) 아마겟돈 전쟁이 일어나는 장소

아마겟돈에서 꼭 이해하여야 할 한 가지 문제가 있는데, 그것은 어디가 아마겟돈인가 하는 것이다. 히브리음으로 "아마겟돈"이라고 하는데, 히브리어로 아마겟돈은 "Har Meggiddo"(할 므깃도)라는 말의 합성어이다. 그 뜻은 "므깃도의 산"이라는 뜻이다. 이스라엘에 가면 예루살렘 동북쪽에 므깃도 평야가 있는데, 그곳은 그다지 넓지 않다. 세계 수많은 군대들이 모여 전쟁을 할 만한 규모가 아니며 단지 시골에 있는 작은 평야에 불과하다. 그러므로 이것은 앞으로 올 영적인 전쟁의 상징으로 해석되어야 마땅하다.

그렇다면, 므깃도의 산에서 무슨 일이 있었는가? 므깃도 평야에서 북쪽을 바라보면 한 산이 있는데, 그 산은 갈멜 산이다. 엘리야가 기도하여 하나님께로부터 불이 내려오게 한 바로 그 산이다. 배도한 이스라엘 백성과 아합 왕과 그리고 바알 신의 제사장을 대항하여 엘리야 혼자 서 있던 곳이 갈멜 산이다. 그 당시 이스라엘 백성은, 바알이 그들을 애굽에서 인도한 신이라고 믿을 정도로 기만당해 있었다. 갈멜 산 위에서 진리와 오류가 대결하였다. 참 하나님을 섬기는 자와 거짓 신을 섬기는 자들 사이의 전쟁이 이곳에서 일어났다.

둘 다 똑같이 자기들이 믿는 신이 창조주요, 애굽에서 이스라엘 백성을 해방하여 낸 신이라고 믿었다. 그러나 한쪽은 바알 신을 숭배했고, 그 신은 거짓 신이었다. 한쪽은 여호와 하나님을 경배했고, 하나님은 참된 신이었다. 그 전쟁의 승리는 하늘에서 불이 내려와서 제물을 태우는 일로 결정되었다. 바알 선지자들은 자기 신들에게 기도할 때, 광란적으로 춤을 추다가 급기야 자기 몸에 칼로 상처를 내면서까지 격렬하게 춤을 추었다. 그러나 하루 종일 불이 내려오지 않았다. 그것과 대조적으로 하나님의 참 자녀였던 선지자 엘리야는 단순하고 조용하며 경건한 기도를 드렸고 응답으로 하늘에서 불이 내려왔다. 바로 이것이 므깃도의 산 갈멜 산에서 있었던 전쟁이었다.

아마겟돈 전쟁은 영적인 전쟁을 말한다. 바로 갈멜 산에 있었던 대결이 상징적으로 전 세계적으로 영적으로 일어나는 전쟁의 대결인 것이다. 이 전쟁은 진리와 오류의 대결이며, 악인들이 마귀의 영에 지배되어 하나님의 백성을 죽여 없애려고 연합하여 모이는 전쟁인 것이다.

4) 유브라데 강물이 마른다는 의미는 무엇인가?

"또 여섯째가 그 대접을 큰 강 유브라데에 쏟으매 강물이 말라서 동방에서 오는 왕들의 길이 예비되더라"(계 16:12). 이 말씀의 진정한 의미는 무엇일까? 글자 그대로 유브라데 강물이 실제적으로 마르면서 동쪽으로부터 오는 어떤 군사력에 의해서 하나님의 백성이 마지막 순간에 기적적으로 구원받는다는 의미인가? 아니면, 이것은 어떤 다른 상징적 의미를 가지고 있는 것일까?

• **실제가 아니라 상징임**

유브라데 강이 마르는 사건을 실제로 해석하지 않고, 상징으로 해석해야만 하는 이유는, 유브라데 강은 그것이 말라야만 현대식 장비를 갖추고 있는 군대가 도하 작전을 펼칠 수 있을 만큼 넓고 깊은 강이 아니기 때문이다. 바로 이러한 이유 때문에 우리는 유브라데 강이 마르는 사건을 상징적으로 받아들여야만 하는 것이다. 그렇다면 예수께서 재강림하시기 직전에 사단의 대리자들에 의해서 핍박당하면서 쫓기는 하나님의 백성이 유브라데 강물이 마르는 기적을 통하여 구원을 받게 된다는 것이 무슨 의미를 포함하고 있을까? 사도 요한은 구약 성경으로부터 두 가지 사건을 빌려와서 아마겟돈 전쟁을 상징적으로 묘사하고 있는데, 하나는 앞에서 설명하였던 갈멜 산에서의 사건이고 나머지 하나는 지금 설명하고자 하는 페르시아의 고레스 왕이 유브라데 강을 기이한 방법으로 말림으로써 바벨론을 멸망시켰던 사건이다. 그러면 이제부터 고레스 왕이 유브라데 강물을 말리게 된 사건의 배경과 모습을 살펴봄으로 아마겟돈 전쟁에서 유브라데 강물이 마르는 사건의 의미를 알아보도록 하자.

· **고대 유브라데 강물이 마른 사건**

먼저, 이 사건의 시대적 배경을 잠시 살펴보기로 하자. 하나님께서는 이스라엘이 계속적으로 불순종의 길을 걷자, 바벨론 제국의 포로로 잡혀가서 종살이하는 고난을 허락하셨다. 그리고 페르시아의 고레스 왕이 바벨론을 정복하던 해는 이스라엘 백성이 바벨론에 포로로 잡혀간 지 거의 70년이 되던 때였다. 고레스 왕은 그 당시 난공불락으로 여겨졌던 바벨론 성을 함락시키기 위해서 특별한 전략을 생각해 내어야만 하였다. 역사가들의 기록에 의하면, 고레스 왕은 비밀리에 유브라데 강물을 옆으로 빼어 돌림으로써, 강물의 수위를 크게 낮추는데 성공하였고, 이로 인하여 유브라데 강물이 관통하여 흐르던 바벨론의 성 밑 수문에 커다란 구멍이 생겼다. 그리하여 달밤에 고레스 왕의 군대는 유브라데 강의 하상을 도보로 걸어서 바벨론 성안으로 침입하여 들어가는 데 성공하였던 것이다.

그런데 한 가지 놀라운 사실은, 하나님께서는 고레스 왕이 이 땅에 태어나기 150년 전에 이미 "고레스"란 이름을 정확하게 지목하시면서, 고레스 왕이 유브라데 강물을 말리는 전략을 통하여 이스라엘 백성을 바벨론으로부터 해방시킬 것과 폐허가 된 예루살렘 성전이 중건될 수 있는 계기가 마련될 것을 예언해 놓으셨던 것이다(사 44:27,28 참조).

사도 요한은 바로 이러한 고레스 왕의 전략을 인용하면서, "**강물이 말라서 동방에서 오는 왕들의 길이 예비되더라**"고 기록하였던 것이다(계 16:12). 유브라데 강은 바벨론 성을 관통하면서 흐름으로써, 고대 바벨론을 유지시키는 젖줄이었다. 유브라데 강물이 마른다는 것은 곧 바벨론의 생명 줄이 끊어지는 것을 의미하였다. 그러므로 이것을 영적으로 아마겟돈 전쟁에 적용시키면, 구약 시대에 고레스 왕이 유브라데 강물을 빼돌림으로써 바벨론 성을 함락시켰던 것처럼, 마지막 시대의 아마겟돈 전쟁에서는 하나님께서 사단의 세 장군(용, 짐승, 거짓 선지자)으로 등장하는 세 가지 종교 세력인 영적 바벨론을 지지, 후원하던 젖줄을 마르게 하심으로써 사단의 세 장군을 몰락시킨다는 의미이다.

그런데 사단의 세 장군인 영적 바벨론을 지지하던 세력이 어떻게 마르게 되는가? 요한계시록 17장에 그 힌트가 나온다. **"물은 백성과 무리와 열국과 방언들이니라"**(계 17:15). 그렇다! 유브라데 강의 "물"은 백성 즉 많은 사람들을 의미한다. 그러므로 유브라데 강이 마른다는 뜻은 온 세상 사람들이 사단의 세 장군(용, 짐승, 거짓 선지자)에게 보내던 지지와 후원을 중지함으로써, 그 세력을 잃어버리게 된다는 의미이다.

· 유브라데 강물이 갑자기 마르는 이유

그런데 왜 온 세상 사람들이 사단의 대리자들에게 보내던 지지와 후원을 갑자기 중지하는가? 왜냐하면 하나님께서 일곱 재앙을 악인들에게만 내리고 하나님의 백성을 보호하시기 때문이다. **"여섯째가 그 대접을 짐승의 보좌에 쏟으니 그 나라가 곧 어두워지고"**(계 16:10). 하나님께서는 "짐승의 보좌"가 있는 장소를 암흑으로 둘러치심으로써, 사단의 부하인 짐승의 정체와 그가 존재하고 있는 장소를 밝히 드러내실 것이며, 누구 때문에 일곱 재앙이 내리게 되었는지를 나타내 보이기 시작하신다. 또한 이때부터 하나님께서는 누가 진짜 하나님의 백성이며, 어떤 무리가 하나님께서 함께 하시는 무리인지를 온 세상 앞에 드러내기 시작하심으로써, 사단의 대리자들의 기만적인 정체를 드러내신다.

악인들은 재앙의 원인을 의인에게로 돌림으로써, 박해의 불길을 드높이지만, 계속되는 재앙들을 통하여 악인들의 마음에 "왜 우리와 연합하지 않는 저 소수의 사람들에게는 재앙이 내리지 않는데, 우리들에게는 온갖 재앙이 내릴까?"라는 의혹이 생기게 된다. 또한 자신들이 핍박하는 소수의 사람들의 생애와 품성에 나타나는 거룩한 증거들을 보면서 자신들이 잘못된 지도자들에게 기만당했음을 마침내 깨닫게 된다. 이러한 일곱 재앙의 고통스런 과정 속에서, 사단의 세 장군에게 보내던 세상 사람들의 지지와 후원은 완전히 중단된다.

5) 세 더러운 영이란 무엇인가?

계 16:13

"또 내가 보매 개구리 같은 세 더러운 영이 용의 입과 짐승의 입과 거짓 선지자의 입에서 나오니 저희는 귀신의 영이라 이적을 행하여 온 천하 임금들에게 가서 하나님 곧 전능하신 이의 큰 날에 전쟁을 위하여 그들을 모으더라."

· 세 장군의 이름

사도 요한이 보았던 세 더러운 영은 사단이 사용하는 세 장군이다. 그러면 이들의 정체는 누구인가? 그들은 "세 더러운 영" 즉 "귀신의 영"들이며, 그들 각자의 이름은 "용과 짐승과 거짓 선지자"이다.

· 세 장군의 전략

사도 요한은 세 장군 즉 용과 짐승과 거짓 선지자가 아마겟돈 전쟁에서의 승리를 위하여 어떻게 사람들을 기만하여 사단의 편으로 끌어들일 것이라는 사실을 설명해 놓았다. "이적을 행하여 온 천하 임금들에게 가서 하나님 곧 전능하신 이의 큰 날에 전쟁을 위하여 그들을 모으더라"(14절). 그들의 전략은 "

이적"을 사용하는 것이다. 온 세상 사람들을 짐승의 우상에게 경배시키고, 그의 표를 강요하기 위하여 사용했었던 전략인 "이적으로 끌어 모으는 작전"은 아마겟돈 전쟁에까지 그대로 이어진다. 아마겟돈 전쟁에서 사단은 세 더러운 영들 즉 거짓 선지자와 짐승과 용을 사용해서 온 세상 사람들뿐만 아니라 "온 천하 임금들" 즉 각국 정부의 권력자들까지도 기적으로 미혹해서 자신의 편으로 끌어들일 것이다.

• 세 장군의 정체

한 가지 분명한 사실은 사단의 세 장군은 총과 미사일을 사용하는 군대가 아니라 종교적인 세력이라는 사실이다. 왜냐하면 "이적"은 종교의 영역 안에서만 가능한 것이며, 세 장군의 이름 중의 하나가 "거짓 선지자"라고 표현된 것을 보아서도, "세 더러운 영"인 용과 짐승과 거짓 선지자는 하나님을 믿는다고 공언하는 기독교회뿐만 아니라 뉴 에이지나 강신술과 같은 이방 종교를 포함한 종교적 세력임이 틀림없기 때문이다. 서로 다른 종교들이 사단이 베푸는 놀라운 기적을 통하여 하나의 연합된 세력으로 뭉치게 된다.

개구리가 혀로 먹이를 잡아먹는 것처럼, 이들 세 가지 종교 세력도 그들의 입으로 거짓 가르침과 이적을 행함으로써 사람들을 사단의 먹이로 만들어 간다. **"내가 보매 개구리 같은 세 더러운 영이 용의 입과 짐승의 입과 거짓 선지자의 입에서 나오니 저희는 귀신의 영이라"**(13절). 용은 사단을 말하고 이교의 세계와 세상에서 역사하는 사단의 강신술과 거짓 계시들을 말하며(실제적인 악령의 출현들로 속여오던), 짐승은 교황권의 세력을 말하고, 거짓 선지자는 타락한 교회들을 의미한다.

• 세 장군의 기만 전술을 피하는 방법

사단이 조종하는 이 세 장군의 기만으로부터 피할 방법은 없는가? 이것을 알기 위해서는 마지막 시대에 하나님과 사단 사이에 벌어지는 대쟁투의 쟁점과 공격 목표를 이해해야만 한다. 그렇다면, 무엇이 이 마지막 대쟁투의 핵심 쟁점(Issue)인가? 요한계시록 12장에는 사단이 마지막 시대에 총력을 기울여서 싸우는 공격 목표가 나오며, 14장에는 짐승의 표를 거절하고 승리하는 사람들의 모습이 기록되어 있다.

· 사단의 공격 목표

"**용**(사단)**이 여자**(교회)**에게 분노하여 돌아가서 그 여자의 남은 자손 곧 하나님의 계명을 지키며 예수의 증거를 가진 자들로 더불어 싸우려고 바다 모래 위에 섰더라**"(계 12:17). 사단과 그의 세 장군은 "여자의 남은 자손"을 없애기 위하여 총력을 기울일 것인데, 그 "여자의 남은 자손"은 "곧 하나님의 계명을 지키며 예수의 증거를 가진 자들"이다. 그렇다! 마지막 시대에 사단의 공격 목표는 "하나님의 계명을 지키며 예수의 증거를 가진 자들"이다.

그렇다면 마지막 시대에 짐승의 우상을 경배하지 않고 그의 표를 받지 않는 사람들 역시 사단의 공격 목표인 "하나님의 계명을 지키며 예수의 증거를 가진 자들"이 되지 않겠는가? 다시 사도 요한의 계시를 살펴보도록 하자. "**그 고난의 연기가 세세토록 올라가리로다 짐승과 그의 우상에게 경배하고 그 이름의 표를 받는 자는 누구든지 밤낮 쉼을 얻지 못하리라 하더라 성도들의 인내가 여기 있나니 저희는 하나님의 계명과 예수 믿음을 지키는 자니라**"(계 14:11,12). 요한계시록 12장과 14장에 기록된 이 두 말씀은 모두 마지막 시대에 하나님과 사단 사이에서 벌어지는 대쟁투가 "하나님의 계명"을 중심으로 전개될 것이라는 사실을 우리에게 알려 주고 있다. "하나님의 계명", 바로 이것이 마지막 시대에 일어나는 대쟁투의 중심이며, 모든 혼돈과 기만을 벗어날 수 있는 열쇠이다.

그러므로 결론적으로, 사단과 세 더러운 영들인 용과 짐승과 거짓 선지자들의 기만을 피하는 유일한 방법은 자신을 부인하고 좁은 길을 걸으면서 하나님의 계명을 지키는 거룩한 그리스도인의 생애를 사는 것이다. 반면에 마음속에 숨겨져 있는 이기심과 탐욕을 버리지 않은 채, 각종 은사와 기적을 추구하면서, 그것을 통해서 자신의 구원에 대한 감정적 확신을 얻고자 노력하는 자들은 세 가지 종교 세력들에 의해서 가장 쉽게 기만당할 수 있는 자들이다.

그러므로 "하나님의 계명"이 폐하여졌다고 가르치면서, 기적과 각종 은사들만을 강조하는 종교 세력을 조심해야 한다! 계명에 순종하지 않는 죄된 삶을 살아도 구원에는 아무런 지장이 없다고 설교하는 종교 세력을 조심하라! 하나님의 계명에 순종하는 것은 율법주의라고 가르치는 거짓 선지자들을 조심하라! 오늘날 기독교회 안에, "하나님의 계명"에 대해서 그토록 많은 오해와 비난이 쏟아지게 된 이유가 바로 여기에 있다는 사실을 기억하자.

6) 승리하는 자들

· 승리할 사람들의 특징

이 아마겟돈 전쟁에서 최후의 승리를 거두게 될 사람들의 특징이 성경 구절에 나타나 있다. 그 사실에 대하여 사도 요한은 매우 흥미롭게 설명하고 있다. **"누구든지 깨어 자기 옷을 지켜 벌거벗고 다니지 아니하며 자기의 부끄러움을 보이지 아니하는 자가 복이 있도다"**(계 16:15). 성경은 최후의 승리자인 사람들을 "옷"을 입고 다니는 자들로 소개하고 있다.

그렇다면 도대체 어떤 옷을 입어야 마지막 투쟁인 아마겟돈 전쟁에서 승리하는 이스라엘이 될 수 있다는 말인가? 옷을 입는 것과 아마겟돈 전쟁에서 승리하는 것과 무슨 관련이 있을까? 가장 성경적으로 이 문제에 대하여 연구해 보자. 성경 요한계시록 19장은 이 질문에 대해서 매우 놀랄 만한 답변을 우리에게 준다.

**"우리가 즐거워하고 크게 기뻐하여 그에게 영광을 돌리세 어린양의 혼인 기약이 이르렀고 그 아내가 예비하였으니 그에게 허락하사 빛나고 깨끗한 세마포를 입게 하셨은즉 이 세마포는 성도들의 옳은 행실이로다 하더라"(계 19:7,8).

"기뻐하고 즐거워하라 그분께 영광을 돌리세 이는 어린양의 혼인식이 다가왔고 그 아내도 자신을 예비하였음이라 그에게 허락하사 정결하고 흰 세마포를 입게 하셨은즉 이 세마포는 성도들의 의라"(계 19:7,8 킹제임스 성경역).

이 말씀은 마치 안개 낀 바다에 우뚝 서 있는 등대처럼 요한계시록 16장 15절에 기록된 "옷"의 의미를 비추어 준다. 요한계시록 19장 7,8절을 보아 알 수 있듯이, 아마겟돈 전쟁의 승리자들이 입고 있는 "옷"은 "정결하고 흰 세마포"이다. 그런데 이 세마포는 무엇을 의미한다고 했는가? **"이 세마포는 성도들의 의라"**(8절)고 되어 있다. 그러므로 아마겟돈 전쟁과 "하나님 곧 전능하신 이의 큰 날"인 그리스도의 재강림을 맞기 위한 준비는 "옷"을 입는 것이다.

• 옷을 입는다는 의미

성경은 성도들이 "옷"을 입어야 한다는 사실을 일관성 있게 강조하고 있다. 그런데 성경에 나타난 옷의 의미는 그냥 의복이 아니라 "의의 옷"을 가리키고 있다. 이사야 선지자는 "우리의 의는 다 더러운 옷"같다고 말함으로써, 인간의 의가 아니라 오직 예수께서 주시는 정결한 의의 옷만이 우리를 하늘 왕국의 시민으로 만들 수 있다고 하였다(사 64:6).

또한 예수께서도 성도들이 마지막 심판을 통과하기 위해서는 반드시 "예복"(옷)을 입어야만 한다는 사실을 비유로 설명하셨다. "임금이 손님들을 보러 들어올새 거기서 예복을 입지 않은 한 사람을 보고 가로되 친구여 어찌하여 예복을 입지 않고 여기 들어왔느냐 하니 저가 유구무언이거늘 임금이 사환들에게 말하되 그 수족을 결박하여 바깥 어두움에 내어 던지라 거기서 슬피 울며 이를 갊이 있으리라"(마 22:11~13).

또한 세상 역사의 마지막 교회로 표상된 라오디게아 교회에게 보내는 메시지에서도 마지막 시대에 사는 성도들은 반드시 희고 깨끗한 의의 옷을 입어야 한다는 사실을 반복하고 있다. **"내가 너를 권하노니 내게서 … 흰옷을 사서 입어 벌거벗은 수치를 보이지 않게 하라"**(계 3:18). 그러므로 옷을 입는다는 의미는 다음과 같이 정리될 수 있다.

옷 = 흰 세마포 = 성도들의 의 = 그리스도의 의

이 옷은 그저 예수 그리스도의 입혀 주신 의의 옷으로 자기들의 죄를 덮고 있는 상태가 아니라, 그리스도의 보혈의 피로 과거의 죄를 씻었을 뿐만 아니라, 죄의 파워를 이기고 의로운 마음을 가지게 된 상태를 말하는 것이며, 하나님의 계명의 성품과 일치된 의로운 마음을 가지고 있다는 뜻이다. 그러므로 어린양의 신부들의 옷은 그들의 거룩한 행실이라고 계시록 19장은 말씀하고 있는 것이다. 예수님의 은혜의 능력은 우리를 우리들의 죄로부터 해방시켜 주시는 힘이 있다.

· **아마겟돈 전쟁에서 누가 승리할 것인가?**

아마겟돈 전쟁에서 누가 승리할 것인가? 하나님의 백성인 이스라엘이다. 그러나 이 이스라엘은 유대인의 피를 가지고 있는 혈통적 이스라엘이 아니라, 흰옷 즉 예수 그리스도의 의의 옷을 입고 있는 영적 이스라엘이다. 누구든지 예수 그리스도의 십자가를 온 마음과 생애로 받아들여서 회개하고 새롭게 거듭난 마음을 가지고 하나님의 진리와 계명에 순종하는 의로운 생애를 사는 사람들은 국가와 민족과 혈통에 관계없이 아마겟돈 전쟁에서 최후의 승리를 얻게 된다. 곧 자아가 죽고 마음속에 예수 그리스도의 임재가 늘 내재함으로 자신의 의가 아니라 예수 그리스도의 의가 마음속에 덧입혀진 사람들이 의의 옷을 입은 사람들이며, 바로 이것이 아마겟돈 전쟁에서 승리를 얻는 비결이다. 요한계시록은 아마겟돈 전쟁의 승리자들에 대해서 "누구든지"라는 표현을 사용하고 있다. **"누구든지 깨어 자기 옷을 지켜 벌거벗고 다니지 아니하며 자기의 부끄러움을 보이지 아니하는 자가 복이 있도다"**(계 16:15).

요한계시록은 아마겟돈 전쟁을 일곱 재앙 중에서 여섯 번째로 내리는 심판으로 소개하고 있다. 아마겟돈 전쟁은 사단의 편과 하나님의 편 사이에 벌어지는 전쟁인데 이 세상에 있는 모든 사람이 참여하게 되는 영적 전쟁이다. 사단의 편에서 전쟁을 주도하는 세력은 "세 더러운 영" 즉 "귀신의 영"들이고, 하나님의 편에서는 "깨어 자기 옷을 지켜 벌거벗고 다니지 아니하며 자기의 부끄러움을 보이지 아니하는 자"들 즉 하나님께 목숨을 다하여 충성을 바치는 진짜 이스라엘인인 거듭난 그리스도인들이다.

3. 일곱째 재앙

계 16:17~21

"일곱째가 그 대접을 공기 가운데 쏟으매 큰 음성이 성전에서 보좌로부터 나서 가로되 되었다 하니 번개와 음성들과 뇌성이 있고 또 큰 지진이 있어 어찌 큰지 사람이 땅에 있어옴으로 이같이 큰 지진이 없었더라 큰 성이 세 갈래로 갈라지고 만국의 성들도 무너지니 큰 성 바벨론이 하나님 앞에 기억하신 바 되어 그의 맹렬한 진노의 포도주 잔을 받으매 각 섬도 없어지고 산악도 간데 없더라 또 중수가 한 달란트나 되는 큰 우박이 하늘로부터 사람들에게 내리니 사람들이 그 박재로 인하여 하나님을 훼방하니 그 재앙이 심히 큼이러라."

이러한 일곱 재앙을 통과하면서 지구는 황폐하게 될 것이고, 그때에 예수께서 재강림하셔서 의인들을 구원하실 것이다. 짐승의 우상에게 경배하고 그의 표를 강요하는 무리와 그것을 거절하는 무리 사이에 마지막 전쟁이 세계적으로 시작되고, 짐승의 표를 거절하는 성도들이 큰 환난을 당하는 사건들이 생길 때에 세계적으로 아마겟돈의 전쟁이 일어나게 되는데, 이때에 하나님의 백성을 압박하는 악인들의 세력을 저지하시기 위하여 예수께서 재림하시는 것이다.

마지막 일곱째 재앙은 예수께서 오시는 때에 일어날 지구 상의 이변에 대하여 그려져 있다. "**큰 성이 세 갈래로 갈라지고 만국의 성들도 무너지니 큰 성 바벨론이 하나님 앞에 기억하신 바 되어 그의 맹렬한 분노의 잔을 받으니**"(계 16:19). 일곱째 재앙에는 하나님의 참 백성을 괴롭히던 바벨론이 무너지는 장면이 나오는데, "큰 성 바벨론이 세 갈래로 갈라"진다는 뜻은 사단의 연합 세력인 용, 짐승, 거짓 선지자의 세 종교적 연합 세력이 세 갈래로 분열된다는 의미이다. 이때에 종교 세력뿐만 아니라, 이들을 후원하던 각국의 정치적 세력들도 붕괴된다. "**만국의 성들도 무너지니**"(계 16:19).

예수께서 오실 때, 이 지구에는 큰 이변들이 일어날 것이다. 큰 지진이 일어나고 지진과 해일이 일어나 세상이 파괴될 것이다. 그러나 하나님께 충성한 그분의 백성은 공중에서 주님을 만나 영원히 그분과 함께 살게 될 것이다. 주님의 재림을 위하여 준비하며 살도록 하자!

제17장 | **바벨론의 심판**

요한계시록 17장 연구

chapter Seventeen

시록 17장에는 음녀 즉 바벨론의 심판에 대하여 기록되어 있다. 이 예언을 이해하면 우리가 지금 세상 종말의 역사에서 어디쯤 와 있는가를 알 수 있게 된다. 이 놀라운 예언은 이 세상 역사의 흐름을 간단 명료하게 설명해 주고 있다. 다니엘 2장과 7장 그리고 계시록 12,13장에서도 배웠지만, 계시록 17장은 현재 우리가 살고 있는 이 시대가 과연 마지막 장면에서 어디에 속해 있는지를 알려 주는 정확한 좌표이다. 이 계시록 17장은 특별한 장이다. 역사적인 측면에서의 성경 예언들을 종합하여 결론을 내려 주는 계시이며, 과연 하나님을 대적하는 짐승의 정체가 무엇이며, 지금 어디까지 그의 역사가 진행되고 있으며, 앞으로 어떻게 그 종말을 맞게 될 것인지를 말해주고 있다.

1. 음녀

계 17:1~6

"또 일곱 대접을 가진 일곱 천사 중 하나가 와서 내게 말하여 가로되 이리 오라 많은 물위에 앉은 큰 음녀의 받을 심판을 네게 보이리라 땅의 임금들도 그로 더불어 음행하였고 땅에 거하는 자들도 그 음행의 포도주에 취하였다 하고 곧 성령으로 나를 데리고 광야로 가니라 내가 보니 여자가 붉은빛 짐승을 탔는데 그 짐승의 몸에 참람된 이름들이 가득하고 일곱 머리와 열 뿔이 있으며 그 여자는 자줏빛과 붉은빛 옷을 입고 금과 보석과 진주로 꾸미고 손에 금잔을 가졌는데 가증한 물건과 그의 음행의 더러운 것들이 가득하더라 그 이마에 이름이 기록되었으니 비밀이라 큰 바벨론이라 땅의 음녀들과 가증한 것들의 어미라 하였더라 또 내가 보매 이 여자가 성도들의 피와 예수의 증인들의 피에 취한지라 내가 그 여자를 보고 기이히 여기고 크게 기이히 여기니."

여기에 일곱 대접을 가진 일곱 천사가 나오는데, 일곱 대접은 계시록 16장 1절에 의거해서 일곱 재앙들인 것을 알 수 있다. 그러므로 하나님을 대적하는 바벨론 세력이 마지막 재앙으로 심판받는 모습을 여기에 그리고 있다.

1) 음녀는 누구인가?

· <u>음녀의 모습</u>

계 17:1~4

"또 일곱 대접을 가진 일곱 천사 중 하나가 와서 내게 말하여 가로되 이리 오라 많은 물위에 앉은 큰 음녀의 받을 심판을 네게 보이리라 땅의 임금들도 그로 더불어 음행하였고 땅에 거하는 자들도 그 음행의 포도주에 취하였다 하고 곧 성령으로 나를 데리고 광야로 가니라 내가 보니 여자가 붉은빛 짐승을 탔는데 그 짐승의 몸에 참람된 이름들이 가득하고 일곱 머리와 열 뿔이 있으며 그 여자는 자줏빛과 붉은빛 옷을 입고 금과 보석과 진주로 꾸미고 손에 금잔을 가졌는데 가증한 물건과 그의 음행의 더러운 것들이 가득하더라."

먼저, 1절에서 일곱 대접은 일곱 재앙을 말하는 것이다. 앞으로 이 세상에는 재앙이 내릴 것이다. 누구에게 일곱 재앙이 올 것인가? 그것은 바벨론에 속한 사람들에게 올 것이다. 그러므로 천사가 바벨론에서 나와 그의 받을 재앙들을 받지 말라고 외치는 것이다. 계시록 17장 1절 하단에 큰 음녀가 나온다. 그리고 이 음녀가 하는 일에 대하여도 기록되어 있다. 과연 이것이 영적으로 무슨 뜻인가?

성경의 표현을 보면, 이 음녀의 모습은 참 화려하다. 이 음녀는 자줏빛과 붉은빛 옷을 입고, 금과 보석과 진주로 꾸미고 손에 금잔을 가졌다고 말하고 있다. 그러나 그 금잔 속에는 가증한 물건과 음행의 더러운 것들이 가득 들어 있다. 그리고 음녀는 이것으로 사람들을 마시게 해서 취하게 만든다. 음행의 포도주다. 예수께서 가나의 혼인 잔치에 가셨을 때 처음으로 기적을 행하셨다. 그분은 물동이에 가득 든 물을 포도즙으로 만드셨다. 여기서 물이 포도즙이 된 것을 알 수 있는데, 포도즙이 상하면 포도주가 된다. 포도즙은 우리가 마시면 시원하고 생명력을 주지만, 포도주는 우리를 취하게 하고, 앞을 분별하지 못하고 넘어지게 한다. 많은 교회들이 생명의 포도즙이신 예수님을 주어야 할 텐데, 상한 포도주를 주어 사람을 비틀거리게 하고, 취하게 만드는(거짓 오류가 섞인) 포도주를 주고 있다. 잘못된 가르침을 주는 타락한 교회를 일컬어서 성경은 바벨론이라 한다. 그러나 그중에 많은 사람이 잘 몰라서 그렇게 하는 것이다. 그래서 그러한 가르침에서 나와 깨어나라고 경고하고 있는 것이다.

· **붉은빛 짐승을 탄 여자, 음녀는 누구인가?**

"또 일곱 대접을 가진 일곱 천사 중 하나가 와서 내게 말하여 가로되 이리 오라 많은 물위에 앉은 큰 음녀의 받을 심판을 네게 보이리라 땅의 임금들도 그로 더불어 음행하였고 땅에 거하는 자들도 그 음행의 포도주에 취하였다 하고 곧 성령으로 나를 데리고 광야로 가니라 내가 보니 여자가 붉은빛 짐승을 탔는데 그 짐승의 몸에 참람된 이름들이 가득하고 일곱 머리와 열 뿔이 있으며"(계 17:1~3).

계시록 17장 3절을 보면, 여자 곧 음녀가 무엇을 타고 있는 사실을 알게 되는데, 이 음녀가 과연 무엇을 타고 있는가? 이 여자는 붉은빛 짐승을 타고 있다. 그런데 그 여자가 타고 있는 짐승의 몸에는 참람된 이름이 가득하고 일곱 머리와 열 뿔이 있다.

A. 여자 (음녀)가 짐승을 타고 있는 상징의 의미

왜 여자가 짐승을 타고 있는가? 만일 독자가 다니엘서와 요한계시록 성경 예언을 공부했다면, 이에 대한 기초적인 지식이 있으므로 "짐승을 타고 있다."라는 구절의 의미를 이해할 것이다. 짐승은 국가, 왕 또는 세력을 상징한다. 또한 음녀는 타락한 교회를 상징한다.

> 짐승 = 국가, 왕, 세력   음녀 = 타락한 교회

그래서 음녀가 짐승을 타고 있다는 의미는, 타락한 종교(교회)가 왕이나 국가의 세력과 연합했다는 뜻이다. 즉 타락한 교회가 국가의 권력을 사용하고 있는 상태를 상징하는 표현이라고 할 수 있겠다.

B. 여자 (음녀)가 많은 물위에 앉아 있는 상징의 의미

계시록 17장 1절에 천사가 사도 요한에게 "많은 물위에 앉은 음녀의 심판을 네게 보이리라"는 구절이 나온다. 성경은 영적 바벨론을 상징할 때 많은 물위에 앉아 있다고 설명하고 있다. 이것이 무슨 뜻인가? 계시록 17장 15절에 그 해석이 잘 나와 있다. "또 천사가 내게 말하되 네가 본바 음녀의 앉은 물은 백성과 무리와 열국과 방언들이니라"

> 물 = 백성, 무리, 열국, 방언들

그러므로 많은 물위에 앉아 있다는 상징은, 이 음녀, 곧 타락한 교회인 큰 바벨론이 많은 백성과 사람들의 지지를 받고 있는 교회라는 뜻이다. 숫자가 많고 인기가 있는 교회이다. 그것이 바벨론 곧 음녀이다.

C. 짐승의 몸에 있는 참람된 이름들은 무엇인가?

"곧 성령으로 나를 데리고 광야로 가니라 내가 보니 여자가 붉은빛 짐승을 탔는데 그 짐승의 몸에 참람된 이름들이 가득하고 일곱 머리와 열 뿔이 있으며"(계 17:3).

"참람됨"이란 무슨 뜻인가? 예수께서 지상에 계실 때, 자신을 하나님과 동등되다고 하자, 바리새인들이 주님을 "참람되다"라고 하며 죽이려고 했던 사실을 우리는 알고 있다. 누구든지 하나님이나 예수님과 자신을 동등하게 여기거나 그렇게 말한다면 그것은 참람된 일이다. 또한 자신이 예수님처럼 다른 사람의 죄를 용서하는 권세가 있다고 주장한다면 그것은 참람된 일이 된다. 만일, 이 지상의 어떤 교회나 인간이 죄인들의 죄를 용서할 수 있다고 주장한다면 그것은 참람된 것이다. 즉 자기가 하나님과 같은 권세를 가지고 있다고 주장하는 것이 참람된 것이라는 말이다. 그런데 흥미로운 사실은 로마 천주교회 교황의 공식 명칭이 Vicarius Filii Dei인데, 그 명칭의 뜻은 "하나님의 아들의 대리자"로서 이 지구 상 교회에 군림하는 하나님을 대신하는 자라는 뜻이다. 교황은 인간의 죄를 용서할 수 있는 권세를 가지고 있다고 말한다.

음녀의 정체를 더 알아보기 위하여 5절과 6절을 읽어 보자.

5절 "그 이마에 이름이 기록되었으니 비밀이라 큰 바벨론이라 땅의 음녀들과 가증한 것들의 어미라 하였더라."

6절 "또 내가 보매 이 여자가 성도들의 피와 예수의 증인들의 피에 취한지라 내가 그 여자를 보고 기이히 여기고 크게 기이히 여기니."

위의 성경 절을 보면, 음녀의 이마에는 이름이 쓰여져 있는데, 이 음녀의 이름은 바로 "큰 바벨론 땅의 음녀들의 어미"라고 되어 있는 것을 알 수 있다. 이것으로 보아 이 음녀와 바벨론은 같은 것임이 분명하다. "음녀"란 여자를 가리키는데, 음녀란 음부 곧 품행이 방정하지 않은, 정조가 없이 타락한 여자를 가리킬 때 사용하는 말이다. 계시록에는 교회를 여자로 표현하고 있다. 순결한 처녀는 하나님의 정결한 교회를 말하는 것이고 타락한 교회는 음녀를 말하는 것이다. 그렇다면 이 음녀는 누구란 말인가?

위의 성경 구절들을 자세히 읽어 보면, 그 음녀를 설명하는 많은 특징들이 있기 때문에 우리는 쉽게 그녀를 알아낼 수 있다. 이 음녀는 큰 바벨론 즉 모든 혼잡 – 많은 거짓 오류 – 의 집합체인 타락한 교회일 뿐 아니라 음녀의 어미이므로, 타락한 교회들의 우두머리인 것을 알 수 있으며 그녀에게 딸들이 있다는 사실을 알 수가 있다. 즉 위의 성경 절(5절)을 통해 우리는 바벨론의 시초가 된 어미가 있고 바벨론을 따라가는 딸들이 있는 것을 알아낼 수 있다. 주체 세력이 있고 따라가는 세력이 있는 것이다.

또, 6절은 이렇게 설명하고 있다. 여기 한 여자, 음녀가 있는데, "성도들의 피와 예수의 증인들의 피에 취"해 있다는 뜻은 무엇인가? 그 의미 그대로 성도들의 피를 흘리고 예수님의 증인들의 피를 흘리고 핍박한, 타락한 교회라는 것이다. 이 사실로 보아 음녀의 정체를 알아내는 것이 그리 어렵지 않다. 기독교 역사를 살펴보면, 주의 말씀을 똑바로 믿고 성경 진리대로 믿는 사람들을 많이 잡아다가 죽이고, 순교자를 수천만 명을 낸 교회가 있었다. 이 여자 때문에 교회가 타락하게 되었고, 이를 따르는 교회들은 타락한 교회 곧 바벨론 교회가 되었다.

예수님의 증인들과 성도들의 피를 흘리고, 그 피에 취한 교회 세력은 6,000년 인류 역사상 하나밖에 없는데, 그 세력은 바로 로마 교황권이다. 이렇게 밖에는 이 성경 구절을 도무지 해석할 길이 없다. 만일 당신이 이 말을 처음 듣는다면 좀 이상하겠지만, 성경이 말하는 음녀의 특징들은 항상 로마교회에 들어맞는다. 물론 천주교에는 많은 신실하고 좋은 교인들이 있고 그들 모두를 음녀로 지칭하는 것은 아니다. 음녀나 바벨론이란 지칭은 그 조직과 그 조직이 세운 여러 가지의 교리를 말하는 것이지 그 가운데 있는 사람들을 말하는 것은 아니다. 그러나 그것은 경고를 받아야 한다. 왜냐하면, 이 경고의 배경은 인간의 소리가 아니고 하나님의 말씀이 명령하는 바이며, 이 조직에서 가르치는 가르침은 성경의 명료한 가르침들과 맞지 않음이 발견되기 때문이다. 그리고 성경이 말하는 "음녀"의 징조와 신분이 이 권력과 꼭 들어맞는 것 또한 그 이유가 된다.

음녀가 교황권이라는 것에 대한 더 자세한 증명을 해 보자면, 5절 하단을 보면 된다. "··· **큰 바벨론이라 땅의 음녀들과 가증한 것들의 어미라 하였더라**"(계 17:5). 천주교는 자신 스스로를 어머니 교회라고 부른다. 추기경(지금은 교황이 된) 렛싱거는 전 세계 감독들에게 보내는 교서에 쓰기를 "한 가지 분명하게 해야 할 사실은 단 하나의 거룩한 교회인 천주교는 다른 사도 교회들과 자매가 아니다. 천주교는 모든 교회의 어머니이다."(데일리 텔레그래프, 9-4.

2000). 이런 천주교회의 선포는 계시록 17장 5절에 나오는 예언을 확인시키도록 공헌한다.

· 취하게 하는 포도주란 무엇인가?

"땅의 임금들도 그로 더불어 음행하였고 땅에 거하는 자들도 그 음행의 포도주에 취하였다 하고"(계 17:2).

1 성경은 "음녀"와 "큰 성 바벨론"이 자신의 성경적이지 않은 교리로 온 세상을 취하게 하였다고 말하고 있다. 이교의 교리와 혼합되고, 거짓 오류가 뒤섞인, 하나님의 진리의 말씀인 성경과 맞지 않는 잘못된 교리를 성경은 "취하게 하는 포도주"로 말하고 있는 것이다. 기원 후 300년경에 로마는 정치적인 통합 수단으로 기독교를 국교로 만들어 이교도와 그리스도인들의 화합을 꾀하고 정치 세력을 확장하였다. 그 이유로 인해 많은 이교의 교리들이 그리스도교에 도입되게 되었다. 그리하여 인간을 구원하는 단순하고 아름다운 복음의 진리가 인간의 행함으로 구원을 얻는 힘든 교리로 대체되었고, 자비로우신 사랑의 하나님의 모습이 마치 제물이나 제사를 통하여나 달랠 수 있는 두렵고 무서운 이교 신의 이미지로 대체되었다. 인간 중보자인 마리아를 통하지 않고서는 가까이 나아갈 수 없는 두렵기만 한 신으로…. 천주교는 성경에 없는 많은 교리들을 그리스도교회 안에 소개했는데, 그 교리들은 아직도 개신교 안에 그리고 기독교인들 속에 고스란히 남아 그리스도인들의 구원 문제에 지대한 영향을 미치고 있다.

2 "땅의 임금들도 그로 더불어 음행하였고 땅에 거하는 자들도 그 음행의 포도주에 취하였다 하고"(계 17:2). 성경에서 "음행"을 한다는 뜻은 무엇인가? 벌써 언급해 두었듯이, 에스겔 23장 27~30절을 보면 그 의미를 알 수

있다. "네가 이같이 당할 것은 네가 음란히 이방을 좇고 그 우상들로 더럽혔음이로다"(겔 23:30)는 구절을 보아 영적으로 음행한다는 것은, 하나님의 진리를 놓고서 거짓 진리를 받아들이는 것이고, 하나님을 믿지 않고 우상을 숭배하는 것이다. 이것이 곧 다른 사람들에게 포도주를 마시게 해 취하게 만든다는 것이다. 그래서 성경은 옛날 하나님의 백성이었던 이스라엘이 타락하고 하나님을 떠나 우상 숭배에 빠진 것을 왕들과 백성이 음행을 했다는 것으로 표현하였다.

❸ 많은 그리스도인들이 무엇이 참 진리인지 깨닫지 못하고 제 갈 길을 모른 채 비틀거리며 방황하고 있다. 진리와 복음이 분명하지 않다. 왜냐하면 음행의 포도주를 마셨기 때문이다. 교회는 하나님의 교회이고 예수님의 이름을 부르는데, 그러나 가르침은 사람을 취하게 만드는 포도주(거짓 복음, 오류가 섞인 교리)가 들어있다는 것이다. 이런 교회의 형편을 가리켜서 바벨론이라 하는 것이다. 옛날에는 마귀가 믿는 사람을 다 죽여서 없애려고 애를 썼는데, 그러한 작전이 실패하자 요즘에는 사람들을 잘못된 교리를 믿게 하여 멸망받게 하려고 노력하고 있다. 온 세상이 이 바벨론의 포도주에 취해 있다. 왕들도 백성도….

2. 음녀의 비밀

> 계 17:7~18

"천사가 가로되 왜 기이히 여기느냐 내가 여자와 그의 탄 바 일곱 머리와 열 뿔 가진 짐승의 비밀을 네게 이르리라 네가 본 짐승은 전에 있었다가 시방 없으나 장차 무저갱으로부터 올라와 멸망으로 들어갈 자니 땅에 거하는 자들로서 창세 이후로 생명책에 녹명되지 못한 자들이 이전에 있었다가 시방 없으나 장차 나올 짐승을 보고 기이히 여기리라 지혜 있는 뜻이 여기 있으니 그 일곱 머리는 여자가 앉은 일곱 산이요 또 일곱 왕이라 다섯은 망하였고 하나는 있고 다른이는 아직 이르지 아니하였으나 이르면 반드시 잠깐 동안 계속하리라 전에 있었다가 시방 없어진 짐승은 여덟째 왕이니 일곱 중에 속한 자라 저가 멸망으로 들어가리라 네가 보던 열 뿔은 열 왕이니 아직 나라를 얻지 못하였으나 다만 짐승으로 더불어 임금처럼 권세를 일시 동안 받으리라 저희가 한뜻을 가지고 자기의 능력과 권세를 짐승에게 주더라 저희가 어린양으로 더불어 싸우려니와 어린양은 만주의 주시요 만왕의 왕이시므로 저희를 이기실 터이요 또 그와 함께 있는 자들 곧 부르심을 입고 빼내심을 얻고 진실한 자들은 이기리로다 또 천사가 내게 말하되 네가 본바 음녀의 앉은 물은 백성과 무리와 열국과 방언들이니라 네가 본바 이 열 뿔과 짐승이 음녀를 미워하여 망하게 하고 벌거벗게 하고 그 살을 먹고 불로 아주 사르리라 하나님이 자기 뜻대로 할 마음을 저희에게 주사 한 뜻을 이루게 하시고 저희 나라를 그 짐승에게 주게 하시되 하나님 말씀이 응하기까지 하심이니라 또 네가 본바 여자는 땅의 임금들을 다스리는 큰 성이라 하더라."

1) 일곱 머리와 열 뿔 가진 짐승의 정체, 일곱 왕은?

먼저, 계시록 17장 7절에 나오는 짐승에 대하여 알아보자. 이것은 우리가 과연 어느 시점에 살고 있는지 가르쳐 주는 중요한 예언이다.

계 17:7,8 "천사가 가로되 왜 기이히 여기느냐 내가 여자와 그의 탄바 일곱 머리와 열 뿔 가진 짐승의 비밀을 네게 이르리라 네가 본 짐승은 전에 있었다가 시방 없으나 장차 무저갱으로부터 올라와 멸망으로 들어갈 자니 땅에 거하는 자들로서 창세 이후로 생명책에 녹명되지 못한 자들이 이전에 있었다가 시방 없으나 장차 나올 짐승을 보고 기이히 여기리라."

계 17:9~13 "지혜 있는 뜻이 여기 있으니 그 일곱 머리는 여자가 앉은 일곱 산이요 또 일곱 왕이라 다섯은 망하였고 하나는 있고 다른 이는 아직 이르지 아니하였으나 이르면 반드시 잠깐 동안 계속하리라 전에 있었다가 시방 없어진 짐승은 여덟째 왕이니 일곱 중에 속한 자라 저가 멸망으로 들어가리라 네가 보던 열 뿔은 열 왕이니 아직 나라를 얻지 못하였으나 다만 짐승으로 더불어 임금처럼 권세를 일시 동안 받으리라 저희가 한뜻을 가지고 자기의 능력과 권세를 짐승에게 주더라."

이 짐승은 일곱 머리를 가졌는데, 전에 있었다가 지금은 보이지 않지만, 나중에 무저갱으로부터 또다시 올라와 멸망으로 들어갈 자라고 되어 있으며, 그는(짐승 자체) 이 일곱 머리 가운데 하나였었는데, 죽었다가 또다시 부활해서 올라왔다가 또 죽을 것이라고 예언되어 있다. 이는 곧 교황권이다. 생명책에 속하지 않은 사람들은 다 교황권에 절할 것이다. 이것은 마지막 때에 있을 짐승의 표의 환난에 대한 표현이다.

계 17:10,11 "일곱 왕이라 다섯은 망하였고 하나는 있고 다른 이는 아직 이르지 아니하였으나 이르면 반드시 잠깐 동안 계속하리라 전에 있었다가 시방 없어진 짐승은 여덟째 왕이니 일곱 중에 속한 자라 저가 멸망으로 들어가리라."

여기서 다섯 왕이란, 바벨론, 페르시아, 헬라, 로마 그리고 교황 로마를 말하는 것인데, 성령이 계시 가운데 요한을 데리고 광야로 가서, 음녀의 정체를 밝혀 주던 시점이 바로 이 다섯 왕들이 망하고 없어진 그 시점부터인 것이다. 바로 그러한 시점의 상태로 데려가서 마지막 시대에 전개될 영적 바벨론의 세력의 흥망성쇠에 대하여 보여 주고 있는 것이다. 다음의 성경 절을 보면 더 자세한 힌트를 얻게 되는데, 요한이 광야로 데려감을 받았을 때에(중세기 핍박의 시기, 광야 시대를 의미함 – 교회가 광야로 도망 간 시대, 계 12장 참조) 이 음녀가 성도들의 피에 이미 취해 있는 상태라고 하였으므로 중세기의 교황권의 핍박의 시기가 끝나는 시점으로 데려감을 당했다는 뜻이 된다.

계 17:5~7 "그 이마에 이름이 기록되었으니 비밀이라 큰 바벨론이라 땅의 음녀들과 가증한 것들의 어미라 하였더라 또 내가 보매 이 여자가 성도들의 피와 예수의 증인들의 피에 취한지라 내가 그 여자를 보고 기이히 여기고 크게 기이히 여기니 천사가 가로되 왜 기이히 여기느냐 내가 여자와 그의 탄바 일곱 머리와 열 뿔 가진 짐승의 비밀을 네게 이르리라."

그러므로 교황권의 중세기 핍박의 기간인 1260년의 기간이 끝나가는 무렵에 서서 요한은 장래에 일어날 사건들을 바라보게 되는 것이다. 그러므로 다섯은 망하였고, 다시 말해서, 바벨론과 페르시아, 헬라, 로마, 교황 로마 등의 다섯 세력은 이미 망하였고 하나(여섯째 왕)는 지금 있고 또 하나(일곱째 왕)는 아직 나라를 얻지 못했는데, 얻게 되면 그 세력을 잠깐 동안 계속할 것이라는 것이다.

그러므로 요한은, 다섯 왕이 지나간 이후에 현재 여섯째 왕의 시기를 바라보고 있는 것이다. 그렇다면 이 여섯 번째 왕은 누구일까? 로마 교황권이 1260년 동안 핍박을 하다가 그가(다섯 번째 왕으로) 죽었을 당시에 이 지구 상에 1798년도를 전후로 해서 그쯤에 올라왔던 나라가 있어야 되는데 그 세력이 누구냐 하는 것이다.

요한계시록 13장에는 바다에서 올라오는 복합적인 짐승으로 교황권이 등장하는데 이 교황권이 죽게 되는 상처를 받게 될 때에(1798년도에 프랑스의 세력에 의하여 교황권이 몰락하는 시점) 다른 한 세력이 바다가 아닌 땅으로부터 올라온다고 예언하고 있는 것을 발견하게 된다. 교황권이 바로 다섯 번째의 왕이기 때문에 그 이후에 올라오는 이 새끼 양 같은 세력이야말로 그다음을 잇는 여섯 번째 왕의 세력임에 틀림이 없는 것이다.

계 13:11 "내가 보매 또 다른 짐승이 땅에서 올라오니 새끼 양같이 두 뿔이 있고 용처럼 말하더라."

성경에서 새끼 양은 누구를 상징하는가? 예수님을 상징한다. 예수님을 상징하는 기독교의 가르침을 가지고 올라온 세력이다. 즉 유럽의 교황권의 핍박을 피하여 도망온 청교도들에 의하여 세워진 나라이다. 그러므로 이 세력은 바로 미국일 수밖에 없다. 땅에서 올라왔다는 표현은, 사람들이 많은 곳으로 상징된 바다가 아닌 인적이 드문 황야 같은 땅을 발견하여 세워진 나라라는 사실을 알려주는 힌트인 것이다.

왜 두 뿔이 있다고 표현했을까? 그것은 왕권을 상징하는 것으로, 하나의 뿔인 독재주의가 아니고 종교와 국가가 분리되어 있는 민주주의 국가를 상징하는 용어이다. 그러나 미국이 기독교의 정신을 가지고 성장하게 되지만, 결국에는 로마교를 위해서 일하는 국가처럼 되어 버리는 것을 알 수가 있는데, 양처럼 올라왔지만 용처럼 말하게 된다고 예언되어 있기 때문이다. 곧 마지막 때에 성도들을 죽이려고 따라온 사단의 도구가 될 것이라는 예언이다. 먼저 나온 짐승인 교황권과 협력하여 마지막 성도들을 핍박하는 법을 만들게 되는 세력이 된다는 것이다. 이것이 미국에 대한 성경의 예언이다.

계 13:12 "저가 먼저 나온 짐승의 모든 권세를 그 앞에서 행하고 땅과 땅에 거하는 자들로 처음 짐승에게 경배하게 하니 곧 죽게 되었던 상처가 나은 자니라."

교황권은 1798년도에 죽게 되는 상처를 받았지만 예언을 따라 곧 낫게 되었다. 바로 이 교황권의 세력에게 온 세상이 경배하도록 촉구하며 짐승의 우상을 세워 주는 국가가 미국이다. 그러므로 여섯째 왕은 미국이다.
그렇다면 일곱째 왕은 누구인가? 일곱째 왕은 세계 연합을 말한다. 이 일곱째 왕과 열 뿔 세력에 대한 표현이 똑같은 것을 알 수가 있다.

계 17:10,12 "또 일곱 왕이라 다섯은 망하였고 하나는 있고 다른 이는 아직 이르지 아니하였으나 이르면 반드시 잠깐 동안 계속하리라 … 네가 보던 열 뿔은 열 왕이니 아직 나라를 얻지 못하였으나 다만 짐승으로 더불어 임금처럼 권세를 일시 동안 받으리라."

일곱째 왕이 이르면 잠깐 동안 그 세력을 유지할 것이요, 열 뿔도 일시 동안만 세력을 받는다고 설명하고 있기 때문에 이 일곱째 왕의 세력과 열 뿔의 세력은 같은 세력임을 알려 주는 언어들이다. 미국의 세력이 결국은 세계 연합인 유엔의 힘을 북돋아서 온 세계가, 각 나라로 갈라져 있던 국가들이, "유엔"이라는 이름으로 다시 연합하여 한 세력을 이루게 되는 것이다. 로마 나라가 열 뿔로 갈라졌었던 것처럼 현재 세계도 갈라져 열 뿔처럼 되어 있는 열국들이 연합하게 되는 것을 표현하는 것이다. 그러나 이 열 뿔을 로마 나라 당시의 분열로 해석할 수 없는 것이, 이 예언은 세상 역사의 마지막에 대한 예언이요, 또한 이 열 뿔이 아직 나라를 얻지 못하였다고 말하고 있기 때문에 미래에 이르러 오는 세력을 말할 수밖에 없는 것이다. 이것이 바로 일곱 번째 왕이요, 이 연합 세력은 교황 즉 다시 부활하여 올라오는 여덟 번째 왕인 교황권에게 과거 중세기 때와 같은 세력과 권세를 주게 되는 마지막 세력이 되는 것이다.

그러므로 잠깐 동안만 짐승으로 더불어 권세를 누리는 이 일곱 번째 머리는 세계 연합 곧 유엔을 말하는 것이다. 요즈음, 테러주의와의 전쟁 때문에 유엔이 온 세계를 연합하여 명령하는 세력으로 급부상하고 있는 모습을 볼 수가 있다.

그러면 여덟 번째 왕은? 여덟 번째 왕은 지나간 일곱 왕들 가운데 하나였었으며 죽었다가 다시 살아 올라오는 세력이라고 예언하여 주고 있기 때문에 이 세력은 마지막 시대에 그 힘이 다시 부활된 교황권을 말하는 것이다. 일곱째 왕인 세계 연합은 교황권을 지지하여 중세기의 역사처럼 온 세상의 왕들 위에 뛰어난 세계의 지도자의 보좌에 앉히려 하고 있는 것이다. "저희가 한뜻을 가지고 자기의 능력과 권세를 짐승에게 주더라."(계 17:13).

2) 멸망을 받는 음녀

그러나 교황권은 나중에 또 망하게 될 것이다.

계 17:16,17 "네가 본 바 이 열 뿔과 짐승이 음녀를 미워하여 망하게 하고 벌거벗게 하고 그 살을 먹고 불로 아주 사르리라 하나님이 자기 뜻대로 할 마음을 저희에게 주사 한 뜻을 이루게 하시고 저희 나라를 그 짐승에게 주게 하시되 하나님 말씀이 응하기까지 하심이니라."

일곱째 왕들 즉 세계 연합이 결국에 가서는 지금까지 교황권에게 속임을 당해 왔다는 사실과 오류들에 농락당하여 왔다는 사실을 깨닫게 되고, 분노하여 교황권의 기만을 벗기고 태워 죽여 버리게 될 것이라고 성경 예언은 설명하고 있다. 일곱 재앙의 부분에서 이미 설명해 두었지만, 재앙들을 통하여 하나님께서 바벨론의 중심부가 누구인지를 폭로하시게 되자 온 세상의 왕들과 백성은 자기들이 기만 당해 온 것을 깨닫고 음녀에게 복수하게 되는 것이다. 계시록 17장 끝절인 18절은, "또 내가 본바 여자는 땅에 임금들을 다스리는 성(도시)이라"고 말하고 있는데, 참으로 바티칸은 한 작은 성(도시)으로서 세계의 왕들과 나라들을 다스려 온 세력인 것을 알 수가 있다. 그러므로 로마 교회야말로 계시록 17장이 예언하여 주고 있는 하나님께서 심판하실 "바벨론 – 음녀의 어미"인 것이다.

3) 그렇다면 지금 우리는 어디쯤에 와 있는가?

계 17:12 "네가 보던 열 뿔은 열 왕이니 아직 나라를 얻지 못하였으나 다만 짐승으로 더불어 임금처럼 권세를 일시 동안 받으리라"

지금 우리는, 미국이 용처럼 말하기 시작하였고 세계 연합이 교황과 연합하여 잠깐 동안 그들의 권세를 누리기 시작하려고 하는 즈음에 와 있다. 지금 우리는 여섯째 왕인 미국의 세력을 지나 일곱째 왕인 세계 연합의 세력이 도래하려고 하는 시기에 살고 있는 것이다. 그러므로 이제 조금만 더 있으면 하나님의 남은 교회인, 말씀대로 살려고 하는 진실된 그리스도인들을 핍박하여 죽이려 하는 사단의 최후의 분노의 시대가 이르러 오게 될 것이다. 그것이 바로 짐승의 표의 환난인 것이다. 그러나 그들이 하나님의 성도들과 싸우는 것보다는 그들의 주님이신 만왕의 왕이신 예수님과 싸우는 것이 될 것이다.
"저희가 어린양으로 더불어 싸우려니와 어린양은 만주의 주시요 만왕의 왕이시므로 저희를 이기실 터이요 또 그와 함께 있는 자들 곧 부르심을 입고 빼내심을 얻고 진실한 자들은 이기리로다"(계 17:14).
"그때에 네 민족을 호위하는 대군 미가엘이 일어날 것이요 또 환난이 있으리니 이는 개국 이래로 그때까지 없던 환난일 것이며 그때에 네 백성 중 무릇 책에 기록된 모든 자가 구원을 얻을 것이라"(단 12:1).
지금은 세상의 인기 있는 종교를 따라갈 때가 아니다. 하나님의 진리의 말씀인 성경대로 살아야 할 시기이다. 지금은 정말 죄와 세속에서 벗어나 정결케 함을 입어야 할 때이다. 하나님께서는 부르심을 받았을 뿐만 아니라 택함을 받고 진실하게 끝까지 주님을 따라 사는 자들을 보호하실 것이다. 지금 이 시기는, 많은 사람들이 가고 있는 넓은 길을 따라 쉽게 살아가려고 방종할 때가 아니요, 참된 진리대로, 주께서 말씀하신 좁은 길대로 따라 살아야 할 때이다.

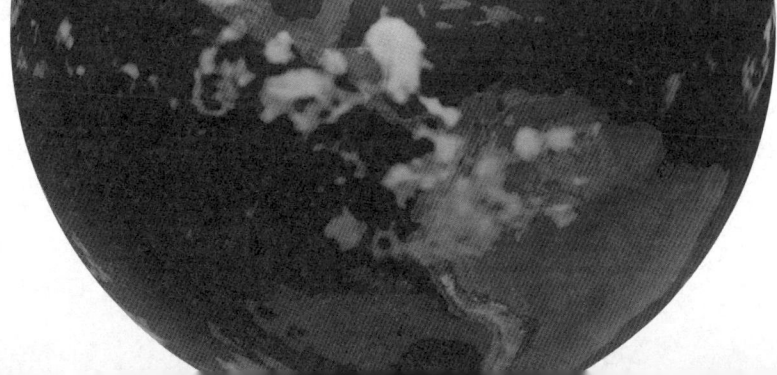

제18장 | **바벨론의 멸망**

요한계시록 18장
chapter Eighteen

계시록 18장은 또 다른 천사가 나타나서 바벨론에서 나오라고 외치는 일과 바벨론이 받을 심판과 최후의 결과에 대하여 말하고 있다.

계 18:1~5

"이 일 후에 다른 천사가 하늘에서 내려오는 것을 보니 큰 권세를 가졌는데 그의 영광으로 땅이 환하여지더라 힘센 음성으로 외쳐 가로되 무너졌도다 무너졌도다 큰 성 바벨론이여 귀신의 처소와 각종 더러운 영의 모이는 곳과 각종 더럽고 가증한 새의 모이는 곳이 되었도다 그 음행의 진노의 포도주를 인하여 만국이 무너졌으며 또 땅의 왕들이 그로 더불어 음행하였으며 땅의 상고들도 그 사치의 세력을 인하여 치부하였도다 하더라 또 내가 들으니 하늘로서 다른 음성이 나서 가로되 내 백성아 거기서 나와 그의 죄에 참예하지 말고 그의 받을 재앙들을 받지 말라 그 죄는 하늘에 사무쳤으며 하나님은 그의 불의한 일을 기억하신지라."

자비롭고 사랑이 많으신 하나님께서는, 계시록 17장에 바벨론에 다가올 심판에 대해서 경고하신 후, 18장에 그분의 사랑하는 자녀들이 그 심판과 재앙을 받지 않고 살아남는 길을 제시하시며 호소하고 계시는 것을 위의 성경 구절에서 읽을 수 있다. 그런데 그 초청은 다름이 아니고, "거기(바벨론)"서 나오라는 초청이다. 그(바벨론)의 죄에 참여하지 말고, 그 재앙들을 받지 말라는 사랑의 호소이다.

1. 바벨론에서 나오라고 외치는 천사

계시록 18장 1절에는 그의 영광으로 온 땅을 환하게 만드는 "천사"가 등장한다.
 "이 일 후에 다른 천사가 하늘에서 내려오는 것을 보니 큰 권세를 가졌는데 그의 영광으로 땅이 환하여지더라."
 이 천사는 힘센 음성으로 "무너졌도다 무너졌도다 큰 성 바벨론이여"라고 외치고 있다. 이것은 무슨 뜻일까?
 앞에서 공부했듯이 "천사"는 하늘에 날아다니는 진짜 천사가 아니고, 하나님의 참된 진리와 메시지를 전하는 사람들 곧 "메신저"들이다. 이 천사는 바벨론의 비밀을 알고 있으며, 또 바벨론의 음모-모든 사람들을 "음행의 포도주" 곧 "바벨론의 취하는 포도주"인 거짓 복음으로 취하게 만들어 구원을 얻지 못하도록 하려는 음모-를 알아내어, 그 비밀을 알리고 세상 사람들을 멸망에서 구원해 내려고 외치는 사람들이다.
 이 천사들은 마지막 때 곧 이 세상과 바벨론에 하나님의 심판이 내리기 바로 전, 아직도 참된 복음을 모르고 바벨론에 묶여 있는 하나님의 자녀들을 바벨론에서 나오라고 죽음을 무릅쓰고 용감하게 외치는 사람들을 말하며, 하나님께서는 이렇게 하나님을 위해 외칠 증인들을 지금 찾고 계신 것이다. 그들은 마지막 늦은 비 성령을 충만히 받고, 이 세상을 향하여 바벨론이 무너졌다고, 그 가운데서 나오라고 외칠 것이다. 그 마지막 바벨론에서 불러내는 성령의 운동을 18장 1절에 "그 영광으로 온 땅이 환하여지더라"라고 표현하고 있는 것이다.

2. 무너지는 바벨론

구약 시대의 바벨론의 멸망에 대하여 다음의 성경 절은 이렇게 말하고 있다. "대저 이스라엘과 유다가 이스라엘의 거룩하신 자를 거역하므로 죄과가 땅에 가득하나 그 하나님 만군의 여호와에게 버림을 입지 아니하였나니 바벨론 가운데서 도망하여 나와서 각기 생명을 구원하고 그의 죄악으로 인하여 끊침을 보지 말지어다 이는 여호와의 보수의 때니 그에게 보복하시리라"(렘 51:5,6).

예레미야 51장에 나와 있는 이 말씀을 사도 요한은 그대로 빌려서 계시록 17장과 18장에 "거기서 나와 그 죄에 참여하지 말고"라고 말하고 있다. 계시록에 나와 있는 예언은 구약에 나와 있는 말을 전부 인용한 것이다. 그러므로 역사적인 배경을 이해해야 계시록에 있는 영적인 상징을 이해하게 된다. 옛날에 실제적으로 있었던 일이 영적으로 반복되는 것이다.

"바벨론은 여호와의 수중의 온 세계로 취케 하는 금잔이라 열방이 그 포도주를 마시고 인하여 미쳤도다"(렘 51:7).

위의 성경 절을 읽어 보면, 구약에도 바벨론은 포도주로 열방을 취하게 한다고 되어 있는 것을 알 수 있다. 영적으로도 이 바벨론 때문에 세상이 취한다. 바벨론 때로부터 시작해서 모든 이교의 잘못된 가르침과 오류가 세상에 퍼졌다.

"여호와께서 우리 의를 드러내셨으니 오라 시온에서 우리 하나님 여호와의 일을 선포하자 화살을 갈며 방패를 굳게 잡으라 여호와께서 메대 왕들의 마음을 격발하사 바벨론을 멸하기로 뜻하시나니 이는 여호와의 보수하시는 것 곧 그 성전의 보수하시는 것이라 바벨론 성벽을 향하여 기를 세우고 튼튼히 지키며 파수꾼을 세우며 복병을 베풀어 방비하라 이는 여호와께서 바벨론 거민에 대하여 말씀하신 대로 경영하시고 행하심이로다 많은 물가에 거하여 재물이 많은 자여 네 탐람의 한정 네 결국이 이르렀도다"(렘 51:10~13).

위의 성경 절에서 이 바벨론에 대해 설명하기를, "많은 물가에 거하여 재물이 많은 자여"라고 했는데, 계시록 17장도 "많은 물위에 앉아 있는 여자"라고 표현하고 있다.

옛날에 바벨론 성은 아름다웠다. 그 밑으로 유브라데스 강이 흐르고 있었는데 예언적으로, 마지막 시대의 여섯째 재앙에, "**유브라데스 강이 마르매 동방으로부터 왕들이 오는 길을 예비하더라**"라는 말이 나온다. 이 말은 그대로 옛날 역사를 가져다 상징적으로, 영적으로, 전세계적으로 풀어서 적용해 주고 있는 것이다.

바벨론의 벨사살 왕이 1,000명의 귀족들과 예루살렘 성전에서 가져온 일곱 금촛대와 하나님의 성전에서 쓰는 귀한 그릇들을 가져다가 포도주를 부어 마시며 연회를 베풀고 취했을 때, 한 손이 나타나서 벽에 글을 썼다. 그 글의 의미는 "달아보니 부족하다.", "내가 네 나라를 페르시아에게 주리라."는 뜻이었다. 그날 밤에 고레스 왕이 유브라데스 강을 마르게 하여 그 바벨론 성을 함락하였다. 이것이 성경에 "유브라데스 강이 마른다."라는 표현으로 기록되어 있는 것이다. 많은 물위에 있던 바벨론은 그를 지지하던 물이 마르며 결국 멸망 당할 것이다.

18장에 묘사된 바벨론에 대한 모든 묘사는, 바벨론이 얼마나 경제적으로 상업적으로 정치적으로 개입하여 이 세상을 손안에 넣고 많은 백성을 미혹하여 짐승의 표를 받게 하고 짐승에게 경배하게 했는지, 그리고 그 결과 마지막 하나님의 심판이 어떻게 임하여 멸망을 당하게 될른지에 대한 묘사이다.

이 바벨론의 세력과 무역을 했던 모든 장사꾼들이 불타는 바벨론을 보면서 탄식하는 장면이 기록되어 있고, 또한 그들이 사고팔던 품목들 중에 사람들의 영혼들이 있다는 말씀은 특기할 만하다.

계 18:12~17

"그 상품은 금과 은과 보석과 진주와 세마포와 자주 옷감과 비단과 붉은 옷감이요 각종 향목과 각종 상아 기명이요 값진 나무와 진유와 철과 옥석으로 만든 각종 기명이요 계피와 향료와 향과 향유와 유향과 포도주와 감람유와 고운 밀가루와 밀과 소와 양과 말과 수레와 종들과 사람의 영혼들이라 바벨론아 네 영혼의 탐하던 과실이 네게서 떠났으며 맛있는 것들과 빛난 것들이 다 없어졌으니 사람들이 결코 이것들을 다시 보지 못하리로다 바벨론을 인하여 치부한 이 상품의 상고들이 그 고난을 무서워하여 멀리 서서 울고 애통하여 가로되 화 있도다 화 있도다 큰 성이여 세마포와 자주와 붉은 옷을 입고 금과 보석과 진주로 꾸민 것인데 그러한 부가 일시간에 망하였도다."

바벨론에서 나와 하나님의 남은 백성이 되자!

3. 바벨론에서 나와 남은 백성이 되는 조건

1) 하나님의 계명과 예수 믿음을 지키는 자들이 되어야 한다

요즈음 기독교 안에는 거짓 복음이 침투하여 "십자가에서 구원이 다 이루어졌다."고 하는, "칭의"만으로 구원을 얻으려는 값싼 복음이 활개를 치고 있다. 매일 우리 마음속에 임재하시고 감화하시어 우리를 죄 짓지 않도록 지켜주시는 하나님의 은혜와 성령의 능력, 또한 자아의 완전한 굴복과 거듭남 그리고 새 생명으로 매일 부활하여 사는 "성화"의 생활을 강조하지 않는 반

쪽의 복음은 위험한 것이며, 많은 그리스도인들로 하여금 올바른 영적 경험을 하지 못하도록 이끈다. 이 거짓 복음의 원조는 "바벨론"인 것을 우리는 앞에서 배워 알고 있다.

성경이 요구하는 하나님의 남은 백성이 되는 조건은 하나님의 계명을 지키는 사람들(계 14:12)이다. 그런데 계명을 지키려면 예수님의 믿음을 가져야 한다. 계명은 우리의 힘으로는 지킬 수 없다. 그것은 예수께서 이 세상에 사실 때 가지셨던 믿음 곧 자신을 완전히 비우시고 온전히 아버지 하나님을 믿고 의지하며 하나가 되어 사신 믿음을 가져야 지킬 수 있다.

계명을 지킨다는 뜻은, 자아가 완전히 죽고 온전히 거듭난 상태를 매일 유지하는 성화의 생애를 사는 것을 말한다. 그것은 매일 성령으로 예수님의 사랑이 부어지는 경험을 하는 것이며, 또 마음속에 하나님의 법이 쓰여지는 새 언약의 경험 곧 "사랑으로 역사하는 믿음"을 가지므로 하나님의 계명을 지키는 것이 자연스럽게 생애에서 이루어지는 것을 뜻한다.

우리는 완전한 종교 개혁을 통해 회복된 "완전한 복음"을 알 필요가 있고, 그 완전한 복음을 알므로 그 온전한 진리로 성화되는 경험을 반드시 해야 한다. 마지막 시대에 하나님의 증인이 될 사람들은, 하나님의 능력을 통해, 그리고 매 순간 우리 속에 임재하시는 예수님의 은혜와 성령의 감화를 통해, 자신의 타락된 본성에 따르지 않고 죄를 승리하는 사람들이다. 이 사람들은, 하나님의 사랑을 보여주시려고 이 땅에 오신, 그리고 자기를 구원하시려고 생명을 바치신 예수님을 너무도 사랑하므로 죄를 이기는 것이 생애에 자연스럽게 나타나는 사람들, 마음이 완전히 거듭난 사람들 곧 계명을 지키는 사람들이다.

2) 바벨론의 관습과 사상에서 나온 사람들이어야 한다

바벨론에서 나오라고 외칠 사람들은 자신이 바벨론에서 구속된 경험을 가진 사람이어야 한다. 구속이란 흑암의 학교, 이 세상에서 배운 세속적인 정신과 관습과 생활 방식에서 벗어나는 것을 말한다. 하나님의 참 백성은 세상에 살지만 세상의 생활 방식에서 벗어나 하늘의 방식으로 살아가야 한다. 하늘을 위하여 준비하며 살아가는 사람들은 먼저 마음과 정신이 하나님의 마음과 정신으로 거듭나야 하는데, 그것은 곧 사도 바울의 경험이 우리의 매일의 경험이 되어야 하는 것이다. **"내가 그리스도와 함께 십자가에 못 박혔나니 그런즉 이제는 내가 산 것이 아니요 오직 내 안에 그리스도께서 사신 것이라 이제 내가 육체 가운데 사는 것은 나를 사랑하사 나를 위하여 자기 몸을 버리신 하나님의 아들을 믿는 믿음 안에서 사는 것이라"**(갈 2:20).

자신을 예수 그리스도께 완전히 바친 사람들은 하루의 매 순간들을 예수님과 동행하는 삶을 살게 될 것인데, 곧 그분의 마음으로 느끼고, 그분의 생각으로 생각하고, 그분의 눈으로 보고, 그분의 성품으로 사랑하기를 배우는 것이다. 예수님의 임재 속에서 사는 사람이라면 사랑스럽고 거룩한 성품을 가지지 않을 수가 없을 것이다. 물론 성품의 성숙과 장성에는 단계가 있지만 말이다. 예수님과 함께 24시간 연결되어 살아가는 사람은 자연스럽게 그분의 뜻과 계명을 지키는 삶을 살게 될 것이다. 뿐만 아니라 먹는 것, 입는 것, 사는 환경, 생활 방식이 하나님의 백성다워야 한다. 모든 가족이 예수님을 중심으로 하는 영적인 유대 관계를 가지며, 특히 자녀들을 하나님 안에서 거듭나는 아이들로 키우는 것이 중요하다고 할 수 있다.

지금 우리는 영적으로 심각한 시대에 살고 있다. 성경이 말하는 마지막 시대, 예수님의 재림이 가까운 시대에 살고 있다. 요즈음 하나님의 참 백성은 점점 하나님의 성품으로 꼴 지워져 가고, 흑암의 권세를 따르는 사람들은 마음과 정신이 점점 더 악하게 꼴 지워져 가고 있는 것을 볼 수 있다. 당신은 어느 편에 속하고 있는가? 시대의 징조를 바라보며 영적으로 깨어나, 세상을 버리고 마지막 하나님의 증인으로 쓰임을 받기 위해 준비하고 있는가? 바벨론에 남아 있는 하나님의 자녀들을 구원하기 위해, 세상에 내릴 심판을 피하도록, 그리하여 "무너졌도다, 무너졌도다, 큰 성 바벨론이여"라고 외칠 수 있는 하나님의 용감한 군사가 되기 위하여 준비되어 가고 있는가?

　머지않아 온 세상을 환하게 할 큰 성령의 운동(계 18:1)이 있을 것인데, 모든 죄를 회개하고 마음의 성전을 깨끗하게 한 사람들은 성령의 충만하심을 받고 나아가 바벨론의 정체와 음모를 밝히며, 바벨론에 있는 하나님의 참 백성에게 그 죄에 참예하지 말고 거기서 나오라고 외칠 것이다. 그것을 큰 소리 외침, 늦은 비 성령 운동이라고 부르는데, 그 일은 짐승의 표의 환난과 핍박을 불러올 것이다. 그러나 하나님의 성령으로 충만하게 무장된 하나님의 증인들은 두려워하지 않고 하나님을 온 세상과 우주에 증거할 것이다.

　지금은 성령을 받기 위하여 회개하고 모든 바벨론의 습관들을 버리고 개혁할 때이다. 하나님의 사랑이 우리로 죄를 이기고 승리하는 남은 백성이 되도록 하기에 넉넉하지 않은가! 그 사랑이 우리로 바벨론을 향하여 크게 외칠 하나님의 용감한 군사로 만들기에 충분하지 않은가! 우리 모두 그 외침에 참여하는 하나님의 증인들이 되자!

제19장 | **하늘의 구조대**

요한계시록 19장 연구

chapter Nineteen

이 세상 역사의 마지막을 위하여 우리에게 주신 하나님의 예언은 너무나 확실하다. "**또 우리에게 더 확실한 예언이 있어 어두운데 비취는 등불과 같으니…**"(벧후 1:19). 우리는 어두운 세상에서 환한 등불을 가지고 있다. 즉 성경의 예언을 가지고 있다. 여러분은 성경 예언을 주신 하나님께 감사하고 있는가?

"저희가 평안하다 안전하다 할 그때에 잉태된 여자에게 해산 고통이 이름과 같이 멸망이 홀연히 저희에게 이르리니 결단코 피하지 못하리라 형제들아 너희는 어두움에 있지 아니하매 그날이 도적같이 너희에게 임하지 못하리니"(살전 5:3,4). 우리는 예언을 가지고 있기 때문에 어두움에 있지 않을 것이다. 그러므로 빛의 자녀들에게는 예수님의 재림이 갑작스러운 것이 되지 않는다.

계 19:1~10

"이 일 후에 내가 들으니 하늘에 허다한 무리의 큰 음성 같은 것이 있어 가로되 할렐루야 구원과 영광과 능력이 우리 하나님께 있도다 그의 심판은 참되고 의로운지라 음행으로 땅을 더럽게 한 큰 음녀를 심판하사 자기 종들의 피를 그의 손에 갚으셨도다 하고 두 번째 가로되 할렐루야 하더니 그 연기가 세세토록 올라가더라 또 이십사 장로와 네 생물이 엎드려 보좌에 앉으신 하나님께 경배하여 가로되 아멘 할렐루야 하니 보좌에서 음성이 나서 가로되 하나님의 종들 곧 그를 경외하는 너희들아 무론대소 하고 다 우리 하나님께 찬송하라 하더라 또 내가 들으니 허다한 무리의 음성도 같고 많은 물소리도 같고 큰 뇌성도 같아서 가로되 할렐루야 주 우리 하나님 곧 전능하신 이가 통치하시도다 우리가 즐거워하고 크게 기뻐하여 그에게 영광을 돌리세 어린양의 혼인 기약이 이르렀고 그 아내가 예비하였으니 그에게 허락하사 빛나고 깨끗한 세마포를 입게 하셨은즉 이 세마포는 성도들의 옳은 행실이로다 하더라 천사가 내게 말하기를 기록하라 어린양의 혼인 잔치에 청함을 입은 자들이 복이 있도다 하고 또 내게 말하되 이것은 하나님의 참되신 말씀이라 하기로 내가 그 발 앞에 엎드려 경배하려 하니 그가 나더러 말하기를 나는 너와 및 예수의 증거를 받은 네 형제들과 같이 된 종이니 삼가 그리하지 말고 오직 하나님께 경배하라 예수의 증거는 대언의 영이라 하더라."

1. 허다한 무리의 찬양

드디어 하나님의 심판이 끝나고 하나님의 참된 교회의 백성이 누구인지가 드러나고 그들을 핍박하던 짐승의 세력 즉 바벨론이 멸망을 받았다. 하나님의 교회와 진리를 핍박하던 자들과 그 단체가 드디어 심판받은 것이다. 은혜의 시간이 끝났다. 이제는 더 이상 회개할 기회가 없고 마지막 7재앙이 내린다. 하나님과 그분의 진리에 순종하지 않고 짐승과 바벨론의 세력을 따르던 자들 즉 짐승의 표를 받은 자들에게 재앙이 내리고 모든 것은 결정되었다. 그 후에 하늘에서 드디어 하나님의 심판이 정당하고 의롭다고 하는 찬송이 울려 퍼지는 것이다. 계시록 19장의 내용은 대략 이런 줄거리이다.

여기 보면, 천사들과 허다한 무리들과 이십사 장로와 네 생물이 모두 하나님을 찬송하는 장면이 나온다. 그런데 노래의 가사 중에 특별히 하나님의 심판의 의로움과 음녀의 심판에 대하여 언급되어 있다. 계시록의 예언의 핵심은 바벨론 세력이 누구인가 하는 것을 지목해 주는 것이라고 할 수 있겠고, 또한 하나님의 남은 백성이 누구이며 그들의 특징은 무엇인가에 대하여 말해 주는 것이라 하겠다.

이제 온 하늘이, 천사들, 이십사 장로들, 네 생물들이 다 함께 합창하며 악이 끝나고 드디어 하나님이 통치하시게 됨을 찬양한다. 마귀의 기만이 다 드러나고 악인들이 심판받았다. 모든 피조물들의 마음속에서 섬길 자를 택하는 일이 끝났고, 이제는 더 이상 하나님께 대한 의심이 없어졌다. 이제서야 우리 하나님께서 아무런 방해 없이 온 우주를 다스리실 수 있게 된 것이다. 그러니 얼마나 기쁘겠는가! 그래서 더 이상 반역이 없고, 의심과 비난이 영원히 사라졌다고 찬양하는 것이다. 그리고 나서 한 가지 중요한 사실을 공포한다. "드디어 어린양의 신부가 준비되었다!"고….

2. 어린양의 신부가 준비됨

"우리가 즐거워하고 크게 기뻐하여 그에게 영광을 돌리세 어린양의 혼인 기약이 이르렀고 그 아내가 예비하였으니 그에게 허락하사 빛나고 깨끗한 세마포를 입게 하셨은즉 이 세마포는 성도들의 옳은 행실이로다 하더라"(계 19:7,8). 이 신부는 하나님의 교회를 상징한다. 물론 개인들이 그 속에 포함된다. 요한계시록 2장 1,2,9,10절에도 보면, 교회가, 새 예루살렘으로 상징된 교회가 빛나고 깨끗한 세마포 옷을 입게 되었다고 소개한다. 교회가 정결케 되었다. 진리가 승리하였다. 오류를 퍼뜨리던 바벨론이 심판을 받아 없어지고 교회가 진리로 정결케 되었다. 하나님의 백성이 죄를 승리하고 하나님의 법을 순종하는 자들이 되었다. 이 세마포는 성도들의 옳은 행실이라고 기록되어 있다. 즉 그들은 하나님의 성령과 진리로 성화된 자들이며 하나님의 성품을 가진 자들인 것이다. 그리하여 드디어 정결한 교회가 준비되었다.

이제 어린양의 혼인 잔치가 시작된다. 성경은 예수께서 지금 하늘에서 새 예루살렘 즉 하나님의 교회와 결혼식을 거행하고 있다고 표현하고 있다(눅 12:35~40참조). 마태복음 25장의 열 처녀의 비유도 그 일을 상징한다. 유대인들의 전통을 보면, 신랑이 혼인 예식을 위한 사전 절차를 마치고 잔치를 위하여 신부와 들러리들을 데리러 신부의 집으로 갔다. 그때 신부의 집 앞에서 등잔불을 들고 서서 신랑이 신부를 데리러 오기를 기다리고 있는 자들이 바로 열 처녀였다.

그런데 열 처녀 중 미련한 다섯 처녀는 등잔은 있으나 기름이 없었다. 다른 그릇에 기름을 준비하지 않았던 것이다. 기름은 성령을 상징한다. 신랑이 오시는 일이 지연되었을 때 문제가 생겼다. 그들은 진리의 등잔을 가졌지만, 성령으로 그 진리의 말씀이 불타도록 하지 않았다. 그들의 신앙은 죽은 신앙이었다. 여러분의 등잔에는 불이 타고 있는가? 신부의 옳은 행실이 나타나는가? 신랑이 살 집을 준비하고 있는 동안, 신부는 자신을 준비하여야 하였던 것처럼, 우리는 지금 우리의 성품을 준비하여야 한다.

3. 예수의 증거

계 19:10 "내가 그 발 앞에 엎드려 경배하려 하니 그가 나더러 말하기를 나는 너와 및 예수의 증거를 받은 네 형제들과 같이 된 종이니 삼가 그리하지 말고 오직 하나님께 경배하라 예수의 증거는 대언의 영이라 하더라."

여기서 예수의 증거는 대언의 영이라는 말씀이 나온다. 계시록 12장 17절에 보면, 남은 무리는 "예수의 증거를 가진 자"들이라고 말한다. "예수의 증거"란 무엇인가? 우리는 그 대답을 성경 절에서 찾을 수 있다. 요한계시록 1장 1~3절을 보자. "예수 그리스도의 계시라 이는 하나님이 그에게 주사 반드시 속히 될 일을 그 종들에게 보이시려고 그 천사를 그 종 요한에게 보내어 지시하신 것이라 요한은 하나님의 말씀과 예수 그리스도의 증거 곧 자기의 본 것을 다 증거하였느니라 이 예언의 말씀을 읽는 자와 듣는 자들과 그 가운데 기록한 것을 지키는 자들이 복이 있나니 때가 가까움이라."

2절과 3절을 보면, "**예수 그리스도의 증거 곧 자기의 본 것**"이라는 구절과 "**이 예언의 말씀**"이라는 구절이 나온다. 그러므로 예수의 증거란 요한이 본 계시 곧 계시로 예언된 하나님의 모든 말씀을 가리킨다. "내가 그 발 앞에 엎드려 경배하려 하니 그가 나더러 말하기를 나는 너와 및 예수의 증거를 받은 네 형제들과 같이 된 종이니 삼가 그리지 말고 오직 하나님께 경배하라 예수의 증거는 대언의 영이라 하더라." 즉 계시를 받은 선지자의 글이 예수의 증거인 것이다.

예수의 증거는 대언의 영이며, 영어로는 "Spirit of prophecy", 예언의 신이다. 하나님께서 계시를 통하여 당신의 백성을 인도하시는 증거의 역사이다. 그러므로 예수의 증거인 예언의 말씀은 우리에게 축복이 된다. 이 성령으로 주신 계시의 말씀들은 모든 시대마다 위험과 오류를 피할 수 있도록 하나님의 백성을 보호하며 인도하여 왔다. 특히 이 험하고 어려운 마지막 시대에는 더욱더 그러할 것이다. 계시된 하나님의 증거의 말씀들을 깨달아 알고 그 말씀들의 보호를 받는 백성이 되어야 한다. 역사의 종말에 살고 있는 우리는 매일 예수의 증거를 가지고 있는 참 남은 백성에 속하도록 하여야 한다.

4. 백마를 탄 자와 두 종류의 잔치

계 19:11~16

"또 내가 하늘이 열린 것을 보니 보라 백마와 탄 자가 있으니 그 이름은 충신과 진실이라 그가 공의로 심판하며 싸우더라 그 눈이 불꽃 같고 그 머리에 많은 면류관이 있고 또 이름 쓴 것이 하나가 있으니 자기밖에 아는 자가 없고 또 그가 피 뿌린 옷을 입었는데 그 이름은 하나님의 말씀이라 칭하더라 하늘에 있는 군대들이 희고 깨끗한 세마포를 입고 백마를 타고 그를 따르더라 그의 입에서 이한 검이 나오니 그것으로 만국을 치겠고 친히 저희를 철장으로 다스리며 또 친히 하나님 곧 전능하신 이의 맹렬한 진노의 포도주 틀을 밟겠고 그 옷과 그 다리에 이름 쓴 것이 있으니 만왕의 왕이요 만주의 주라 하였더라."

여기 성경 절을 보면, 하늘이 열리고 백마를 탄 자가 나온다. 그 이름이 충신과 진실인 것을 보아 그분은 예수 그리스도이시다. 그 후에 그분을 "하나님의 말씀"(요 1:1의 말씀과 같음)이라고 기록하였다. 그 뒤를 따르는 군대들이 모두 흰 세마포를 입은 것을 알 수 있다. 이들은 천사들이다. 구원받은 성도들은 하늘 천사들과 함께 살 성품을 가지고 있어야 한다. 옳은 행실인 흰 세마포를 입고 있어야 한다. 이 장면은 예수 재림의 승리의 광경을 나타낸다.

19장에는 두 가지 잔치가 나온다. 어린양의 혼인 잔치와 새들의 잔치가 그것인데, 새들의 잔치는 짐승과 거짓 선지자와 임금들이 멸망하고 그 시체를 새들이 먹는 것으로 상징되었다. 하나님의 신실한 백성은 어린양의 혼인 잔치에 참여하게 되고, 사단에게 속했던 악인들은 모두 새들의 잔치에 밥이 되는 장면으로 이 19장은 마쳐지고 있다.

제20장 | **천년기**

요한계시록 20장

chapter Twenty

요한계시록 20장에는 아주 중요한 개념들이 나오는데, 그것은 천년기와 첫째 부활, 둘째 부활 등등이다. 함께 연구하여 보자.

계 20:1~6

"또 내가 보매 천사가 무저갱 열쇠와 큰 쇠사슬을 그 손에 가지고 하늘로서 내려와서 용을 잡으니 곧 옛 뱀이요 마귀요 사단이라 잡아 일천 년 동안 결박하여 무저갱에 던져 잠그고 그 위에 인봉하여 천 년이 차도록 다시는 만국을 미혹하지 못하게 하였다가 그 후에는 반드시 잠깐 놓이리라 또 내가 보좌들을 보니 거기 앉은 자들이 있어 심판하는 권세를 받았더라 또 내가 보니 예수의 증거와 하나님의 말씀을 인하여 목 베임을 받은 자의 영혼들과 또 짐승과 그의 우상에게 경배하지도 아니하고 이마와 손에 그의 표를 받지도 아니한 자들이 살아서 그리스도로 더불어 천 년 동안 왕 노릇하니(그 나머지 죽은 자들은 그 천 년이 차기까지 살지 못하더라) 이는 첫째 부활이라 이 첫째 부활에 참예하는 자들은 복이 있고 거룩하도다 둘째 사망이 그들을 다스리는 권세가 없고 도리어 그들이 하나님과 그리스도의 제사장이 되어 천 년 동안 그리스도로 더불어 왕 노릇 하리라."

여기에 보면, 하늘에서 천사가 내려와 무저갱의 열쇠를 가지고 용(사단)을 잡는 묘사가 나온다. 많은 사람들이 이 "무저갱"이라는 단어를 지옥이라고 해석한다. 그런데 이 무저갱이라는 뜻은 영어로 "Bottomless Pit"이며, 창세기 1장 2절에 나오는 "땅이 혼돈하고 공허하며 흑암이 깊음 위에 있고"에 사용된 Abusos라는 히브리어와 같은 단어이다. Abusos란 "혼돈한 상태"라는 뜻이다. 그러므로 이것은 예수께서 재림하셔서 의인들을 데려가신 후, 악인들은 주의 영광스런 빛으로 다 죽고, 지진과 이변들로 황폐되어 있는 이 지구 상의 혼돈한 상태를 말하는 것이다. 이제 악인들은 다 죽어 땅 속에 있고, 사단이 더 이상 미혹할 사람들이 없다.

1. 재림과 함께 시작되는 천년기

계시록 20장에 언급되어 있는 천년기는 예수 재림 후에 시작된다.

계시록 20장 4절을 보자. "**또 내가 보좌들을 보니 거기 앉은 자들이 있어 심판하는 권세를 받았더라 또 내가 보니 예수의 증거와 하나님의 말씀을 인하여 목 베임을 받은 자의 영혼들과 또 짐승과 그의 우상에게 경배하지도 아니하고 이마와 손에 그의 표를 받지도 아니한 자들이 살아서 그리스도로 더불어 천 년 동안 왕 노릇 하니(그 나머지 죽은 자들은 그 천 년이 차기까지 살지 못하더라).**"

"천 년"(millennium)이라는 표현은 성경 전체를 통하여 오직 요한계시록 20장 1~7절에만 6번 언급되고 있는 특이하면서도 범위가 국한되어 있는 주제이다. 그러므로 천년기에 대해서 공부할 때에는 이 성경 구절들의 앞뒤 문맥에서 그 의미를 찾는 것이 가장 안전한 해석 방법이다. 특히, 요한계시록 19장과 20장은 서로 연결되어 있는 내용이므로, 본문을 잘 읽어 보면 그 윤곽을 쉽게 이해할 수 있다.

요한계시록 19장 후반에는 예수께서 재림하시는 장면과(11~16절), 재림

시에 악인들이 멸망 당하는 장면이 나오며(17,18절), 계속해서 이어지는 20장 초반에는 천년기가 처음으로 등장한다. 그러므로 요한계시록 19장과 20장에는 천년기를 전후로 해서 일어나는 사건들이 순서적으로 기록되어 있음을 알 수 있다. 요한계시록 20장에는 예수 그리스도의 재림의 때부터 천 년이 지난 후에 악인들이 부활하여 유황불로 심판받게 되는 전과정이 순서적으로 자세하게 그려져 있는데, 보다 정확한 해석을 위하여 한글로 번역된 한글 킹제임스 성경을 사용하여 공부해 보자.

1) 천년기는 언제 시작되는가? (계 20:1~3)

"또 내가 보니 한 천사가 하늘에서 내려오는데 …그가 그 용을 잡으니 곧 마귀요 사탄인 옛 뱀이라 그를 천 년 동안 묶어두니"(1절-킹 제임스 역).
  예수께서 재림하실 때에 죽었던 의인들이 부활하여 살아 있는 성도들과 함께 하늘로 승천한다. 그와 동시에, "한 천사가 하늘에서 내려"오는데, 어디로 내려오는가? 지구로 내려온다는 것을 문맥에서 알 수 있다. 하늘에서 내려온 천사가 사단이 천 년 동안 지구를 벗어나지 못하도록 결박함으로써, 천년기(Millennium)가 시작된다.

2) 의인들의 천 년 왕국은 어디서 실현되는가? (계 20:4)

"예수에 대한 증거와 하나님의 말씀으로 인하여 목 베임을 받은 사람들의 혼들도 보았는데 그들은 그 짐승에게나 그의 형상에게 경배하지 아니하였을 뿐만 아니라 그의 표를 그들의 이마 위나 손에도 받지 아니하였더라 그러므로 그리스도와 함께 천 년을 살면서 왕 노릇하더라"(4절-킹제임스 역)
  예수께서 재림하실 때에 의인들은 승천하여 하늘에서 그리스도와 함께 천 년을 살면서 통치하게 될 것이다. 어떤 사람들은 그리스도인들이 지구에서 복천 년을 보낼 것이라고 말하지만, 어떻게 엄청난 재난에 의해서 황폐되었고, 수많은 악인들의 시체가 뒹구는 지구에서 그리스도와 더불어 천 년 동안 왕 노릇할 수 있겠는가? 결코 그럴 수 없다.

예수께서 재림하실 때에 부활한 의인들과 살아 있던 성도들이 홀연히 변화되어 **"공중에서 주를 영접하여 … 항상 주와 함께 있으리라"**고 기록한 사도 바울의 말을 기억하자(살전 4:17). 의인들은 승천하여 어디에서 주와 함께 있다고 하였는가? 예수님의 대답을 들어보라. 예수께서는 요한복음 14장 2절에서 "내 아버지 집"이라고 밝혀 주셨다. 다시 말해서 하늘에 가서 천년 동안 왕 노릇한다는 것이다. **"내가 너희를 위하여 처소를 예비하러 가노니 너희를 위하여 처소를 예비하면 내가 다시 와서 너희를 내게로 영접하여 나 있는 곳에 너희도 있게 하리라"**(요 14:2,3).

또한 천년기가 지난 후에 **"새 예루살렘이 하나님께로부터 하늘에서 내려"**(계 21:2)온다는 말씀을 보아서도, 여기에 나오는 새 예루살렘은 지상에 있는 예루살렘이 아니라 하늘에 있는 예루살렘임을 확신할 수 있다. 그러므로 우리는 하늘로 승천했던 성도들이 천 년 동안 하늘에서 왕 노릇할 것이라는 가르침을 성경적인 진리로 받아들이게 된다. 또한 사도 요한은 예수 재강림 시에 있는 의인들의 부활을 가리켜서, 천년기 끝에 있는 악인들의 부활과 대조하여 "첫 번째 부활"이라고 불렀다(6절).

심판대에 보좌들이 있다는 언급을 읽어 보면, 그 단어가 복수로 기록된 것을 알 수 있다. 심판대의 보좌들에 앉은 심판장들은 성도들이다. 성도들은 천년 동안 그리스도와 함께 왕 노릇하며 죽은 악인들을 심판할 것이다. 예수께서 재림하시고, 구원받을 성도들이 다 하늘에 왔는데, 왜 또 하늘에 심판이 있을까? 그것은 그 악인이 왜 하늘에 오지 못했는지, 왜 구원을 받지 못했는지를 알아보고 그 의문들을 풀기 위해서이다. 그때에 비로소 악인들에 대한 하나님의 심판이 공의롭고 의로우시다는 것이 온 우주에 알려지게 되는 것이다. 그래서 온 우주 만물은 영원토록 하나님을 사랑하고 존경하는 마음으로 찬송하게 되는 것이다. 다시는 반역이나 의심이 일어나지 않게 되는 것이다. 타락한 이 지구의 역사가 드디어 온 우주의 안전한 미래를 위한 좋은 교과서가 된 셈이다.

3) 악인들은 천년기를 어디서 보내는가? (계 20:5)

"그러나 죽은 자들 가운데서 그 나머지는 천 년이 끝날 때까지 다시 살지 못하더라"(5절). 4절에 이어서 계속해서 등장하는 "죽은 자들 가운데서 그 나머지"는 누구인가? 예수 재강림 시에 죽었던 의인들은 부활하여 하늘로 승천하는데, 이때에 지구에 남아 있게 되는 모든 악인들을 가리켜서, 사도 요한은 "죽은 자들 가운데 그 나머지"로 표현하였다. 지구 역사에 존재하였던 모든 의인들이 예수 그리스도의 재림 시에 부활하여 그리스도와 함께 승천하여 천 년 동안 하늘에서 왕 노릇하는 동안에, 모든 악인들은 죽음의 상태로 지상에 있는 무덤 속에 그대로 남아 있게 된다. 즉 사단이 지구에서 천 년 동안 결박 당하고, 악인들의 시체가 천 년 동안 지구에서 뒹구는 동안에, 하늘로 승천한 의인들은 그리스도와 함께 하늘에서 천 년 동안 왕 노릇하게 된다.

4) 악인들을 태워 버릴 지옥불은 언제, 어떻게 생기는가? (계 20:7~10)

사도 요한은 요한계시록 20장 초반부에서 "그(사단)를 끝없이 깊은 구렁(무저갱)에 던져서 가두고 그 위에 봉인하여 천 년이 찰 때까지는 나라들을 다시는 미혹하지 못하게 하더라 그 후에 그가 반드시 잠시 동안 풀려나게 되리라"(킹 제임스 역)고 말함으로써, 사단이 천년기의 끝에 잠시 동안 풀려날 것에 대한 힌트를 준 다음에(3절), 요한계시록 20장 후반부에 가서는 천년기(millennium)가 끝날 때에 사단이 잠깐 동안 풀려나면서 생기는 극적인 사건을 이렇게 설명하였다.

계 20:7~9

"그 천 년이 끝나면 사단이 그의 감옥에서 풀려나 땅의 사방에 있는 민족들 곧 곡과 마곡을 미혹하려고 나가서 그들을 함께 모아 전쟁을 일으키니 그 수가 바다의 모래 같으리라 그들이 땅의 넓은 데로 올라가서 성도들의 진영과 사랑하시는 도성을 포위하니 하늘에서 불이 하나님께로부터 내려와 그들을 삼켜 버리더라"(킹 제임스 역).

천년기가 끝나면서 마귀가 천사의 결박으로부터 다시 풀려나는데, 바로 이때 모든 악인들이 무덤 속에서 부활하여 나온다(두 번째 부활). "**그 나머지 죽은 자들은 그 천 년이 차기까지 살지 못하더라**"(5절). 성경은 의인과 악인의 부활 즉 두 가지 종류의 부활이 있다고 말씀하고 있다(요 5:29; 행 24:15 참조). 이때, 사단은 부활한 악인들을 한곳으로 끌어모은 다음, 하늘로부터 내려온 새 예루살렘 도성을 포위하여 최후의 반격을 가한다. 저 성은 우리의 것이니 무력으로 빼앗을 수 있다고…. 회개하지 않고 성령의 역사가 없어진 마음들은 항상 그렇게 어리석은 것이다. 사단을 선두로 해서 모든 악인들이 하늘에서 내려온 새 예루살렘 성을 공격하려고 할 바로 그때에 드디어 "**하늘에서 불이 하나님께로부터 내려와 그들을 삼켜 버**"리게 되는데(9절), 바로 이것이 천년기 이후에 둘째 부활에 부활한 악인들에게 죄의 대가로서 주어지는 최후의 유황불 형벌이며 이것을 성경이 '지옥'이라고 부르는 것이다. 이때 모든 죄의 원흉인 사단 역시 유황불의 형벌 속에서 불타게 된다. "**그들을 미혹하던 마귀가 불과 유황 못에 던져지니**"(10절).

자, 여기서 우리는 지옥에 관한 답을 얻게 되었다. 지옥은 언제, 어디서, 어떻게 시작되는가? 지옥은 예수 재림 사건으로부터 천 년이 지나간 후에 지구에서 형성된다. 사단과 악인들이 하늘에서 내려온 새 예루살렘 성을 공격하려고 할 때에 하늘로부터 유황불이 떨어짐으로써 지상은 불구덩이로 변하는데, 이것이 지옥이다. 지옥불은 악인들이 다 타고 나면 꺼진다는 것이 성경에서 말하는 지옥의 개념이지 영원히 불타는 지옥이란 없는 것이다. 덧붙여, 성경의 "영원히 타는 불"이라는 뜻은 "그 물체가 다 타서 없어질 때까지"라는 뜻의 원어를 알면 문제가 없어진다. "또 너희가 악인을 밟을 것이니 그들이 나의 정한 날에 너희 발바닥 밑에 재와 같으리라 만군의 여호와의 말이니라"(말 4:3). "악인은 멸망하고 여호와의 원수는 어린양의 기름같이 타서 연기 되어 없어지리로다"(시 37:20).

2. 첫째 부활과 둘째 부활은 어떻게 다른가?

"이 첫째 부활에 참예하는 자들은 복이 있고 거룩하도다 둘째 사망이 그들을 다스리는 권세가 없고 도리어 그들이 하나님과 그리스도의 제사장이 되어 천 년 동안 그리스도로 더불어 왕 노릇 하리라"(계 20:6).

첫째 부활은 예수께서 재림하실 때 죽었던 의인들이 구원을 받기 위하여 다시 살아나는 것을 말하며, 둘째 부활은 죽었던 악인들이 천년기 이후에 자기가 한 일에 대한 심판을 이해한 다음에 둘째 사망을 받기 위하여 다시 살아나는 것을 말한다. 그러므로 성경은 첫째 부활에 참여하는 자들이 복이 있다고 말하는 것이다.

· 첫째 사망과 둘째 사망과의 비교

세상에 태어났던 사람들은 누구나 한 번 죽는다. 성경은 이것을 첫 번째 사망이라고 하며 예수님께서는 이것을 '잠 자는 것'이라고 표현하셨다(요 11:11 참조). 둘째 사망이란 천년기 이후 다시 살아난 악인들이 유황불의 형벌을 받아 영원한 사망에 들어가는 것을 말한다. 다시 말하면 자신이 범한 죄의 대가를 지불하기 위해서 치르는 죽음을 "둘째 사망"이라고 하는 것이다. 예수께서 십자가에서, 온 인류의 죄의 대가를 지불하시기 위해서 죽으셨던 죽음은 바로 이 "둘째 사망"이었다. 그리스도께서는 십자가의 공로와 은혜를 의지하여 그분께 나오는 사람들의 죄를 대속하기 위해서 악인들이 당하게 되는 두려운 둘째 사망의 고통을 치르셔야만 했던 것이다. 죄의 대가는 "둘째 사망 곧 불 못"이기 때문에, 사도 바울이 로마서 6장 23절에 기록한 "죄의 삯은 사망이요"에 나오는 "사망"은 "둘째 사망"을 뜻한다.

천년기 후에 사단과 죽은 악인들이 부활하는데, 그 옥에서 놓여 나온다는 뜻은 죄의 감옥인 이 세상을 상징한다. "네가 소경의 눈을 밝히며 갇힌 자를 옥에서 이끌어 내며 흑암에 처한 자를 간에서 나오게 하리라"(사 42:7), "내 영혼을 옥에서 이끌어 내사 주의 이름을 감사케 하소서"(시 142:7), "하나님이 범죄한 천사들을 용서치 아니하시고 지옥에 던져 어두운 구덩이에 두어 심판 때까지 지키게 하셨으니"(벧후 2:4), "큰 용이 내어 쫓기니 옛 뱀이라고도 하고 사단이라고도 하는 온 천하를 꾀는 자라 땅으로 내어 쫓기니 그의 사자들도 그와 함께 내어 쫓기니라"(계 12:9). 그래서 계시록 20장의 "옥"은 죄의 감옥인 이 땅을 의미한다. 곡과 마곡은 부활한 악인들의 무리에 대한 상징적인 언어인데, 성경에서 구약에 나오는 북방에 있는 이방 족속들을 칭하는 용어를 사용한 것이다.

다시 한 번 짚고 넘어가자. 유황불이 언제 내려와서 악인들을 태우는가? 천년기 이후이다. 지금 지옥이 있는 것이 아니다. "**저희의 기다리는바 하나님께 향한 소망을 나도 가졌으니 곧 의인과 악인의 부활이 있으리라 함이라**"(행 24:15), "**이를 기이히 여기지 말라 무덤 속에 있는 자가 다 그의 음성을 들을 때가 오나니 선한 일을 행한 자는 생명의 부활로 악한 일을 행한 자는 심판의 부활로 나오리라**"(요 5:28,29).

여러분은 천년기 동안 하늘에서 왕 노릇하며 악인들을 심판하는 자리에 들어가기를 원하는가? 아니면, 천년기 이후에 유황불이 하늘에서 내려올 때 사단과 함께 불타기를 원하는가? 하나님께서 이 예언을 우리에게 주신 이유는 우리가 이 예언을 연구하고, 예수님의 재림이 가깝다는 것을 깨달아 준비할 뿐만 아니라, 진정한 복음의 능력을 체험하고 죄를 승리하며 진정으로 거듭난 사람들이 되어서, 하나님과 그분의 진리와 계명에 순종하는 충성된 증인들이 되기를 원하셔서 그렇게 하신 것이다. 하늘에 가서 천 년 동안 주님과 함께 왕 노릇하는 독자들이 되기를 바란다.

제21장 | 새 하늘과 새 땅

요한계시록 21장
Chapter Twenty One

예수님의 재림은 하나님을 믿는 신자들이 지구의 역사 6,000년 동안 기다려 온 사건이다. 만일 예수 재림이 없다면 우리의 모든 믿는 일이 헛것이다. 예수님의 재림은 우리의 신앙의 총결산이며, 모든 성경 말씀의 결론이다. 드디어 이 지구의 죄의 역사가 끝나는 날, 하나님을 믿고 끝까지 인내하며 참아 온 자들이 드디어 영생에 들어가는 날, 그 재림의 날은 얼마나 영광스러울 것인가? 영혼 불멸설은 영혼들이 벌써 하늘에 가 있다고 가르침으로 예수 재림의 사건과 또한 의인들의 부활에 대한 그 감격과 기대를 격감시키는 결과를 초래하고 있다. 그러나 신약 성경은 예수께서 재림하신다는 약속을 약 150번이나 언급하고 있다. 한 번만 말씀하셨어도 지키실 텐데, 150번이나 말씀하셨으니 예수께서는 꼭 재림하실 것이다. 예수께서 가야바 법정에서 심판 받으실 때도 말씀하셨다. "인자가 구름을 타고 오는 것을 네가 보리라"고…. 예수께서 다시 오신다는 진리는 우리의 불타는 소망이다. 여러분은 예수님의 재림을 고대하고 있는가?

계시록 19장 11,12절에서 우리는 예수께서 재림하시는 모습이 이렇게 기록되어 있는 것을 읽었다. "또 내가 하늘이 열린 것을 보니 보라 백마와 탄 자가 있으니 그 이름은 충신과 진실이라 그가 공의로 심판하며 싸우더라 그 눈이 불꽃 같고 그 머리에 많은 면류관이 있고…"

또 계시록 20장에서, 천 년이 차면 사단이 잠깐 놓인다는 기록을 읽었다. 그것은 악인들의 둘째 부활이 있을 때에 생기는 사건인데, 그때 마귀가 천년기 이후에 심판받기 위해 부활한 악인들을 선동하여 하늘에서 내려오는 새 예루살렘 성을 공격하려고 한다는 것을 배웠다. 회개하지 않고 죽은 사람들은 다시 살아나도 그들의 성품이 변하지 않는다. 그러므로 그렇게 공격하여 그 성을 빼앗으려고 하는 것이다. 성안에는 의인들이 안전하게 거하고 있다.

아담 때부터 이 세상에 태어난 모든 인간들이 다 한자리에 모인다. 구원받은 의인들은 성안에, 둘째 부활에 일어난 악인들은 성밖에 있다. 여러분은 어디에 있을 것인가? 여러분의 가족들은 또 어디에 있게 될 것인가? 그때, 악인들이 성을 공격하려고 할 때, 하늘에서 불이 내려와 그들을 소멸해 버린다. 그 후에 창조주 하나님께서는 새 하늘과 새 땅을 이 지구에 창조하시는 것이다. 성경 절을 보자.

1. 새 하늘과 새 땅을 창조하심

계 21:1~8

"또 내가 새 하늘과 새 땅을 보니 처음 하늘과 처음 땅이 없어졌고 바다도 다시 있지 않더라 또 내가 보매 거룩한 성 새 예루살렘이 하나님께로부터 하늘에서 내려오니 그 예비한 것이 신부가 남편을 위하여 단장한 것 같더라 내가 들으니 보좌에서 큰 음성이 나서 가로되 보라 하나님의 장막이 사람들과 함께 있으매 하나님이 저희와 함께 거하시리니 저희는 하나님의 백성이 되고 하나님은 친히 저희와 함께 계셔서 모든 눈물을 그 눈에서 씻기시매 다시 사망이 없고 애통하는 것이나 곡하는 것이나 아픈 것이 다시 있지 아니하리니 처음 것들이 다 지나갔음이러라 보좌에 앉으신 이가 가라사대 보라 내가 만물을 새롭게 하노라 하시고 또 가라사대 이 말은 신실하고 참되니 기록하라 하시고 또 내게 말씀하시되 이루었도다 나는 알파와 오메가요 처음과 나중이라 내가 생명수 샘물로 목 마른 자에게 값없이 주리니 이기는 자는 이것들을 유업으로 얻으리라 나는 저의 하나님이 되고 그는 내 아들이 되리라 그러나 두려워하는 자들과 믿지 아니하는 자들과 흉악한 자들과 살인자들과 행음자들과 술객들과 우상 숭배자들과 모든 거짓말하는 자들은 불과 유황으로 타는 못에 참예하리니 이것이 둘째 사망이라."

천년기 이후에 즉 유황불이 내려와 그 지옥불에서 마귀와 모든 악인들이 타서 소멸된 후, 하나님께서는 이 땅을 새롭게 다시 창조하실 것이다. 그리하여 이 지구는 태초에 하나님께서 계획하신 것과 똑같은 상태로 회복될 것이다. 모든 죄의 결과가 영원히 추방될 것이며, 죄도 없고 죄인들도 없고, 유혹하는 사단과 악도 없을 것이다. "또 내가 새 하늘과 새 땅을 보니 처음 하늘과 처음 땅이 없어졌고 바다도 다시 있지 않더라"(계 21:1).

"그러나 두려워하는 자들과 믿지 아니하는 자들과 흉악한 자들과 살인자들과 행음자들과 술객들과 우상 숭배자들과 모든 거짓말하는 자들은 불과 유황으로 타는 못에 참예하리니 이것이 둘째 사망이라"(8절). 이 성경 절에 언급된 것과 같은 악인들은 새 하늘과 새 땅에 참여하지 못한다고 성경은 말한다.

사도 요한은 미래의 영광스러운 장면을 계시 가운데서 보면서, 다음과 같이 묘사하였다. "모든 눈물을 그 눈에서 씻기시매 다시 사망이 없고 애통하는 것이나 곡하는 것이나 아픈 것이 다시 있지 아니하리니 처음 것들이 다 지나갔음이더라"(계 21:4).

재창조함을 받은 이 땅에는 더 이상 눈물이나 고통이 없다고 하나님께서 성경을 통하여 우리에게 말씀하셨다. 새롭게 회복된 아름다운 땅에서 그 어떤 사람이 고통을 겪겠는가? 그러나 어떤 사람들은 악인들은 우주의 어딘가에 있는 지옥에서 영원토록 고통당하게 될 것이라고 말한다. 여러분은 하나님의 말씀을 믿겠는가? 아니면 인간의 추측을 따르겠는가? 성경이 말하는 대로 이 우주 가운데에 더 이상의 고통이나 눈물이 존재하지 않기 위해서는, 영원한 지옥도 존재하지 말아야 한다. 왜냐하면 이 두 가지 말은 서로 상충되는 말이기 때문이다. 다시는 죄의 고통이 없는 새 세상! 우리는 온 세상의 고통을 종결지으시는 하나님께 감사와 찬송을 드려야 한다. 새 하늘과 새 땅에는 사단이 존재하지 않을 것이며, 지옥의 유황불도 없을 것이다. 하나님께서 재창조하시는 당신의 새 왕국에는 어떠한 고통의 그림자도 결코, 결코 드리우지 않을 것이다!

2. 새 예루살렘을 보이심

계 21:9~15

"일곱 대접을 가지고 마지막 일곱 재앙을 담은 일곱 천사중 하나가 나아와서 내게 말하여 가로되 이리 오라 내가 신부 곧 어린양의 아내를 네게 보이리라 하고 성령으로 나를 데리고 크고 높은 산으로 올라가 하나님께로부터 하늘에서 내려오는 거룩한 성 예루살렘을 보이니 하나님의 영광이 있으매 그 성의 빛이 지극히 귀한 보석 같고 벽옥과 수정 같이 맑더라 크고 높은 성곽이 있고 열두 문이 있는데 문에 열두 천사가 있고 그 문들 위에 이름을 썼으니 이스라엘 자손 열두 지파의 이름들이라 동편에 세 문, 북편에 세 문, 남편에 세 문, 서편에 세 문이니 그 성에 성곽은 열두 기초석이 있고 그 위에 어린양의 십이 사도의 열두 이름이 있더라 내게 말하는 자가 그 성과 그 문들과 성곽을 척량하려고 금갈대를 가졌더라."

천사는 요한에게 새 예루살렘을 보이며, 어린양의 신부라고 소개 한다. 그런데 그 성의 그 아름다움은 사람의 언어로 다 묘사할 수 없을 정도로 아름답다. 그 성은 갖가지 보석으로 이루어진 황홀한 성이다. 그 성에 대한 묘사를 더 살펴보자.

계 21:16~27

"그 성은 네모가 반듯하여 장광이 같은지라 그 갈대로 그 성을 척량하니 일만 이천 스다디온이요 장과 광과 고가 같더라 그 성곽을 척량하매 일백사십사 규빗이니 사람의 척량 곧 천사의 척량이라 그 성곽은 벽옥으로 쌓였고 그 성은 정금인데 맑은 유리 같더라 그 성의 성곽의 기초석은 각색 보석으로 꾸몄는데 첫째 기초석은 벽옥이요 둘째는 남보석이요 셋째는 옥수요 넷째는 녹보석이요 다섯째는 홍마노요 여섯째는 홍보석이요 일곱째는 황옥이요 여덟째는 녹옥이요 아홉째는 담황옥이요 열째는 비취옥이요 열한째는 청옥이요 열둘째는 자정이라 그 열두 문은 열두 진주니 문마다 한 진주요 성의 길은 맑은 유리 같은 정금이더라 성안에 성전을 내가 보지 못하였으니 이는 주 하나님 곧 전능하신 이와 및 어린양이 그 성전이심이라 그 성은 해나 달의 비침이 쓸데없으니 이는 하나님의 영광이 비취고 어린양이 그 등이 되심이라 만국이 그 빛 가운데로 다니고 땅의 왕들이 자기 영광을 가지고 그리로 들어오리라 성문들을 낮에 도무지 닫지 아니하리니 거기는 밤이 없음이라 사람들이 만국의 영광과 존귀를 가지고 그리로 들어오겠고 무엇이든지 속된 것이나 가증한 일 또는 거짓말하는 자는 결코 그리로 들어오지 못하되 오직 어린양의 생명책에 기록된 자들뿐이라."

얼마나 아름다운 성인가! 성도들이 살 곳은 얼마나 아름다운 곳인가! "보라 내가 새 하늘과 새 땅을 창조하나니 이전 것은 기억되거나 마음에 생각나지 아니할 것이라"(사 65:17). 회복된 지구는 성경에 예언된 대로, 하나님의 보좌와 장막이 거하시는 곳이 되므로 온 우주의 중심이 될 것이다. 하나님께서 우주의 중심인 당신의 보좌를 이 지구로 옮기셔서 우리의 곁에 장막을 치실 것이다. 죄로 인하여 타락하였던 이 지구를 온 우주 앞에 가장 아름다운 곳으로 높이실 것이다. 하나님의 사랑의 구속의 계획이 죄의 문제를 어떻게 해결하셨는지를 보여 주는 영원한 기념물로서 말이다.

또한 죄와 자신과 세상을 이기고 승리한 성도들은, 온 우주에 하나님께서 그들을 구속하신 것을 증거하고 기념하는 특별한 증인들이 되어 하나님 보좌 주위에서 특별한 찬양, 모세와 어린양의 노래, 경험의 노래를 부르는 찬양대가 될 것이다. "**그러므로 그들이 하나님의 보좌 앞에 있고 또 그의 성전에서 밤낮 하나님을 섬기매 보좌에 앉으신 이가 그들 위에 장막을 치시리니**"(계 7:15).

사단의 파괴 행위는 영원히 끝난다. 약 육천 년(성경의 연대기에 따라) 동안 그는 제 마음대로 불행으로 땅을 충만케 하고 온 우주를 슬프게 하였다. 모든 피조물은 함께 탄식하며 함께 고통당해 왔다. 그러나 이제 하나님의 피조물들은 사단의 존재와 유혹에서 영원히 벗어난다. "**온 땅이 평안하고 정온하니 무리가 소리질러 노래하는도다**"(사 14:7). 찬송과 승리의 함성이 충성된 온 우주에서 터져 나오는데, "허다한 무리의 음성도 같"고 많은 물소리도 같고 큰 뇌성도 같은 소리로 "**할렐루야 주 우리 하나님 곧 전능하신 이가 통치하시도다**"(계 19:6)고 노래한다. "**모든 눈물을 그 눈에서 씻기시매.**" 다시는 애통하는 것이나 곡하는 것이나 고통이나 슬픔이 없어지고 영원한 찬송만이 흘러 넘칠 것이다.

제22장 | 영원으로의 초대

요한계시록 22장 연구
chapter Twenty Two

드디어 죄악이 끝나고 하나님께서 승리하시고, 성도들이 유업을 얻어 새 땅에서 편히 살게 된다. 꿈에도 그리던 하늘나라가 이 땅에 이루어진 것이다. 새 하늘과 새 땅에 대한 묘사를 읽어 보자.

계 22:1~5

"또 저가 수정같이 맑은 생명수의 강을 내게 보이니 하나님과 및 어린양의 보좌로부터 나서 길 가운데로 흐르더라 강 좌우에 생명나무가 있어 열두 가지 실과를 맺히되 달마다 그 실과를 맺히고 그 나무 잎사귀들은 만국을 소성하기 위하여 있더라 다시 저주가 없으며 하나님과 그 어린양의 보좌가 그 가운데 있으리니 그의 종들이 그를 섬기며 그의 얼굴을 볼터이요 그의 이름도 저희 이마에 있으리라 다시 밤이 없겠고 등불과 햇빛이 쓸데없으니 이는 주 하나님이 저희에게 비취심이라 저희가 세세토록 왕 노릇하리로다."

성경은 구원 얻은 자의 유업을 본향이라고 부른다(히 11:14~16 참조). 사람의 언어로는 의인들이 받을 상급을 묘사하기에 적합하지 않다. 그것은 오직 바라보는 사람들만이 깨닫게 될 것이기 때문이다. 유한한 사람으로서는 아무도 하나님의 낙원의 영광을 깨달을 수 없다. "하나님이 자기를 사랑하는 자들을 위하여 예비하신 모든 것은 눈으로 보지 못하고 귀로도 듣지 못하고 사람의 마음으로도 생각지 못하였"(고전 2:9)던 것들일 것이다. 장래의 유업을 지나치게 물질적인 것으로만 생각하게 만들 것을 염려하여 하늘 본향을 우리 눈에 보여주시지 않고 상상하여 바라보게만 해 주신 것이다. 그래서 이 하늘나라에 대한 진리를 영적으로만 해석하는 사람들이 있다. 그러나 정확하게 예수께서는 당신의 제자들에게 그들을 위하여 아버지 집에 처소를 예비하러 가신다고 보증하셨다. 하늘은 실제로 존재하는 곳이요, 이 땅도 다시 새 하늘과 새 땅으로 재창조함을 받게 될 것이다.

예수께서 마련하신 그곳, 하늘 본향에서 하늘의 목자되신 그리스도께서는 당신의 양 무리를 생명수 샘으로 인도하실 것이다. 생명나무는 달마다 그 열매를 맺고, 그 잎사귀는 만국을 소성하기 위하여 있을 것이다. 흘러 다함이 없는 강은 수정같이 맑고, 그 강가에 있는 나무들은 구속 받은 주님의 백성을 위하여 준비된 정금길 위에 그림자를 던지며, 넓은 평원이 아름다운 언덕으로 둘러싸여 있고, 하나님의 산들이 아름답게 펼쳐져 있는 그 평화로운 평원에서, 그 생명 강가에서, 오랫동안 순례자요, 방랑자로 살아 온 하나님의 사랑하는 백성은 그들이 거할 집을 발견할 것이다.

그 안전한 하늘의 분위기 속에는 고통이 존재하지 않을 것이다. 그곳에는 눈물이 없고, 장례 행렬이 없고, 슬픔의 흔적이 없을 것이다. "**다시 사망이 없고 애통하는 것이나 곡하는 것이나 아픈 것이 다시 있지 아니하리니 처음 것들이 다 지나갔음이러라**", "**그 거민은 내가 병들었노라 하지 아니할 것이라 거기 거하는 백성이 사죄함을 받으리라**"(계 21:4; 사 33:24). 그런데 그곳은 하나님의 계명을 지키는 자들만이 들어간다고 성경은 말하고 있다. "**그 두루마기를 빠는 자들은 복이 있으니 이는 저희가 생명나무에 나아가며 문들을 통하여 성에 들어갈 권세를 얻으려 함이로다.**"(계 22:14). 이 말씀의 원어의 뜻을 킹 제임스 성경을 보면 더 잘 알 수 있는데, "그 두루마기를 빠는 자들은"이라는 구절의 원래의 뜻은, "계명을 지키는 자들은"이라고 번역되어 있다. 그러므로 하나님의 계명을 지키고 순종하는 사람들만이 하늘에 들어갈 수 있는 것이다. 다시 말해서 하나님의 계명과 일치된 예수님의 마음을 받고 변화함을 얻은 자들만 들어간다는 뜻이다.

하나님의 성에는 "밤이 없"다. 아무도 휴식을 필요로 하거나 원하지 않을 것이다. 거기서는 하나님의 뜻을 행하고 그분의 이름을 찬양하는데 피곤을 느끼지 않을 것이며, 신선하고 유쾌한 아침의 기분을 언제나 느낄 것이다. **"등불과 햇빛이 쓸데없으니 이는 주 하나님이 저희에게 비춰심이라"**(계 22:5). 고통스러울 정도로 눈이 부실 정도는 아닌, 찬란한 빛이 태양 광선을 대신할 것이며, 하나님과 어린양의 영광이 거룩한 성을 끊임없이 비추어 줄 것이다. 그리고 구속 받은 자들은 태양이 없을지라도 언제나 낮의 빛 가운데로 다닐 것이다.

하나님의 백성은 아버지 하나님과 아들 하나님으로 더불어 자유롭게 교통하는 특권을 얻을 것이다. **"우리가 이제는 거울로 보는 것같이 희미하"**(고전 13:12)지만, 그때에는 하나님과 우리 사이를 가로막아 놓았던 희미한 휘장 없이 하나님을 직접 대면하여 보게 될 것이다. 우리는 그분 앞에 서서 그분의 얼굴의 영광을 직접 바라볼 것이다. 구속 받은 사람들은 주님께서 그들을 아심같이 그들도 알게 될 것이다. 하나님께서 친히 마음속에 심어 주신 사랑과 동정은 거기서 가장 진실하고 부드럽게 활용될 것이다. 거룩한 자들과 나누는 순결한 교제, 축복받은 천사들과 그 옷을 어린양의 피로 씻어 희게 한 각 시대의 충성된 자들과의 조화로운 생활, "하늘과 땅에 있는 각 족속"을 함께 결합시키는 거룩한 유대 관계, 이것들은 구속 받은 자들의 행복을 이루는 요소들이 될 것이다.

구원받은 사람들은 하늘에서 창조력의 경이, 우리를 구속하신 하나님의 사랑의 오묘를 결코 사라지지 않을 기쁨으로 명상할 것이다. 하나님을 등한히 하도록 유혹하던 잔인하고 기만적인 원수, 사단은 이제 더 이상 없을 것이다. 모든 능력과 재간은 증가되고 발달될 것이며, 지식을 얻는데 두뇌가 피로해지거나 정력이 소모되는 일이 없을 것이다. 가장 큰 소원도 실행되고, 가장 고상한 포부도 성취되며, 가장 높은 희망도 실현될 것이다. 그럴지라도 거기에는 여전히 정복해야 할 새로운 높은 봉우리, 경탄할 수밖에 없는 새로운 경이, 이해해야 할 새로운 진리, 마음과 몸과 영의 능력을 다 기울이게 하는 새로운 연구 대상들이 있게 될 것이다.

그리고 영원한 세월이 흘러감에 따라 하나님과 그리스도에 대한 더욱 풍성하고 더욱 영광스러운 계시가 나타날 것이며, 또한 지식이 발전되어 감에 따라 사랑과 존경과 행복도 증가될 것이다. 사람들이 하나님에 대하여 배우면 배울수록 그분의 품성에 대한 그들의 감탄은 더욱 커질 것이며, 또한 예수님께서 그들에게 속죄의 풍성한 축복과 사단과의 대쟁투에 있어서의 놀라운 결과를 제시해 주실 때 구속 받은 자들의 마음은 더욱 열렬한 헌신의 마음으로 감동되어 더욱 충만한 기쁨으로 금거문고를 타며 천천만만의 음성을 합하여 찬양의 대합창을 할 것이다. **"내가 또 들으니 하늘 위에와 땅 위에와 땅 아래와 바다 위에와 또 그 가운데 모든 만물이 가로되 보좌에 앉으신 이와 어린양에게 찬송과 존귀와 영광과 능력을 세세토록 돌릴지어다"**(계 5:13).

머지않아 대쟁투는 끝날 것이다. 죄와 죄인들은 없어질 것이다. 온 우주는 다시 깨끗해질 것이며, 오직 조화와 기쁨의 맥박만이 온 우주의 만물을 통하여 고동할 것이다. 생명과 빛과 환희가 만물을 창조하신 분에게서 끝없이 넓은 우주로 퍼져나가며, 가장 작은 것들로부터 가장 큰 세계에 이르기까지 생물계와 무생물계를 막론하고 어느 것이나 조금도 흠이 없는 아름다움과 완전한 기쁨으로 하나님의 사랑을 선포할 것이다.

하늘이 가까워오고 있다. 구원이 가까워오고 있다. 하나님을 개인적으로 만난 경험을 한 사람들, 마음에 이미 천국을 이룬 사람들, 마음이 청결한 사람들은 머지않아 예수께서 재림하실 때, 구원을 받아 주님께서 마련하신 그 아름다운 하늘 본향에서 주님과 함께 영원히 살게 될 것이다. 독자들이시여!

하늘을 위해 함께 준비하지 않겠는가?

이 위대한 계시록의 예언 연구를 마치면서, 예언을 주신 하나님께 감사하며, 이 예언들을 깊이 연구하고, 또 이 예언들에 나타난 말씀과 경고들을 받아들이고 늘 깨어서 준비하여 주님의 재림을 맞도록 하자! 요한계시록은, 아니 성경은 다음과 같이 그 대단원의 끝을 맺고 있다. **"이것들을 증거하신 이가 가라사대 내가 진실로 속히 오리라 하시거늘 아멘 주 예수여 오시옵소서"**(계 22:20). 그러므로 하나님의 소원도, 그리고 사도 요한의 소원도, 그리고 오늘을 살고 있는 우리의 소원도 예수 그리스도의 속히 오심이다. 이것만이 모든 문제로부터 인류를 구속하여 줄 수 있는 유일한 희망이다.

"주여, 속히 오시옵소서, 아멘!"

# SOSTV 선교센터 안내

1. 〈웹사이트〉 ✓ www.SOSTV.net
분명한 진리의 말씀과 성경을 연구할 수 있는 효과적인 자료들인 월간지, TV 방송설교, 각종 세미나, 요한계시록과 다니엘 연구 동영상, 성경 주제별 공부시리즈, 아름다운 시와 음악 등 방대한 자료들이 준비되어 있습니다.

2. 〈인터넷 방송〉
차별화된 기독교 인터넷 방송이 제공됩니다. 성경강의는 물론 최근 시사들을 성경적인 관점에서 해석하는 시사뉴스, 그리스도인의 자녀 교육, 건강, 기독교 역사, 성경의 예언들, 채식 요리, 그리스도인 젊은이들이 세상을 바라보는 토크, 참 신앙을 찾는 사람들의 이야기, 거듭난 사람들의 간증, 예배 등 다양하고 유익한 프로그램들로 구성된 인터넷 방송국입니다.

3. 월간지 〈SOSTV MAGAZINE〉
매달 가정과 건강과 신앙에 관하여 중요하고도 참신한 기사들이 예쁘게 디자인된 총천연색 월간지에 실립니다. 각종 질병과 건강에 관한 천연 치료법들과 성경의 예언 및 구원에 관한 중요한 주제들이 심도 있게 다루어집니다.

4. 〈도서 단행본〉
요한계시록/다니엘 등 예언 연구, 복음, 그리스도인 생활, 교리, 그리스도의 생애, 기독교회사, 예배일에 관한 연구 등 삶을 변화시키는 진리가 담긴 책자들이 있습니다.

5. 〈성경으로 돌아가는 길잡이〉
성경 전체를 다양하고 심도 있게 공부할 수 있는 성경 연구 소책자 32권 시리즈

6. 〈미디어 선교〉
다니엘서, 요한계시록, 로마서, 히브리서 강해 및 각종 세미나와 설교 CD, DVD를 하나님의 말씀을 사모하는 모든 영혼들에게 보내드립니다.

7. YouTube 〈유튜브 채널〉 ✓ www.youtube.com/sostvnetwork

SOSTV에서 제작한 모든 영상을 PC와 스마트폰에서 쉽고 빠르게 보실 수 있는 〈SOSTV 기독교 방송〉 YouTube 채널이 준비되어 있습니다. YouTube에서 〈SOSTV〉를 검색하세요.

8. 〈팟빵〉, 〈팟캐스트〉 ✓ SOSTV 검색

컴퓨터와 스마트폰에 SOSTV의 영상과 MP3를 쉽게 다운받고, 들으실 수 있습니다.

9. 온라인 카페 〈그리스도인〉 ✓ http://kingsm.net

진리의 말씀을 사모하고 그 말씀대로 살아가길 원하는 사람들을 위한 온라인 카페입니다. 주제 별로 분류한 월간지 글 모음! 다니엘서 및 요한계시록 Bible Study 자료 무료 다운로드! 채식 요리 레시피, 자녀 교육, 농사 일기 등 유용한 정보와 말씀으로 삶이 변화된 실제적인 경험이야기가 〈그리스도인〉 카페에 있습니다.

10. SOSTV 선교센터

〈SOSTV 선교센터〉는 깊은 영적 목마름을 해결하고자 진리의 생수를 찾는 그리스도인들을 위 해 마련한 공간입니다. 지금까지 인터넷을 통해서만 접할 수 있었던 〈SOSTV〉가 여러분께 더 가 까이 다가가고자 오프라인 성경 지식나눔터, 〈SOSTV 선교센터〉를 오픈하였습니다. 신앙생활 을 하며 겪는 고민이나, 체계적인 성경공부, 성경과 관련된 질문이 있으신 분들을 위해 언제든 지 방문할 수 있도록 오픈되어있습니다. 지금까지 〈SOSTV〉에서 발행한 월간지와 책자들, 설교 CD/DVD, 주제별 성경 공부 자료 등이 준비되어있으니 많은 도움 받으시길 바랍니다.

✓ 경기 남양주시 와부읍 덕소리 462-9 벽산메가트리움 218호 / ☎ 1544-0091

■ SOSTV 선교센터 후원 안내

SOSTV는 독자 여러분의 후원으로 운영되는 선교센터입니다.
여러분께서 정성스럽게 보내주시는 귀한 헌금은, 보다 많은 분들에게 진리를 전해 드리기 위하여, 가장 소중하고 조심스럽게 사용할 것을 약속드립니다. 책자를 보시고 마음에 감동을 받으신 분들은 아래 계좌로 후원을 부탁드립니다.

후원 계좌
(예금주 : 생애의 빛)

후원하시는 분들은 세금 감면의 혜택을 받으실 수 있습니다.

· 국민 : 611601-04-222007
· 신한 : 100-025-300569
· 우리 : 1005-601-482208
· 외환 : 630-006815-376
· 우체국 : 700245-01-002423
· 농협 : 301-0019-4151-11

■ SOSTV 선교센터 연락처

한국	1544-0091, sostvkr@hotmail.com
미국	1-888-439-4301, sostvus@hotmail.com
	P.O.Box 787 Commerce, GA 30529 U. S. A.
뉴질랜드	0800-42-3004(수신자부담), sostvnz@gmail.com
	55 Monk Rd. Helensville, Auckland, New Zealand
일본	050-1141-2318, sostvjapan@outlook.com
	〒298-0263 千葉県夷隅郡大多喜町伊保田53-1
	www.sostv.jp
중국	sostvnet@hushmail.com
	www.sostvcn.com

SOSTV Network

 카카오톡
아이디: SOSTV

 카카오스토리
아이디: SOSTV

 네이버
카페: 그리스도인

 유튜브 채널
검색: SOSTV기독교방송

 손계문 목사의 〈스토리 채널〉
검색: 이것이 그리스도인이다

 팟빵 & 팟캐스트
검색: SOSTV